KB236684

퓨처핏

FROM MALTHUS TO MARS:

HOW TO LIVE, LEARN AND LEAD IN AN EXPONENTIAL WORLD

FROM MALTHUS TO MARS

FUTURE FIT

라스 트비드, 니콜라이 첸 닐슨 지음 · 송이루 옮김

생존을 넘어 '적합'으로 가는 길

퓨처핏

상상스퀘어

"다가오는 기하급수의 시대에 성장하고 싶은 리더와 관리자에게 통찰을 주는 간결하고 실용적인 안내서다."

— 아짐 아자르Azeem Azhar, 〈익스포넨셜 뷰Exponential View〉 발행인

"새롭게 펼쳐질 미래에 기여하고 성공할 방법을 터득하려면, 통찰력, 성찰, 결단력이 필요하다. 트비드와 닐슨은 독자가 되짚어볼 만한 중요한 통찰과 풍부한 아이디어를 제공한다."

— 패트리샤 러스틱Patricia Lustig, LASA 인사이트 CEO, 미래전문가협의회(APF) 이사, 《전략적 미래 예측Strategic Foresight》의 저자

"미래를 논하는 책은 많지만 이 책처럼 구체적으로 명확하게 설명하는 책은 드물다. 《퓨처핏》은 미래가 가져올 변화를 이해하고 다음 단계를 계획해야 하는 사람들에게 귀중한 자료가 될 것이다."

— 셔몬 크루즈Shermon Cruz, 미래전문가협의회 회장

"이 책은 생각과 기술의 본질적인 이중성을 능숙하게 결합해 추세를 선제적으로 식별하고, 도전 과제를 극복하고, 영향력 있는 세상으로 나아가게 해줄 실용적인 도구를 제공한다."

— 빙 첸Bing Chen, AU 홀딩스 CEO 겸 설립자

《퓨처핏》은 매우 흥미롭다. 아직 존재하지 않는 미래를 깊이 고민하고 점진적인 사고방식에서 벗어나 실생활에서 적응력을 발휘할 기회를 선사한다. 미래를 준비하고 설계하려는 리더라면 반드시 읽어야 할 책이다."

— 미힐 크루트Michiel Kruyt, 이매진 CEO, 《의도적인 평온Deliberate Calm》의 저자

"이 책은 관찰 가능한 추세와 궤적에 근거해 개인이든 조직이든 미래에 적합한 상태가 되는 방법을 알려주는 훌륭한 지침서다."

— 다리아 크리보노스Daria Krivonos, 코펜하겐미래학연구소 CEO

"늘어난 복잡성, 속도, 개인적 요구 사항과 씨름하는 리더들을 거의 매일 보게 된다. 이러한 현실을 이끌어가려면 새롭게 인식하고 신중하게 선택해야 한다. 《퓨처핏》은 이에 필요하고 효과적인 훌륭한 통찰을 제공한다. 필독을 강력하게 권한다."

— 닉 샤트라스Nick Chatrath, 《임계값: AI 시대를 이끌다The Threshold: Leading in the Age of AI》의 저자

"슈퍼트렌드와 그것이 조직과 개인에게 의미하는 바를 독창적인 관점에서 바라보며 깊이 있게 다루고 있다. 이 책은 호기심을 자극하는 동시에 미래를 조율하는 역할에 대해 성찰할 기회를 제공할 것이다. 무엇보다 그 과정에서 필요한 도구와 틀을 일러주고 영감을 줄 것이다."

— 리셀로테 링쇠Liselotte Lyngsø, 퓨처 네비게이터Future Navigator CEO

"《퓨처핏》은 개인적으로나 직업적으로 변화를 탐색하고 야심 찬 미래를 만들고 싶은 사람들이 반드시 읽어야 할 안내서다. 빠르게 진화하는 미래가 제시하는 도전 과제를 인식하고 기회를 활용하고 싶은 모든 이에게 적극 추천한다."

— 그레이엄 노리스Graham Norris, 조직심리학자, 미래학자, 기업가

"이 책의 저자들은 과거, 현재, 미래를 모두 아우르는 여정으로 독자를 초대한다. 특히 현재로 다시 돌아와 많은 통찰과 조언을 활용할 방법도 논한다. 초보자와 숙련된 실무자 모두에게 흥미로운 읽을거리가 될 것이다."

— 짐 버크Jim Burke, 딥다이브 포사이트DeepDive Foresight 설립자, 전前 세계미래학회 지역 회장

변화하는 세상에 발맞춰 함께 변화해야 한다는 사실은 누구나 안다. 문제는 변화의 속도가 꾸준히 빨라지고 있어, 중간에 잘못된 방향으로 가거나 뒤처질 위험이 점점 커지고 있다는 점이다. 하지만 미래에 적합한 상태가 되면 빠른 변화에도 얼마든지 적응할 수 있다.

미래 적합성, 즉 퓨처핏Future Fit은 미래의 트렌드를 능숙하고 효율적으로 탐색하고 가장 바람직한 미래를 향해 필요한 조치를 취하는 능력을 일컫는다. 이러한 퓨처핏을 갖추려면 데이터를 효율적으로 수집하고 관찰한 내용의 의미를 해석하는 데 적절한 기준 모델을 확보해야 한다. 위기를 뚫고 나아가는 데 도움이 될 만한 습관과 사고방식도 개발해야 한다. 이 책은 각각의 요소를 설명하며 개인과 조직이 퓨처핏을 갖추는 데 필요한 부수적인 도구들을 알려줄 것이다.

우리는 경제지 〈포춘Fortune〉이 선정한 500대 기업 중 30여 곳을 포함해 200여 개 조직에 미래 조직 변화와 관리 전략에 대해 자문을 제공해왔고, 13개 기업을 독자적으로 또는 공동으로 설립했다. 이 책의 중요한 영감의 원천이 된 슈퍼트렌드Supertrends도 그중 하나다.

슈퍼트렌드는 인공지능AI, 크라우드소싱(생산이나 서비스 과정에서 일반 대중을 적극적으로 참여시켜 아이디어를 얻고, 이를 바탕으로 제품 또는 서비스를 만드는 작업—옮긴이주), 빅데이터, 텍스트 마이닝text mining(텍스트에서 의미 있는 정보를 추출하는 작업—옮긴이주), 고급 데이터 시각화, 디지털 게임화(게임에서 주로 사용되는 요소를 게임이 아닌 영역에 적용하는 작업—옮긴이주) 등 다양한 기술을 이용해 전 세계에서 일어나는 혁신을 파악하고 개발을 추적하고 기술이 주도하는 시장 동향을 해석한다. 이 글을 쓰고 있는 시점을 기준으로, 이 기업은 약 330만 년 전 인간이 사용하기 시작한 최초의 석기부터 향후 몇 년에 걸쳐 나올 것으로 예상되는 수천 가지 미래 기술에 이르기까지 1만 2000여 개의 주요 혁신 기술을 조사했다.

슈퍼트렌드는 예상되는 미래 기술의 변화를 반영해 비즈니스 전략을 수립하는 디지털 시뮬레이션 도구뿐만 아니라 모든 산업 부문이나 기술에서 일어나는 글로벌 혁신을 실시간으로 모니터링하는 종합적 시스템을 개발했다. 이를 토대로 비즈니스 활동을 탐색하고, 이해하고, 전략적으로 구성하고, 편성하는 방식에 중점을 둔다. 두 저자를 포함해 약 160명의 파트너와 전문가가 소속돼 있으며, 이들 모두 전 세계를 무대로 기업가, 과학자, 미래학자, 리더십 코치, 경영

컨설턴트 등으로 활동하고 있다. 이 책에서는 이들을 '슈퍼트렌드 전문가'로 칭할 것이다.

슈퍼트렌드의 목표는 고객사가 퓨처핏을 갖추기까지의 모든 단계를 지원하고 미래주의futurism를 서비스로 제공하는 것이다. 이 책에서 설명하는 도구는 실제로 슈퍼트렌드가 고객사를 대상으로 사용하는 것과 동일하다. 또한 슈퍼트렌드의 타임라인에서 여러 정보를 발췌했는데, 이 타임라인은 주요 기술 혁신이 언제 나타날지 가늠하기 위해 크라우드소싱한 정보를 바탕으로 구축한 것이다. 이러한 예측은 관련 기술 분야에서 일하는 세계 최고의 전문가들이 (조사를 진행한 후 취합해) 제출한 정보이지만 어디까지나 추측에 불과하다는 점에 유의해야 한다. 전문가들은 특히 기술 혁신이 발생할 시기를 평가할 때 예측치를 종종 수정한다. 이 책에서 참고한 수많은 과학 연구와 다양한 자료는 슈퍼트렌드 웹사이트(www.supertrends.com)와 '맬서스부터 화성까지' 웹사이트(www.FromMalthusToMars.com)에서 확인할 수 있다.

그렇다면 슈퍼트렌드(여기서는 회사가 아니라 개념)는 무엇일까? 일반적으로 슈퍼트렌드는 사회의 작동 방식에 중요한 변화를 이끄는 추세를 말한다. 이는 부와 건강, 생활 방식, 인구 통계 등에서 나타나지만, 궁극적인 근본 원인은 주로 사회적·기술적 혁신이다. 퓨처핏을 구축하려면 무엇보다 혁신과 그에 따른 슈퍼트렌드가 과거에 어떤 식으로 전개되었는지 이해해야 한다. 그래야만 슈퍼트렌드가 미래에 어떤 식으로 전개될지 더 세밀하게 예측하고, 이를 활용해 미래의 슈퍼트렌드에 영향을 미칠 수 있다.

이 책의 1부에서는 혁신과 슈퍼트렌드의 역사를 간략하게 설명하고 향후 10년과 그 이후의 슈퍼트렌드 흐름과 방향을 표로 살펴본다. 2부에서는 개인에게 슈퍼트렌드가 무엇을 의미하는지 논하고, 퓨처핏을 갖추는 데 필요한 사고방식과 비법을 제시한다. 마지막 3부에서는 미래에 기반한 접근법을 사용해 이러한 추세가 미래 노동의 세계에서 조직과 직원에게 어떤 의미를 갖는지 설명한다.

개인과 조직 차원에서 퓨처핏을 구축하는 것은 리더와 팀원 모두에게 의미 있는 작업이다. 변화의 속도가 계속 빨라지고 리더십이 점점 분산되는 만큼, 우리는 주변에서 일어나는 현상을 이해하고, 추세를 탐구하고, 삶의 방식을 신중하게 조정해야 한다. 변화의 속도를 늦출 수는 없다. 하지만 생각을 명확하게 밝히고 분석에 박차를 가한다면 곧 닥칠 변화보다 꾸준히 앞서 나가는 것이 실제로 가능하다는 사실이 이론과 실무에서 입증됐다.

각 장의 내용은 이전 장에 기반해 확장되므로 책을 순서대로 읽기를 권한다. 그렇지만 각 장은 비교적 독립적으로 구성되어 있고, 언제든지 되돌아가 참고할 수 있는 실용적인 팁과 체크리스트도 담고 있다.

독자들이 이 책을 재미있게 읽고 두 저자의 소셜 미디어로 소통을 이어갈 수 있길 바란다.

퓨처핏은 미래 트렌드를 능숙하고 효율적으로 탐색하고
가장 원하는 미래를 향해 행동하고 나아가는 능력이다.

차례

1

미지의 장소로 돌진하다

INTO THE BLUR AT ROCKET SPEED

전 세계적으로 엄청난 기술 변화가 일어나 우리의 생활 방식과 비즈니스 모델, 문화와 경제 등에 어마어마한 영향을 끼치고 있다. 이러한 변화는 지도에서 볼 법한 임의의 점처럼 불쑥 나타나지 않으며, 어느 정도 확정적 패턴deterministic pattern을 따라 진행된다. 각각의 새로운 혁신은 이전에 일어난 여러 혁신이 결합해 발생하는 결과이기 때문이다. 집을 짓는 과정에서 벽을 세우기도 전에 지붕부터 올리거나, 바닥 공사를 하기도 전에 벽부터 세울 수 없듯, 기술의 세계는 필연적으로 일정한 순서로 펼쳐진다. 이러한 패턴을 예측하는 작업은 복잡하지만, 그래도 기술 구현의 순서나 실현 시점에 대해 예상하고 파악하는 건 가능하다. 많은 추세가 선형, 지수 혹은 초지수 등 신뢰할 만한 경로를 따르기 때문이다. 아마도 가장 유명한 예측 경로는 컴퓨터 칩의 성능을 예측한 무어의 법칙Moore's Law일 것이다. 이 법칙은 거의 60년에 걸쳐 이뤄진 디지털 발전을 정확하게 예측했다. 세상에는 무어의 법칙 외에도 수많은 규칙적 패턴이 존재한다. 이 책에서는 여러 패턴을 살펴볼 것이다.

우리는 어떤 변곡점에서 몇몇 추세의 발전이 다른 사건이나 추세의 시작을 촉발하는 경향이 있음을 발견했다. 예를 들어 일반적으로 사람들은 부유해질수록 더 적은 수의 자녀를 낳길 원하고, 환경보호에는 더 열광적으로 반응한다. 이와 같은 많은 현상은 전 세계 수백여 개의 문화에 적용되며, 그중 일부는 놀랍도록 예측이 가능하다.

이러한 현상을 바라보는 인간의 인식에도 패턴이 있다. 그중 하나는 대체로 많은 사람이 체계적으로 발전을 과소평가하고 위협을 과대평가한다는 점이다.

창의성과 혁신을 폭발적으로 불러일으키는 특정한 전제 조건이 존재하는 것처럼 보이기도 한다. 국가를 포함한 공동체의 구조를 연구할 때, 공동체가 얼마나 혁신적으로 변할 수 있을지에 대해 어느 정도 확신을 품고 예측할 수 있다. 이것이 이 책에서 첫 번째로 다룰 주제이며, 우리 이야기의 시발점이기도 하다.

단조로움의 종말

The End of Monotony

2019년 뛰어난 양자 물리학자 데이비드 도이치David Deutsch는 우주가 상당히 단조롭다면서 '거대한 단조로움great monotony'이라는 주제로 흥미로운 테드 강연TED Talk을 펼쳤다.

일부 천문학자들은 그의 설명에 의아해할 수도 있지만, 그의 요점은 다음과 같다. 137억 년 전에 빅뱅Big Bang(우주가 생겨난 계기가 된 것으로 여겨지는 대폭발—옮긴이주)이 일어난 시점과 그 직후에 원자, 분자, 최초의 행성, 별, 유성, 은하 등이 발달하며 새롭고 흥미진진한 일이 수없이 벌어졌다. 그러나 그 새로운 현상 대부분이 빠르면 120억 년 또는 130억 년 전에 이미 끝났다. 실제로 우주가 탄생한 후 첫 3분 만에 우주의 상당 부분이 완성됐다.

도이치의 설명에 따르면, 그 이후로 우리가 알고 있는 우주에서는 별, 혜성, 척박한 행성, 블랙홀 등과 같이 거의 동일한 현상이 수십억 년 동안 끝없이 반복되었다.

물론 그중에는 별이 폭발할 때처럼 정말 극적인 경우도 있다. 그러나 우주의 거의 모든 장소에서 특정 물체에 웹캠을 설치해놓고 오랫동안 계속 들여다본다면, 그리 흥미로운 점을 발견하지 못할 것이다. 화성 탐사는 상상만 해도 흥미진진한 경험이 될 수 있지만, 현실은 다르다. 화성에는 인간이나 다른 형태의 유기 생명체가 없으니 막상 화성에 간다고 해도 딱히 구경하거나 해볼 게 없다. 아마도 화성의 전체 지표면보다 브라질의 1제곱미터 면적의 숲에서 더 많은 활동이 일어나고 있을 것이다.

물론 천체는 언제나 상대적으로 움직이지만, 그러한 움직임은 전형적으로 단조로운 방식으로 흘러간다. 오늘날에는 수백만 년 또는 수십억 년 뒤의 우주 운명을 상당히 확신하며 예측할 수 있고, 수백만 년 또는 수십억 년 전인 우주의 초기 단계를 돌아볼 수도 있다. 도이치의 표현을 빌리자면, 우주에는 대체로 '거대한 단조로움'이 있었다. 단순히 움직임이 부족하다는 의미가 아니다. 지금까지 인류는 지구 밖에 존재하는 수백여 개의 독특한 화학물질만 감지했다. 이와 대조적으로 지구상의 모든 동물은 수십억 개의 서로 다른 분자로 구성되어 있다!

우주에서 거대한 단조로움이 존재하는 주된 이유는 도이치가 일컫는 '계층 법칙Hierarchy Rule' 때문이다. 계층 법칙에 따르면 우주에서 큰 것은 작은 것에 영향을 받지 않지만 작은 것은 큰 것에 의해 변형되거나 파괴될 수 있다. 혜성이 별과 충돌하면 별은 미세하게 확대되고 혜성은 소멸된다. 이 두 가지 현상이 하나로 합쳐져 다양성은 저물고 단조로움이 떠오른다.

계층 법칙 깨기

도이치는 이 규칙에 놀라운 예외가 있다고 지적한다. 바로 지구다. 우리가 사는 이 아름다운 행성에서 거대한 단조로움이 미묘한 방법부터 극적인 방법까지 수십억 개의 방법으로 깨져버렸다. 전 세계 곳곳에 웹캠이나 현미경을 설치한 후 화면을 확대하면 지속적인 움직임과 놀랍도록 극적인 현상이 나타나는 것을 볼 수 있다. 이는 DNA의 기적 덕분이다. DNA는 수백만 개의 다양한 생명체와 수십억 개의 다양한 화학물질을 탄생시켰다.

이처럼 생물학적 세계에서는 계층 법칙이 적용되지 않는다. 반면 개념적으로 두 개의 DNA 분자가 만나면 항상 새로운 것이 나타난다. 그것도 매번 나타난다! 예를 들어 지구상에 존재하는 아이들은 저마다 특별하다. 심지어 '일란성' 쌍둥이도 상당히 다르다. 또한 작은 개체, 즉 DNA는 실제로 생물체 총량biomass의 나머지 부분을 차지하는 커다란 개체를 제어한다. 예를 들어 인체의 DNA는 전체 체중에서 차지하는 비중은 0.1퍼센트에 불과한데도 인체의 나머지 99.9퍼센트를 완전히 제어한다. 이는 계층 법칙에 위배되며, 오히려 그 반대되는 개념인 자발적 혁신spontaneous innovation 법칙에 해당된다.

게다가 DNA는 특정 시점에 존재하는 생물체 총량보다 훨씬 더 많은 생물체를 생성하고 제어해왔다. 생명이 생겨나기 전 지구의 하늘과 바다는 화성처럼 갈색과 붉은색을 띠었다. DNA로 식물 내 광합성이 가능해진 후에야 이 땅의 상당 부분이 녹색으로 변했다. 그 후 광합성 과정에서 식물이 생성한 산소가 호수, 바다, 대기를 파란색으로 물들였다. DNA는 갑각류를 만들었고, 갑각류는 하층토의 흰색 석회암을 만들었다.

크기가 너무 작아 전자현미경을 통해서만 볼 수 있는 분자인 DNA는 지구 전체를 완전히 재구성했다. DNA에 전혀 영향 받지 않는 토양, 점토, 모래 또는 암석을 찾으려면 땅을 아주 깊이 파야 한다. 도이치는 이처럼 작은 DNA가 자신보다 1040배나 큰 개체에도 전반적으로 영향을 끼쳤다고 말한다. 따라서 여기에는 계층 법칙이 적용되지 않으니 위대한 단조로움도 없다.

순환 지능

이 이론상으로, DNA는 약 30만 년 전에 우리 인간을 창조하고 탐구 지식을 개발하는 능력(즉 세계에 대한 가설을 해석하고 개발할 수 있는 능력)과 이러한 가설을 창의적인 혁신으로 변환하는 능력을 지닌 유일한 종으로 만들었다. 미세 DNA 덕분에 우리는 자발적 혁신뿐 아니라 순환 지능recursive intelligence이 끊임없이 가속화되는 과정을 겪었다. 순환 지능은 한 지능 형태가 더 많은 지능을 생성하고, 각 지능이 긍정적 피드백 루프feedback loop를 거치며 계속 혁신을 만들어내는 현상을 말한다. 따라서 본질적으로 DNA는 단순히 지구를 탈바꿈한 게 아니라 통제에서 벗어난 컴퓨터로 만든 셈이다.

우리 눈에 보이지 않는 작은 분자인 DNA가 이 일을 해냈다. 이 책에서는 이 제어되지 않는 컴퓨터가 어떻게 계속 속도를 높이는지 알아볼 것이다.

깨어나는 우주

DNA가 뇌를 지닌 인류를 만들었고, 이후 인류는 의사소통하는 능력과 비판적이고 이성적이며 창의적으로 생각하는 능력을 개발했다. 인류는 새로운 아이디어를 교환하기 시작했고, 이러한 아이디어는 검토를 거치며 끊임없이 개선되었다. 이는 오늘날 우리가 살고 있는 전혀 단조롭지 않은 세상으로 이어졌다. 인류는 기존 지식을 토대로 새로운 지식을 쌓아가는 능력을 계속 발휘할 것이며, 다가오는 미래는 지금보다 훨씬 다양한 모습으로 전개될 것이다. 도이치는 인류가 우주 전체를 제어하는 날이 올 수도 있다고 추정했다. 본질적으로 단조로움을 혁신으로 대체해 우주를 '깨어나게' 이끈다는 것이다. 과거에서 미래로 이어지는 궤적을 들여다보는 작업은 매우 신비롭다. 하지만 늘 신비롭기만 한 건 아니다.

맬서스 함정에서 벗어난 요인

How We Escaped the Malthusian Trap

세계은행World Bank에 따르면, 전 세계 1인당 국내총생산GDP의 추세 성장률은 1960년부터 2020년까지 연평균 1.93퍼센트였다.[1] 여기에 1퍼센트에 조금 못 미치는 연간 인구 증가율을 더하면 전체 GDP의 연간 추세 성장률은 3퍼센트 미만이 된다.

'추세 성장률'은 장기적 또는 평균적 추세를 의미한다. 경기 변동과 일정치 않은 이벤트가 추세에서 일시적으로 벗어나는 편차를 만든다. 어쨌든 연간 1인당 성장률은 2퍼센트 미만이지만, 10년 단위로 보면 일반적으로 지구상의 평균 생활수준은 약 20퍼센트씩 성장한 셈이다.

사실 이는 터무니없을 정도로 엄청난 수치다. 지금부터 10년 후에 전 세계 사람들의 생활수준은 아마 20퍼센트 더 풍요로워질 것이다! 이를 100년 기간으로 합산하면 인플레이션을 감안한 1인당 GDP는 지금의 6~7배 수준에 이를 것이다. 지금과 완전히 다른 세상이 펼쳐진다는 의미다. 가족과 친구들이 당장 다음 주 월요일부터 지금보다 약 6배 더 많은 소득을 벌고 자산을 소유한다고 상상해보자. 그것이 지금부터 100년 후 우리가 살게 될 세상이다.

흐릿한 미래

사람들은 지금과 완전히 다른 미래를 향해 다 같이 경주를 벌이고 있다. 미래가 아무리 흐릿하게 보일지라도, 미래도 돌진하는 속도를 늦추진 않을 것이다. 무슨 일이 생기든 짙은 안개 속으로 돌진하는 포뮬러 원 경주용 자동차처럼 맹렬한 속도로 나아가 흐릿한 미래에 도달할 것이다.

하지만 불확실성에 대처하기란 정신적으로 쉽지 않다. 당신은 이미 지금껏 엄청난 변화를 겪었을 것이다. 2010년을 살던 사람이 갑자기 10년 뒤 미래로 건너가 스마트폰, AI 지원 음성 비서, 암호화폐, RNA 백신 등이 광범위하게 보급되고, 원격 근무 문화가 부상하고, 대도시에서 차량을 공유하는 모습을 보면 분명 큰 충격을 받을 것이다. 우리는 GPS, 인터넷, PC처럼 지금은 당연하게 여기는 기술이 얼마 전까지만 해도 세상에 존재하지 않았다는 사실을 쉽게 잊는다. 마찬가지로 아직은 존재하지 않는 잠재된 미래를 상상하기도 쉽지 않다. 하지만 미래에 적합한 사람이 되려면 추세를 이해하고 이를 활용하는 능력을 길러야 한다.

미래를 희미하게 만드는 주요 원인은 혁신이다. 사람들은 혁신이 시작될 때마다 신속하게 기술이 개선되고 계속 발전해나갈 것으로 기대한다. 예를 들어 기내 Wi-Fi는 그동안 항공 역사를 통틀어 거의 전례 없는 기술이었다. 하지만 속도가 느린 기내 Wi-Fi가 출시되자 기대감은 실망감으로 바뀌었고, 승객들은 더 빠른 속도와 더 나은 사용 편의성, 안정성을 요구했다. 인간은 만족하는 법이 없다. 항상 더 빠르고, 더 저렴하고, 더 나은 기술을 요구한다. 우리는 이러한 발전 방식에 익숙하며, 앞으로도 발전은 계속될 것이다.

미래를 희미하게 만드는 또 다른 원인은 가능성에 한계를 긋지 않으려는 태도다. 나비를 떠올려보자. 나비는 알에서 시작해 신비로운 애벌레가 된 후 번데기로 탈바꿈한다. 이후 번데기는 나비가 되어 주변을 날아다니다가 자기 모습을 그대로 복제한 또 다른 생물체를 낳는다.

이것이 가능한 이유를 과학적으로 이해할 수 있는 사람은 그리 많지 않을 테지만, 나비의 생애는 위성 안내 내비게이션처럼 명확하게 진행된다. 마취도 마찬가지다. 살아 있는 인간에게 마취약을 투약하면, 아무런 통증을 느끼지 못하게 하는 동시에 몸의 일부를 절단할 수 있다. 또 런던에서 프랑스로, 중국으로 눈 깜짝할 사이에 메시지를 보낼 수도 있다. 이처럼 지금 우리가 할 수 있는 많은 일이 과거 사람들에게는 마법처럼 보일 것이다. 마찬가지로 저 멀리 희미한 미래에서 우리를 기다리고 있는 많은 일이 지금 우리 눈에는 몹시 신기한 마법처럼 보일 것이다. 나비를 비롯해 자연의 작동 방식도 경이롭지만, 인간이 만들어낸 기술도 경이롭긴 매한가지다.

대분기

인류의 혁신이 항상 화려하게 이뤄진 건 아니다. 역사를 통틀어 말도 안 되게 빠른 속도로 진행된 슈퍼트렌드는 거의 없었다. 실제로 오늘날의 광적인 변화 속도에 비하면 과거의 혁신은 아주 더디게 진행됐다.

과거에는 평생에 걸쳐 혁신을 단 한 번도 경험하지 못하고 생을 마감하는 사람이 많았다. 실제로 인류 역사의 약 99.8퍼센트에 달하는 기간에는 눈에 띄는 혁신이 아예 없었고, 따라서 그에 상응하는 1인당 GDP의 성장세도 없었다. 사람들은 이른바 맬서스 경제Malthusian economy(즉 최소한의 혁신이 일어나 최소한의 성장을 달성한 경제) 환경에서 살아갔다. 때때로 경제가 조금씩 성장하면서 결과적으로 인구가 늘어났지만 1인당 소득은 증가하지 않았다. 1798년 맬서스 경제라는 용어의 기원이 된 염세적인 성직자 토머스 맬서스Thomas Malthus는 인구가 기하급수적으로 성장할 동안 식량 생산은 산술급수적으로 성장할 것이라고 예측했고 대규모 기근이 임박했다고 결론지었다.

하지만 정반대 상황이 벌어졌다. 경제학 교수 그레고리 클라크Gregory Clark는 저서《맬서스, 산업혁명 그리고 이해할 수 없는 신세계》에서 이른바 '맬서스 함정Malthusian Trap'과 그에 따라 일어나는 대분기Great Divergence를 나타낸 그래프를 선보이며 다음과 같이 설명했다.[2]

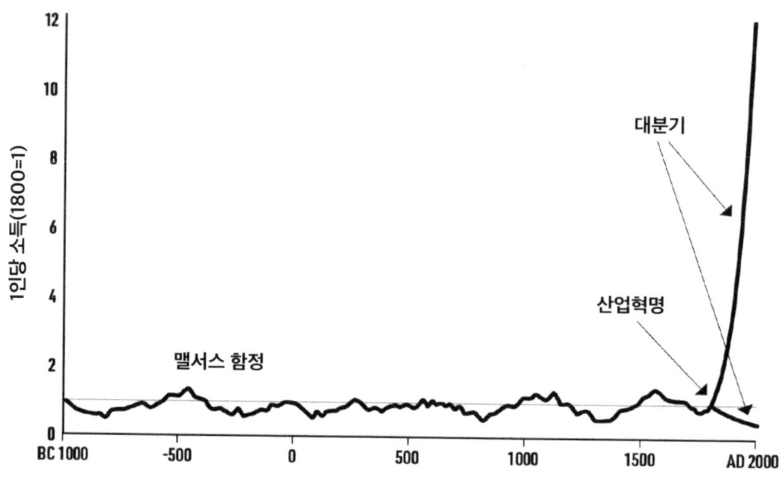

표 2.1 · 맬서스 함정을 벗어난 요인

위 그래프에서 볼 수 있듯, 전 세계 평균 생활수준은 3000년 동안 그리 달라지지 않았다. 그런데 놀라운 일이 벌어졌다. 전 세계 인구의 생활수준이 갑자기 급격하게 변한 것이다. 세계는 기하급수적으로 성장한 지역과 쇠퇴한 지역(주로 사하라사막 이남 아프리카)으로 나뉘었다. 이것이 바로 대분기다.

왜 이런 일이 일어났을까? 일부 지역에서는 혁신이 일어나면서 생활수준이 폭발적으로 상승했다. 다른 지역에서는 현대 의료 기술의 도움으로 인구가 지속적으로 증가했지만, 생산성이 그에 상응하는 수준으로 성장하지 못해 생활수준은 하락하고 말았다. 다행히 오늘날 전 세계 인구의 약 15퍼센트만이 침체나 쇠퇴를 겪는 공동체에 갇혀 있는 것으로 보인다.

풍요로운 시대로 나아가기 위한 9단계

이 책을 집필하기 시작한 시점을 기준으로 약 570년 전인 1450년경에 세계에서 중요한 어떤 지역이 맬서스 함정을 벗어났다고 가정해 보자. 1450년 이후, 전 세계는 앞서 약 30만 년간 이어진 호모 사피엔스의 역사보다도 훨씬 급격한 속도로 변했다. 1800년 이후 또는 지난 40년간의 세계 역사에 대해서도 똑같이 평가할 수 있을 것이다.

이러한 현상은 의문을 자아낸다. 인류의 역사는 약 30만 년에 달한다. 그런데 이 모든 변화가 왜 약 570년 전에 시작됐을까? 지난 670년이 전체 인류 역사에서 차지하는 비율은 약 0.2퍼센트에 불과하다. 왜 인류 역사의 99.8퍼센트는 맬서스 함정에 머물렀을까? 인류가 맬서스 함정에서 벗어나게 된 요인은 무엇일까?

맬서스 함정에서 벗어나게 된 계기가 된 사건들은 주로 서유럽의 작은 지역에서 처음 발생한 뒤, 전 세계로 퍼져나간 것으로 보인다. 이를 아홉 가지 새로운 현상으로 설명할 수 있다.

1. **르네상스**Renaissance(1200~1600년): 예술적 표현과 인본주의, 개인주의, 실증 실험, 창의성을 장려한 시대이다.
2. **대항해시대**Age of Discovery(1500~1800년경): 유럽 탐험과 궁극적으로 (또는 일시적으로나마) 거의 전 세계에 걸친 유럽 식민화가 나타난 시대이다.
3. **종교개혁**Reformation(1520~1650년경): 전통적으로 개인주의적 태도를 지닌 북유럽인들은 가톨릭교회(천주교)의 지나친 제도화

를 거부하고, 종교를 개인주의적으로 접근하고 분권화(탈중앙화)된 형태로 해석했다. 이러한 전환은 집단적 복종보다 문해력과 개인의 성취를 강조하는 경향으로 이어졌다.

4. **과학 혁명**Scientific Revolution(1540년경~): 신비주의를 정확하고 검증 가능한 지식으로 대체한 후 산업혁명의 토대가 마련됐고, 사람들을 하나로 모을 수 있었다. 일반 사람들이 종교전쟁에는 맞설지언정 대체 수학 법칙 등을 놓고 싸우진 않았기 때문이다. 검증 가능한 진리는 중재 역할을 한다.

5. **계몽주의 시대**Enlightenment(1600~1800년경): 이상적 자유, 민주주의, 과학, 종교적 관용, 법치주의, 권력 분립, 합리성, 상식 등을 사회의 기본 가치로 삼았다.

6. **산업혁명**Industrial Revolution(1750년경~): 기술력으로 대량생산과 화학 처리가 가능해졌고, 부분적으로 부의 대폭발과 대규모 도시화, 문화적 대격변이 일어났다.

7. **여성해방운동**Female Liberation(1840년경~): 여성도 교육을 받고 정치적으로 영향력을 행사할 수 있게 되면서 전반적으로 창의적인 결과물이 크게 증가했다.

8. **정밀 경제**Precision Economy(1980년경~): 인간의 사고를 능가하는 IT 기반 계산 능력과, 여러 매체(예: 오디오, 이미지, 문자)의 대규모 디지털화가 주도하는 시대다. 인터넷이 대중에게 널리 보급되면서 인터넷에 접속해 얻을 수 있는 정보의 양도 폭발적으로 증가했다. 디지털 제품은 거의 비용을 들이지 않고도 얼마든지 복제할 수 있고 빛의 속도로 어디로든 전달될 수 있다

는 강점이 있다. DNA 염기 서열 분석으로 생물체의 가장 미세한 부분까지 부호화할 수 있게 되었다. DNA도 기계처럼 디지털화되어 프로그래밍이 가능해졌다.

9. **소셜 네트워킹 혁명**Social Networking Revolution**(2000년경~)**: 인터넷을 기반으로 수많은 소셜 온라인 네트워크가 구축되면서 자격을 갖추지 않은 익명의 사람들(정식 교육을 받지 않았거나 전문 협회에 가입하지 않은 사람들)이 모여 수많은 창의적 작업에 협력하기 시작했다.

도대체 이유가 무엇일까?

이 아홉 가지 현상은 사건을 나타낼 뿐이지 이유를 설명하진 않는다. 맬서스 함정에서 벗어난 이유를 알기 위해 다음 그래프를 살펴보자. 이 그래프는 업적을 이룬 인물들의 이름이 전해지기 시작한 과거 시점부터 혁신의 역사를 보여준다. 혁신은 이 그래프에 표시된 마지막 시점인 1950년까지 이어진다.

이 인상적인 그래프는 미국기업연구소American Enterprise Institute, AEI가 수행한 연구를 기반으로 만든 것이다. AEI는 정량적 역사 도구를 사용해 기원전 800년부터 기원후 1950년까지 2750년 동안 인류가 이뤄낸 업적을 연구했다.[3] 역사에 기록된 인물들이 예술, 과학, 기술 분야에서 창의적 혁신을 일으킨 사례를 모두 파악하는 것이 목적이었고, 특히 오늘날 전 세계 주요 참고 문헌의 절반 이상에 인용될 만

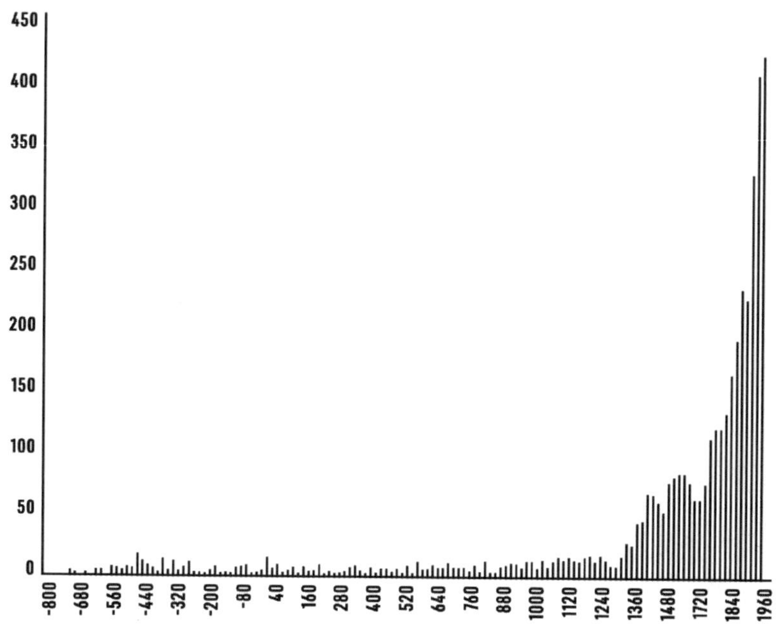

표 2.2 · 기원전 800년부터 기원후 1950년까지 인류가 달성한 업적

큰 매우 중요한 혁신을 다수 다루었다.

이 프로젝트는 완료까지 5년이 걸렸고 총 50명이 참여했다. 백과사전 같은 근대 자료 163여 개를 살펴보며 인류의 업적을 자세히 조사하고, 1) 각 업적의 내용, 2) 혁신을 일으킨 인물, 3) 해당 업적을 다룬 내용의 분량, 4) 업적을 달성한 시점, 5) 업적을 달성한 장소 등을 꼼꼼하게 기록해야 하는 대대적인 작업이었다. 어떤 인물이 어떤 인류의 업적을 언제 어디에서 달성했는지 일일이 식별했다. 그 결과 저명한 철학자, 수학자, 음악가, 시인, 천문학자, 물리학자, 생물학자, 기술 발명가 등 특히 인류에 지대한 영향을 끼친 인물로 평가된 4002명과 그들이 달성한 업적을 정리한 목록이 완성됐다.

앞의 그래프에서 볼 수 있듯 1000년경까지 전 세계적으로 나타난 새로운 업적은 별로 없었고 딱히 추세라고 할 만한 것도 없었다. 이후 조금씩 업적이 늘어나기 시작했지만 증가 속도는 더뎠다. 데이터를 자세히 조사해보니 이러한 성과는 추세를 띠지 않았고, 지리적으로 분산되어 전 세계에서 산발적으로 창의적 업적이 쏟아져 나오는 것처럼 보였으나 그런 현상마저도 일시적이었다. 그때마다 자발적 혁신의 불꽃이 타오르다가 금세 사그라들었다. 그래프가 보여주듯 축적된 인류의 지식과 능력은 처음 약 300년 동안 전반적으로 약간 증가했지만, 간헐적으로 속도가 정체되거나 심지어 전 세계 발전이 일시적으로 감소하는 기간이 오래 지속되기도 했다. 실제로 수십 년간 아무 혁신도 일어나지 않은 기간도 있었다! 업적이 없다시피 했다. 도이치의 거대한 단조로움이 떠오르는 대목이다.

하지만 대략 1450년 이후부터 사실상 전 세계적으로 창의적 혁신이 폭발적으로 늘어났다. 이런 현상이 왜 일어났는지를 이해하려면 어디에서 일어났는지부터 살펴봐야 한다. AEI 연구에 따르면 이런 현상이 처음에는 거의 전적으로 서유럽에서 발생했으며 이후에 서유럽 사람들이 미국, 캐나다, 호주, 뉴질랜드, 홍콩 등 세계 여러 지역으로 이주하며 본토의 혁신적 문화를 곳곳에 퍼뜨리기 시작했다. 이번에는 혁신의 불꽃이 사그라지지 않았다.

통계를 자세히 들여다보면 놀라운 사실을 알아차릴 수 있다. 예를 들어 AEI 연구에 따르면, 기원전 800년부터 기원후 1950년까지 인류가 성취한 모든 업적의 97퍼센트 이상이 서구 문명이 자리 잡은 지역에서 달성되었다. 글로벌 혁신 지수Global Innovation Index와 같이

1950년 이후 전 세계에서 일어난 혁신 또는 업적을 추적하는 여러 지표가 보여주듯, 1980년대 이후 중국, 일본, 한국을 중심으로 한 아시아 국가가 서구권을 빠르게 따라잡았고 일부 영역에서 선두를 차지한 것도 사실이지만, 서구 문명이 계속 우위를 점하고 있다. 마찬가지로 인도와 이스라엘에서도 혁신이 늘어나는 추세다. 실제로 이스라엘은 1인당 혁신 기준으로 현재 선두 자리로 올라섰다.

왜 서유럽인가?

그렇다면 서유럽에서 창의적 혁신이 폭발적으로 이뤄지기 시작한 이유는 무엇일까? 서유럽에서 대부분의 창의적 혁신이 주로 발생한 지역이 지금은 블루 바나나Blue Banana라고 불리는 회랑 지대(내륙에서 항구로 통하는 좁고 긴 지형—옮긴이주)라는 점을 고려하면 중요한 사실을 알아낼 수 있다.

블루 바나나(표 2.3)에는 밀라노, 취리히, 뮌헨, 브뤼셀, 암스테르담, 런던 같은 현대 도시가 포함된다. 이따금 파리, 피렌체, 프라하가 포함될 때도 있다. 블루 바나나는 유럽에서도 인구 밀도가 유독 높은 지역으로 손꼽힌다. 이 지역이 평균적으로 유럽의 다른 지역을 포함해 전 세계 다른 대부분의 지역보다 시민들을 부유하게 만들었기 때문이다. 블루 바나나는 경제적으로 번영한 지역이다.

블루 바나나가 번영한 두 가지 주된 요인은 널리 보급된 지식과 창의적 기술이다. 표 2.4는 유럽에서 인쇄술이 전파되기 시작한 15

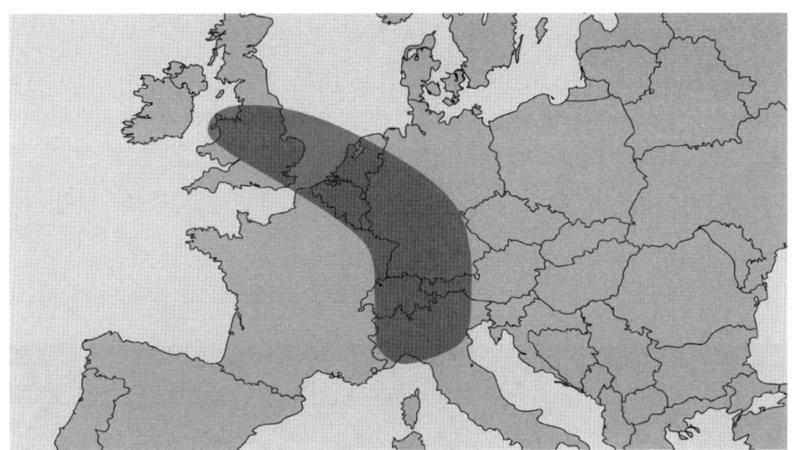

표 2.3 · 블루 바나나

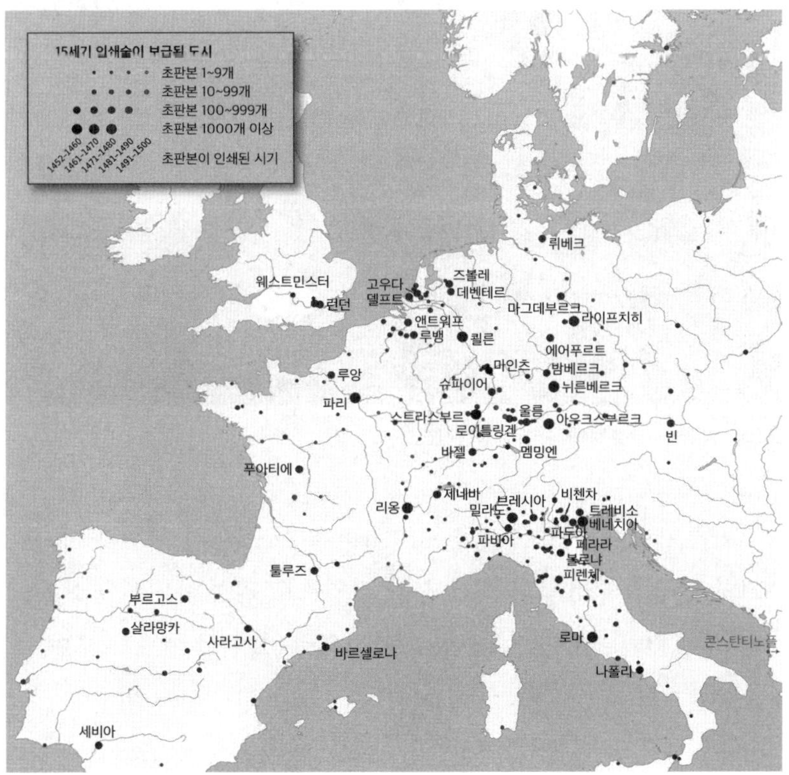

표 2.4 · 15세기 인쇄술이 보급된 도시

세기에 인쇄소가 자리한 유럽 도시들을 보여준다.[4]

물론 인쇄술이 보급된 지역과 블루 바나나가 완전히 일치하지는 않지만 확실히 겹치는 부분이 있다. 우주에서 찍은 현대 유럽 대륙의 모습을 보면 블루 바나나와 다소 유사한 패턴을 찾을 수 있다. 블루 바나나는 밤에도 화려하게 빛난다.

표 2.5 · 블루 바나나를 보여주는 유럽 야간 사진

블루 바나나와 겹치는 지역이 두드러진 지도가 하나 더 있다. AEI의 연구에서 유럽의 핵심 창조 지역으로 일컬은 지역을 표시한 지도다. AEI가 정량적 역사 도구를 이용해 그린 이 지도를 보면, 유럽의 모든 혁신(또는 업적)의 약 절반이 이 지역에서 발생했다.

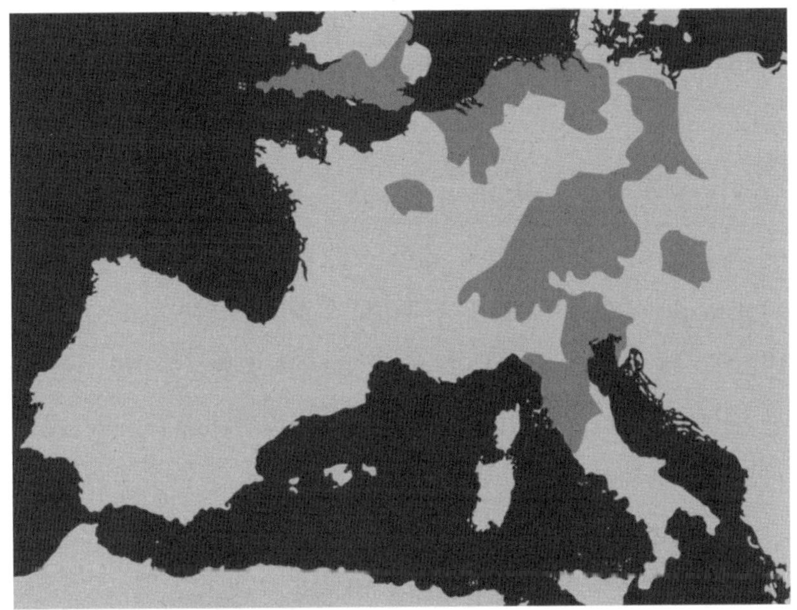

표 2.6 · 유럽의 핵심 창조 지역

이와 같은 결과를 종합적으로 살펴보면 핵심 창조 지역은 해당 면적을 다 합쳐도 전 세계 대륙의 0.1퍼센트에 불과하고, 거주 인구도 전 세계 인구의 약 1퍼센트밖에 되지 않는다.

2750년 동안 전 세계 인구의 1퍼센트가 전체 대륙의 0.1퍼센트 면적에 모여 살면서 혁신과 업적의 약 절반을 이뤄낸 것이다! 게다가 오랫동안 전 세계 혁신의 대부분이 전체 대륙의 1퍼센트에 불과한 서유럽 지역에서 발생했다. 이는 전 세계 인구 99퍼센트가 혁신의 2.5퍼센트만 수행했음을 의미한다. 따라서 맬서스 경제에서 벗어나 자발적 혁신이 폭발적으로 늘어난 배경을 이해하려면 1450년 전후에 전 세계 구석구석에서 일어난 사건을 자세히 살펴볼 필요가 있다.

10배 기술 혁신이 불러온 탈중개화

유럽의 핵심 창조 지역에서 혁신 붐을 일으킨 사건은 인쇄술 도입이었다. 인쇄술은 한국(신라)에서 먼저 개발되었지만, 사용하는 문자(한자)가 수천 개에 달해 인쇄가 매우 번거로웠던 탓에 기술적 이점이 제한적일 수밖에 없었고, 결과적으로 널리 보급되지 못했다. 이와 대조적으로 1539년 구텐베르크Gutenberg가 독일에서 도입한 가동 활판 인쇄술은 급속도로 인기를 얻으며 널리 퍼져나갔다. 유럽인들이 사용하는 문자는 개수가 적어 오늘날 디지털 방식과 비슷하게 처리할 수 있었기 때문이다.

구텐베르크가 발명한 인쇄술은 이른바 10배 기술10x technology에 해당한다. 10배 기술은 기존 기술보다 약 10배 더 효율적으로 문제를 해결하는 새로운 대체 기술을 뜻한다. 구텐베르크의 인쇄술이 등장하기 전에는 필사한 성경책 한 권이 약 300플로린(1252년 이탈리아 피렌체에서 주조된 금화로, 이후 유럽 전역에서 사용돼 화폐를 뜻하는 용어로 자리 잡았다.—옮긴이주)에 팔렸다. 반면 1454년, 구텐베르크는 인쇄기로 찍어낸 성경책을 권당 30플로린에 팔 수 있었다. 생산성이 10배나 개선된 셈이다. 그로부터 불과 29년 후, 인쇄기가 발명된 지 44년 만에 리폴리 인쇄소Ripoli Press는 필경사에게 지불해야 하는 비용의 500분의 1만 들여 책을 찍어낼 수 있었다.[5] 이는 책 인쇄가 10배 기술일 뿐만 아니라 44년 만에 500배 기술로 진화했으며, 5년 반마다 비용 효율성이 2배로 증가했음을 의미한다.

기술이 10배 수준으로 도약하면(500배 도약은 말할 것도 없고) 소수가 아닌 다수가 사용할 수 있는 기술로 진화하게 된다. 인쇄술의 경우, 유럽의 책 출판량은 14세기에 280만 부에서 18세기에는 10억 부로 늘어났다. 약 360배 증가한 것이다.[6]

책이 널리 보급되면서 사람들은 교회나 국가 등에 의존하지 않고도 정보를 얻고 스스로 생각할 수 있게 됐다. 마케팅 용어로 해석하자면, 아마도 이러한 변화는 전 세계 역사상 가장 의미 있는 탈중개화disintermediation(중개인이 배제되는 현상) 사례일 것이다. 10배 기술은 종종 이와 같은 변화를 불러온다.

인쇄술은 10배 이상 성장하는 기술로 전형적인 제3의 결과를 불러온 대표적 사례다. 이러한 혁신은 공급자가 주도적으로 고객에게 제품을 밀어내는 공급자 중심supplier push 모델에서 개별 고객 활동이 특정 고객을 위한 맞춤형 제안이나 제품을 자동으로 결정해 공급을 끌어당기는 고객 중심client pull 모델로 시장 역학을 뒤집곤 한다. 인쇄술이 도입되기 전에는 성직자와 군주가 사람들에게 정보를 제공했지만, 혁신이 일어나자 사람들은 점차 자신이 읽을 책과 소책자를 스스로 선택했다. 권력의 중심에 저항하려는 사람들은 정보를 무기로 사용했다. 신문, 방송, TV, 라디오를 이끈 공급자 중심 모델이 점차 웹 공간의 고객 중심 모델로 대체되었고, 인터넷에서도 이와 비슷한 현상이 일어났다.

10배 이상 성장하는 기술은 탈중개화와 세분화unbundling를 촉진하고 시장 역학을 공급자 중심에서 고객 중심으로 전환하는 경향이 있다.

인쇄술과 인터넷처럼 10배 이상 성장하는 기술은 다른 기술과 생활 방식, 인간 조직에 광범위한 영향을 연쇄적으로 끼치는 경향이 있다. 유럽에서 인쇄술이 조직적으로 미친 영향 중 하나는 바로 개신교의 출현이었다. 1517년 작센 선제후국(오늘날 독일의 일부)인 비텐베르크에 속하는 블루 바나나 지역에서 종교개혁이 시작되었다. 성직자이자 신학자인 마르틴 루터Martin Luther는 비텐베르크 만성교회 정문에 〈95개조 논제〉를 게시했다.

당시 가톨릭교회는 여러 수단으로 막대한 수입을 벌어들이고 있었다. 많은 국가에서 토지를 소유해 경작물을 얻었고, 면죄부를 지니면 자신은 물론 친척까지도 연옥에서 보내는 시간을 줄일 수 있다고 주장하며 신자들에게 면죄부를 팔아댔다. 마르틴 루터와 그를 따르는 개신교 신자들은 이러한 가톨릭교회의 행태를 지적하고 반박했다. 성직자를 통해 신에게 향하는 길을 찾는 것이 아니라, 스스로 성경을 읽고, 책임감을 느끼며 자신의 도덕적 성품을 가꾸고, 각자 구원에 이르는 여정에 나서야 한다는 게 개신교 신앙의 핵심이었다. 이 분권화된decentralized 접근 방식으로 개신교 신앙은 수백 개의 종파로 나뉘었다. 반면 가톨릭교회는 단일 조직으로 남았다.

한편 인쇄술이 발전하면서 과학적 탐구도 장려되었다. 신앙과 상상력에 근거한 포괄적 설명이 환원주의적 사고방식으로 대체된 것이다. 모든 질문은 여러 개의 하위 질문으로 나뉘었는데 이 과정이 단계적으로 계속 이어졌다. 각각의 질문은 가능한 한 실험을 거쳤다. 오늘날에도 이러한 작업은 계속되고 있다. 이제 인류는 대형 강입자 충돌기와 전자 현미경 같은 장치를 사용해 아주 미세한 부분까지 이해하는 수준에 이르렀다.

이러한 발전은 초기에 흥미로운 결과로 이어졌다. 문맹률이 현저히 낮아진 것이다. 수많은 후속 연구에 따르면, 줄곧 가톨릭을 믿은 지역보다 개신교를 믿은 지역의 문맹률이 크게 낮아졌다. 게다가 개신교 신자들은 매우 독특하고 뛰어난 사고방식을 발전시켰다. 하버드대학의 인류학자 조지프 헨릭Joseph Henrich은 저서 《위어드》에서 서구의 교육 수준이 높고, 산업화되고, 부유하고 민주적인 사람들을 위어드WEIRD(Western, Educated, Industrialized, Rich and Democracy)라고 일컬으며 이들의 다양한 특성을 짚어냈다.[7] 예를 들어 위어드는 주로 개신교 신자이거나 개신교 출신인 서구인으로, 개인적 특성과 의도에 초점을 맞추려는 성향이 있다. 반면 위어드가 아닌 사람들은 관계성과 상황에 더 집중한다. 이는 실제로 다양한 문화권의 사람들이 열 가지 다양한 방법으로 다음 문장을 완성하는 실험에서 입증됐다.

나는 ＿＿＿＿＿＿＿＿＿＿이다.

위어드는 대부분 '창의적이다, 장난꾸러기이다, 호기심이 많다'와 같은 개인적 특성을 나타내는 단어로 문장을 채우지만, 위어드가 아닌 사람들은 누군가의 딸, 누군가의 어머니 등 다른 사람과의 관계로 자신을 드러내는 경향이 있다. 다시 말해, 위어드가 아닌 사람들(비서구인)은 자신을 동족의 일원으로 바라보고 친족에게 충성하지만, 외부인은 배타하는 모습을 보인다. 반면 위어드는 모든 사람을 신뢰하는 경향이 있어 자신이 속한 부족을 넘어 기능적인 사회를 형성하는 데 더 능숙하다. 즉 위어드는 유연한 사회적 인맥을 형성하고 확장하는 능력이 뛰어나다. 이들은 작은 집단에 들어갈 때 매우 유연한 태도를 보이며, 거래 집단, 국외 거주 집단, 정당 등 여러 사회적 집단을 옮겨 다닌다. 이는 초사회성hyper-sociality이라는 중요한 현상으로 이어진다.

초사회성의 폭발적 증가

자연은 다른 종과 경쟁하는 가장 효율적인 방법이 협력 관계를 발전시키는 것이며, 초사회성 형성이 이상적임을 보여준다. 생물학적 생태계에서 초사회성이 높은 종은 그렇지 못한 종보다 더 잘 살아남는다. 지렁이를 제외하고 현재 초사회적 인간과 가축(인간에게 길들여진 동물)이 오늘날 지구상에서 가장 큰 생물체 총량을 이루고 있으며, 초사회적인 개미와 흰개미가 그 뒤를 잇고 있다.

**초사회성은 방대한 규모로 협력할 수 있는 능력을 말하며
가장 강력한 경쟁 우위 중 하나다.
초사회성은 창의성을 자극하는 주요 요인이다.**

초사회성은 가상 두뇌를 생성하는 효과가 있다. 예를 들어 대규모 개미 군단은 어떤 일에 협력할 땐 마치 하나의 마음을 가진 하나

의 유기체처럼 행동한다. 그러다 한 시간이 지나면 각각 다른 작업을 수행하는 다양한 개미 군단으로 넘어가 협력할 수 있다. 즉, 이 개미 군단은 다양한 가상 두뇌의 일부가 될 수 있다.

블루 바나나가 유독 성장할 수 있었던 건 이러한 초사회성이 폭발적으로 증가한 덕분이었다. 예컨대 이전에는 전통적으로 가톨릭 종교가 일련의 고정관념을 사람들에게 강요할 만큼 강력한 영향력을 행사했다. 말하자면 가톨릭이 도이치의 계층 법칙과 거대한 단조로움을 시행한 셈이다. 하지만 1450년경부터 사회성이 점점 발전하더니 결국 초사회성에 도달했다.

핵심 창조 지역이 폭발적으로 성장한 순간부터 점점 더 많은 사회성과 초사회성이 나타나 기존의 계층 구조와 단조로움을 대체했다. 풍요로운 시대로 나아가기 위한 9단계를 다시 떠올려보자. 르네상스와 계몽주의, 대항해시대와 종교개혁, 과학 혁명과 산업혁명이 복합적으로 영향을 끼친 덕분에 사람들은 자유롭게 실험하고 발견할 수 있게 되었다. 인류는 개인주의와 실증 실험, 과학적 시도, 장거리 여행 등을 더 많이 누릴 수 있게 되었는데, 이는 모두 초사회성이 요구되는 행동이다. 노동의 분업화도 더욱 활발하게 이뤄졌다. 여기에는 거래와 다양한 기술 조합도 수반되었는데, 이 역시 초사회적 활동에 해당한다.

이처럼 폭발적으로 증가한 초사회성을 들여다보면 사람들이 전반적으로 제품과 서비스, 아이디어를 서로 교환하기 위해 협력하며 끊임없이 변화하는 집단을 이루었고, 마찬가지로 끊임없이 변화하는 가상 두뇌가 형성되었음을 알 수 있다.

초사회성은 오늘날 개인과 조직이 성공적인 퓨처핏을 달성하는 데 필요한 핵심 구성 요소다.

바나나와 혁신의 5C

The Banana and the Five Cs of Innovation

2장에서는 블루 바나나를 야기한 몇 가지 요소를 설명했다. 이제 한 단계 더 깊이 들어가 블루 바나나가 왜 특정 지역에서 특정 시기에 생겨났는지, 창의성과 혁신, 발전에 대해 무엇을 알려주는지, 그리고 인생을 살아가고 조직을 운영하는 방식에 어떻게 영감을 주는지 살펴보려 한다.

먼저 정치와 경제 체제를 제외하고는 거의 모든 특성을 공유하는 대한민국(이하 남한)과 조선민주주의인민공화국(이하 북한)을 보자. 우주에서 찍은 사진에는 두 지역의 차이가 극명하게 드러난다. 밤에 우주에서 한반도를 보면, 고도로 중앙집권화된 공산주의 체제인 북한에는 빛이 거의 없는 반면, 수백만 개의 기업이 경쟁하는 시장경제를 보유한 남한에는 빛이 넘쳐난다.

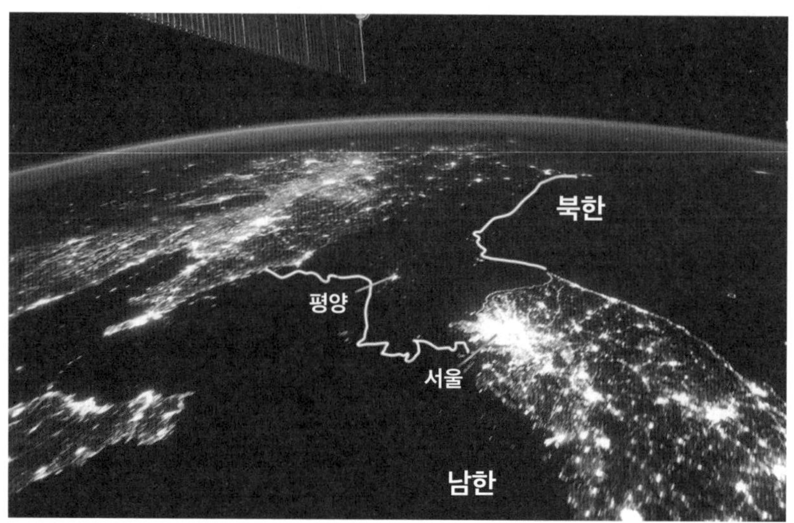

표 3.1 · 남한과 북한의 야간 위성사진

두 지역, 두 기업, 두 사람 또는 두 국가가 맞붙어 있을지라도 하나는 매우 창의적이고 다른 하나는 그렇지 않을 수 있다. 남한과 북한처럼 두드러진 차이를 보이는 곳은 드물지만, 이와 비슷한 현상은 다른 지역에서도 많이 나타난다. 그 차이는 사고방식과 조직 유형에서 비롯된다. 침체에서 혁신으로 전환할 수 있으려면 다섯 가지 중요한 요소를 갖춰야 한다. 이 책에서는 이를 혁신의 5대 요인, 줄여서 혁신의 5C라고 부른다.

- 소규모 집단Compact units
- 협력 네트워크Cooperative networks
- 공통 규칙Common codes
- 변화 매개Change agents

- 경쟁Competition

소규모 집단

먼저 단위부터 살펴보자. 소규모 단위는 새로운 아이디어를 생각하는 데 가장 적합하다. 네트워크의 평균 단위가 작을수록, (그리고 단위 개수가 많을수록) 시스템은 더 많은 창의성을 생성한다. 가령 한 공간에 있는 100명에게 특정 문제를 해결할 아이디어를 구상하라고 할 때, 가장 효율적인 방법은 이들을 두세 명으로 이뤄진 소규모 팀으로 나누어 독립적으로 문제를 해결하게 한 후, 차례로 해결책을 발표하고 모두가 최상의 제안에 투표하는 과정을 반복하는 것이다. 크라우드소싱 디자인을 지원하는 온라인 그래픽 디자인 서비스인 99디자인99designs에서는 이와 같은 과정으로 로고 공모전이 진행된다. 우선 99디자인에 모집 글을 게시하면 많은 디자이너가 각각 디자인을 제출한다. 게시자는 각 디자인을 평가하고 디자이너가 볼 수 있도록 답변을 남기고, 이를 확인한 디자이너는 드로잉 보드로 돌아가 새롭게 개선된 디자인을 제출하는 식이다. 이 과정이 여러 번 반복된다. 이 책에서는 이를 '창조적 순환Creative Loop'으로 부르려 한다.

한 번에 한 고리씩 인류를 디자인하기

창조적 순환은 보편적으로 효율적이다. 실제로 2014년 미국자연사 박물관의 고생물학자 이언 태터솔Ian Tattersall은 설득력 있는 이론을 제시하며 인류가 어떻게 유사한 과정을 거쳐 유전적으로 진화할 수 있었는지 설명했다.[1] 내용은 다음과 같다.

- 인류의 조상인 선행 인류prehumans는 대체로 습한 밀림과 건조한 대초원이 번갈아 나타나는 아프리카에 살았다.
- 이는 선행 인류가 비옥한 밀림에서 번성하는 삶과 다소 척박한 대초원에서 포식자에게 쉽게 발각될 위험을 안고 고군분투하는 삶을 계속 번갈아 경험했음을 의미한다.
- 대초원에서 힘겹게 살아야 하는 단계를 거칠 때마다 소규모 집단으로 개체 수가 급격하게 감소하면서 동족 번식까지 해야 할 지경에 이르렀고, 이는 유전적 창의성의 한 형태인 유전적 돌연변이를 가속화했다. 즉 동족 번식이 변화 매개가 된 것이다.
- 하지만 자연환경이 다시 비옥해질 때마다 지역 인구가 증가하고 다시 서로 연결되면서 최고의 유전자가 최후의 승자로 남는 유전자 경쟁이 벌어졌다. 이처럼 분리와 경쟁을 오가는 패턴은 적자생존에 따른 급속한 유전적 변화를 가져왔다. 즉 창조적 순환이 진동하며 작동한 것이다.

이러한 혼란은 사회성과 초사회성 개념에 또 다른 관점을 더한다. 사회성과 초사회성은 양극을 계속 오가는 창조적 순환이 더해질 때 가장 효율적이며, 이러한 현상을 '진동하는 초사회성'으로 부를 수 있다.

창의적인 여러 집단이 처음에는 분리된 상태로 발명을 하다가
이후 경쟁을 벌이거나 협력해야 하는 상황에 직면하고
이러한 과정이 반복되는 사회 시스템에서 순환 과정이 일어나는데
이것이 바로 창조적 순환이다. 이는 진동하는 초사회성으로도 불린다.

소규모 집단에서 통찰력, 결정력, 결과는 밀접하게 연결된다. 즉 아주 작은 단위에서는 결정을 내리는 힘은 개인적 통찰력에 근거하며, 결정에 따른 결과는 좋든 나쁘든 그 영향이 빠르게 체감된다. 이러한 현상으로 매우 빠른 학습 주기가 만들어진다.

오늘날 기업가들이 말하듯, 소규모 집단은 '실패를 앞당길 것'이다. 개인과 조직이 퓨처핏을 갖추려면 충분한 통찰력과 결정력, 결과를 계속 반복적으로 얻어야 하며 시스템에 기대어 이러한 과정을 형성하고 창의성을 유지해야 한다.

통찰력, 결정력, 결과가 밀접하게 연결되어 있어
학습 주기가 가장 빠르고 정확할 수 있는 작은 단위에서
실패를 앞당기는 과정이 가장 효과적으로 작동한다.

반면, 고도로 중앙 집중화된 시스템에서는 결정력이 통찰력과 종종 동떨어져 있고, 그러한 결정으로 비롯된 결과와도 동떨어져 있다. 이러한 이유로 중앙 집중화된 대규모 사회 시스템은 유용한 혁신을 이루지 못하며, 수십 년 이상까진 아닐지라도 수년 동안 계속해서 잘못된 방향으로 향할 가능성이 훨씬 높다. 북한처럼 말이다.

협력 네트워크

소셜 미디어 시대를 사는 우리는 모두 협력 네트워크의 어마어마한 영향력을 인지하고 있다. 하지만 이러한 이점은 인생의 다른 측면에도 존재하며 인터넷이 등장하기 훨씬 전부터 중요한 역할을 담당했다. 예를 들어 인쇄소가 위치한 유럽 도시를 표시한 표 2.4를 보면 도시가 주로 강변에 자리 잡고 있음을 알 수 있다. 왜 그럴까? 강을 따라 왕래하며 무역을 할 수 있었기 때문이다.

무역은 양측 모두 이익을 얻는 거래를 뜻한다. 상호 이익이 되기 때문에 모두에게 유리한 거래는 보통 자발적으로 일어난다. 서로 이익을 얻는 자발적 거래는 대체로 자연스레 거래량이 늘기 마련이고, 때로는 그 정도가 폭발적이기도 하다.

이제 네트워크를 통해 사람들이 움직이고 상품과 서비스, 아이디어를 교환할 수 있게 되면서 새로운 혁신과 사회적 협력으로 이어질 수 있는 새로운 조합이 늘어났다. 이는 개인 간에 매우 광범위한 협력이 일어나는 초사회성을 자극할 수 있다. 생물학자 로버트 라이트Robert Wright는 진화를 하나의 거대한 다중 사용자 게임으로 볼 수 있다고 설명했다. 다중 사용자 게임에서는 가장 능숙하게 협력을 촉진하는 사람(즉 모두에게 유리한 거래를 촉진하는 사람)이 압도적으로 승리한다. 다시 말해 전 세계가 참여하는 이 게임에서 모든 사람이 경쟁과 더불어 협력을 경험하게 된다. 가장 효율적으로 경쟁하는 방법은 바로 협력 관계를 잘 형성하는 것이다.

오늘날까지도 전 세계 전통적인 무역로에 자리한 도시들에 부가 집중돼 있다. 이 도시들에서 모두에게 유리한 거래가 가장 많이 이뤄질 수 있고 결과적으로 초사회성까지 누릴 수 있기 때문이다. 실제로 전 세계 풍요로운 대도시들은 지금도 해안선이나 강변에 자리하고 있다. 해안선이나 강변이 아니라면 적어도 주요 공항에서 가까운 곳에 위치한다.

유럽에서 호모 사피엔스가 네안데르탈인을 이길 수 있었던 이유는 네트워크의 강력한 힘으로 설명할 수 있다. 네안데르탈인은 신체적으로 추운 북부 지역에 훨씬 잘 적응했지만 거래를 하지 않았고, 호모 사피엔스는 거래를 했다. 거래를 한 호모 사피엔스는 경쟁을 벌이면서도 협력하는 데 능숙했기 때문에 네안데르탈인보다 더 큰 규모의 군대를 조직해 규모가 작은 네안데르탈인 집단을 하나씩 공격하고 쓰러뜨릴 수 있었다. 초사회성이 또다시 승리한 것이다.

이러한 이론은 그동안 무역을 가장 많이 한 문명이 가장 큰 성공을 거둔 실제 사례와도 일치한다. 개인 수준에서도 마찬가지다. 영업, 마케팅, 금융 거래에 뛰어난 사람들은 생산에 뛰어난 사람들보다 금전적으로 더 나은 성과를 올리는 경우가 많다. 초사회성을 잘 촉진한 기업 역시 종종 눈부신 성과를 거둔다. 자발적 협력을 잘 이끈다면 진정으로 좋은 성과를 거둘 수 있다.

**일반적으로 협력을 잘하는 사람은
경쟁을 잘하는 사람보다 더 나은 성과를 올린다.
진동하는 초사회성을 갖춘 사람들이 가장 좋은 성과를 낸다.**

공통 규칙

사람들이 거래하고 혁신할 땐 여러 이유로 표준화되고 공통된 규칙이 필요하다. 세 번째 혁신 요인인 공통 규칙 말이다.

가장 유용한 공통 규칙 중 하나는 돈이다. 서로 인정하는 교환 수단이 있으면 훨씬 수월하게 거래할 수 있다. 또 다른 유용한 공통 규칙은 널리 채택된 무게와 부피 단위다. 예를 들어 로마제국은 양쪽에 손잡이가 달린 항아리인 암포라amphora를 기준 단위로 삼아 광활한 영토를 균일한 규격으로 측정했다. 현대에는 표준화된 선적 컨테이너와 킬로그램, 리터, 갤런, 마일 등을 사용한다. 2022년 유럽연합EU과 나토NATO에서 러시아의 SWIFT(200여 개국에서 국제 거래에 사용하는 보안 메시징 시스템) 사용을 막는 등 여러 제재를 시행하면서 러시아가 큰 어려움을 겪었듯이, 송금에 필요한 공통된 시스템을 갖추는 것은 거래의 필수 요건이 되었다.

실험이나 업무 성과를 기록할 수단으로도 공통 규칙이 필요하다. 공통 규칙이 존재해야 알게 된 내용을 다른 사람들과 공유해 성공을 재현하고 보증하고, 거래하고 보상할 수 있다. 재산 증서, 특허권, 저작권, 문헌, 상표, 회계 시스템, 측정 단위 등이 이러한 목적으로 활용된다. 예를 들어 99디자인에서 비용을 들여 로고 공모전을 개최해 확보한 멋진 로고를 상표로 등록하면 무단 복제를 막을 수 있다.

또 다른 공통 규칙은 운동 경기 규칙이다. 예를 들어 선수들이 규칙에 동의하지 않는다면 축구 경기를 진행할 수조차 없다. 이와 비슷한 이유로 현대 사회는 기술 무역 표준과 무역 협정, 표준 계약 등을 확립하는 데 많은 노력을 기울인다. 미터법과 선적 컨테이너, 인터넷 패키지 등 측정 단위와 운송 표준도 유용하다. 경기장을 측량하고 규칙을 정의해야 경기가 시작된다! 많은 거래가 일어나는 사회에서는 노동의 결실을 기록하고 전달하고 보호하기 위해 이러한 규칙을 확립한다. 이때 활용되는 훌륭한 기술이 종종 발전을 거듭한다.

변화 매개

부정적 변화가 일부 포함되는 한이 있더라도, 자발적 변화가 있어야 발전이 이뤄진다. 앞서 호미닌(인간의 직계 조상으로 여겨지는 종족)이 기후 변화로 인해 밀림과 대초원을 번갈아 경험하면서 진화한 방식을 살펴보았다. 기후 변화는 동족 번식을 한 시기에 유용한 변화 매개가 된 것으로 보이며, 이는 다시 유전자 공급원을 바꾸었다. 현대 사회에서 개인은 점점 더 강력해지고 있다.

고립된 공동체 또는 이동을 엄격하게 제한하고 검열하는 국가(북한을 떠올려보자)에서는 변화 매개가 적기 때문에 공동체가 발전하지 못한 채 정체되거나 무너지기 쉽다. 반면 언론과 무역, 사회적 상호작용이 자유로운 개방된 사회에서는 아이디어가 넘쳐나고 변화 매개가 번성하며 부가 증가하는 경향이 있다.

요컨대, 사람과 상품, 서비스, 아이디어, 데이터 등이 끊임없이 유입되면서 지속적으로 변화가 이뤄진다. 하지만 찰스 다윈Charles Darwin이 지적했듯, 여기에는 한 가지 요소가 더 필요하다. 바로 경쟁이다.

경쟁

경쟁이 이뤄지면, 좋지 못한 아이디어는 퍼지지 않고, 좋은 아이디어가 대폭 증가해 발전하게 된다. 예컨대 99디자인은 모두가 볼 수 있도록 디자인을 공개적으로 평가하며 경쟁을 부추긴다. 조직도 마찬가지다. 직원 평가가 생기고 직업 간 이동이 잦아진 현시대에는 조직의 수명이 그 어느 때보다 짧아졌다.

사회 시스템에서 경쟁이 꼭 필요한 이유는 아이디어 대부분이 그리 적절하지 못해서다. 예를 들어, 사바나에서 선행 인류의 동족 번식이 유발한 대부분의 유전적 변화는 분명 부정적 영향을 끼쳤을 것이다. 그런데도 이들이 장기적으로 생존할 수 있었던 비결은 훨씬 희귀하고 유익한 변이가 승리를 거머쥔 덕분이었다. 즉 경쟁 덕분이다.

경쟁이 혁신에 꼭 필요한 원동력이며, 극단적 경쟁은 종종 극단적 혁신을 불러온다는 사실은 너무도 강렬한 경험으로 입증되었다. 이를테면 대규모 전쟁은 극단적 경쟁을 불러일으켜 폭발적 혁신을 초래한다. 코로나19 위기는 사실상 인류와 바이러스 간 경쟁이었으며, RNA 백신과 변이 바이러스 분야에 빠른 혁신을 일으켰다.

바꿔 말하면 경쟁이 없는 시스템은 종종 정체되거나 완전히 쇠퇴하기 쉽다. 이러한 문제는 특히 공공 부문에서 종종 발생하는 독점과 관련이 있다. 실제로 맥킨지McKinsey에서 진행한 글로벌 연구에 따르면, 장기적으로 공공 부문은 시간이 지나면서 평균 생산성이 거의 제로(0)에 수렴된다.[2] 그런데도 전체 1인당 GDP 성장률이 약 2퍼센트를 달성하는 건 민간 부문에서 생산성이 매년 2퍼센트 이상 증가하기 때문이다.

바나나의 탄생

지금까지 혁신의 5C를 살펴보았다. 앞으로 설명할 블루 바나나도 이러한 5대 요인이 동시에 발생한 덕분에 빠르게 성장할 수 있었다.

먼저 로마제국의 부상과 몰락을 살펴보자. 첫째, 로마제국은 특별히 창의적인 국가는 아니었다. 앞서 생겨난 그리스 문명과 달리

로마제국은 약 1000년 동안 전 세계 인구의 3분의 1을 지배할 정도로 광활한 영토를 자랑했지만 그다지 많은 것을 발명하진 못했다. 그 대신 고대 그리스를 비롯한 다른 문명이 앞서 발명한 기술을 성공적으로 확장할 수 있었다. 로마인들은 거래를 촉진하는 기반 시설을 만드는 데 능했다. 그러나 로마인들이 창조한 것은 사실상 최초의 르네상스였다. 왜냐하면 이들이 그리스 도시국가에서 이전에 창조된 아이디어를 기반으로 했기 때문이다(우리에게 익숙한 르네상스는 역사상 두 번째로 도래한 르네상스 시대로 볼 수 있다).

그리스인들은 굉장했다! 그렇다면 창의성 측면에서 무엇이 고대 그리스에는 있고 로마에는 없었을까? 그것은 바로 여러 개의 소규모 집단이다. 고대 그리스 문명이 가장 창의적이었던 시기에 그리스는 국가가 아니었다. 700~1000개의 도시국가가 느슨한 동맹을 형성하고 있었고, 대부분은 규모가 아주 작았다. 이러한 도시국가들은 반복적으로 빠르게 변화하는 상황에서 서로 협력하는 동시에 경쟁했다. 이들은 경쟁하고 전쟁을 벌였지만 공통된 언어를 구사하고 공통된 (무게, 부피) 측정 단위와 통화를 사용했으며, 해상으로 쉽게 이동할 수 있었다. 즉 그리스가 도시국가였던 시대에 혁신의 5C가 존재했다. 그리스는 진동하는 초사회성을 갖추고 있었기에 자발적 혁신이 가능했던 것이다!

그리스 문명은 기원전 335년 알렉산더 대왕이 제국으로 통합한 후 창의성을 대부분 잃고 말았다. 하지만 그 사상이 이탈리아 도시국가였던 로마에서 되살아났다. 그 후 로마는 또 다른 제국으로 성장했다. 처음에는 상당히 분권화된 상태였지만 점차 중앙집권화되었다. 하지만 서로마제국은 476년에 과도한 군사비 지출과 과세, 사기 저하 등 여러 문제가 발생하면서 몰락했고, 이후 서유럽은 여러 국가로 분열되었다. 고도로 창의적이었던 고대 그리스 시대와 유사하게 규모가 아주 작은 도시국가가 대부분이었다. 사실 로마가 멸망한 후 한때 서유럽에는 약 5000개 국가가 있었는데, 특이하게도 이들은 지금까지 남아 있는 안도라, 리히텐슈타인, 룩셈부르크, 몰타, 모나코, 산마리노, 바티칸시국 그리고 자치권을 가진 스위스의 여러 주와 면적이 비슷했다.

이는 창의성이 폭발적으로 늘어나는 계기로 작용했다. 흥미롭게도 이러한 현상은 서유럽의 10퍼센트를 차지하는 블루 바나나에서 주로 나타났다. 규모는 작아도 고도의 창의성을 보인 서유럽 시역은 작은 도시국가로 남았던 기간이 다른 유럽 지역보다 약 500년이나 길다는 점에서 차이가 있다. 아마도 극단적인 분권화를 오랫동안 경험했기 때문에 부유해졌을 가능성이 크다.

오늘날 중세 시대를 끔찍하다고 여기는 사람들이 많을 테지만, 당시 유럽 대륙의 많은 지역에 혁신의 5C가 다시 생겨난 덕분에 많은 혁신이 일어났다는 사실을 아는 사람은 거의 없을 것이다. 이제 유럽은 가톨릭교회의 역할과 별개로 고도로 분권화된 정치 구조뿐 아니라 로마인이 건설한 훌륭한 도로와 항구, 공통된 문자(라틴어)와 도량형, 달력까지 갖추게 되었다. 도시국가 시대를 거치면서 도시국가와 기업 간 치열한 경쟁과 협력도 일어났다.

그 효과는 놀라웠다. 이를테면 1900년까지 서유럽 혈통의 사람들이 전 세계 육지와 경제의 약 85퍼센트를 통제하면서 거의 독보적

으로 전 세계 바다를 지배했다. 당시 혁신이 일어났고 혁신의 5C가
모두 존재했기 때문에 이 모든 일이 가능했다. 이는 분권화에 의해
촉발된 결과로 볼 수 있다.

오늘날 작은 국가가 큰 국가보다 더 잘 성장하는 경향이 있음
을 이 대목에서 언급할 필요가 있다. 2014년 크레디트스위스Credit
Suisse는 소규모 국가(인구 1000만 명 미만)를 나머지 국가와 비교해 이
사실을 입증했고, 평균적으로 소규모 국가가 인간개발지수Human
Development Index와 국가경쟁력 지표Country Strength Indicator에서 상당히 높
은 점수를 기록했다는 점을 발견했다.[3] 게다가 대규모 국가에서 분
리 독립한 크로아티아, 리투아니아, 카자흐스탄과 같은 소규모 국가
의 상대적 성장률도 평균적으로 개선되었다.

첫 번째 불꽃과 생태계

이 모든 현상에는 주의해야 할 사항이 하나 있다. 마른 나무로 만들
고 마른 건초로 가득 채운 헛간은 불이 나면 빠르게 타버릴 가능성
이 있지만, 실제로 불이 나는 경우는 드물다. 예를 들어 벼락이 치면
서 불꽃이 일어야 하는데, 이런 일은 그리 자주 일어나지 않는다.

혁신의 5C가 분명하게 존재하는 사회 시스템에도 이와 같은 논
리가 적용될 수 있다. 누군가가 혁신 과정을 시작하고 다른 사람들
에게 영감을 주어야 한다. 이러한 이유로 특정 지역에서 일정한 창
의적 역량이 집단을 이뤄 나타나곤 한다. 예를 들어 블루 바나나에

속하는 이탈리아 북서부 해안(주로 라스페치아에서 리보르노에 이르는 지역)에는 대형 고급 요트 제조, 모데나에는 고급 스포츠카, 밀라노에는 패션, 스위스 비엘에는 시계 제조, 추크와 취리히에는 블록체인과 암호화폐, 바젤에는 제약사, 뮌헨에는 자동차 제조 산업단지(클러스터)가 있다. 이러한 산업 클러스터가 진화해온 이유는 혁신에 이른바 경로 의존성path dependency이 존재해서다. 즉 어떤 지역에서 앞서 개발된 기술은 향후 같은 지역 내에서 개발될 가능성이 높은 다른 기술에 영향을 미친다.

정반대 현상이 일어나기도 한다. 많은 국가에서 원자력을 둘러싼 대중의 반감이 거세지자 원자력 가격을 공격적으로 낮추고 품질을 점진적으로 높일 수 있는 대량생산의 길이 막혔다. 결국 이렇게 높아진 생산 비용은 원자력을 반대하는 근거가 되었다.

혁신에는 경로 의존성이 존재한다.
과거에 성과를 낸 분야는 향후 성과를 낼 분야에 영향을 미친다.
즉 탁월한 역량은 한동안 지속되는 경직성을 보인다.

산업 클러스터를 형성하는 접착제 역할을 하는 건 초사회성이다. 예를 들어 이탈리아 북부의 고급 요트 제조업체는 수천 곳의 현지 하도급 공급업체와 관련 교육 시스템에 의존한다. 이 모든 것이 서로 협력하고, 시간이 지나며 점점 더 끈끈해지게 된다. 한편 기술 중심 생태계에서 초사회성을 일으키려면 다음과 같은 조합이 필요하다.

- 다국적 기업의 연구 개발 센터
- 관련 교육 기관
- 현지 벤처 금융/사모 펀드 업계의 성장
- 인재를 사로잡을 생활 여건

이와 같은 조합이 이뤄지면, 수많은 근사한 신생 기업(스타트업)이 모여들 수 있다. 경로 의존성은 특정 산업 클러스터가 형성될 수 있음을 의미한다. 하지만 스타트업이 생겨날 것으로 예측하기는 쉬워도 정확히 어떤 기업이 업계를 지배할지 알아맞히기는 거의 불가능하다.

5C와 세 가지 추가 요인

지금까지 창의성과 혁신이 번성할 수 있는 조건과 고도의 혁신을 일으킨 블루 바나나가 등장한 이유를 살펴보았다. 그렇다면 혁신이 계속될지, 계속된다면 어디에서 어떻게 발생할지 의문이 들 것이다. 이를 이해해야 미래의 추세를 탐색하고 구체화할 수 있다. 다행히 혁신은 점점 더 빠른 속도로 계속될 것이며, 이러한 성장은 전 세계적 현상이 될 것으로 전망된다. 혁신을 가속화하는 요인으로는 앞서 언급한 5C 외에 연결성connectivity, 조합 폭발combinatorial explosion, 전산화computerization를 추가로 들 수 있다. 이에 대해서는 다음 장에서 자세히 설명하겠다.

혁신 가속화

Innovation Accelerators

전 세계 대륙의 극히 일부 지역이 혁신의 가장 큰 몫을 책임지는 시대는 오래전에 끝났다. 예를 들면, 최근 몇 년 동안 아시아에서 혁신이 폭발적으로 늘어났다. 오늘날 아시아 지역은 전 세계 스마트폰 생산량의 약 60퍼센트를 담당한다. 이제 변화의 중심지가 블루 바나나에서 전 세계의 잠재된 혁신 지역으로 이동하고 있다. 이중에서도 짚고 넘어가야 할 곳은 바로 중국이다. 중국은 2000년까지 혁신 면에서 상대적으로 미미한 결과를 냈지만, 시장 경제가 성장하면서 이제 매년 전 세계적으로 새로운 특허를 가장 많이 등록하는 국가가 되었다. 중국은 전 세계 슈퍼컴퓨터의 약 45퍼센트를 보유하고 있으며 5G 연결을 앞장서서 시행할 것으로 보인다. 또한 전 세계 전기차 제조업체 절반이 중국에 거점을 두고 있다. 중국은 고속철도 업계를 선도하고 있고, 우주 탐사와 원자력, AI, 유전체학 분야에도 본격적으로 진출했다. 국경을 넘어 외국 스타트업에도 막대하게 투자하며 영향력을 넓히고 있다.

미래의 기술 강국

전체 특허 등록 개수에서 중국 다음으로 상위권에 오른 나머지 5개 국가 및 지역은 미국, 일본, EU, 한국이다. 6위는 러시아인데 상위권과의 격차가 크다. 이 지역들과 더불어 이스라엘, 스위스 등 몇몇 국가가 전 세계에서 가장 혁신적인 도시를 꼽는 여러 순위에서 상위권을 휩쓸었다. 예컨대 샌프란시스코와 실리콘밸리는 여전히 스타트업을 가장 활발하게 유치하는 지역이며, 도쿄는 가장 많은 특허를 보유한 도시다. 베이징은 유니콘 기업(기업 가치가 10억 달러 이상인 스타트업)을 가장 많이 배출하고 세계에서 세 번째로 많은 벤처 캐피탈 자금을 조달했다. 런던에서는 전체 인력의 15퍼센트가 첨단 기술 분야에서 일한다. 파리는 유럽에서 특허 출원으로 선두를 달리고 있고, 뉴욕은 〈포춘〉이 선정한 500대 기업의 본사가 가장 많은 도시다.[1]

그렇지만 다른 도시들이 이러한 경쟁을 손 놓고 멍하니 보고만 있는 건 아니다. 머지않아 '차세대 실리콘밸리'로 불릴 도시와 지역이 30곳 이상 생겨날 것이다. 잘 알려진 유력 지역 외에 헬싱키, 자카르타, 라고스, 멜버른, 몬트리올, 모스크바, 뭄바이, 상파울루, 싱가

포르, 취리히, 텔아비브 같은 중심지(허브)도 이에 해당한다. 많은 지역이 몇몇 기술이나 산업(예를 들어 몬트리올의 AI 또는 싱가포르의 핀테크)에 초점을 맞추고 있다.[2] 흥미롭게도 영국이 EU에서 탈퇴한 이후, 미국과 영연방 국가들을 중심으로 새로운 연합이 구축되었다. 전 세계 다른 지역에서도 이와 유사한 지역별 협력이 이뤄지고 있다. 구매력이 변화하고 전 세계 모든 대륙에서 새로운 대규모 소비자 계층도 등장하고 있다.

확실히 블루 바나나가 초기에 누린 혁신 패권은 끝났다고 결론지을 수 있다. 그러나 혁신 허브의 다양성이 어떻게 상대적인 국력을 바꾸고 다극화된 세상을 불러올지는 그리 분명하지 않다. 혁신은 미래의 경제 성장과 자본으로 이어져 장기적으로 권력을 낳는다.

안타깝게도 2022년 러시아 사례가 증명하듯, 여전히 대규모 군대로 다른 국가를 위협할 수 있는 시대다. 하지만 이러한 시대는 저물고 있다. 전 세계는 미사일 군비 경쟁에서 데이터와 혁신 경쟁으로 옮겨갔다. 이러한 변화는 코로나19 백신 경쟁에서 분명하게 드러났다. 팬데믹이 선언된 지 1년도 채 되지 않았을 때, 미국, EU, 러시아, 중국 등 4개의 중심 세력이 모두 백신을 생산했다. 이들은 백신 생산과 유통, 보관을 통제해 자국민에게 먼저 백신을 접종하도록 조치할 수 있었다.

블루 바나나에서 집중적으로 발생한 혁신은 서구 문명 전체로, 그리고 전 세계로 확산되었다. 인류는 전례 없이 빠른 속도로 이뤄진 변화에 직면하고 있고, 생물학적으로나 정신적으로 이처럼 빠른 변화 속도에 아직 충분히 적응하지 못했다. 즉 복잡성의 수준이 급격히 늘어나고 있지만, 이를 제대로 이해하고 처리할 준비는 되지 않았다.

바이러스와 네트워크 효과(연결성)

계층 법칙과 거대한 단조로움은 바이럴(바이러스성) 효과viral effects로 인해 가장 폭발적으로 깨진다. 코로나19를 떠올려보면 이해하기 쉽다. 바이러스 질환보다 덜 해로운 사례로는 틱톡이나 유튜브에서 공유되는 동영상 클립이 있다. 바이럴 효과는 유해하거나 중립적이거나 유익할 수 있다. 오늘날 네트워크 효과와 디지털 바이럴 현상이 과거와 다른 점은 인류 역사상 처음으로 전 세계가 완전히 연결되어 있다는 점이다. 전 세계 인구의 거의 60퍼센트에 달하는 46억 6000만 명이 온라인에 접속할 정도로 전 세계 인구 대부분이 온라인에서 활동하고 있다.[3] 선진국에서는 인터넷 보급률이 95퍼센트에 육박한다. 현재 전 세계 인구의 50퍼센트 이상이 소셜 미디어를 정기적으로 사용한다. 물리적으로도 생계와 업무, 관광을 목적으로 해외를 오가는 사람들이 점점 늘고 있다. 관광을 예로 들자면, 국제 항공편 이용자 수는 1950년에 2500만 명, 1990년에 4억 4000만 명, 2018년에 14억 명이었다. 이 숫자는 기하급수적으로 계속 증가해 2030년에는 약 20억 명에 달할 것으로 전망된다.[4] 소득과 해외여행은 확실히 양의 상관관계를 보인다. 일부 선진국에서는 사람들이 연평균 2회 이상 해외여행을 떠나고,[5] 국내 여행 횟수도 점점 늘어나는 것으로 나타났다.

이 모든 것이 엄청난 초사회성을 만들어내고, 더 나아가 네트워크 효과와 바이럴 현상의 잠재력과 영향력을 끌어올린다. 이는 다시 아이디어와 혁신, 새로운 기술이 매우 빠르게 전파될 수 있음을 의미한다. 혁신의 5C를 떠올려보자. 연결성은 각각의 혁신 요인을 강화하고, 소규모 집단은 이제 개인 수준에서 이뤄진다. 실시간으로 상호작용할 수 있는 글로벌 협력 네트워크도 있다. 애플 또는 안드로이드 앱 스토어와 5G 네트워크 같은 전 세계(또는 적어도 지역) 시장에서 통하는 공통 규칙은 변화 매개가 번성할 기회를 늘리며, 이로 인해 점점 더 많은 산업에서 전 세계적 경쟁이 벌어지고 있다. 그렇게 대유행이 시작된다!

조합 폭발과 상호의존성

지식과 혁신은 밀접하게 연관되어 있다. 혁신은 주로 기존의 것을 새로운 방식으로 조합할 때 일어나므로, 혁신 과정은 본질적으로 폭발적이다. 즉 더 많이 개발할수록 더 많은 것을 만들 수 있다. 예를 들어 제품 유형이 A와 B만 있는 경우 계층 법칙이 없으면 AA, AB, BB 등 세 가지 방식으로 결합할 수 있다. 하지만 제품 유형을 기존의 두 배인 4가지(A, B, C, D)로 늘리면 조합 가능한 수가 3개에서 14개로 늘어난다. 기본 구성 요소를 더 늘리면 수학자들이 조합 폭발로 일컫는 현상이 발생한다. 따분한 단조로움 대신에 폭발적 혁신이 펼쳐지는 것이다.

**혁신은 더 많은 혁신을 낳고, 혁신의 5C가 존재할 때
그 과정은 기하급수적으로 증가한다.
이는 여러 혁신을 재조합하는 공진화**coevolution**(한 생물 집단이 진화하면
이와 관련된 다른 생물 집단도 진화하는 현상—옮긴이주) 때문이다.**

세상에는 여러 방법을 조합해 더 나은 해결책을 만들어낸 사례
가 많다. 예를 들어 디지털 사진이 처음 세상에 나왔을 때만 해도 아
날로그 사진보다 화질이 훨씬 떨어졌다. 하지만 디지털 이미지와 로
컬 디지털 스토리지, 인터넷, 클라우드 컴퓨팅, 소셜 미디어를 조합
하자 초기의 단점이 보완돼 놀라울 만큼 선명한 이미지를 얻을 수
있었다. 이는 앞서 언급했듯 다소 확정적 패턴을 보이며 진행되는
혁신의 특징을 잘 보여주는 사례다. 각각의 새로운 핵심 혁신은 다
른 특정 혁신과 맞아떨어질 때 비로소 가능해진다. 이러한 인과관
계를 엿볼 수 있는 최신 사례로는 스마트폰 출시를 들 수 있다. 스마
트폰이 소비자의 마음을 사로잡는 제품이 되기 위해서는 상시 연결
되는 기능과 디지털 카메라, 정확한 터치스크린 기술, 나침반, 에너
지 밀도가 높은 배터리, 빠른 프로세서, GPS 등이 필요했다. 2000년
GPRS가 상시 연결 문제를 해결했고, 그 후 몇 년 사이 다른 기술이
휴대전화에 적합한 수준으로 기하급수적으로 발전했다. 2005~2009
년에 이 모든 것을 결합한 스마트폰을 출시할 수 있는 여건이 마련
됐지만, 기존 휴대전화 업체들은 이를 간파하지 못했다. 애플이 이

러한 가능성을 알아봤고 2007년에 최초로 스마트폰을 출시했다.

이언 모리스Ian Morris의 저서 《왜 서양이 지배하는가》에서 이러한 현상을 뒷받침하는 역사적 증거를 찾을 수 있다. 인류가 최초로 발명한 주요 기술 20개 중 15개가 서양과 동양에서 각각 독립적으로 생겨났는데, 모두 동일한 과정을 거쳤고,[6] 약 2000년이라는 시차도 발생했다. 모리스가 이 책의 서문에서 밝히길, "동서양은 지난 1만 5000년 동안 같은 순서를 밟으며 같은 사회 발전 단계를 거쳤지만 같은 시기에 같은 속도로 발전하진 않았다."

과거와 다른 점은 오늘날 10배 이상 성장하는 혁신을 비롯해 수많은 혁신 기술이 존재하며, 우리가 변화의 전반적인 속도가 폭발적으로 증가하는 세상에 살고 있다는 사실이다. 인류는 흐릿한 미래를 향해 돌진하고 있다. 미래가 예측 불가능해 보일지라도, 사실상 대부분은 이미 정해져 있기에 어떤 일이 벌어질지 상당 부분 파악할 수 있다.

속도도 마찬가지다. 기하급수적 추세가 도약의 정점에 이르렀고, 도약하는 과정에서 새로운 방식으로 조합될 것이다. 이처럼 상호의존성이 존재하므로, 우리는 어느 정도 확신을 품고 구체적으로 전망하기 위해 많은 것을 예측해야 한다. 말하자면 레이저로 어느 한 곳을 찍어 집중하는 게 아니라 레이더로 탐지하듯 폭넓은 관점으로 세상을 바라봐야 한다. 세부 사항을 확인한 뒤에는 큰 그림을 볼 필요가 있다.

끝없는 혁신

재조합으로 이뤄지는 혁신은 기하급수적으로, 사실상 초기하급수적으로 나타날 수 있다. 수학에는 거듭제곱이 기하급수적으로 반복되는 테트레이션tetration이라는 하이퍼 연산 개념이 있는데 이는 혁신 전반에 적용될 뿐만 아니라 양자 컴퓨팅의 성능 향상과 같은 한정된 분야에서도 이따금 관측된다.

데이비드 도이치는 저서 《진리는 바뀔 수도 있습니다》에서 이러한 현상을 고려할 때, 혁신은 소모되는 과정이 아니라 끝없이 기하급수적으로 확장되는 과정이라고 말한다. 혁신이 아이디어로 가득 찬 양동이를 빠르게 비워내는 것과는 전혀 다르다는 것이다.[7] 다시 말해 혁신은 사실상 끝없이 반복되며 물리법칙에 의해서만 제한된다.

다행히 물리법칙은 매우 너그러운 편이다. 예를 들어 중수소와 삼중수소의 에너지 잠재력은 (보수적으로 추정해도) 3000만 년에서 (낙관적으로 추정하면) 수십억 년 동안 지구에 깨끗하고 안전한 에너지를 공급할 수 있을 정도로 충분하다. 그리고 속도 측면에서, 빛의 속도에 따른 절대적인 자연적 한계는 1초에 지구를 일곱 바퀴 도는 것과 같다.

새로운 핵심 기술을 접한 시장의 초기 반응은 기대에 미치지 못할 수 있다. 하지만 시간이 지나면서 사람들은 새로운 비즈니스 모델과 활용 방안을 생각해내고 새로운 비즈니스 기회와 기술을 끝없이 창출한다.

이러한 현상의 파급력을 고려하면 물리법칙이 허용하는 관대한 범위 내에서 발명할 수 있는 바람직한 기술은 무엇이든 발명될 것이라고 결론지을 수 있다. 기술적으로 원하는 건 무엇이든 충분히 실현 가능하다고 느끼는 사람이 많아지면 그러한 기술을 활용하는 새로운 경험도 끝없이 개발될 것이다.

널리 퍼지는 창의적 물결

혁신 과정은 크게 세 가지 범주를 지나는 흐름으로 설명할 수 있다. 이는 스튜어트 카우프만Stuart Kauffman의 저서 《혼돈의 가장자리》에 잘 정리되어 있다.

- **실재**actual: 이미 발명된 모든 기술
- **인접 가능성**adjacent possible: 원칙적으로 실재의 요소들을 새로운 방식으로 재조합해 만들어낼 수 있는 혁신
- **그림자 미래**shadow future: 물리법칙 내에서 이론적으로 실현 가능하나, 이에 필요한 하위 구성 요소가 실재하지 않아 현재로서는 수행할 수 없는 기술

창의적인 디자인 분야에는 흥미로운 현상이 있다. 인접 가능성이 실재의 핵심 기술을 응용한 새로운 기술로 이뤄질 때가 많다는 점이다. 새로운 핵심 기술은 인접 가능한 응용 기술이 아직 고안되

지 않았거나 출시되지 않아서 한동안 외면 받는다. 핵심 기술 개발에 능한 사람들이 응용 기술 개발에는 미숙해서 그 결과는 실망스럽다. 이를테면 TV 방송은 뛰어난 엔지니어들이 개발한 다소 괴짜 같은 핵심 기술에 의존하는데, 이 기술이 부상할 수 있었던 건 유행을 이끄는 사람들이 실시간 스포츠 경기, 토크쇼, 드라마 같은 매력적인 방송 프로그램(또는 응용 사례)을 개발한 덕분이다. 즉, 이 모든 것을 실현하려면 새로운 아이디어와 상업적 생태계, 비즈니스 모델 등이 필요했다. 그렇지만 이와 반대되는 사례도 눈여겨볼 만하다. 블록체인은 처음부터 환상적인 응용 사례인 비트코인을 비롯해 여러 암호화폐와 하나의 기술로 묶여 등장했다. 이 경우에는 컴퓨터 괴짜들이 킬러 앱killer app(원래 사용 목적을 뛰어넘어 산업을 변화시키고 시장을 재편해 큰 인기를 누리는 혁신적인 발명품—옮긴이주)을 일찍이 발견한 셈이다.

미국 과학자 로이 아마라Roy Amara의 주장을 토대로 정의된 아마라의 법칙Amara's Law은 '인간은 기술의 효과를 단기적으로 과대평가하고 장기적으로는 과소평가하는 경향이 있다'는 내용을 담고 있으며 실제로 이러한 현상을 예측한다. 최근 빌 게이츠Bill Gates가 "사람들은 종종 향후 2년 안에 일어날 일을 과대평가하고 10년 안에 일어날 일을 과소평가한다"는 말을 남겨 아마라의 법칙이 대중에게 널리 알려졌다.

기술적 혁신의 결과가 초기에는 실망스러울 수 있다.
이를 해결하려면 핵심 기술을 넘어 전혀 다른 인재와
비즈니스 모델이 필요한 응용 기술로의 전환이 이뤄져야 한다.

대규모 전산화와 10배 이상 성장하는 혁신

혁신 과정에 대해 알아야 할 또 다른 사실은 10배 이상 성장하는 혁신에 디지털화와 자동화의 조합이 수반된다는 점이다. 이러한 조합으로 지금까지 인간이 수행하던 작업을 컴퓨터가 대신할 수 있게 되었다. 따라서 이는 혁신을 가속화하는 세 번째 핵심 요인인 전산화로 볼 수 있다. 전산화는 소프트웨어를 사용해 또 다른 소프트웨어를 작성하는 등 자기 강화 지능을 이용하는 기술로 이어진다.

기술의 수명

전문적이고 상업적인 기술 진화의 초기 모델 중에는 1962년 사회학자 에버렛 로저스Everett Rogers가 처음 도입한 이후, 경영컨설턴트 제프리 무어Geoffrey Moore가 저서 《제프리 무어의 캐즘 마케팅》에 적용한 모델에 기반한 기술 채택 수명주기technology adoption lifecycle가 있다. 무어는 새로운 혁신이 주류가 되어 대다수에게 채택되려면 초기 수용자, 즉 얼리 어답터를 충분히 확보해야 한다고 설명한다.

미국 리서치 자문 회사인 가트너Gartner에서 개발한 하이프 사이클Hype Cycle도 있다. 가트너의 하이프 사이클은 기술의 수명 주기가 혁신 촉발Innovation Trigger, 부풀려진 기대의 정점Peak of Inflated Expectations, 환멸의 계곡Trough of Disillusionment, 재조명Slope of Enlightenment, 생산성 안정Plateau of Productivity 등 다섯 가지 주요 단계로 나뉜다. 여기서 환멸의 계곡 단계는 이전에는 볼 수 없었던 기술적 복잡성이 원인이기도 하지만, 앞서 설명했듯 도입 초기에 강력한 응용 기술이 부족한 탓에 비롯되는 경우도 많다.

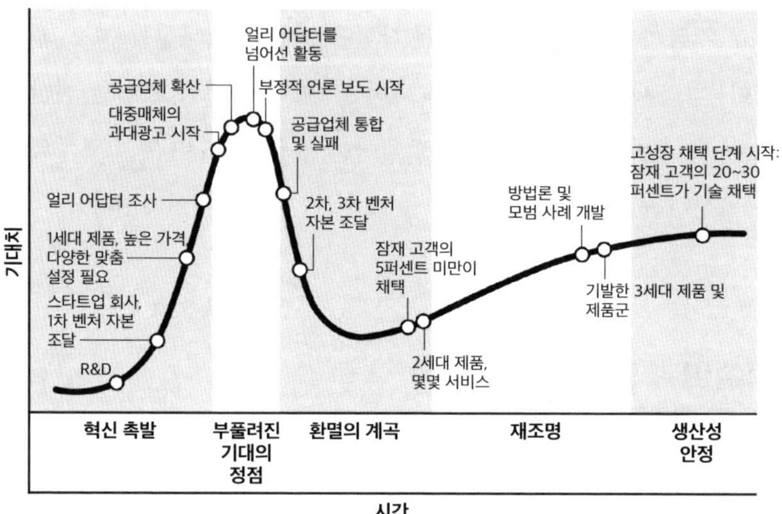

표 4.1 · 하이프 사이클 지표

또 다른 최근 모델로는 그리스계 미국인 내과의사이자 박사, 기업가인 피터 디어맨디스Peter Diamandis가 고안한 기하급수적 성장 Exponential Growth의 6D가 있다. 이 모델에 따르면 기술은 다음과 같이 예측 가능한 경로를 거치며 발전한다.

- **디지털화**Digitalization: 어떤 것이 아날로그에서 디지털로(또는 부분적으로만 디지털로) 전환되면 기하급수적 성장 단계에 접어 든다.

- **잠복기**Deception: 출발점이 낮아 초기에는 성장이 더디지만 기하급수적 성장의 특성상 임계치에 도달하면 빠르게 도약한다.
- **파괴적 혁신**Disruption: 새로운 제품이 더 저렴하고, 더 빠르고, 더 편리하고, 더 좋은 품질을 갖추면서 기존 시장이 파괴된다. 소비자는 점차 새로운 제품으로 전환한다.
- **무료화**Demonetization: 제품군이 더 저렴해지고, 궁극적으로 무료 또는 최저 가격으로 제공된다.
- **소멸화**Dematerialization: 물리적 구성 요소가 줄어들거나 사라지고 더 작은 패키지로 묶인다. 스마트폰과 자동차 화면에 내장된 GPS가 전형적인 예다.
- **대중화**Democratization: 기술이 널리 보급되면서 인구의 대다수가 사용할 수 있게 된다.

이와 같은 경로는 기하급수적으로 진행될 때가 많다. 예를 들어 디지털카메라는 이전에는 값비싼 독립형 장치였지만 이제 전 세계 30억 대 이상의 스마트폰에 장착될 것으로 예상된다. 물리적 형식으로만 제한되었던 음악도 그렇다. 오늘날 음악은 주로 유튜브 또는 스포티파이Spotify, 타이달Tidal, 애플 뮤직Apple Music 같은 플랫폼에서 무료로 즐기거나 저렴한 구독 모델에 가입해 들을 수 있다.

이러한 모델의 공통점은 기술이 생존할지조차 불확실한 초기 단계를 시작으로 잠재적인 주류 기술로 채택되는 단계로 넘어가는 기술적 진화 과정을 어느 정도 예측 가능한 경로로 인식하고 설명한다는 점이다.

이러한 모델의 대부분은 디지털화 형태를 다룬다. 물리적 형식에서 디지털 형식으로 전환되는 과정은 오늘날 우리가 사는 세상에서는 당연해 보일 수 있지만, MP3가 실물 CD를 대체하기 시작한 시점은 2010년 이후이며 실물《브리태니커 백과사전》이 마지막으로 판매된 해가 2012년 말이라는 사실은 주목할 만하다.

최근에는 DNA부터 돈, 의사결정, 현실(VR 이용), 심지어 의식에 이르기까지 훨씬 복잡한 대상이 디지털화되고 있다. 앞으로는 디지털화될 수 있는 모든 것이 디지털화될 것이며, 디지털화를 거친 이후에는 일반적으로 기하급수적 성장 단계에 접어들 것이다. 이것이 다가오는 우리의 미래다.

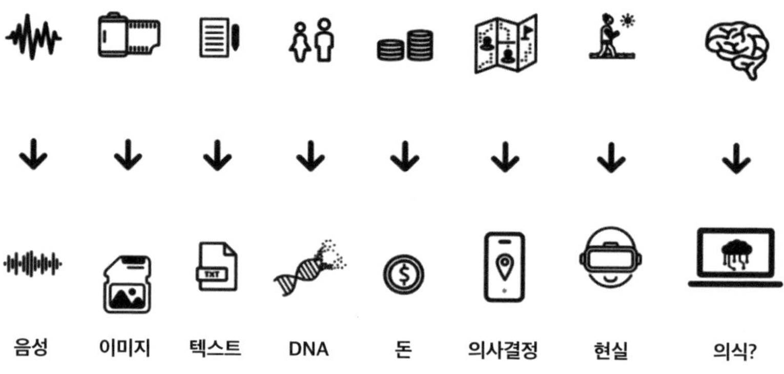

표 4.2 · 디지털화가 진행되고 있는 영역의 예

화려한 조합

대규모 디지털화는 조합 폭발에 불을 지핀다. 기술이 주류로 채택될 땐 종종 기술적 상호의존성과 결합된다. 현재 우리는 빅데이터 분석, 양자 컴퓨팅, AI, 블록체인, DNA 염기 서열 분석, CRISPR(세균 같은 원핵생물 유기체의 게놈에서 발견되는 DNA 서열의 일종—옮긴이주), 로봇공학, 가상현실(VR), 증강현실(AR), 사물 인터넷(IoT) 등 여러 기술을 의미 있는 방식으로 결합할 수 있는 시대에 살고 있다. 디지털 기술의 임계치는 기술 채택 곡선에서 높은 지점에 올랐다.

그 결과, 이전에는 이질적이고 서로 관련이 없던 기술과 제품, 서비스가 더욱 밀접하게 통합되고 결합되어 하나로 수렴되고 있다. 이제 심박수 모니터, 시계, 심지어 수면 모니터링까지 다양한 기술이 결합되어 스마트워치에서 구현된다. 머신러닝machine learning(기계 학습)과 로봇공학이 결합돼 지능형 생산 기계, 자율 주행 자동차, 개인 로봇 도우미가 생산되고 있다.

이것들은 무한한 조합 가능성 중 몇 가지 예에 불과하며, 모두 상호의존성에 영향을 받는다. 어떤 기술이나 아이디어가 다른 기술이나 아이디어와 결합해 10개의 아이디어를 탄생시키고, 각 아이디어가 다시 다른 기술이나 아이디어와 결합해 또다시 각각 10개의 아이디어를 탄생시키는 식으로 새로운 조합이 끝없이 생겨날 수 있다. 이처럼 기술 발전이 상호의존적으로 이뤄지는 현상을 공진화라고 부른다. 상호의존성을 발전시키는 데 능숙한 사람과 조직은 종종 화려한 조합을 실현할 수 있는 거대한 운동장을 마주하게 될 것이다.

그렇지만 폭넓은 시야, 즉 매우 효과적인 정신적 레이더를 갖고 있다면 충분히 잘 해낼 것이다.

고도의 상호의존성은 고도의 창의성과 민첩성을 촉진할 수 있다.

오래된 동굴 벽화에는 석기시대 사람들이 다양한 거대 동물들을 사냥하는 모습이 그려져 있다. 동물 중에는 무게가 680~1360킬로그램에 달하는 몸집이 아주 큰 야생 소인 오록스aurochs도 있다. 그런데 약 1만 년 전, 사람들은 이런 야생동물들을 사냥하는 대신에 길들이기 시작했다. 유럽에서 오록스는 17세기에 멸종되었지만 가축으로 기른 소는 인간의 주도로 개체 수가 현재 15억 마리 수준으로 불어났다.

인류가 오래전 처음으로 소를 길들이게 된 동기는 분명 소의 가죽과 고기를 얻기 위해서였고, 이후에는 가축으로 쓰기 위해서였다. 그런데 어느 순간부터 인류가 우유를 마시기 시작했다. 처음에는 우유 맛이 이상하게 느껴지고 소화가 잘 되지도 않았을 테지만 아마도 굶어 죽지 않기 위해 절박한 심정으로 마시기 시작했을 것이다. 우유에 들어 있는 유당을 소화할 수 있는 성인은 없었다. 유년기를 보내고 성체로 다 자란 포유류 중에 유당을 소화할 수 있는 종은 없었다. 하지만 인간이 우유를 섭취하면서 커다란 잠재적 이점을 얻게 되었고, 그 덕분에 두 가지 변화가 동시에 일어났다. 첫째, 유전적 돌연변이가 발생했다. 인류가 우유를 처음 섭취한 지 약 80세대가 지나자 성인에게 유당 내성이 확산되었다. 둘째, 소를 선별적으로 사육하면서 젖소의 우유 생산 능력이 증가했다.

우유에는 소고기보다 약 5배나 많은 영양소가 있기에, 우유를 소화할 수 있는 새로운 능력은 연쇄적으로 여러 영향을 끼쳤다. 당연히 사람들은 우유 생산량을 늘리기 위해 소를 선별해 사육하길 원했고, 그 결과 우유 생산량은 10배로 증가했다. 우유 생산량이 증가해 단위 면적당 더 많은 사람에게 영양분을 공급할 수 있게 됐고, 그 덕분에 병력을 집중하고 분업하고 무역을 늘릴 수도 있게 됐다. 즉 소와 인간의 협력으로 인간의 상호 협력이 활성화됐고, 오늘날 문명으로 일컫는 인류의 발전도 탄력을 받았다.

이는 인간과 동물 간 공진화뿐 아니라 동물을 포함한 혁신을 매개로 이뤄진 인간과 문명 간 공진화라는 형태의 상호의존성을 보여주는 예다. 초사회성의 예이기도 하다. 또한 소(또는 오록스)가 인류 문명의 진화를 촉진한 사례는 혁신이 인류의 생활 방식과 소비 패턴을 발전시킨 방식에 관한 사례로도 볼 수 있다.

이러한 현상은 광범위하게 퍼져 있다. 예를 들어 자동차가 널리 보급되면서 사람들이 교외에 있는 단독주택에 거주할 수 있는 기회가 생겨났다. 이제 전기 스쿠터 등 소형 운송 수단을 이용하는 마이크로 모빌리티 장치가 확산되면 도시에 자동차 수가 줄어 길거리에 카페 공간이 확보되고, 전기차가 늘어나면 도시 소음도 줄어들 것이다. 이러한 변화로 도시의 생활 여건이 개선된다. 반면, 자율 주행으로 출퇴근이 보다 수월해지면 도심지에서 벗어난 교외가 다시금 주거지로서 인기를 끌 것이다. 마이크로 모빌리티로 인해 두 가지 주거 형태가 더 매력적으로 변모하는 셈이다. 회전 날개가 4개 달린 드론의 일종인 쿼드콥터quadcopter가 널리 보급되면 부유층 사이에서 도심 속 아파트와 도시에서 멀리 떨어진 교외 주택을 결합한 주거 형태가 가장 바람직한 생활 방식으로 떠오를 수도 있다. 쿼드콥터를 타면 순식간에 또 다른 집에 도착할 수 있으니 만족도도 높을 것이다!

여러 기술 간에 공진화가 나타나며,
기술과 생활 방식 간에도 공진화가 광범위하게 이뤄진다.

켄타우로스, 로봇, 봇의 등장

공진화의 또 다른 예는 켄타우로스centauros의 발전이다. 그리스 신화에서 켄타우로스는 반인반마半人半馬인 괴물이다. 기술 세계에서는 컴퓨터나 로봇을 활용해 일하는 인간을 켄타우로스라고 지칭한다. 인간과 기계 사이에 벌어질 경쟁을 두고 논란이 뜨거운데, 기계의 도움을 받는 인간(예를 들어 AI 프로그램의 도움을 받는 내과의사)과 그렇지 않은 인간 사이에 벌어질 경쟁을 고려하는 편이 더 적절한 듯하다. 적어도 특정 기술이 인간과 같은(또는 인간보다 뛰어난) 판단력을 발휘할 정도로 충분히 성숙하기 전까지는, 일반적으로 인간과 기계의 조합이 기계에만 맡기는 것보다 더 효율적이다.

물리적 로봇은 인간과 협력하는 코봇co-bot의 형태로 존재한다. 예를 들어, 특정 시간에 사람들과 창고가 어디에 있는지, 품목을 나르는 최적의 순서는 무엇인지, 언제 물건을 포장해 배송해야 하는 지 등을 파악하는 창고 직원의 로봇 버전을 상상하면 된다. 이에 상 응하는 인터넷 봇internet bot은 소프트웨어와 미디어 또는 온라인 티 켓 예매 관련 질문에 답변하는 업무처럼 다소 반복적인 작업에 투입 된다. 고객 서비스를 자동화하고 속도를 높이는 작업에도 점차 사용 되고 있다. 봇은 일단 개발되면 인간보다 훨씬 저렴한 비용으로 이 러한 작업을 수행할 수 있고, 작업을 수행하면서 학습하고 자동으로 작업을 개선할 수 있어 단 몇 초 만에 응답할 수도 있다. 전체 웹 트 래픽의 절반 이상이 이러한 봇에서 생성된다.

인간과 기계 사이에 벌어질 경쟁보다는,

기계를 사용하는 인간('켄타우로스')과 기계를 사용하지 않는

인간 사이에 벌어질 경쟁을 논하는 것이 더 적절할 때가 많다.

공진화를 논할 때 '율의 상보성 법칙Yule's law of complementarity'을 빼 놓을 수 없다. 이 법칙에 따르면, 두 가지 속성이나 제품이 보완재인 경우 그중 하나의 가치와 수요는 다른 보완재의 가격과 반비례 관계 에 있다. 예를 들어 여행 비용이 내리면 멀리 떨어져 있는 휴양지 땅 값이 올라간다. 첨단 기술의 공진화가 점점 복잡해지면서 개인이 이 를 파악하기는 더 어려워지고 있다.

미래의 기하급수 추세

Exponential Trends for the Future

1965년에 인텔의 공동 창립자인 고든 무어Gordon Moore는 1958년부터 1965년까지 컴퓨터 칩 트랜지스터 수가 매년 두 배씩 증가했다고 분석했고 이러한 추세가 적어도 10년은 더 지속될 것으로 내다봤다. 1975년에는 그 수가 2년마다 두 배씩 증가할 것으로 예측을 수정했는데 그 이후로 이 추정치는 지금까지 대체로 잘 들어맞았다. 오늘날 이러한 예측과 유사한 사례는 많이 찾아볼 수 있다. 예를 들어 컴퓨터 성능에 관한 몇 가지 내용은 다음과 같다.

- 쿠미의 법칙Koomey's law: 일정한 데이터 용량을 처리하는 데 필요한 에너지 소모량은 18개월마다 절반으로 줄어든다.
- 랜덤 액세스 메모리의 동일 가격 대비 처리 가능한 데이터 용

량이 18개월마다 두 배씩 증가한다.

- 확장 가능한 양자 컴퓨터에서 처리할 수 있는 큐비트_{qubit} 수는 로즈의 법칙_{Rose's law}에 따라 매년 두 배로 증가하지만, 네븐의 법칙_{Neven's law}에 따라 이중 지수로 늘어날 수도 있다.

통신 산업도 기하급수적으로 발전하고 있다.

- 쿠퍼의 법칙_{Cooper's law}: 주어진 지역에서 동시에 전송할 수 있는 무선 주파수 통신은 30개월마다 두 배씩 증가한다.
- 길더의 법칙_{Gilder's law}: 통신 시스템의 전체 대역폭이 12개월마다 세 배씩 증가한다.
- 닐슨의 법칙_{Nielsen's law}: 고급 개인 사용자가 사용하는 네트워크 속도는 매년 50퍼센트씩 증가한다.
- 광섬유 네트워크의 시간당 처리 비용은 9개월마다 절반으로 줄어든다.
- 광섬유 네트워크에서 광섬유 1가닥당 파장은 9개월마다 두 배씩 증가한다.
- 무선통신 속도는 10개월마다 두 배씩 빨라진다.

데이터 생산과 저장도 유사한 법칙을 따른다.

- 크라이더의 법칙_{Kryder's law}: 하드 드라이브의 단위 가격당 성능은 매년 40퍼센트 증가한다.

- 컴퓨터 메모리 비용은 매년 20~30퍼센트 하락한다.
- 전 세계 디지털 데이터 양은 2년마다 두 배씩 증가한다.

디지털 센서에서도 유사한 현상이 나타난다.

- 디지털카메라의 배열당 화소는 19개월마다 두 배씩 증가한다.
- 디지털카메라의 달러당 화소는 12개월마다 두 배씩 증가한다.
- 인터넷에 연결된 장치(IoT) 수는 연간 15~20퍼센트 증가한다.

DNA 염기 서열 분석과 정밀 발효 분야는 대체로 컴퓨팅보다 훨씬 더 빠른 속도로 발전했으며 다음과 같은 법칙으로 이어졌다.

- 칼슨 곡선Carlson curve: DNA 해독 기술은 성능이 두 배로 증가하고 가격이 하락하면서 적어도 무어의 법칙만큼 빠르게 발전하고 있다.
- DNA 검사에서 염기쌍 서열당 비용은 18개월마다 절반으로 줄어든다.
- 정밀 발효를 사용하면 단위 중량당 생산 비용이 5년마다 10퍼센트씩 감소해 20년 안에 성능이 1만 배 향상된다.

일반적으로 이처럼 극적인 두 배 성장은 매우 작은 규모로 정보를 처리하는 기술에서 나타난다. 하지만 다른 시장에서도 발생할 수 있다. 에너지 생산과 저장, 효율성과 관련된 기술을 한 예로 살펴보자.

- 태양광 전지에서 생산되는 전력 1메가와트시당 가격은 약 38개월마다 절반으로 줄어든다.
- 육상 풍력발전소에서 생산되는 전력 1메가와트시당 가격은 약 70개월마다 절반으로 줄어든다.
- 배터리 성능은 9~14개월마다 두 배로 향상된다.
- 1960년대 이후 핵융합 실험은 평균적으로 1.8년마다 밀도, 온도, 플라즈마가 함께 유지되는 포함 시간의 삼중곱을 두 배씩 늘렸다.
- 하이츠의 법칙Haitz's law: 10년마다 LED에서 생성되는 빛의 단위당 가격은 10배씩 하락하지만 LED 장치에서 생성되는 빛의 양은 20배씩 증가한다.
- 나노 생산이 가능한 규모는 10년마다 25퍼센트씩 작아지고 있다.

마지막으로 인간의 건강과 상품의 경제성, 과학적 성과와 관련된 사례는 다음과 같다.

- 전 세계 인류의 기대 수명은 매년 3개월씩 늘어난다.
- 전 세계 상품을 구매하는 데 필요한 노동력(노동 시간으로 측정)은 대략 20년마다 절반으로 줄어든다.
- 지만의 법칙Ziman's law: 과학 활동은 15년마다 두 배씩 증가한다.

매년 새로우면서도 유사한 법칙이 진화한다. 하지만 지금까지 알려진 바에 따르면, 모든 기하급수적 기술은 결국에는 안정기에 접어들고, 그 이후에는 성장이 선형적으로 이어지거나 완전히 멈춘다. 일반적으로 가장 큰 물리적 대상과 관련된 기술은 몇 년 또는 수십 년 내에 정체되는 경향이 있지만 종종 10~1000배로 빠르게 개선된다. 반면 규모가 작거나 미세한 대상과 관련된 기술은 훨씬 오래 지속되고 훨씬 빠른 기간 내에 두 배로 성장해 가격 대비 성능이 수만 배에서 수십억 배까지 향상될 수 있다. 이러한 차이가 나타나는 이유는 간단히 말해서 작은 대상은 성능이 향상될수록 성능 단위당 필요한 에너지가 줄어들기 때문이다.

기하급수 법칙이 끝내 안정화된다고 해서 혁신이 멈춘다는 의미는 아니다. 오히려 새로운 기술이 기하급수적 성장을 거듭해 새로운 단계로 넘어가면서 전반적인 혁신 프로세스가 본질적으로 끝없이 이어진다.

선형 추세가 존재한다는 점에도 유의해야 한다. 일례로 최근 수십 년 동안 전 세계적으로 인간의 기대 수명이 매년 3개월씩 증가했다. 이는 선형 추세다. 어떤 변수의 발전이 다른 추세에 영향을 주기도 한다. 이를테면 어떤 국가의 1인당 GDP가 약 5000달러에 도달하면 일반적으로 출산율이 감소하기 시작하고, 약 1만 달러에 이르면 출산율이 인구 보충 출생률(총인구를 유지하는 데 필요한 출생률) 수준 이하로 떨어져 인구 감소가 시작되었다는 신호로 여겨진다. 환경성과 지수(EPI) 웹사이트에서 밝힌 환경 개선의 기준점은 연간 1인당 소득으로 약 1만 달러다. 이는 환경 지수 점수를 국가별 1인당 GDP 수치와 비교해 얻은 결과다.

더 좋은 품질을 더 저렴하게

이러한 추세는 기술을 더 빠르게 발전시킬 뿐만 아니라 더 저렴하고 사용자 친화적으로 만든다. 특히 대량생산되는 소비자 제품은 더 좋은 품질로 점점 더 저렴한 가격에 공급된다. 예를 들어 스마트폰에 설치되는 앱 대부분이 이제는 무료이거나 무료 버전으로 이용 가능하다. 월 사용료로 소액을 지불하면 거의 모든 전 세계 음악을 스트리밍할 수 있고, 한 달에 영화 티켓 한 장 가격으로 넷플릭스를 구독하면 엔터테인먼트 세상을 무제한으로 즐길 수 있다. 이 모든 것이 기하급수 법칙 덕분에 가능해졌다.

기하급수적 성장 예측

이번 장의 서두에서 소개한 기하급수적 성장 법칙은 많은 예시 중 하나이며, 이러한 법칙을 외삽(이전의 경험이나 실험으로 얻은 데이터를 토대로 예측하는 기법—옮긴이주)하면 2년, 5년 또는 10년 후 기술적으로나 상업적으로 실현 가능한 핵심 기술과 응용 기술이 무엇일지 어느 정도 가늠할 수 있다. 예를 들어 전기차, 수직 농업, HD 스트리밍은 모두 안정적인 기하급수 법칙에 의존했기 때문에 상업적 실현성을 미리 예측할 수 있었다.

**안정적인 기하급수 법칙을 활용하면 미래의 응용 기술이
언제 경제적으로 실현 가능할지 예측할 수 있다.**

이 글을 쓰고 있는 시점을 기준으로, 현재 전 세계 OLED 스크린 생산량은 매년 약 30퍼센트씩 증가하지만, 특정 품질을 갖춘 스크린 단위당 비용은 오히려 매년 25~30퍼센트씩 하락한다는 법칙이 있다. 이는 점점 디지털 스크린으로 벽면 전체를 덮는 비용이 합리적인 수준으로 낮아지고 있고, 실내와 건물 외부에서 스크린을 예술적으로 활용하는 시장을 활성화할 수 있음을 의미한다. 사실 이는 전혀 새로운 발상이 아니다. 2011년 디자이너 자니즈 자쿠보브스키Zaniz Jakubowski는 초대형 요트 루미노시티Luminosity에 열대우림을 보여주는 대형 스크린을 설치했다.[1] 사람이 스크린을 따라 걸으면 디지털 나비가 따라다니는 인터렉티브 예술이었다. 미래에는 스크린을 건물 외벽으로 사용하고, 냉장고 문과 식탁 표면, 벨트 버클에 설치하는 것도 가능할 것이다. 대중화도 시간문제일 것이다. 많은 스크린이 설치된 근사한 홈 오피스는 분명 인기 상품으로 떠오를 것이다.

사물 인터넷(IoT)을 떠올려보자. IoT는 센서를 사용해 온도, 속도, 위치, 압력, 빛, 소리 등 웹에서 배포되는 방대한 데이터 스트림을 만들어낸다. IoT에 사용되는 센서가 점점 저렴해지고 (5G 같은) 통신 기술이 발전하면 기업들은 서비스형 비즈니스 모델을 사용해 더 많은

제품을 판매할 수 있게 된다. 이제 사물과 장소의 현재 상태를 원격으로 모니터링하고, 구독 기반으로 전반적인 재공급과 유지 관리가 이뤄질 것이다. 예를 들어 현지 스쿠터 같은 마이크로 모빌리티는 IoT로 구현되는 서비스형 운송 수단이다. 전반적으로 IoT와 5G, 미래의 통신 프로토콜은 자율 주행, 증강현실, 가상현실, 원격 수술, 스마트 도시 등의 기하급수적 발전을 촉진할 것이다.

다시 말해 적절한 기하급수 법칙을 이해하면, 창의적인 디자인 분야의 현재 상태를 파악한 후 가능한 미래를 찾아보고, 핵심 기술과 응용 기술이 그림자 미래에서 인접 가능한 미래로, 더 나아가 실재하는 기술로 이동하는 시기를 잘 예측할 수 있게 된다. 이러한 연습은 개인과 조직이 퓨처핏을 달성하는 과정의 일부나.

흥미롭게도 기술이 발전해 가격이 하락하면 오히려 같은 자원을 더 많이 소비하는 경향이 있는데, 이러한 현상을 제본스의 역설Jevons paradox이라고 부른다. 예를 들어 지난 몇 년 동안 DNA 염기 서열 분석 비용이 하락하면서 소비자가 직접 검사를 의뢰하는 DNA 시장이 약 25퍼센트 성장했다.[2] 마찬가지로 비용 하락에 힘입어 음악 스트리밍 용량은 향후 5년 동안 연평균 17.5퍼센트 성장할 것으로 전망된다. 이는 일반적인 경제 성장률을 압도하는 수치다.[3] 이와 같은 방식으로 가격 대비 성능에 관한 기하급수 법칙은 사용자 보급률에 관한 또 다른 법칙을 만들어내고, 이는 다시 기하급수 법칙에 피드백을 줄 수 있다. 마찬가지로 어떤 기술이 기하급수적으로 발전하고 보급되면 다른 많은 기술의 기하급수적 성장도 불러올 수 있다.

강력한 순환 지능

대부분의 기하급수 법칙은 지난 수십 년 동안 기적처럼 잘 들어맞았으며, 전 세계 지식수준은 기하급수적으로 성장했다. 연구자 존 지만John Ziman이 계산한 바에 따르면, 지구에서 일어난 과학 활동은 약 15년마다 두 배씩 증가해왔다.[4] 반면 두 배로 증가하는 기간을 10년으로 좁혀 잡는 학자들도 있다.[5] 15년마다 두 배씩 증가한다고 계산하면 100년 후에는 약 100배, 200년 후에는 약 1만 배 증가한다는 놀라운 결과를 얻게 된다. 현재 우리가 살고 있는 세상에는 이처럼 변화가 폭풍처럼 몰아치고 있다. 과학 활동이 15년이 아닌 10년마다 두 배씩 증가한다면 한 세기의 성장률은 500배 이상이 되고, 200년 뒤엔 50만 배를 훌쩍 넘어서게 된다!

그런데 이러한 성장세가 계속 이어질 수 있을까? 언젠가는 과학자가 부족해지는 때가 오지 않을까? 물론 그럴 수도 있지만, 순환 지능의 훌륭한 예인 컴퓨터가 인간을 대신해 과학 연구의 상당 부분을 수행할 때가 머지않았다. 양자 컴퓨터에서 AI를 실행할 수 있게 되면 일부 과학 연구 분야에서 폭발적 성과가 나타날 것이다.

그런 의미에서 슈퍼트렌드 전문가들은 양자 컴퓨팅이 2024~2028년에 많은 시장에 막대한 영향을 미치기 시작할 것으로 전망한다.

가장 대표적인 분야는 신약 개발이다. 의약품은 개발 후 출시되기까지 최장 10년이 걸리고 최대 20억 달러의 비용이 든다. 양자 컴퓨터가 이러한 과정을 단축해 비용을 낮출 수 있다. 2021년 세계에서 규모가 두 번째로 큰 제약회사인 스위스의 로슈Roche는 이러한 이유로 향후 알츠하이머병 치료에 쓰일 가능성이 있는 분자 조합을 연구하는 데 세계 최초로 양자 컴퓨터 기반 연구를 도입했다.

이는 흥미로운 시도다. AI가 매우 복잡한 질문에 답할 수 있을뿐더러 답이 정해지지 않은 개방형 질문을 다루고 '자동 가설 생성'을 통해 관찰한 내용을 기반으로 새로운 가설을 내놓을 수 있다는 점도 주목할 만하다.

이러한 가설과 결과는 인구가 기하급수적으로 증가하는 반면, 식량 생산은 산술급수적으로 증가하므로 전 세계적으로 기근이 발생할 것이라고 내다본 맬서스의 예측과 매우 흡사하다. 그로부터 200여 년이 지난 지금, 인류는 사용 가능한 디지털 데이터는 기하급수적으로 증가하지만 이를 해석할 과학자의 수가 역전되기는커녕 정체되는 상황에 직면해 있다. 하지만 식량 생산이 계속 기하급수적으로 증가해 인류를 구했듯이, AI는 데이터를 지능적으로 처리하는 능력을 기하급수적으로 끌어올려 과학적 발견을 지원할 것이다. 맬서스와 같은 비관적 사고방식을 지닌 사람이라면 혁신의 증가세가 차츰 꺾일 것이라고 판단할지 모른다. 하지만 이전 시대의 제약에서 끊임없이 벗어날 때 비로소 풍요로운 시대를 맞이할 수 있다.

한 가지 재미있는 상상을 해보자. 과학 활동이 15년마다 두 배로 증가하는 추세가 2000년 동안 지속된다면, 2000년 후에는 지금보다 약 10^{40}배 많은 과학 활동이 일어날 것이고, 그때쯤이면 인류는 더욱 위대한 지식을 축적할 것이다. 데이비드 도이치가 지적했듯이, 어느 시점에 인류가 탐구한 지식이 지금보다 10^{40}배나 많은 수준에 이르면 인류가 은하 전체를 지배하는 것과 같은 효과가 생길 것이다. 그때 우주는 진정으로 '깨어날 것'이며 거대한 단조로움이라는 법칙도 진정으로 깨질 것이라고 도이치는 주장한다. 지금으로부터 2000년 후에 일어날 일이다. 물론 그렇게 먼 미래를 지금부터 계획하는 사람은 없을 테지만, 이러한 생각은 가까운 미래에 대한 정신적 접근 방식을 형성하는 데 도움이 될 것이다.

기하급수 법칙의 추정

이해를 돕기 위해 이 책을 집필하기 시작한 2022년부터 2025년, 2030년, 2050년까지 앞서 언급한 기하급수 법칙을 추정해보았다. 사용 빈도와 성능이 기하급수적으로 증가한 몇 가지 기술의 예는 다음과 같다.

기술	2025년	2030년	2050년
무어의 법칙: 마이크로칩의 트랜지스터 수가 2년마다 두 배로 증가한다.	3배	16배	1만 6384배
랜덤 액세스 메모리의 동일 가격 대비 처리 가능한 데이터 용량이 18개월마다 두 배씩 증가한다.	4배	40배	41만 6127배

법칙			
로즈의 법칙: 확장 가능한 양자 컴퓨터에서 처리할 수 있는 큐비트 수는 매년 두 배로 증가한다.	8배	256배	2억 6843만 5456배
쿠퍼의 법칙: 주어진 지역에서 동시에 전송할 수 있는 무선 주파수 통신은 30개월마다 두 배씩 증가한다.	2배	9배	2353배
길더의 법칙: 통신 시스템의 전체 대역폭이 12개월마다 세 배씩 증가한다.	27배	6561배	22조 8767억 9245만 4961배
닐슨의 법칙: 고급 개인 사용자가 사용하는 네트워크 속도는 매년 50퍼센트씩 증가한다.	3배	26배	8만 5223배
광섬유 네트워크에서 광섬유 1가닥당 파장은 9개월마다 두 배씩 증가한다.	16배	1625배	1731억 6203만 8545배
무선통신 속도는 10개월마다 두 배씩 빨라진다.	12배	776배	130억 1995만 2185배
크라이더의 법칙: 하드 드라이브의 단위 가격당 성능은 매년 40퍼센트 증가한다.	3배	15배	1만 2348배
전 세계 디지털 데이터 양은 2년마다 두 배씩 증가한다.	3배	16배	1만 6384배
인터넷에 연결된 장치(IoT) 수는 연간 15~20퍼센트 증가한다.	2배	4배	91배
칼슨 곡선: DNA 해독 기술은 성능이 두 배로 증가하고 가격이 하락하면서 적어도 무어의 법칙만큼 빠르게 발전하고 있다.	3배	16배	1만 6384배

이 시뮬레이션에 따르면 2025년까지(집필 당시부터 3년 이내에) 해당 기술은 2~27배 성장한다. 2030년까지 양자 컴퓨팅 성능은 256배, 통신 대역폭은 6000배 이상, DNA 해독 성능은 16배 이상 향상될 것으로 예상된다. 이러한 전망은 본질적으로 소비자에게 아주 적은 비용으로 또는 무료로 제공될 놀라운 성능과 풍요로운 미래를 암시한다.

먼 미래를 추정해보면 믿기 힘들 정도로 경이로운 수치를 접하게 된다. 2030년 전 세계 대역폭의 추정치는 현재의 6500배가 넘고,

재미 삼아 2050년까지 추정치를 계산해보면 22조 8767억 9245만 4961배에 달하는 것을 볼 수 있다.

정말 가능한 숫자일까?

이러한 실증 법칙 중 일부는 실제로는 그리 오랫동안 지속되지 않을 수도 있다. 일례로, 실증 법칙의 원조 격인 무어의 법칙은 곧 깨질 수도 있다. 그러나 무어의 법칙이 폐기되는 사이에 이를 우회할 수많은 방법과 새로운 핵심 기술이 그 자리를 대신해 이전과 같은 속도로, 수세기까지는 아니더라도 수십 년 동안 컴퓨팅 성능을 계속 발전시킬 것이다. 이러한 기술 중에는 3D 칩, 광학 컴퓨팅, 양자 컴퓨팅 등이 있다. 따라서 무어의 법칙이 언젠가 종말을 맞더라도 곧 다른 법칙이 이를 대체할 것이다.

태양광과 풍력발전이 가격 대비 성능 면에서 이전보다 크게 개선되었지만, 성장세는 그리 오래 지속되지 않을 수 있다. 새로운 원자력발전 기술이 획기적으로 향상되어 대규모로 도입된다면 태양광과 풍력발전을 대체할 것이며, 가격 대비 뛰어난 성능을 보이며 오랜 기간 주요한 전력 공급원이 될 것이다.

이러한 변화가 실제로 일어난다 해도 그리 놀랍진 않을 것이다. 1994년 미국의 경제학자이자 노벨상 수상자인 윌리엄 노드하우스William Nordhaus가 계산한 바에 따르면, 석기 시대 이후 빛을 만드는 데 드는 시간당 가격은 50만 분의 1로 떨어졌다. 그는 석기 시대 이후 실질적인 경제 발전이 거의 10만 분의 1로 과소평가되었다고 추정했다. 추세는 인류에게 이롭게 작용하고 있고, 미래는 많은 사람이 짐작하는 수준보다 훨씬 많은 부를 불러올 것이다.

개인은 물론이고 함께 일하는 조직이 현재 환경에 맞춰 퓨처핏을 달성할 수 있도록 변화에 대응할 방법을 정확하게 파악하려면, 무엇보다 이러한 추세를 이해해야 한다.

풍요로 향하는 길

The Road toward Abundance

고학력 전문가를 포함해 사회 전체가 특정 시점에 어떤 관점을 갖든지 간에, 혁신의 영향으로 세상은 더 나은 방향으로 발전하고 있다. 그런데 사람들은 장기적인 추세가 아닌 순간적인 이벤트에 집중하는 경향이 있다. 실제로 사회와 정치를 논하는 대중의 관점을 살펴보면, 인류는 거의 6세기 전에 확립된 맬서스식 세계관에서 확실히 벗어났는데도 상당수가 여전히 맬서스식 세계에 살고 있다고 믿는 것처럼 보인다. 상당수는 인류가 기본적으로 마치 양동이에 담긴 자원을 서서히 비워내며 살고 있다고 생각한다. 인구가 계속 증가하므로 자원이 '고갈'되고 있다고 여기는 것이다. 종말을 논한 수많은 예언이 실현되지 않았음을 알아차리지 못한 사람들도 많다. 예를 들어 인구가 빠르게 증가했지만, 인류는 1798년에 맬서스가 예측하고

1960년대와 70년대에 많은 재앙론자가 예측한 전 세계적 기근에 직면하기는커녕, 그 어느 때보다 풍족하게 섭취하고 있으며 평균 수명도 늘어났다. 실제로 30만 년 만에 처음으로 오늘날 지구상에는 임상적으로 비만 인구가 영양 결핍 인구보다 많다.

인류는 거의 6세기 전에 확립된 맬서스식 세계관에서 벗어났는데도, 상당수가 여전히 맬서스식 세계에 살고 있다고 믿는 듯하다.

오늘날 재앙론자들은 단순히 재난이 일어날 것으로 예상되는 날짜를 연기하거나 다른 유사한 종말 시나리오를 내놓는 식으로 이러한 긍정적 소식에 대응한다. 어떤 자원이 아직 고갈되지 않았다면 분명 다른 자원이 고갈되고 있다고 주장하는 식이다.

이러한 새로운 종말 시나리오는 일반적으로(또는 계속해서) 적중하지 못할 것이다. 세상이 진정으로 창의적으로 변화하고 단조로움의 법칙, 계층 법칙, 맬서스의 함정에서 벗어난 이후로 자원은 현실적 관점에서 볼 때 유한하지 않기 때문이다. 굶주리는 인구가 계속 증가할 것이라는 맬서스의 예측은 빗나갔다. 이제 화성에 사람들을 보낼 방법을 논의할 정도로 상상도 못 했던 일이 현실에서 펼쳐지고 있다.

최후의 자원

이러한 성과를 달성할 수 있었던 건 적어도 지난 6세기 동안 인류의 독창성이 기하급수적으로 성장하는 과정을 거쳤기 때문이다. 데이비드 도이치는 《진리는 바뀔 수도 있습니다》에서 훌륭한 사례를 하나 제시했다. 그는 과거 어느 시점에 죽은 나뭇가지에 겨우 기대어 추위를 견디다 결국 목숨을 잃은 석기 시대 사람들이 있었을 것이라고 지적한다. 문제는 그들이 당시에 불을 피우고 관리하는 방법을 아직 발명하지 못한 상태라는 것이다. 만약 방법을 알았다면 죽은 나뭇가지로 모닥불을 피워 따뜻하게 지낼 수 있었을 것이다. 혁신의 영향을 배제하고 싶다면, 원시인들이 당시 사용할 수 있었던 1인당 자원과 총량이 지금보다 훨씬 많았다는 사실을 되새길 필요가 있다. 그들은 단지 방법을 알지 못했다.

과학자 줄리언 사이먼Julian Simon이 저서 《최후의 자원The Ultimate Resource》에서 밝혔듯이 인간의 혁신이야말로 '최후의 자원'임을 깨달아야 하고, 이를 위해서는 몇 가지 전후 사정을 파악해야 한다. 경제는 두 가지 방식으로 성장할 수 있는데, 이를 각각 스미스식Smithian 성장과 슘페터식Schumpeterian 성장으로 부른다. 스미스식 성장은 생산 과정에 더 많은 인력과 자본, 토지를 추가할 때 달성된다. 슘페터식 성장은 혁신을 기반으로 더 적은 인력과 자본, 토지로도 더 많은 생산을 달성하는 것을 의미한다. 1450년경부터 슘페터식 성장이 성과 대부분을 차지했다. 슘페터식 성장으로의 전환은 가용할 수 있는 자원에 막대한 영향을 끼쳤다. 부분적으로 잠재 자원이 활성화되고 물질이 정신으로 대체되었기 때문이다.

무한한 에너지

전 세계가 대규모 에너지 전환의 초기 단계에 있다. 이러한 변화의 동력은 자연스러운 시장 변화로 이어질 혁신이지만, 부분적으로는 (온실가스 배출을 중심으로 조성된) 지구 온난화에 대한 두려움도 이에 영향을 끼치고 있다. 에너지 전환은 다음과 같은 요소의 조합으로 이뤄진다.

- 에너지 효율 측정
- 온실가스(주로 탄소) 포집 및 격리 기술
- 새로운 에너지 생산, 이동, 저장 기술

에너지 효율 측정은 언제 어디서나 일어나고 있다. 내연기관 자동차는 연비가 더 높아졌고, 구식 전구는 훨씬 효율적인 LED 전구로 교체되었다. 이러한 기술은 해마다 계속해서 개선되고 있다.

또 다른 흥미로운 연구 분야는 탄소 포집 저장(CCS) 기술이다. 슈퍼트렌드 전문가들은 2020년대 중반에 이 기술이 획기적으로 발전할 것으로 예상한다. 이 기술이 충분히 저렴한 가격에 공급되면 석탄, 석유, 가스를 계속 사용하면서 연소 과정에서 배출되는 탄소를 포집할 수 있게 된다. 이렇게 포집한 탄소는 격리하거나 합성 연료나 탄소 소재, 다양한 화학물질 등을 만드는 데 활용하면 된다. 이를 테면 현재 많은 양의 탄소를 배출하는 시멘트 생산 시설에 CCS 기술 의무화를 추진할 수 있다.

가장 극적인 발전은 에너지를 생산, 이동, 저장하는 기술 분야에서 이뤄질 것으로 전망된다. 궁극적으로 판도를 뒤집을 수 있는 잠재 발전 요소 중 하나인 원자력을 살펴보자. 태양은 수소 동위원소 간 핵융합에서 자연적으로 동력을 얻는다. 지구에서 나오는 열에너지(맨틀의 바닥은 약 섭씨 3500도, 중심부는 약 5000도이다)의 절반 이상이 주로 우라늄, 토륨, 칼륨이 자연적으로 지하 핵분열을 일으켜 생겨나는 것으로 추정된다.[1] 이처럼 핵반응을 일으키는 물질의 출력 밀도는 어마어마하다. 핵융합이 상업적으로 성공한다면 욕조 하나를 채운 수돗물에 자연적으로 들어가 있는 중수소와 평범한 노트북 배터리 두 개에 들어간 리튬만으로 일반 시민 1명이 평생에 걸쳐 소비하는 에너지 총량을 공급할 수 있다.

이처럼 필요한 자원의 양은 매우 적고 자연적으로 발생하는 양은 매우 방대하다. 과학자들은 상업용 핵융합을 통해 3000만 년에서 수십억 년 동안 전 세계에 매우 안전하고 깨끗한 전력을 공급할 정도의 에너지를 얻을 수 있을 것으로 추정한다.[2] 핵융합으로 얻는 에너지를 사용할 수 있는 기간은 적게는 화석 연료를 사용하는 기간(약 300년으로 추정)의 약 10만 배에 달하는데, 이는 지금까지 호모 사피엔스가 세상에 존재한 기간의 100배에 해당한다. 게다가 이는 낮춰 잡은 추정치다.

그동안 회의론자들은 임계 밀도에 온도와 시간을 곱한 값인 이른바 삼중곱을 적절한 수준까지 끌어올리는 것이 현실적으로 불가능하다고 주장해왔다. 그러나 1960년대 이후 실험용 원자로의 삼중곱은 1.8년마다 평균 두 배씩 증가하는 양의 궤적을 그렸다. 이것이 바로 핵융합에 적용한 무어의 법칙이다. 무어의 법칙이 컴퓨팅 분야에 얼마나 큰 영향을 미쳤는지는 이미 잘 알려졌다!

실험이 이처럼 기하급수적 추세를 계속 따른다면 몇 년 내에 실험용 원자로에서 일관된 핵융합이 달성될 것이다. 실제로 이렇게 될 경우, 쉽게 구축하고 유지할 수 있는 상업용 원자로를 개발하는 데 10~20년이 더 걸릴 것이다. 그리고 인류는 본질적으로 무한한 에너지를 매우 저렴하고 간편하게 공급할 대대적인 전환을 시작할 것이다. 현재 대부분의 실험용 핵융합로는 토카막tokamak(핵융합 때 물질이 플라즈마 상태로 변하는 연료 기체를 담아두는 도넛 모양의 용기—옮긴이주)과 스텔라레이터stellarator(고온의 플라즈마를 자기장을 이용해 가두기 위해 고안된 꼬인 도넛 모양의 장치—옮긴이주) 범주에 속한다. 이때 연료 플라즈마는 강력한 자기장 안에서 유지되고 태양의 중심 온도보다 높은 온도로 가열된다(기압이 태양보다 낮아 온도가 더 뜨겁다).

다른 원자로는 날아다니는 매우 작은 연료 입자를 고출력 레이저 빔으로 주기적으로 타격해 핵융합을 촉발한다. 세계에서 가장 발전된 클레이 사격이라고 생각하면 된다. 2021년 캘리포니아에서 진행한 NIF 실험용 원자로 실험에서 1밀리미터(0.04인치) 미만의 수소 공hydrogen ball을 순식간에 폭발시켜 태양이 지구 전체에 공급하는 열에너지 총량의 10퍼센트에 해당하는 양을 생산하는 데 성공했다.[3]

2022년 영국 기업 퍼스트라이트퓨전First Light Fusion은 매우 창의적인 접근 방식을 취했다. 최소한의 연료 조각을 약 1제곱센티미터 면적의 입방체에 캡슐화했는데, 여기에는 연료 주변에 발생한 기포도 포함되었다.[4] 이 입방체는 이른바 광선총의 총구에서 튀어나왔고, 같은 총에서 나온 또 다른 발사체가 뒤에서 이 입방체를 맞혔다. 이 발사체가 초속 6킬로미터로 날아가 입방체에 부딪히면서 기포가 붕괴됐고, 주변 연료 입자가 초속 69킬로미터로 순식간에 가속화되는 캐비테이션cavitation(진공) 현상이 일어났다. 이것이 핵융합을 촉발했다.

퍼스트라이트퓨전에 따르면 이 발사 한 발로 생성된 에너지는 2년 동안 일반 가정집에서 쓰는 전력을 충분히 공급할 만한 양이다. 그러니 1분에 두 발씩 계속 발사하면 약 400만 명에게 지속적으로 전력을 공급할 수 있다. 원자로는 매우 작고 완전히 무해한 건물에 보관될 것이며, 발생되는 폐기물은 아이들의 생일파티 때 풍선을 부는 데 사용되는 헬륨 정도에 불과할 것이다.

인류가 핵융합에 성공하면 에너지 공급 면에서 대전환이 이뤄질 것이다. 사실상 무한하고 안전한 에너지가 매우 저렴하고 작고 간편하게 공급된다. 핵융합에 필요한 에너지원은 석탄보다 1000만 배 이상 적기 때문에 말 그대로 작고 간편하다.[5] 숟가락 두 개로 우리가 평생 소비하는 에너지를 생산하는 데 필요한 핵융합 연료를 다 담을 수 있다.

이러한 이유로 원자력발전소 건설 비용이 발전소 가동 중 원자재를 공급하는 총비용보다도 훨씬 높다는 것이 일반적인 규칙이다. 핵융합 발전소는 규모 면에서 수백 개 또는 수천 개의 태양열 패널을 거뜬히 대체할 수 있다. 핵융합로는 가스 터빈과 마찬가지로 자동차 속도계처럼 위아래로 조절할 수 있어 기상 변화로 불안정한 태양광과 풍력발전의 공백을 메울 기저부하 전력으로도 적합하다. 전세계 실험용 핵융합로는 2010년 8기에서 2021년 23기로 늘어났다. 핵융합에 투입된 민간 자금은 총 18억 달러에 달하며, 아마존Amazon 창립자 제프 베이조스Jeff Bezos, 마이크로소프트Microsoft 공동 창립자 고故 폴 앨런Paul Allen이 설립한 벌칸캐피털Vulcan Capital, 링크드인LinkedIn 창립자 리드 호프먼Reid Hoffman을 비롯해 여러 기업가와 대기업, 주요 벤처 펀드가 관련 투자에 나섰다.

토륨 원자로를 포함한 원자력 연구 개발 분야에서 흥미진진한 발전이 많이 이뤄졌다. 토륨을 이용하면 현대인이 평생 사용할 수 있는 모든 용도의 에너지를 약 100그램 무게의 골프공 하나에 담을 수 있다. 토륨이 대량생산에 들어간다면 가격은 몇 달러를 넘지 않을 것으로 보인다. 토륨은 매우 안전하며 우라늄 기반 핵분열 원자로에서 나오는 폐기물보다 수십 배나 빠른 속도로 분해된다. 이러한 이유로 2020년 미국 대통령 후보로 출마한 앤드루 양Andrew Yang은 500억 달러를 투자해 토륨 연구를 전폭적으로 지원하고 2027년까지 원자로를 완공하겠다고 공약했다. 하지만 결국 당선되지 못했다. 반면 중국은 2021년에 실험용 토륨 원자로를 가동하기 시작했다.[6] 전 세계가 토륨으로 전력을 공급받는다면, 약 10만 년 동안 토륨을 사용할 수 있을 것이다. 이는 화석 연료 수명인 300년의 30배에 달하는 기간이다.

게다가 마이크로소프트 창립자 빌 게이츠와 전前 마이크로소프트 CTO 네이선 미어볼드Nathan Myhrvold가 투자한 테라파워Terra Power는 잠재적인 '진행파 원자로' 기술을 개발했다. 이 기술을 활용하면 핵변환transmutation을 통해 핵폐기물(현재 우라늄 기반 원자력으로 생산하는 에너지 잠재량의 약 98퍼센트가 낭비되고 있다)에 남아 있는 에너지의 상당 부분을 활용할 수 있을 것으로 기대된다.[7] 핵변환은 한 핵종을 다른 핵종으로 변형시키는 과정으로, 중세 연금술사가 꿈꾸던 작업에 비유되기도 한다. 진행파 원자로가 작동한다면 현재 전 세계 에너지 소비량을 기준으로 약 600년 동안 미국 전역에 에너지를 공급할 수 있다. 이 모든 일이 현재 전 세계에서 버려지는 핵폐기물 공급량만으로도 가능하다. 참고로 2019년 한 노벨상 수상자는 핵폐기물을 30분 만에 무해한 물질로 변환하는 기술을 제안했다.[8]

핵융합의 에너지원은 석탄보다 1000만 배 이상 규모가 적다.

슈퍼트렌드 전문가가 예측한 미래 원자력 혁신 개요	
2025년	실험용 원자로에서 일관된 핵융합 달성
2025년	사용한 핵연료로 작동하는 나노 원자로 건설
2030년	미국에서 이동식 초소형 원자로 개발
2030년	본격적인 시연용 진행파 원자로(TWR®) 구축
2030년	용융염 저장 시스템을 갖춘 소듐 고속 원자로 상용화
2032년	업계 최초로 첨단 모듈 원자로 사용
2033년	세계 최초로 경제적으로 실행 가능한 상업용 핵융합 발전소 건설
2050년	핵융합 발전소에서 2기가와트 전력 생산

에너지 저장과 전송 분야에서도 상당한 진전이 이뤄졌다. 배터리 기반 기술이 크게 개선되었다. 또한 풍차, 태양열 패널, 박테리아, 미세조류, 원자력발전소에서 생성되는 수소와 합성 연료의 활용 방식도 획기적으로 발전했다.

파워투엑스Power-to-X는 태양광과 풍력 등 재생에너지의 잉여 전력을 변환, 저장, 재변환하는 다양한 방식을 포괄하는 용어다. 여기서 '엑스(X)'는 잉여 전력이 전환되는 에너지 유형을 나타내는데 일반적으로 기체, 액체 또는 열에너지를 의미한다. 예컨대 풍력발전단지에서 수소를 만들 때 일시적으로 생산된 잉여 전력을 저장할 수 있으므로 수소는 파워투엑스 개념에 해당된다.

수소는 다섯 가지 방법으로 만들 수 있다. '검은색' 수소는 석탄, '회색' 수소는 천연가스로 만들어진다. 이 두 가지 방법을 탄소 포집 기술과 결합하면 '청색' 수소를 얻을 수 있다. 원자력발전소에서 생산한 전기로 가수분해해 만든 수소는 '분홍색'이다. 마지막으로 풍력이나 태양열 에너지에서 얻은 에너지는 '녹색' 수소라고 부른다(신재생에너지 기반인 녹색 수소는 흔히 친환경 수소로 불린다.—옮긴이주).

2022년 회색 수소의 가격은 파운드당 약 2달러(킬로그램당 1달러)였지만, 다른 '유색' 수소 가격은 모두 이보다 비쌌다. 예컨대 녹색 수소의 가격은 파운드당 10달러였다. 그러나 전문가들은 2030년까지 가격이 파운드당 약 2달러로 떨어질 것으로 예상한다. 수소 1킬로그램은 석유 3킬로그램과 비슷한 에너지 잠재력이 있다. 다른 모든 조건이 동일할 경우 수소 가격은 킬로그램당 1달러로 석유 가격인 배럴당 55달러와 비슷한 수준이므로 수소는 경쟁력이 있다고 볼 수 있다. 하지만 일반적으로 수소는 석유보다 처리 과정이 훨씬 복잡하기 때문에 단순 비교하기는 적절하지 않을 수 있다. 그렇지만 수력 발전의 효율성은 연간 25퍼센트 이상 기하급수적으로 개선될 것으로 예상된다. (모건스탠리Morgan Stanley는 관련 기술이 이보다 훨씬 빠르게 진전될 것으로 전망했다.)

수소는 천연가스 운송에 사용되는 기존 기술과 네트워크를 활용해 어느 정도 원활하게 운송할 수 있다는 장점이 있다. 실제로 천연가스에 수소를 최대 30퍼센트까지 직접 혼합할 수 있는데, 이때 녹색 수소를 사용한다면 가스도 친환경적으로 만들 수 있다. 엄청난 양의 수소를 저장해두면 에너지 공급 변동에도 대처할 수 있다. 수소는 열병합발전소(CPH)뿐 아니라 이미 보편화된 여러 산업 공정에도 사용될 수 있다. 수소를 암모니아나 디메틸에테르로 변환한 후 운송 장치에서 다시 수소로 변환한다면 운송이 한결 수월해진다. 이를테면 수소는 항공유보다 킬로그램당 에너지 밀도가 3배나 높아서 항공기 연료로도 사용할 수 있다. 하지만 수소는 휘발성이 대단히 높은 기체이며 압축하지 않으면 기체 형태에서 에너지 밀도가 항공유의 3000분의 1에 불과하기 때문에, 수소보다는 수소를 함유한 암모니아가 항공기 연료로 쓰일 것으로 예상된다.

KPMG에서 자동차 업계 임원 1154명을 대상으로 설문조사를 진행했는데, 이들은 2030년까지 전 세계 자동차 비중이 내연기관, 배터리 전기, 하이브리드, 연료전지 전기(수소로 구동)로 거의 고르게 분포될 것으로 예상했다.[9] 이러한 추세는 2040년에도 거의 그대로 이어져 연료전지 자동차 비중이 24퍼센트에 머물 것으로 전망되었다.

컨설팅 회사 아서D.리틀Arthur D. Little이 예측한 출시 일정은 다음과 같다.[10]

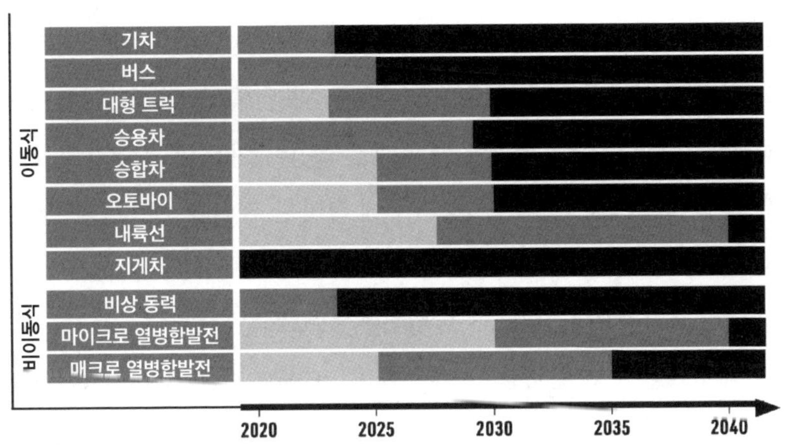

표 6.1 · 수소를 기술적으로나 상업적으로 응용할 수 있는 분야 추정

이 타임라인에서 알 수 있는 사실은 대체로 수소가 2030년까지 승용차를 포함해 상업적으로 지속 가능한 기술이 될 것으로 예상된다는 점이다. 따라서 2030년 이후에는 녹색 수소로 전환되는 기차와 자동차가 기하급수적으로 늘어나고, 이후 새로운 형태의 원자력 발전으로 생성된 분홍색 수소가 등장할 것이다.

다른 기술에서도 계속해서 획기적인 발전과 흥미로운 전망이 나오고 있다. 핵융합을 목적으로 밀리미터파 빔이라는 기술이 개발되었다. 일부 연구자들은 이 기술로 100일 만에 거의 21킬로미터 깊이의 구멍을 뚫을 수 있다고 주장한다.[11] 이 기술을 사용하면 섭씨 약

500도까지 도달할 수 있어 자연적으로 발생하는 지구의 핵분열 에너지를 직접 활용할 수 있게 된다.

또 해수와 담수 간 삼투압 차이를 이용하는 질화붕소 나노튜브(BNNT)의 멤브레인(막)을 통해 에너지를 얻는 방법이 있다. 이 기술도 상당한 변화를 가져올 것으로 전망된다. 예를 들어, 최근 발표에 따르면 1제곱미터에 불과한 청색 멤브레인이 연간 약 30메가와트시를 생산할 수 있는데, 이는 세 가구에 충분한 전력을 공급할 수 있는 양이다.[12] 이 기술이 지닌 전 세계 에너지 잠재력은 약 2000개의 원자로와 맞먹는 2테라와트에 달한다는 보고도 있다.[13]

슈퍼트렌드 전문가들이 예측한 여러 에너지 저장과 충전 기술 사례는 다음과 같다.

슈퍼트렌드 전문가가 예측한 미래 에너지 저장 혁신 개요	
2023년	핵폐기물로 만든 다이아몬드 배터리 상용화
2023년	리튬 이온 배터리 패키지의 평균 가격이 1킬로와트시당 137달러로 하락
2024년	태양 광촉매반응(solar photocatalysis)을 사용해 폐수를 처리하고 수소 연료를 생성
2024년	가로등으로 전기차 충전 가능
2024년	전기차 이동 중 충전 가능
2025년	캘리포니아에 200번째 수소 충전소 설치
2025년	사우디아라비아에서 풍력과 태양광발전으로 생산된 4기가와트 전력으로 가동되는 수소 발전소 완공
2025년	에너지 밀도가 킬로그램당 500와트시 이상인 리튬 배터리 출시
2025년	최초로 세척 가능한 배터리 상용화

2027년	칼륨 이온 배터리로 리튬 이온 배터리를 대체할 수 있게 됨
2027년	전기차에 그래핀 배터리 장착
2027년	로봇공학용 생체형 배터리 상용화
2030년	100석 이상을 갖춘 무공해 연료전지 항공 파워트레인이 비행에 나섬
2030년	그림자 효과 에너지 발전 패널 개발
2030년	암모니아 연료로 작동하는 첫 항공기 추진 시스템 출시
2030년	작동 중인 모바일 로봇을 무선으로 충전
2030년	수소의 총 유통 비용이 킬로그램당 0.40달러로 하락
2030년	중국, 인도, 서유럽의 재생 수소 비용이 킬로그램당 2달러로 하락
2030년	전 세계 녹색 수소 생산량이 3엑사줄에 도달
2030년	상업용 해수 배터리 출시
2030년	상업용 IoT 센서에 최초로 '영구' 배터리 탑새
2031년	몇 초 만에 충전 가능한 배터리 개발
2031년	시간이 지나도 용량이 줄어들지 않는 휴대폰 배터리 출시
2032년	최초의 무공해 수소 항공기 취항
2032년	최초의 나노기술 기반 수소 저장 장치 상용화
2032년	녹색 수소의 경제적 경쟁력 확보
2032년	배터리와 칩이 필요 없는 센서 노드 상용화
2033년	항공 드론 비행 중 무선 충전이 가능해짐
2034년	자가 충전 배터리로 가동되는 첫 스마트폰 출시
2036년	마이크로파를 활용해 전기를 녹색 수소로 변환
2036년	박테리아로 가동되는 수소 공장 개발
2036년	배터리 사용 시간이 한 달에 달하는 스마트폰 상용화
2038년	미세조류에서 생산된 수소를 상업적으로 판매
2045년	원자력발전소를 가동해 수소 생산

결론은 명확하다. 인류는 에너지가 부족하지 않을 것이며, 새로운 혁신을 일으키고 기술을 발명한다면 지속 가능한 대체 에너지로 전환할 수 있을 것이다.

그렇다고 해서 온실가스와 미세먼지를 전혀 배출하지 않는 에너지 형태로 완전히 전환하기까지 걸릴 시간을 지나치게 낙관적으로 예상해서는 안 된다. 참고로 바츨라프 스밀Vaclav Smil은 저서 《에너지 전환Energy Transitions》에서 과거 세 차례 에너지 전환이 일어났을 때 각각 전 세계 에너지 공급량의 40퍼센트, 30퍼센트, 20퍼센트에 도달하기까지 약 50년이 걸렸다는 사실을 보여주었다. 이는 시장 점유율을 처음으로 5퍼센트 확보한 이후 걸린 시간이다.

이 글을 쓰고 있는 시점을 기준으로, 전 세계 에너지 산업은 약 5조 달러 규모이다. 이는 약 100조 달러에 육박하는 전 세계 경제 규모의 약 5퍼센트에 해당한다. 에너지 산업은 확실히 무어의 법칙처

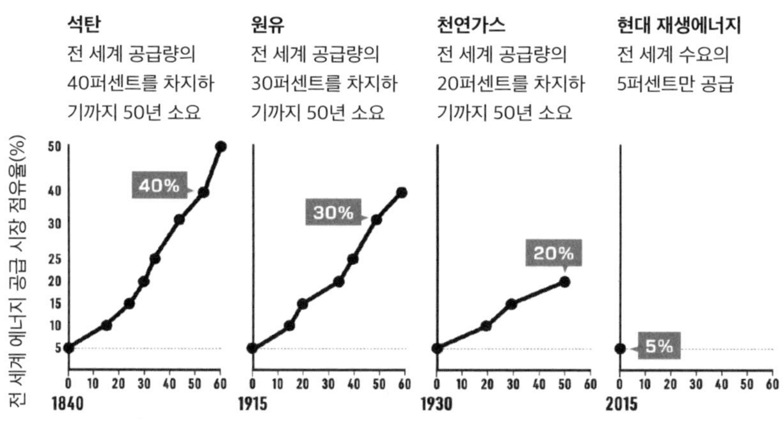

에너지원이 전 세계 수요의 5퍼센트를 공급하기 시작한 때로부터 몇 년 후의 추이

표 6.2 · 시장 점유율 5퍼센트 달성 후 전 세계적으로 시장 점유율을 늘리며 성장한 다양한 에너지원

럼 빠른 속도로 성능을 개선할 수 있는 실리콘 칩과는 다르다. 현실적으로 새로운 발전소를 개발하고 건설하려면 수십 년까지는 아니더라도 대부분 수년이 걸린다. 발전소는 건설 비용이 많이 들지만, 일단 건설하고 나면 경쟁력 있는 비용으로 막대한 양의 전력을 생산할 수 있다. 이전보다 20퍼센트 더 나은 발전소를 개발하더라도, 기존 발전소를 철거하는 방안은 비용 면에서 대체로 효율적이지 않다.

기후 정상회의를 여러 번 개최하고 국가적 약속을 해도 이 모든 변화가 일어나려면 현실적으로 최소 50년은 걸릴 것으로 보인다. 이러한 전환을 꾀하려면 에너지를 조합해야 한다. 예컨대 풍력만으로는 모든 문제를 해결할 수 없다. 풍력과 태양광발전의 조합만으로는 충분하지 않다. 다음 표에서 볼 수 있듯, 일부 지역에서는 태양열 패널과 풍차가 너무 많은 공간을 차지한다는 점이 문제가 될 수 있다.

에너지원	제곱미터당 와트
화석 원료	500~1000
원자력	500~1000
태양광	5~20
수력(댐)	5~50
풍력	1~2
목재 및 기타 바이오매스	1 미만

태양광과 풍력발전은 매우 불안정해서 에너지를 저장하고 전송하는 것이 까다롭고, 산업용 금속도 엄청나게 필요하다. 현재 풍력이나 태양광으로 생산한 잉여 전력을 단 하루 저장하려면 전력을

생산할 때보다 약 두 배의 비용을 들여야 한다.[14] 빌 게이츠는 저서 《빌 게이츠, 기후재앙을 피하는 법》에서 도쿄의 예비 전력을 단 3일간 저장하는 데 얼마나 많은 비용이 드는지 계산했다. 결과적으로 배터리를 구매하는 데 4000억 달러가 필요하며, 이는 연간 지출 270억 달러에 설치와 유지보수 비용을 더한 금액과 같다. 게다가 풍력, 태양광, 관련 예비 전력과 저장 인프라에 필요한 산업용 금속은 광산업계에서 상당한 기간에 걸쳐 공급할 수 있는 양을 훌쩍 넘어선다. 100년간 채굴해 공급해도 부족할 지경이다! 예를 들어 해상 풍력발전으로 전력을 생산하는 데는 가스 터빈으로 동일한 전력을 생산하는 데 필요한 산업용 금속의 약 15배가 필요하다. 가스 터빈은 언제든지 생산 속도를 높이거나 낮춰 수요를 충족할 수 있지만 풍차는 생산량을 조절할 수 없다.

전반적인 온실가스 문제를 탄소 포집 기술로 해결할 경우 비용이 톤당 100달러 이하로 떨어진다고 가정해도, 매년 전 세계 GDP의 약 5퍼센트를 써야 한다(현재 배출량은 약 500억 톤이므로 비용은 5조 달러에 이른다). 이렇게 되면 전 세계 에너지 비용은 두 배로 늘어날 것이다.

여기서 중요한 것은 구리나 리튬 같은 자원에 과도한 단기 수요가 쏠리는 현상을 막고 상황별로 적합하고 안정적이며 저렴하고 실용적인 솔루션을 활용할 수 있도록 다양한 기술을 결합해야 한다는 점이다. 예를 들어 오늘날 휘발유는 리튬 이온 배터리보다 무게 단위당 약 35배 많은 에너지의 공급원이다. 이러한 이유로 배터리가 비행기에는 실용적이지 않을지언정 자동차에는 적합하다. 태양광 패널은 햇빛이 필요하고 풍력발전은 바람이 필요하다. 게다가 둘 다

많은 공간을 차지하는 경향이 있다. 불안정한 에너지 솔루션은 적어도 전력을 저장할 방안이 필요하고 수요가 몰리는 피크 시간대에는 추가로 이를 충당할 피크 발전소peaker plant를 가동해 상당한 양의 예비 전력을 확보해야 한다. 피크 발전소가 석탄, 가스 또는 수력 발전에 기반하지 않으려면 새로운 형태의 원자력이 강력한 선택지가 될 수 있다. 원자력은 컨테이너선에도 사용될 수 있다. 탄소 배출량을 줄이도록 시멘트 생산을 비롯한 일부 산업 공정을 개선할 수 있다. 이후 나머지 배출량은 CCP 솔루션으로 격리하면 된다.

● **대체 에너지원의 발전량 단위당 필요한 산업용 금속**

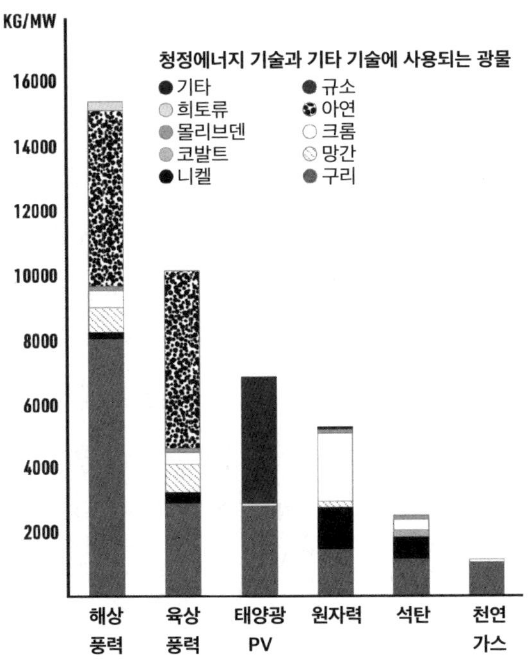

표 6.3 · 청정에너지 기술과 기타 기술에 사용되는 광물

에너지 부문에서 일어날 혁신은 어마어마하고 흥미진진할 테지만 매우 복잡하고 시간이 오래 걸릴 것이다.

자연의 방식을 창조하다

거대한 에너지 전환은 효율성을 높이기 위한 기술 혁명을 보여주는 사례다. 효율성을 높일 일반적인 기술 중 하나는 3D 프린팅이다. 산업 생산(그리고 대부분의 세공)에서는 일반적으로 절삭 방식으로 가공을 한다. 금속, 목재, 대리석 조각을 가져다가 필요 없는 부분을 잘라내는 것이다.

하지만 살아 있는 유기체는 적층 방식으로 만들어진다. 즉 바닥부터 층층이 놀랍도록 정밀하게 창조된다. 이러한 방식을 따르면 나비나 인간 같이 훨씬 섬세하고 복잡한 생물체를 구현할 수 있다. 흥미롭게도 현재 제조 분야에서는 점점 더 많은 제품을 적층 방식으로 제작할 수 있는 혁명이 일어나고 있다. 이는 점점 더 복잡한 맞춤식 제품을 만들 수 있음을 의미한다. 이러한 방식은 이미 맞춤형 치과 임플란트와 크라운에 광범위하게 사용되고 있고, 우주선에서 쓰는 도구부터 주방용품, 3D 로고, 장기, 쇠고기 스테이크, 암초, 나노 배터리, 인간의 피부 등에 다양하게 활용될 수 있다. 최근에는 과학자들이 탁상용 3D 프린터로 휘는 플렉서블flexible OLED 스크린을 제작하는 데 성공했다.[15]

슈퍼트렌드 전문가가 예측한 미래 3D 프린팅 혁신 개요	
2023년	3D 프린터로 만든 해부학 모델이 복잡한 의료 수술의 표준으로 자리 잡음
2023년	상업용 라텍스 3D 프린터 출시
2024년	현미경 수준의 세밀한 프린팅이 가능한 3D 프린터 상용화
2024년	3D 프린터로 만든 에어로겔을 이식에 사용
2024년	3D 프린터로 만든 첫 자동차 상용화
2024년	체적 3D 프린터로 만든 폴리머 상용화
2025년	3D 프린터로 만든 인공육 제품을 EU 전역의 슈퍼마켓에서 판매
2025년	3D 프린터로 만든 로켓 발사
2025년	3D 프린터로 만든 최초의 인공 산호초 설치
2025년	태양광으로 가동되는 인공 보철물을 3D 프린터로 출력
2026년	3D 프린터로 만든 의료 기기와 시뮬레이션을 복잡한 수술에 정기적으로 시용
2026년	3D 프린터로 만든 피부의 이식이 승인됨
2027년	3D 프린터로 만든 최초의 고층 건물 완공
2029년	3D 프린터로 만든 간을 인간 환자에게 이식
2030년	3D 프린터로 만든 심장 이식에 성공
2031년	우주선이 궤도 비행 도중에 부품을 3D 프린터로 만드는 데 성공
2035년	우주에서 주거 시설을 3D 프린터로 제작
2045년	3D 프린팅의 영향으로 완제품 운송량이 2018년 대비 7퍼센트 감소
2056년	3D 프린터로 만든 인공 잎으로 화성에서 산소와 에너지 생산

소규모 식품 생산

소규모 기술 사례는 식품 산업에서도 나오고 있다. 오늘날 전 세계 지표면의 약 11퍼센트는 농경지다. 11퍼센트에 달하는 면적은 광활한 러시아와 맞먹는 크기이며, 미국, 인도, 아르헨티나, 그린란드, 남아프리카공화국을 합친 크기와도 맞먹는다. 농경지는 자연적으로 조성된 공원 등지에서 볼 수 있는 자연 생태계에 비해 생물 다양성의 폭이 훨씬 좁다. 따라서 더 많은 농경지를 확보하기 위해 산림을 벌목할수록 생물 다양성이 줄어들고 많은 동물이 멸종할 것이라는 우려가 제기되어왔다.

일부 지역에서 여전히 심각한 서식지 파괴가 일어나고 있지만, 농경지를 산림으로 복구하는 지역도 있다. 실제로 전 세계 농경지의 총면적은 1980년대 이후 거의 그대로 유지되었다. 지난 40년 동안 인구가 두 배로 증가하고 1인당 칼로리 섭취량이 크게 증가했다는 사실을 감안하면 이러한 결과는 뜻밖인데, '정밀 농업precision farming'이 도입된 덕분이다. 정밀 농업은 기후, 물과 질소 수준, 대기 질, 질병 확산 같은 광범위한 실시간 데이터를 활용해 농경지에서 해야 할 작업을 농부에게 정확하게 일러주는 시스템이다. GPS와 정밀 기계로 농경지를 에이커가 아닌 인치 단위로 측정해(매우 조밀한 수준에서 농경지를 분석한다는 의미로 해석할 수 있다.—옮긴이주) 구체적인 지침을 제공하는 것이 특징이다. 궁극적으로 트랙터도 자율 주행이 가능해지고 다양한 로봇과 센서가 서로 연결되면 농부는 사무실에서 다양한 장비와 기계를 원격으로 제어하기만 하면 될 것이다. 건설과 건축, 운송 같은 산업에서도 이와 비슷한 추세가 관찰된다.

오늘날 전 세계 농경지가 전환점을 맞이하고 있음을 보여주는 지표는 상당히 많다. 이는 크게 일곱 가지로 정리된다.

- 유전자 변종 사용을 포함해 매우 효과적인 정밀 농업이 지속적으로 개발되고 보급될 것이다.

- 대기 중 이산화탄소 농도가 증가할 경우 공중 발효aerial fermentation 과정을 거치면 식물 성장 속도를 높일 수 있다.

- 전 세계 인구 증가율은 지속적으로 둔화하고 있으며 21세기 중반에 증가세가 멈추고 역전될 가능성이 있다.

- 기존 농작물보다 생산 단위당 약 50배 적은 토지를 사용하고 물과 살충제도 훨씬 적게 쓰는 수직 농업이 도입되었다.

- 정밀 발효로 우유 단백질과 유사 제품을 만든다.

- 축산보다 적은 토지가 필요한 식물이나 기타 단백질 공급원으로 만든 인공육 사용이 늘어났다.

- 도입된 배양육(철제 저장통에서 자라는 육류 세포)은 수직 농업과 마찬가지로 전통 농법에 비해 생산 단위당 약 50배 적은 토지를 사용한다.

**일반적으로 배양육과 수직 농업 기술은
약 450그램의 식량을 생산하는 데
필요한 토지 면적을 98퍼센트까지 줄인다.**

마지막 네 가지에 대해서는 좀 더 설명을 덧붙일 필요가 있다. 수직 농업은 통제된 실내 환경에서 작물을 위로 켜켜이 쌓아 재배하는 방식이다. 인공조명과 수경 재배를 활용하는데, 이는 뿌리가 수성 배양액에 담겨 매달려 있음을 의미한다. 운송용 컨테이너나 가정용처럼 작은 규모로 운영되는 곳도 있지만 대규모로 작물을 재배하는 곳도 있다. 수직 농업에 더해 수직 적층 구조로 해산물을 양식할 경우 흥미로운 조합이 가능해진다. 수직 양식장에서 나오는 폐기물을 인근 수직 농장의 식물에 영양분으로 공급하는 것이다.

샌프란시스코의 플렌티Plenty라는 기업은 8100제곱미터 규모의 수직 농장을 운영한다. 플렌티에 따르면, 이곳에서 전통 농업보다 제곱미터당 300배 이상의 작물이 재배되고 있다. 지속적으로 최적화되는 성장 조건과 계절에 영향을 받지 않는 환경, 여러 층으로 식물을 쌓아 올리는 방식 덕분에 가능한 일이다.

따라서 토지를 활용하는 측면에서 볼 때 수직 농업은 300배 이상 성장하는 기술이다. 심지어 농경지를 아예 배제한 채 폐광 내 갱도와 개조된 지하 터널 등에서 진행하는 이른바 딥팜deep farm 프로젝트도 있다. 수직 농업은 대부분 물을 재활용하고 불필요한 미생물을 최소화하며, 곤충과 잡초, 기타 해충이 발생하지 않는다. 재배 환경이 밀폐되어 있는 데다 해충이 살아가는 데 필요한 흙이 없기 때문이다.

이 글을 쓰고 있는 시점을 기준으로, 적어도 스위스와 아랍에미리트에서 대규모 수직 농장을 건설할 계획을 수립했다. 스위스 프로젝트는 석회암 폐광에 있는 91미터 깊이의 구멍에 '세미딥semi-deep'(일부 면적이 자연 지표면 아래에 자리한다) 형태로 약 10만 제곱미터 규모의 농장을 건설하는 것을 목표로 한다. 이곳에서 연간 약 3525톤의 식량을 생산할 수 있다. 평균적으로 사람 1명이 연간 약 0.5톤의 음식을 섭취하므로, 이곳에서 생산된 식량으로 약 7000명을 먹일 수 있다. 스위스 인구는 약 865만 명이고, 모두 채식주의자라고 가정할 때 이와 같은 수직 농장이 1250곳만 있어도 인구 전체에 식량을 공급할 수 있게 된다. 농장 1250곳은 인구 밀도가 높은 스위스 국토 면적의 0.3퍼센트에 해당하는 약 125제곱킬로미터를 차지할 것이다. 필요한 물의 부족량은 지붕에서 빗물을 모아 해결할 것이다. 열은 지열 난방으로 공급하고, 생물 폐기물은 재사용해 전기를 생산할 계획이다. 현재로서는 원자로가 건설될지, 이 계획이 실현될지 알 수 없지만 전 세계 자원 계획은 전망이 매우 밝다.

정밀 발효는 첨단 기술이다. 예컨대 맥주와 와인, 기타 주류 생산에 사용되는 발효 공정은 이미 잘 알려져 있다. 정밀 발효도 이와 유사한데, 유전자 변형 미생물을 사용해 단백질 같은 복잡한 생체분자를 생산한다. 1980년대부터 상업적으로 사용되었고, 이후 가격이 점차 저렴해졌다. 초기에는 인체 인슐린, 비타민, 향료, 보충제, 성장호르몬, 레닛(우유를 치즈로 만들 때 사용하는 응고 효소 복합체—옮긴이주) 같은 값비싼 화합물 생산에만 사용되었다. 하지만 일반적인 생산 비용이

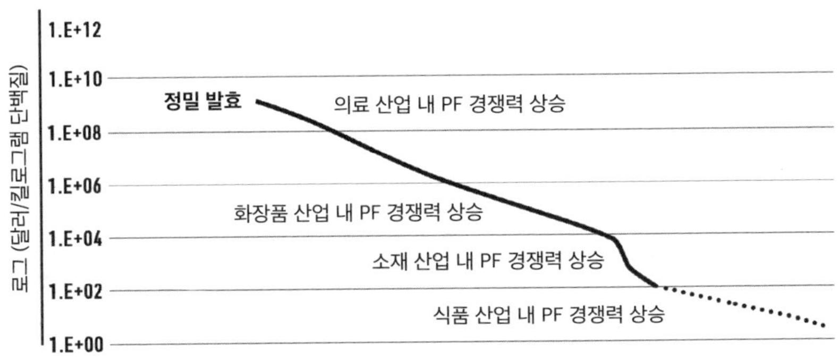

표 6.4 · 생산 비용이 하락하면서 기존 산업을 점차 파괴하고 있는 정밀 발효(PF) 기술

2000년 파운드당 200만 달러에서 2020년에 파운드당 약 200달러로 떨어지면서, 연간 약 60퍼센트의 비용이 절감되는 효과가 생겼다. 이러한 변화로 콜라겐 같은 정밀 발효 프리미엄 화장품을 비롯해 합성 피혁과 거미줄을 포함한 의류, 건축, 가구 산업에 쓰이는 정밀 발효 소재 시장이 열렸다.

다음 단계는 이 공정이 식품 재료와 대량생산에 적합한 가격 경쟁력을 갖추는 것이다. 경쟁력을 확보하면 정밀하게 설계된 식자재 대량생산이 가능해진다. 예를 들어 유전자 변형 미생물을 사용해 동물 성분을 함유하지 않은 유제품용 카제인과 유장(젖 성분에서 단백질과 지방을 빼고 남은 맑은 액체—옮긴이주)을 생산할 수 있다.

많은 정밀 발효 제품이 식물성 대체육을 비롯해 다른 제품의 원료로 사용된다. 이 시장은 빠르게 성장하고 있고, 여기에는 가짜 다진 고기와 베이컨 등이 포함된다. 임파서블푸드Impossible Foods 는 육류의 맛과 형태를 표현하기 위해 정밀 발효된 레그헤모글로빈 leghemoglobin(콩과 식물 뿌리에 있는 헤모글로빈—옮긴이주)을 사용한다. 인류는 고대의 추출 모델에서 미래의 창조 모델로 전환하고 있다. 즉 3D 프린팅과 유사하게, 정보를 사용해 원하는 것을 설계한 후 생물학적 복제기로 생산한다. 다음은 슈퍼트렌드 전문가들이 예측한 배양육 관련 주요 기술을 정리한 것이다.

슈퍼트렌드 전문가가 예측한 미래 배양육 혁신 개요	
2023년	실험실에서 재배한 캐비어 상용화
2024년	세포 기반 게살 상용화

2024년	실험실에서 재배한 참다랑어 상용화
2024년	생명공학 기술로 만든 생선가루를 상업 양식업에 사용
2024년	정밀 발효와 동물성 단백질 분자가 비용 면에서 대등한 수준에 도달
2025년	실험실에서 생산한 캥거루 고기 상용화
2025년	수직 양식장이 비용 면에서 전통 양식장에 뒤지지 않음
2025년	B2B 시장에 첫 세포 기반 우유 출시
2026년	양식 사슴고기 상용화
2026년	배양육 생산을 위해 세포 배양에 연속 세포 배양기(bioreactor) 사용
2030년	정밀 발효에 의한 단백질 생산이 50퍼센트를 차지함
2034년	세포 기반의 콜라겐과 젤라틴이 전 세계 사용량의 50퍼센트를 차지함
2035년	정밀 발효로 생산된 단백질이 동물성 단백질보다 10배 저렴해짐
2038년	가족용 또는 개인용 소규모 배양육 시스템 출시
2060년	배양육과 식물성 대체육이 전 세계 육류 공급의 60퍼센트 이상을 차지함

정확한 시기를 가늠하기는 대단히 어렵지만, 식품과 농업이 거대한 혁명의 한가운데에 있는 것만은 분명해 보인다. 미국의 신기술 연구소 리싱크엑스Rethink X는 〈식품 및 농업 재검토 2020~2030 Rethinking Food and Agriculture 2020-2030〉 보고서에서 이렇게 밝혔다. "현재 산업화된 동물 기반 농업 시스템은 소프트웨어형 식품 모델로 대체될 것이다. 이 모델에서는 과학자들이 분자 수준에서 설계한 식품이 데이터베이스에 업로드되어 전 세계 영양사에게 전달된다. 이를 통해 기존 시스템보다 훨씬 안정적이고 탄력적인 분산형 현지화 식품 생산 시스템을 구축할 수 있다. 이 새로운 생산 시스템은 계절, 날씨, 가뭄, 질병, 기타 자연·경제·정치 요인 등에 따른 물량과 가격 변

동에 흔들리지 않을 것이다. 지리적 위치만으로는 더 이상 경쟁 우위를 확보할 수 없다. 인류는 부족한 자원에 의존하는 중앙 집중식 시스템에서 풍부한 자원에 기반한 분산형 시스템으로 전환할 것이다."[16]

정밀 농업, 공중 발효, 인구 증가율 감소, 수직 농업, 정밀 발효, 대체육, 배양육이 영향을 끼치면서 향후 수십 년에 걸쳐, 특히 21세기 후반에 전 세계 농경지가 대폭 감소할 가능성이 있다. 이러한 이유로 미래에는 훨씬 많은 국립공원과 생물 다양성이 확보될 것이다.

**앞으로 수십 년에 걸쳐, 특히 21세기 후반에
전 세계 농경지가 대폭 감소할 것으로 예상된다.**

슈퍼트렌드 전문가가 예측한 미래 식품 및 농업 분야 혁신 개요	
2023년	상업 농업에서 수분(pollination) 기계 사용
2023년	생분해성 알긴산염 캡슐(대체 비료) 출시
2023년	경작지 관련 정보를 격주로 제공하는 위성 데이터 구독 서비스 출시
2023년	B2B 시장에 식물성 달걀 출시
2023년	공중에서 만든 단백질 상용화
2025년	상업 농업에서 살충제 대신 RNAi 기반 생물학적 방제 사용
2025년	파나마병에 내성이 있는 유전자 변형 바나나 품종 상업적 재배
2025년	생물 폐기물을 먹인 곤충을 가축 사료로 사용
2025년	전기를 생산하는 착색 온실 출시
2025년	면 기반 직물을 화학적으로 처리해 포도당으로 재활용
2026년	100퍼센트 암탉을 생산하는 부화장 등장

2027년	맛이 개선된 유전자 변형 디카페인 커피 출시
2027년	농업 폐기물로 만든 섬유가 섬유 제품의 1퍼센트에 사용됨
2028년	투명 태양열 패널로 전력을 공급하는 온실 건설
2028년	알레르기를 적게 유발하는 밀과 땅콩 품종 생산
2029년	실험실에서 키운 모발 출시
2030년	유전자 편집으로 내열성 밀 개발
2030년	생명공학 기술로 아프리카와 유럽산 소의 유전적 특성을 결합한 품종 소 등장
2030년	이산화탄소와 물로 만든 단백질을 지구 밖에서 생산
2031년	물이 많이 필요하지 않은 유전자 이식 식량 작물의 대량생산이 승인됨
2032년	근본적으로 변형된 GMO 식품 판매
2032년	코르크질을 함유한 탄소 포집 작물 종자가 규제 당국의 승인을 받음
2035년	유럽연합 내 첨단 수직 농업 기업들의 시장 점유율이 전통적인 채소 생산업체를 넘어섬
2038년	유전자 편집을 거친 말이 경주에 출전
2050년	주요 사막이 농경지로 변모

늘어나는 자연공원에 멸종된 동물을 다시 들여올 가능성도 있다. 영화 〈쥬라기 공원〉에 나온 것처럼 이러한 가능성은 지난 몇 년 동안 그림자 미래에서 현재 인접 가능한 기술로 옮겨갔다. 오늘날 멸종된 종일지라도 DNA 염기 서열이 알려져 있다면 기술적으로 재설계할 수 있다. 즉 지난 1만~1만 5000년 동안 사라진 수많은 종을 되살릴 수 있게 된 셈이다. 이와 관련해 슈퍼트렌드 전문가들이 예측한 몇 가지 미래 기술은 다음과 같다.

슈퍼트렌드 전문가가 예측한 멸종 생물 복원 혁신 개요	
2025년	처음으로 독자 생존이 가능한 멸종된 종의 배아 복제
2025년	다른 종을 대신하는 기능 종을 최초로 야생에 도입
2025년	멸종된 종이 역번식을 통해 최초로 복원됨
2027년	과거에 멸종된 종을 야생에 재도입
2030년	200만 년 된 DNA 염기 서열을 밝혀냄
2034년	멸종된 조류 종 최초로 복원
2042년	조류가 아닌 공룡류 복원

거의 모든 다른 산업에서도 10배 이상의 혁신이 비슷한 규모로 일어날 것이다. 다음으로 넘어가기 전에, 가능성이 모색되는 기술의 몇 가지 혁신 사례를 예측해보면 다음과 같다.

슈퍼트렌드 전문가가 예측한 다양한 산업 분야의 미래 혁신 개요	
2029년	광 투과성 콘크리트를 구조재로 사용
2032년	개인 맞춤형 암 백신의 FDA 승인
2035년	화성에서 메탄 로켓 연료 생산
2039년	자율 주행 차량이 자동차 대부분을 차지하는 국가 등장
2043년	말라리아 박멸
2061년	첫 우주 호텔 개장
2083년	인류의 화성 영구 거주

정밀 경제를 맞이하다

앞의 사례에서 알 수 있듯이, 적은 자원으로 많은 것을 얻는 능력(예컨대 적은 땅에서 많은 식량을 생산하는 능력)은 특히 1980년대 이후 빠르게 촉진되었다. 인류가 살아온 대부분의 기간을 통틀어 추출 방식에 기반한 생산이 압도적이었다. 이는 자연에서 무언가를 죽이거나 채취한 후 필요에 맞게 재구성해 얻어내는 방식을 말한다. 예를 들어 나무를 베거나 돌을 깎고 고기를 썰어 요리하는 식이다. 하지만 이제 디지털 네트워크에서 제품을 설계한 후 처음부터 끝까지 실험실에서 DNA, 전자, 광자, 원자를 사용해 제품을 만드는 경우가 늘고 있다. 어쩌면 양자 컴퓨팅에 사용되는 양자 정보의 기본 단위인 큐비트를 사용하게 될 날이 머지않아 도래할 것이다.

이는 도이치의 계층 법칙을 크게 위반한다. 인류는 규모가 작고 사물을 추출하기보다 더 스마트하게 만들어내는, 이른바 정밀 경제로 점차 전환하고 있다. 스마트한 소규모 솔루션으로 옮겨가는 추세를 잘 보여주는 예로는 휴대전화를 꼽을 수 있다. 초기 휴대전화는 독자적 데이터 처리 능력이 없었고 무게가 10킬로그램이 넘었지만, 오늘날에는 200그램 정도에 불과하다. 게다가 커다란 방 하나를 가득 채울 정도로 크고 무게가 몇 톤에 달했던 1980년대 메인프레임 컴퓨터보다 훨씬 뛰어난 컴퓨터 성능까지 갖추고 있다. 실제로 2018년 6월 네이처닷컴Nature.com에 게재된 아르눌프 그루블러Arnulf Grubler 등의 연구에 따르면 스마트폰은 자재 소비를 300분의 1, 전력 소비를 100분의 1, 대기 전력을 30분의 1로 줄인 것으로 나타났다.

스마트폰은 인쇄기 발명 사례가 보여주었듯, 여러 산업 분야는 물론이고 생활 방식과 조직 형태에 걸쳐 연쇄적으로 변화를 초래했다. 예컨대 수십억 명이 스마트폰을 이용해 어디서든 일하고 물건을 주문할 수 있게 되었다. 스마트폰은 포장 음식 사업의 폭발적 성장과 우버Uber 같은 승차 공유 플랫폼 형태의 서비스형 교통수단(TaaS)의 활성화에도 영향을 미쳤고, 음악과 언론, 여행, 교육 등 여러 분야에 혁신을 일으켰다.

스마트폰은 마법 지팡이 같은 존재가 되어 사용자가 듣고 보는 것을 통제한다. 사물이 사용자에게 전달되도록 지시할 수도 있다. 서비스형 교통수단과 스트리밍 음악 서비스 등 많은 사례에서 스마트폰 솔루션은 기존 산업을 파괴하고 10배 이상 성장할 수 있는 동력을 제공한다. 스마트폰의 폭발적 인기는 리튬 이온 배터리, 센서, 디지털 카메라 등 스마트폰 제조에 필요한 기술의 비용 대비 성능 비율을 개선했고, 이는 다른 수많은 제품과 분야에 이롭게 작용했다.

1980년대 이후 전 세계가 점차 정밀 경제에 진입했다.

2022년 러시아의 우크라이나 침공은 중장비(러시아) 산업 기술과 소형(우크라이나) 정밀 기술 간 대결을 단적으로 보여준다. 최고 지휘부가 통솔한 러시아군은 막강한 중전차와 대포, 레이저 유도 무기를 장착한 항공기 등을 동원했지만, 소형 정밀 무기에 중점을 두고 분산형 접근 방식으로 대응한 우크라이나군을 압도하지 못했다. 우크라이나군이 사용한 무기로는 어깨에 얹어 사용하는 재블린Javelin 로켓이 있다. 이 로켓은 발사 후 망각fire-and-forget 기능(로켓을 발사한 후 중간에 유도하지 않아도 알아서 표적을 추적해 비행하는 기술—옮긴이주)이 탑재돼 최대 4킬로미터 떨어진 러시아 탱크와 다른 목표물을 확실하게 타격할 수 있었고, 러시아군은 로켓이 어디에서 날아오는지 알 수 없었다. 재블린은 연기 흔적을 남기지 않기 때문에 로켓을 발사한 병사는 목표물을 명중시키기 전에 몸을 숨길 수도 있다.[17] 우크라이나는 어깨에 멘 상태로 비행기와 헬기를 격추할 수 있는 로켓인 스팅어Stinger[18]와 스위치블레이드Switchblade도 사용했다. 스위치블레이드는 프로펠러로 구동되고 원격으로 조종 가능한 수류탄으로, 무게가 5킬로그램에 불과하며,[19] 적군의 머리에서 폭발하기 전까지 15분 동안 비행할 수 있다. 병사는 스위치블레이드를 발사한 후 화면으로 궤도를 확인할 수 있다. 우크라이나군은 24시간 동안 비행하며 레이저 유도 미사일의 표적을 탐색할 수 있는 터키산 TB-2 드론도 사용했다.[20] 이러한 상황에서 러시아의 중장비 무기는 소형 정밀 기술에 못 미칠 때가 많았다.

이와 비슷한 과정을 겪은 사례는 수없이 많다. 일반적으로 현대 경제는 정밀 경제를 활용한 덕분에 더 많은 자원을 사용하지 않고도 더 많은 부를 생산할 수 있게 되었다. 실제로 부의 규모가 커질수록 더 적은 자원을 사용할 때가 많다. 예를 들어 미국은 1980년대에 많은 상품에서 소비가 정점을 찍었다. 미국의 1인당 GDP는 그 이후에 크게 증가했는데도 말이다. 자원 가용성은 세 가지로 구분할 수 있다.

- **희소성**: 자원은 한정되어 있다. 너무 많은 사람이 너무 많이 소비하면 자원이 부족하거나 고갈될 것이다.
- **풍요**: 스미스식 성장과 슘페터식 성장을 조합하면 자원 생산량을 늘려 증가하는 수요를 충족할 수 있다.
- **초풍요**: 인구와 평균 부가 증가하면 전반적인 혁신에서 슘페터식 성장이 더욱 가속화된다. 이는 1인당 이용 가능한 자원이 덩달아 증가함을 의미한다.

지구의 '수용력'을 초과한 인류에 대해 논하거나 "현재 지구 1.7개의 자원을 사용하고 있다"는 식의 주장은 인류가 여전히 희소성 경제를 살고 있다는 가정을 기저에 깔고 있다. 배양 접시에서 자라는 박테리아나 숲에 사는 곰을 비롯해 지구상의 다른 모든 종은 자연 희소성 법칙을 따른다는 점에서 이러한 관점은 충분히 이해할 만하다. 하지만 인간은 혁신을 일으키고 거래를 한다는 점에서 박테리아나 곰과는 다르다. 인간을 제외한 다른 어떤 종도 낯선 사람과 완전히 다른 물건을 교환하지 않으며 인간과 동등한 수준으로 혁신을 일으키지도 못한다.

이처럼 인간은 독특한 행동을 한 덕분에 이미 오래전부터 풍요로운 시대를 넘어 초풍요의 시대에 접어들었다. 풍요의 수준을 측정하는 가장 좋은 방법은 전 세계 일반 시민이 일정 상품을 구매하기 위해 노동해야 하는 시간을 측정하는 것이다. 이를 '시간 가격time-price'이라고 부른다. 돈은 본질적으로 토큰화된 시간이나 다름없으므로 시간 가격은 희소성을 가장 잘 측정하는 기준이 된다. 이러한 현상을 측정하는 한 가지 방법으로는 사이먼 풍요 지수Simon Abundance Index, SAI가 있다. 세계에서 가장 많이 사용되는 50개 상품을 포함한 지수로, 명칭은 1970년대에 기존 사고방식을 거스르고 풍요가 계속 증가할 것으로 예측한 줄리언 사이먼Julian Simon의 이름에서 따왔다. 이 지수에 따르면 1980년부터 2019년까지 평균 시간 가격이 74.2퍼센트 하락했다. 실제로 2019년에는 50개 상품 중에서 39년 전보다 더 많은 노동을 해야 얻을 수 있는 상품은 단 하나도 없었으며, 모든 상품이 더 저렴해졌다. 전반적으로 이들 상품의 연평균 가격 적정성 성장률은 3.63퍼센트이다. 이는 20년마다 풍요로움이 두 배씩 증가 한다는 것을 의미한다. 이 역시 또 다른 기하급수 법칙에 해당한다. 이러한 현상을 다룬 몇 가지 훌륭한 연구는 메리언 투피Marian Tupy와 게일 풀리Gale Pooley의 저서 《초풍요Superabundance》에서 찾아볼 수 있 다. 이 책에 따르면 1850년부터 2018년까지 전 세계 인구가 약 630 퍼센트 증가했고, 일반적으로 사용되는 26개 상품의 시간 가격은 미 국 블루칼라 노동자 기준으로 98퍼센트, 비숙련 노동자 기준으로 96 퍼센트 하락했다. 게다가 이 26개 상품은 모두 대단히 풍족해졌다.

이와 관련해 1900년부터 2000년까지 전기가 약 200배 더 저렴해 졌다는 관측도 있다.[21] 이는 매년 5.5퍼센트씩 가격 적정성이 개선 되었음을 의미한다. (물론 주택이나 고등 교육과 같이 가격 부담이 상대적으로 큰 재화와 서비스도 있지만, 이는 자원 희소성 때문이 아니다.)

**지금까지의 경험으로 볼 때 상품의 풍요 수준은
대략 20년마다 두 배씩 증가한다.**

정밀 경제는 평화를 촉진하는 것으로 보인다. 추출 기반 경제에서는 희소한 자원을 차지하려고 경쟁이 치열했다. 일반적으로 전쟁을 일으켜 땅을 점령하는 것이 성공으로 향하는 길이라는 승자 독식 사고방식도 팽배했다. 하지만 정밀 경제가 성숙해지면서 성공으로 향하는 길에 혁신과 초사회성이 등장했고, 승패가 아닌 상생을 중시하는 사고방식으로 전환이 이뤄졌다.

물론 여전히 폭력이나 위협을 행사해 영토를 넓히려는 국가 지도자가 있다. 이는 그들의 사고방식이 아직 정밀 경제를 따라잡지 못했다는 사실을 보여준다. 그들은 아직도 풍요가 아닌 추출 사고방식을 갖고 있다. 자연 서식지를 대규모로 파괴하면서, 원하는 것을 창조하기보다는 추출하려는 국가도 있다. 창조자의 사고방식을 지닌 국가와 지도자라면 그러한 서식지에 미래의 작은 실험실 환경에서 무한한 디지털 복제를 가능하게 할 DNA를 가진 종들이 현재 살고 있음을 이해할 것이다. 이러한 환경은 새롭게 떠오르는 경험 경제의 거대한 자원이 될 수 있다. 다행히도 점점 더 많은 리더가 새로운 경제 모델을 따르는 사고방식으로 전환하고 있다.

맬서스 경제와 산업 추출 경제에서는 자원을 통제하는 것이
경제적 성공을 이루는 중요한 조건이다.
이는 정복 전쟁을 비롯해 공격적인 승자 독식 행위를 조장한다.
그러나 정밀 경제에서 부를 달성할 주된 방법은 숙련된 초사회성을
앞세운 혁신이며, 이는 상생 활동과 평화를 촉진한다.

부를 달성하기 위한 혁신

지금까지 살펴본 10배 이상 성장할 다양한 기술은 한 가지 중요한 사실을 시사한다. 미래에 훨씬 깨끗하고 저렴하며 생산성 높은 다양한 기술이 등장할 가능성이 높다는 점이다.

결론을 내리자면, 혁신은 인류에게 가장 중요한 자원이다. 혁신을 일으켜야 빈곤과 환경 문제를 해결하고 새로운 자원을 확보할 수 있다. 혁신 과정은 기하급수적으로 진행되므로 저렴한 자원에 대한 접근성도 점차 개선될 것이다. 그래서 혁신 사회에서는 자원이 부족하지 않다. 미래에는 현재 존재하지 않는 기술로 기후 문제를 해결할 수 있을 것이며, 식량 부족 사태도 절대 일어나지 않을 것이다. 미래는 흐릿해 보일 수 있지만, 앞으로 더 많은 초풍요의 시대가 펼쳐질 테니 안심해도 좋다.

이제 생명체를 코딩할 수 있다!

—

Hey, We Can Code Life Now!

인류는 언제나 코드에 기반을 두고 있다. 생명체가 DNA와 RNA로 구성된 디지털 언어를 토대로 진화하기 때문이다. 이제 인류는 그 코드를 훨씬 수월하고 정확하게 다시 작성할 수 있다. 이를테면 다음과 같은 작업이 가능해졌다.

- 기존 종 제거(종 말살_{specicide})
- 종 변경, 치유, '조정'
- 여러 다른 종의 유전자를 사용해 교배종 창조(이종 간 키메라 _{chimera})
- 멸종된 종 복원
- 새로운 종 창조

물론 처음 세 가지 과정은 새로운 개념이 아니다. 인류는 실제로 종을 제거해왔고, 우리가 먹는 음식 대부분이 본래 자연적으로 발전한 종을 상당한 수준으로 변형한 것이다. 육안으로는 원종과의 연관성을 알아차리기 어려울 정도다. 밀과 같은 교배종도 생겨났다.

이제 훨씬 많은 작업이 가능해졌다. 유전 질환을 가진 사람들을 대상으로 유전자 교정을 할 수 있는, '유전자 수술'에 최적화된 바이러스를 설계할 수 있다. 토양 미생물을 다시 프로그래밍해 식물의 성장 조건을 개선하거나 유전자 드라이브gene drive(특정 유전자를 조작해 개체군 전반에 퍼뜨리는 기술—옮긴이주)를 사용해 말라리아를 옮기는 모기나 해충을 박멸할 수도 있다.[1] RNA 기반 살충제를 만들어 내성이 생기는 것도 막을 수 있다. 심지어 수천 년 전, 아니 수백만 년 전에 멸종한 종을 다시 만들어내는 작업도 가능하다.[2]

인류에게는 인간이라는 종을 자체적으로 재코딩할 능력이 있다. 언젠가 발전을 거듭하면서 재코딩하는 방향으로 나아갈 것이라는 데 의심의 여지가 없다. 세포를 마치 로봇처럼 원하는 대로 코딩해 마법을 부릴 수도 있을 것이다. 예를 들어 미생물을 프로그래밍하면 수많은 화합물의 정밀 발효도 가능하다. 요컨대 인간은 새로운 프로그래머가 되고 자연은 인간의 새로운 컴퓨터가 되는 셈이다.

**인류는 유전공학으로 종을 만들고,
복원하고, 박멸하고, 조정하고, 치유할 수 있다.**

노화 방지 기술

새롭게 떠오른 노화 방지 기술은 인류의 진화 역량을 잘 보여준다. 대부분은 수명과 '건강 수명', 즉 기분이 좋고 건강하다고 느끼는 기간을 연장하고 싶어 한다. 60세는 40대가 되고 80세는 60대가 되길 바라는 것이다. (실제로 사람들은 120세, 심지어 150세가 되어도 80세처럼 살 수 있다고 생각한다.) 퓨리서치센터Pew Research Center의 연구에 따르면, 75세 이상 인구의 35퍼센트만이 자신을 '늙었다'고 생각한다.

1800년 이후 전 세계 평균 수명은 29세에서 현재 73세로 늘어났다. 이러한 결과는 의료 분야의 발전과 더 나은 생활 방식, 줄어든 폭력과 안전한 환경 등 복합적 요인 덕분이다. 전 세계 기대 수명은 매년 약 3개월씩 늘어나고 있다. 하지만 전염병, 콜레라, 기근을 피할 수 있게 되었는데도 여전히 노화를 막진 못한다.

간단히 말해, 노화에는 두 가지 요소가 있다. 하나는 고관절 치환술이나 치과 수술 등 수술로 해결할 수 있는 물리적 마모와 손상이다. 이보다 훨씬 복잡한 문제이자 물리적 손상의 주요 원인 중 하나는 유전 정보를 잃어버리는 유전적 붕괴다.

슈퍼트렌드 전문가가 예측한 미래 노화 방지 혁신 개요	
2025년	최초의 텔로머레이스(telomerase) 유전자 치료제가 임상시험에 돌입
2026년	표준 노화 평가를 위한 효과적인 평가 도구 키트 개발
2026년	망막상을 노화의 바이오마커(biomarker)로 사용
2029년	적어도 한 가지 이상의 노화 매개변수를 개선하는 노화 방지 약물이 FDA의 승인을 받음

2033년	한 국가의 평균 수명이 100세에 도달
2035년	장내 미생물을 자동으로 분석하는 스마트 화장실의 상용화
2035년	뇌 노화를 겨냥한 인간 대상 임상시험 실시
2036년	장내 미생물을 바꾸기 위한 CRISPR 기반 치료법 개발
2090년	인간 최대 수명이 150년을 기록함

유전 데이터 지우기

가까운 미래에 1차 유전적 붕괴는 피할 수 없을 것으로 보인다. 일반 성인은 35조 개 이상의 세포를 가지고 있으며, 인간의 평균 수명에 걸쳐 1경 건에 달하는 세포 분열이 일어난다. 이러한 분열 중 일부는 안타깝게도 유용한 유전 데이터를 잃어버리는 돌연변이를 일으킨다. DNA가 방사선과 유해 화학물질, 바이러스 감염 등에 노출되어 유전적 저하가 야기되기도 한다. 예컨대 하루에 세포당 1만 건이상의 산화 손상이 발생한다. 대부분은 자동 오류 정정 과정을 거쳐 수정되지만, 일부 손상은 수정되지 않은 채 남게 되고, 시간이 지나면서 오류가 누적되어 전반적인 정보 소실로 이어진다.

유전적 붕괴는 암을 일으킨다. 설사 모든 암을 치료할 수 있게 되더라도 인간의 평균 수명을 약 3년 연장하는 데 그칠 것이다. 암으로 죽지 않더라고, 노화로 인해 독감과 같은 단순한 질병조차 치명적이 되기 때문이다.

현재 자연적인 노화 과정을 늦추거나 일시적으로 되돌리는 것을 목표로 많은 연구 개발 프로젝트가 진행되고 있다. 동물 실험에서 긍정적인 효과가 나타난 경우도 많다. 이 분야는 앞으로 더욱 흥미로운 결과를 낼 것이다. 현재 과학자들이 연구하는 접근 방식 중 하나는 세포를 불멸에 가깝게 만드는 것이다. 1961년 미국의 해부학자 레너드 헤이플릭Leonard Hayflick은 배양 중인 인간 세포가 40~70회 정도만 분열한 후 멈춘다는 사실을 발견했다. 이 현상을 헤이플릭 한계Hayflick limit라고 부르는데, 이러한 현상이 발생하는 이유는 모든 염색체의 말단에 텔로미어telomere가 있기 때문이다. 텔로미어는 유용한 유전 암호가 없는 DNA 부분으로, 염색체를 보호한다. 세포가 분열할 때마다 염색체의 가장자리가 끊어진다. 이 염색체 말단이 암호가 없는 텔로미어의 보호를 받는 동안에는 괜찮지만, 분열이 많이 일어난 후에는 DNA의 유용한 암호가 소실되기 시작하고 세포는 분열을 멈춘 다음 노화senescence에 접어들 수 있다. 세포가 본질적으로 좀비가 되는 점진적 퇴화 상태에 들어가는 것이다.

일부 세포는 텔로머레이스telomerase라는 효소로 노화를 막고 텔로미어를 되살린다. 이 효소는 사실상 세포를 불멸의 상태로 만들 수 있다. 과학자들은 쥐 실험에서 텔로미어가 연장된 쥐가 더 오래 건강을 유지해 수명이 길어졌음을 확인했다. 6만 5000명을 대상으로 진행한 관련 연구에서 상대적으로 긴 텔로미어를 가진 사람이 더 오랜 기간 건강한 삶을 사는 것으로 나타났다. 텔로미어를 보호하거나 연장하면 노화를 늦출 수 있다는 뜻이다.

나이가 들면 자연스레 근육이 줄어드는데, 이것만으로도 사망에 이를 수 있다. 나이가 들면 면역력을 지키고 당을 처리할 때 필요한 세포도 소실된다. 이는 주로 줄기세포가 소실된 탓이다. 줄기세포는 텔로머레이스로 인해 스스로 무한히 재생할 수 있는 특별한 세포로, 후에 몸에 필요한 어떤 세포로든 변할 수 있다. 안타깝게도 나이가 들면서 줄기세포의 수도 점점 줄어들기 때문에 늙거나 손상된 세포를 대체하는 능력은 상실된다. 그런데 2006년 야마나카 신야山中 伸弥가 4개의 유전자만 추가하면 어떤 세포든 줄기세포로 바꿀 수 있다는 사실을 발견했다. (야마나카는 이를 발견한 공로로 2012년에 노벨상을 받았다.) 흥미롭게도 과학자들이 줄기세포로 치료한 쥐는 더 건강해지고 더 오래 살았다. 이처럼 줄기세포를 활용한 노화 방지 기술도 유망하다.

이 분야는 급속도로 발전하는 정밀 경제다. 효모, 파리, 벌레, 생쥐의 수명을 크게 연장한 라파마이신rapamycin 치료를 포함해, 새로운 노화 방지 기술이 많이 등장하고 있다. 이외에도 다른 생물체에서 노화 방지 효과가 명확히 입증된 기술이 많다.

인간은 지구 역사상 의식적으로 상당히 정밀하게 자기 유전자를 수정할 수 있는 최초의 종이다. 이는 놀라운 일이다. 오늘날 이용할 수 있는 기술을 인간의 건강과 수명뿐 아니라 지능을 향상시키는 데 쓸 수 있다면(따라서 또 다른 방식으로 순환 지능을 생성할 수 있다면), 인간은 생물학적 지능 측면에서 로켓이 중력을 벗어날 만큼의 빠른 속도로 발전할 것이다. 이러한 현상은 우리를 맬서스 함정에서 벗어나게 해준 창조적 과정에 필적된다(물론 차원이 다른 수준이다). 어쩌면 이것이 권력 획득 수단이 되어 전쟁을 대체할지도 모른다.

미래에는 더 높은 지능을 얻기 위한 유전공학이

지정학적 권력을 차지하려는 싸움에서 새로운 무기가 될 수도 있다.

유전자 혁신의 대부분은 이미 진행되고 있지만, 앞으로 수십 년 동안 훨씬 많은 기술이 실현될 것이다. 예상되는 몇 가지 기술은 다음과 같다.

- 정밀 발효 또는 유전자 변형 식물이나 해조류가 소재, 직물, 의약품, 식품 생산에 사용될 것이다.
- 일반적으로 암은 면역 요법으로 치료될 것이다.
- 신체 부위는 종종 3D 프린터와 줄기세포로 만든 새로운 요소로 대체될 것이다.
- 알레르기, 중독, 당뇨, 암을 비롯해 건강을 위협하는 수많은 질병을 예방하는 백신이 개발될 것이다.

유전공학은 인간(또는 반려동물)의 유전자를 분석해 어떤 형태의 암에 걸릴 위험이 있는지 파악할 수 있는 단계에 접어들었다. 작은 RNA 가닥을 주사하는 방식으로 특정 암에 대한 예방 백신을 접종하면 해당 암세포 표면에 나타날 수 있는 특정 분자 마커molecular marker에 대한 항체가 생성될 것이다.

이제 살아 있는 세포가 컴퓨터가 되어 우리가 제어할 수 있는 디지털 지침에 따라 스스로 3D 사본을 출력할 수 있는 세상이 도래했다. 이러한 기술은 기하급수적으로 발전하고 있다. 실제로 과학자들은 미래에 추가 기능을 제공하는 유전자 앱 스토어 역할을 할 Z 염색체가 인간에게 하나 더 생길 가능성이 있다고 말한다.

슈퍼트렌드 전문가가 예측한 미래 보건 및 생명공학 혁신 개요	
2023년	조직 재생이 목표인 첫 후생적 리프로그래밍 치료법이 임상시험에 들어감
2023년	시각장애를 치료하는 첫 유전자 치료법이 FDA 승인을 받음
2023년	최초로 나노자석을 이용한 암 치료 실시
2023년	3D 프린터로 만든 해부학 모델이 복잡한 의료 수술의 표준이 됨
2024년	첫 mRNA 인플루엔자 백신 출시
2024년	말라리아 mRNA 백신 출시
2024년	누락되거나 결함이 있는 단백질을 표적으로 삼는 mRNA 치료제가 승인됨
2024년	3D 프린터로 만든 에어로겔을 이식에 사용
2025년	1달러짜리 보청기가 의료 기기로 인증됨
2025년	다른 종을 대신하는 기능 종을 최초로 야생에 도입
2025년	줄기세포 '붕대'를 사용한 골절 치료
2025년	알츠하이머 질환을 예방하거나 늦출 수 있는 백신 출시
2025년	태양열로 가동되는 보철물의 3D 프린터 제작
2025년	매우 효과적인 말라리아 백신이 승인됨
2025년	초음파를 이용해 뇌 안에 약물을 정밀하게 전달하는 기술이 임상용으로 승인됨
2025년	최초의 텔로머레이스 유전자 치료제가 임상실험에 들어감
2025년	3D 바이오프린터로 만든 메시를 탈장 치료에 사용
2026년	환자에게서 혈액을 채취하는 로봇이 임상 승인을 받음
2026년	3D 프린터로 만든 피부의 이식이 승인됨
2027년	환자의 신경 손상을 생분해성 전기 장치로 치료
2028년	의료용 스마트 콘택트렌즈의 판매 승인

2028년	암 종양을 직접 파괴하는 바이러스 출시
2029년	CAR-Treg 세포 치료 연구를 계기로 최초의 살아 있는 세포 백신 등장
2030년	CAR-Treg에 기반한 제1형 당뇨병 유전자 및 세포 치료제 출시
2030년	췌장 섬 이식으로 말기 제2형 당뇨병 치료 가능
2030년	마이크로 로봇으로 수술
2032년	유전공학 치료법으로 최초의 단일 유전 질환 완치
2032년	신생아 선별 검사에 전장유전체 분석 포함
2034년	HIV 치료법이 FDA의 승인을 받음
2036년	무생물 물질을 합성해 생명체 창조
2038년	최초의 양자 컴퓨터 노트북 상용화
2038년	파킨슨병 치료제 개발
2042년	전염병 퇴치를 위한 인간 생식 세포 계열 편집이 승인됨
2045년	유전 질환 치료에 유전자 편집이 일상적으로 활용됨
2049년	알츠하이머 질환 치료법 개발
2073년	인간이 이론적으로 불멸의 존재가 될 수 있음
2143년	1000세까지 생존할 최초의 인간 탄생

IT로 세상을 깨우기

Awakening the World with IT

기술의 발전을 연구할 때 반복적으로 접하게 되는 주제는 자연종과 생물 생태계에서 나타나는 현상과 특정 정보 기술의 유사성이다. 기술 기업가들은 오랫동안 기업 내 협업 시스템을 '생태계'라고 칭했다. 자연에 있는 요소와 마찬가지로 컴퓨터에도 '바이러스', '웜worm(자가 복제로 컴퓨터 간 전파되는 바이러스—옮긴이주)', '크롤러crawler(조직적이고 자동화된 방식으로 월드 와이드 웹을 탐색하는 컴퓨터 프로그램—옮긴이주)'가 있다. 그중에서도 이전에는 컴퓨팅 기술이 제대로 인식하거나 표현하지 못했던 인공 사물에 센서와 두뇌를 추가하는 방식이 눈에 띈다. 또 다른 유사점은 디지털 혁신이 선순환을 통해 더 많은 유사점을 자극해 순환 지능을 얻는 방식이다. 이러한 피드백 루프는 가속화되어 이론적으로 상한선도 없이 기하급수적으로, 또 자체적으로 발전한다. 즉 스스로 삶을 개척할 수 있다.

자체적으로 복제가 가능한 모든 디지털 기술이 혁신의 5C를 모두 갖춘다면 순환 지능을 얻게 될 가능성이 크다.

순환 지능의 핵심 구성 요소는 디지털 복제의 존재다.

오늘날 AI와 머신러닝 상당수가 제한적 작업에 초점을 맞추고 있다. 알파고AlphaGo, 알파제로AlphaZero, 뮤제로MuZero와 같은 훌륭한 시스템은 지구상에서 가장 복잡한 게임에서 세계 챔피언을 연이어 압도했고, 때로는 스스로 규칙을 학습하기도 했다.[1] 하지만 인간처럼 다양한 문제에 지능을 적용하는 데는 어려움을 겪을 것이다. 슈퍼트렌드 전문가들에 따르면 모든 상황에 적용할 수 있는 AI 시스템을 구축하는 능력인 이른바 범용 인공지능Artificial General Intelligence, AGI은 2036년에 이르러야 인간 지능을 능가할 것으로 예상된다.

최근 가장 두드러진 자기 강화 지능 사례를 AI에서 찾아볼 수 있다. 2022년 4월에 출시된 달리2DALL-E 2 프로그램은 간단한 설명을 입력하면 해당 내용을 나타내는 사실적 이미지를 생성한다. 사진을 업로드하고 사진에서 일부 영역에 프레임을 지정한 후 바꾸고 싶은 내용을 작성하면, 이미지가 마법처럼 원하는 대로 바뀌기도 한다. 이미지를 업로드한 후 여러 변형본을 요청할 수도 있다. 2018년 뉴욕 크리스티Christie's 경매장에 세계 최초로 AI로 생성한 예술 작품이 공개되었다. 프랑스 예술 단체 오비어스Obvious는 알고리즘이 스스로 독창적인 초상화를 그릴 수 있도록 14세기부터 20세기까지 인간 시각 예술가들이 그린 1만 5000점의 초상화 데이터 세트를 훈련시켰다. 캔버스에 인쇄된 AI의 작품은 1만 달러로 평가받았고, 경매에서 43만 2000달러에 판매되었다.

달리2가 출시된 후 거의 모든 질문에 번개 같은 속도로 답변할 수 있는 훨씬 급진적인 AI인 챗GPT_{ChatGPT}가 공개되었다. 사용자가 달성해야 할 목표를 간단하게 구어체로 입력하면 챗GPT가 이 내용을 반영해 소프트웨어 코드를 작성한다.

자동 가설 생성

앞으로 10년 동안 현재 인간이 수행하는 구체적인 작업에 AI를 적용하는 분야에서 흥미롭고 의미 있는 발전이 이뤄질 것으로 보인다. 자동 가설 생성이 대표적인 예다. AI로 가동되는 컴퓨터는 엄청나게 빠른 속도로 방대한 양의 과학 논문을 읽고 전반적인 결론을 도출하므로 자동 가설 생성 작업이 가능하다. AI은 대단히 복잡하고 압도적으로 방대한 양의 생화학 데이터를 샅샅이 훑고 인간이 수년에 걸쳐 조사해도 좀처럼 달성할 수 없는 방식으로 결론을 도출할 수 있다. 기본적으로 신약 개발을 위한 잠재적 해결책을 탐구하는 방법에는 세 가지가 있다.

- **체내**_{in vivo}: 식물, 동물 또는 인간을 대상으로 실험
- **체외(시험관)**_{in vitro}: 실험실에서 미생물, 세포 또는 생물학적 분

자를 대상으로 실험

- **인실리코**in silico: 컴퓨터 시뮬레이션으로 실험

일반적으로 사람 한 명을 대상으로 체내 실험을 수행하는 데 4만 달러(약 5900만 원) 이상의 비용이 든다.[2] 체외(시험관) 실험은 이보다 훨씬 저렴하다. 하지만 인실리코는 시간이 지나면서 비용이 0에 수렴할 수 있으므로 10배 이상 성장할 수 있는 기술 요건을 충족한다. 이는 한 개인에게 맞춤형 실험을 할 수 있음을 의미한다.

자동 가설 생성의 핵심은 컴퓨터와 소프트웨어가 답을 능숙하게 제공할 뿐 아니라 지능적이고 의미 있는 질문을 던지고 그럴듯한 가설을 세우는 단계에 도달했다는 것이다. 이러한 자동 가설 생성은 탐구 지식을 개발한다. 이것이 바로 순환 지능이다!

AI는 인간이 만들 수 없는 솔루션을 고안할 수도 있다. 2012년 유전공학자 크레이그 벤터Craig Venter는 〈와이어드Wired〉와의 인터뷰에서 바이오 컴퓨팅에 대한 기대감을 드러냈다. "우리는 과학자보다 1만 배 더 빠르게 학습하는 로봇을 만들 수 있을 것이다. 그런 로봇이 개발되면 새로운 발견의 속도를 가늠하기조차 어려워질 것이다."[3]

이 글을 쓰고 있는 시점을 기준으로, 2012년 벤터가 꿈꿨던 미래는 그림자 미래에서 인접 가능한 미래로, 심지어 실재가 되어 다가오고 있다. 이는 순환 지능의 또 다른 예다. 언젠가 적어도 일부 영역에서는 AI 소프트웨어가 '과학자보다 1만 배 더 빠르게' 학습하게 될 것이다.

AI는 이미 인간을 점점 닮아가고 있다. 음악을 작곡하고, 그림을 그리고, 시를 짓고, 광고 카피를 작성하고 있다. 이들은 인간의 작업물과 구분하기 어려울 정도로 뛰어난 결과물을 내놓는다. 이는 시작에 불과하다. AI로 가동되는 컴퓨터는 어떻게 정보를 얻을까? 물론 과학 문헌을 읽거나 인간이 수동으로 데이터를 시스템에 입력할 수도 있다. 하지만 인터넷에 연결된 장치의 센서를 통해 입력된 데이터를 취합하는 경우가 점점 많아지고 있다. 웹으로 통신하는 센서가 장착된 사물을 IoT 또는 사물 인터넷이라고 부른다. 이러한 조합으로 실제와 같은 동작을 하는 인공 사물, 인간과 같은 상황 인식 능력을 갖춘 중앙 컴퓨터가 만들어진다.

대시보드, 디지털 트윈, 나우캐스트

IoT가 발전하면서 실제 구조물을 가상으로 복제해 모니터링과 시뮬레이션을 수행하는 '디지털 트윈digital twin' 분야가 성장하기 시작했다. 예를 들어 현대식 원자로를 복제한 디지털 트윈이 있다. 그보다 더 일반적인 예로는 대형 소매업체의 디지털 트윈을 들 수 있다. 수만 곳의 공급업체와 매장을 보유한 대형 소매업체는 모든 것을 실시간으로 추적하고 AI를 사용해 병목 현상이 발생할 수 있는 지점을 예측한다. 예컨대 특정 지역의 일기 예보에 따라 날씨가 따뜻하고 화창할 것으로 예상된다면 매장에 시원한 음료를 더 많이 비축할 필요가 있다. 한편 학교의 디지털 트윈 모델을 만들면 대안이 될 만한 새로운 교육 방식을 실험할 수 있다.

생체 추적과 원격 의료

최근 빠르게 성장하는 분야는 생체 추적기bio-tracker로 불리는 웨어러블 건강 추적기wearable health tracker다. 소비자는 이 추적 장치를 사용해 다양한 대시보드에서 자신의 건강 상태를 모니터링할 수 있다. 즉 수면 리듬, 포도당 수치, 혈압, 걸음 수, 체온 등을 추적한다. 여기에 혈액 검사를 추가하면 개인 건강 대시보드에 수백 가지 건강 지표를 살피는 스마트 감시 기능을 포함할 수 있다. 수면과 움직임 추적과 같은 데이터가 IoT 기반으로 실시간 업데이트되며, 터치 한 번으로 건강 조정 권장 사항까지 확인할 수 있다.

이러한 방식을 원격 의료telehealth라고 부른다. 원격 환자 모니터링remote patient monitoring, RPM에도 유사한 접근 방식을 사용할 수 있다. RPM을 활용하면 환자가 병원에서 더 빨리 퇴원할 수 있으므로 비용이 절감되고, 사회나 건강 면에서 이점을 누릴 수 있다.

AI는 신체 지표뿐 아니라 사람들이 다른 앱과 상호작용하는 방식 등을 추적하는 디지털 생물 지표를 제공하는 데도 활용될 수 있다. 이러한 지표의 미묘한 변화는 우울증이나 불안 등을 나타내는 신호가 된다. 이와 관련한 문제와 기타 건강 문제를 소프트웨어와 장치로 제공되는 근거 기반 치료법인 디지털 치료 형태로 해결할 수 있다. 즉 IT 공급업체는 사용자의 건강을 지원할 목적으로 디지털 트윈을 만들 수 있다.

이러한 기술 분야에서 향후 혁신이 기대되는 몇 가지 예는 다음
과 같다.

슈퍼트렌드 전문가가 예측한 미래 생체 추적 및 원격 의료 혁신 개요	
2023년	전 세계 건강 추적기 시장 규모가 500억 달러를 돌파함
2025년	일반적인 질병을 다루는 스마트폰 기반 진단 방법의 개발
2026년	전자식 피부를 건강 모니터링에 사용
2026년	밀리미터파 대역을 사용하는 최초의 상용 직물 안테나 출시
2034년	건강을 모니터링하는 속옷 개발

예측부터 나우캐스트까지

한 단계 더 나아가 IoT로 거시경제 관리 방식을 크게 개선할 수 있
다. 실제로 경제 환경은 〈이코노미스트The Economist〉가 일컬은 '제3
의 물결'에 이미 접어들었다. 제3의 물결은 방대한 양의 데이터를 실
시간으로 처리하는 작업이 지배적인 시대를 말한다. 실시간으로 데
이터를 처리한다는 것 자체가 커다란 전환이다. 최근까지 경제학자
들이 사용할 수 있는 통계 데이터는 몇 개월, 몇 분기 또는 몇 년 단
위로 표시될 만큼 대체로 수집하는 데 시간이 오래 걸렸다. 이로 인
해 〈이코노미스트〉가 설명한 것처럼, 다음과 같은 문제가 발생했다.
2008년 5월 당시 미국 백악관 경제자문위원회 의장이었던 에드워드

라지어Edward Lazear는 "현재 데이터를 보면… 미국 경제는 일반적으로 경기 침체로 규정되는 상황에 처해 있지 않다"고 주장했다. 5개월 뒤, 리먼브라더스Lehman Brothers가 파산했지만 국제통화기금IMF은 미국이 심각한 경기 침체로 향하고 있다고는 "볼 수 없다"고 평가했다. 미국은 2007년 12월에 실제로 경기 침체에 진입했다.

과거에는 이러한 현상이 두드러졌다. 하지만 정밀 경제 시대에는 실시간 경제 상황이 더욱 정확하게 전달된다. 이제 아마존이나 알리바바Alibaba에서의 구매, 우버와 기타 차량 공유 서비스 및 마이크로 모빌리티 서비스 사용, 신용카드 지출, 전기 소비, 쇼핑과 관광 지역 내 이동 인구, 제트 엔진 가동, 현재 비행 중인 항공기, 오늘자 신차 등록, 현재 석유 가격, 입항하거나 출항하는 컨테이너, 오늘자 오픈테이블OpenTable 저녁 식사 예약, 개인 금융 투자 포트폴리오 등 다양한 데이터 흐름을 실시간으로 또는 거의 실시간으로 포착할 수 있다. 경제적으로 최신 동향을 점점 더 많이 파악할 수 있게 된 것이다.

정밀 화폐

맥킨지앤컴퍼니McKinsey&Company 같은 경영 컨설팅 회사나 주요 투자 은행은 이러한 데이터를 업무에 이미 활용하고 있고, 애틀랜타연방준비은행Atalanta Federal Reserve도 GDP나우GDPNow 모델을 활용해 GDP 현황을 실시간으로 추정(나우캐스트nowcast)하고 있다. 이러한 데이터는 기업의 재고 관리, 금융 투자 결정, 재정 및 통화 정책 조정을 크게 개선할 수 있다. 예를 들어 중앙은행에서 경제가 과열되거나 침체할 위험에 처한 시점을 실시간으로 파악하면 훨씬 빠르게 대응해 시장에 미칠 타격을 줄일 수 있다. 정해진 기간이 지나면 만료되는 디지털 화폐를 발행해 사람들이 보조금으로 쓰도록 할 수도 있다. 홍콩에서는 이 방식을 이미 실험한 바 있다. 이러한 형태의 돈을 정밀 화폐로 부를 수 있을 것이다. 정밀 경제에서는 이러한 화폐를 특정 분야에만 사용하도록 지정할 수도 있다.

기술을 통한 분권화

중앙 집중화 경향을 보이는 세력과 분권화 경향을 보이는 세력 사이에 벌어지는 갈등 또는 이분법은 조직에서 흥미로운 긴장감을 조성한다. 먼저 모든 기업과 국가는 권력의 중앙 집중화와 과도한 제도화 경향이 있다. 이러한 현상은 캐럴 퀴글리Caroll Quigley(문명에서 자발적으로 나타나는 과도한 제도화)와 맨슈어 올슨Mancur Olson(공공 부문과 기업의 중앙 집중화와 관료주의)을 비롯해 여러 과학자들의 저서에 잘 설명되어 있다.

산업혁명이 일어난 시기에 이러한 중앙 집중화는 대량생산으로 규모의 경제에 도달하려는 기술 중심의 요구에 맞춰 강화된 만큼, 종종 타당한 결정으로 여겨졌다. 산업 경제에서 생산성을 끌어올린 거의 모든 혁신은 대규모 중앙 집중식 대량생산으로 이뤄진 결과다. 산업혁명이 달성한 어마어마한 생산성 향상은 10배 이상 성장하는 혁신 기술이 연쇄적으로 생겨난 덕분에 가능했다. 예를 들어 베세머Bessemer 공법으로 1867년 톤당 170달러였던 철도용 철강 생산 비용이 1898년 톤당 15달러로 낮춰졌다. 31년 만에 10배 이상 생산성이 개선된 것이다.[4] 컨테이너가 발명되고 다른 혁신적인 운송 기술이 생겨나면서 대서양 횡단 운송비는 1950년대 420달러에서 오늘날 50달러로 하락했다. 이는 인플레이션을 고려하면 70년 만에 80배나 개선된 수치다.

정밀 경제에서는 10배 이상 성장하는 기술 중 상당수가 분권화에 기대거나 분권화를 촉진한다. 일례로 전 세계에 흩어진 여러 팀이 재택근무, 원격 회의, 크라우드소싱 형태로 일하며 제품을 개발하는 경우가 점점 많아지고 있다. 수직 농업과 정밀 발효, 배양육을 통해 어디서든 수월하게 식량을 재배할 수 있게 되었다. 태양열과 풍력, 새로운 원자력 기술을 이용해 거의 모든 곳에서 에너지를 생산할 수도 있다. 실제로 바람, 광자, 토륨, 핵폐기물, 중수소, 삼중수소를 이용해 전력을 생산할 수 있고, 이를 다시 사용해 수소, 합성가스syngas, 암모니아 같은 유체 연료를 원하는 위치 또는 매우 근접한 위치에서 생산할 수 있게 될 것이다. 지역의 소규모로 분산된 기술이 대규모 기술을 형성할 것이며, 이는 하향식 설계가 아닌 유기적인 상향식 과정으로 이뤄질 것이다. 이러한 형태는 모두 데이비드 도이치의 계층 법칙을 뒤집는다. 궁극적으로 이처럼 소규모에서 대규모로 확장되는 조립 기술은 우주선, 달, 심지어 화성에서도 자급자족이 가능한 거주지를 만드는 단계까지 발전할 것이다.

다시 지구로 돌아가보자. 블록체인은 분권화와 투명성을 촉진하는 또 다른 기술이다. 블록체인을 이용하면 우리가 국가, 은행, 변호사 등을 어느 정도 대체할 수 있다. 마찬가지로 3D 프린팅 기술이 있으면 어디서든 제조할 수 있다. 클라우드 컴퓨팅, 앱 스토어, 블록체인, 크라우드소싱, 공유 경제, 온라인 교육, 소셜 미디어, 마이크로모빌리티, 평가 경제도 분권화를 촉진하는 기술이다.

이러한 경제 환경에서는 창의성과 디자인이 전 세계 디지털 네트워크에서 이뤄지며, 누구나 어디서든 수월하게 혁신과 생산에 기여할 수 있다. 이러한 추세는 사람들의 생활 방식과 효율적인 조직 운영 방식에도 영향을 미칠 것이다.

IoT, 빅데이터, AI, 로봇이 이루는 특별한 사중주

업계에서는 IoT와 다른 수단으로 수집한 데이터를 처리하기 위해 빅데이터 접근 방식을 자주 사용한다. 이러한 방식은 다음과 같은 면에서 전통적인 통계 표본 추출과 다르다.

- 주기적 분석이 아닌 연속적 분석을 사용한다.
- 선별된 대표 표본 데이터 대신 관련된 모든 데이터를 추종한다.
- 주로 분석을 목적으로 생성되지는 않았지만 어쨌든 현재 분석되는 데이터, 이른바 데이터 잔해data exhaust에 근거하는 경우가 많다.

- 패턴 인식이 가능하므로 일부 데이터가 누락된 경우, 다른 데이터에서 외삽해 부족한 부분을 채울 수 있다. 이를 '합성 데이터'라고 부른다.
- 종종 AI를 이용해서 매우 복잡한 과정의 미래 예측치를 시뮬레이션할 수 있다.

AI, IoT, 빅데이터는 상호 보완성이 높은 기술이다. 이 세 가지 기술이 결합해 점점 더 많은 실물 세계를 '깨어나게' 하고 있다. 일상에서 많은 사물이 점점 능동적으로 적응해가고, 앞서 언급했듯이 때로는 생물학적 생태계처럼 거의 살아 움직이기까지 한다.

클라우드 컴퓨팅을 사용하는 독자가 있을 것이다. 클라우드 컴퓨팅에서는 사용자가 직접 관리할 필요 없이 컴퓨터 데이터 저장소(클라우드 스토리지) 또는 컴퓨팅 성능을 주문형 방식으로 사용할 수 있다. 지메일Gmail은 클라우드 기반 서비스이며, 휴대전화와 컴퓨터가 규칙적으로 클라우드에 데이터를 저장한다. 또 다른 형태인 사물 인터넷 기반 클라우드도 있다. 실제로 IoT, 빅데이터, AI 등 세 가지 기술을 이용하면 IT 시스템의 엣지edge(이 경우에는 센서)와의 대규모 지능형 통신이 가능하다(가장자리를 뜻하는 '엣지'는 네트워크화된 디지털 세계와 사물, 사용자가 연결되는 지점을 의미한다—옮긴이주).

흥미롭게도 AI는 오픈소스 솔루션과 연계되어 있어, AI 구성 요소를 온라인에서 자유롭게 이용하는 것은 물론, 실제 데이터를 처리하는 모듈로 사용할 수 있다. 이는 일반적으로 즉시 사용 가능한 템플릿으로 웹사이트를 제작하는 것과 같은 형태라 볼 수 있다.

그런데 AI와 IoT, 빅데이터 등 세 가지 기술은 대체로 로봇공학과 더욱 긴밀하게 연결돼 있다. 현재 미국 군대에서는 이 네 가지 기술을 도입했다. 오늘날 미군은 항공모함, 통신위성, JSTARS(보잉 점보제트기를 개조한 모델)와 같은 비교적 소수의 중요한 노드에 크게 의존한다. 그런데 미 공군 인수 책임자인 윌 로퍼Will Roper에 따르면 JSTARS는 "느리게 날아다니는 표적권"이 되었다. 소규모 군대에서 충당할 수 있는 무기로도 격추할 수 있는 수준이다. 위성도 파괴될 수 있는데, 파괴 비용은 더 많이 든다. 이제 강력한 항공모함조차 취약해지고 있다.

동시다발 공격

이러한 이유로 미 국방부는 '합동전영역지휘통제Joint All-Domain Command and Control' 또는 JADC2라는 개념을 도입했다. 군사 계급과 지휘 체계를 유지하면서도 작전 지휘 통제를 완전히 분산하고 부분적으로 자동화하는 것을 목표로 한다. 소수의 중앙 노드에 의존하지 않고 수많은 센서와 노드를 사용하는 동등 계층 간 네트워크peer-to-peer network를 만들겠다는 것이다. 이렇게 하면 일부 노드가 무력화되더라도 데이터가 자동으로 경로를 재지정하게 된다. 이러한 방식으로 '모든 센서와 모든 사수shooter'를 연결하는 것이 목표다. 센서는 자연석처럼 보이도록 바닥에 놓을 수 있고, 새나 곤충을 모방한 소형 드론이 될 수도 있다. 사수는 로봇일 수 있고, 군용 자동차는 자율 주행으로 운영될 수도 있다. AI는 데이터를 처리하고 대상을 감지하거나 선택하는 데 걸리는 시간을 크게 줄여준다. 군사 공격으로 건물이 무너지기 전에 화재 경보를 작동시켜 사람들이 대피할 시간을 확보하는 등 새로운 접근 방식도 가능하다.

물론 주차장과 기타 주거 지역을 보호하는 등 민간인의 생활에도 유사한 접근 방식을 적용할 수 있다. 특정 지역에 문제가 없는지 지속적으로 확인할 때 AI를 활용하면 더욱 수월하게 작업을 처리할 수 있다. 기업에서 민간사업을 운영할 때도 마찬가지다.

금융 서비스 산업에서는 로보 어드바이저robo-adviser가 널리 보급되기 시작했다. 정부에서도 이러한 기술을 사용하는 경우가 많아질 것으로 보인다. 거시경제 모델과 모든 법률 규정을 AI에 입력하면 전용 로보 어드바이저가 규칙을 간소화하고, 세금 구조를 최적화하고, 통화 정책을 개선할 방법 등을 제안할 것이다.

개인 차원에서는 로봇공학, IoT, 빅데이터, AI가 결합한 개인 비서 형태의 서비스를 누릴 수 있을 것이다. 이러한 개인 비서는 사용자의 니즈를 충족시키고, 때로는 사용자 본인보다도 니즈를 더 잘 예측할 수 있다. 비를 맞으며 자전거로 귀가했을 때 욕조에 따뜻한 목욕물이 준비되어 있다면 어떨까? 일반적인 소비 패턴에 근거해 생활용품이 자동으로 주문된다면? 회사에서 일하는 동안 자율 주행 자동차가 알아서 미리 정비를 한다면? 로봇공학, IoT, 빅데이터, AI

가 결합하면 이 모든 일이 가능하다. 로봇은 사용자의 의견을 정기적으로 반영하고 더 많은 데이터를 수집해 사용자를 더 잘 파악할 것이다. 이러한 피드백 루프로 사용자와 로봇이 서로 학습하는 순환 지능이 생성될 수 있다.

디지털 소용돌이

데이터는 현시대의 석유로도 불린다. 1940년대부터 1970년대까지 '세븐 시스터즈Seven Sisters'로 알려진 대형 석유회사 7곳이 전 세계 석유 사업을 장악하고 막대한 돈을 벌어들였다. 오늘날에는 새로운 세븐 시스터즈가 나타났다. 바로 페이스북Facebook(메타Meta), 애플, 아마존, 구글Google(알파벳Alphabet), 바이두Baidu, 알리바바, 텐센트Tencent다. 이들은 모두 데이터 기업이다.

다시 말해, 이제 컴퓨팅 파워, AI, 연결성, 센서, IoT, 블록체인 같은 분야가 거액을 벌어들이고 있다. 여러 분야가 차례로 디지털화되고 있고, 디지털 기술도 기하급수적으로 발전하고 있다. 이러한 현상은 기술 융합, 네트워크 효과, AI, 순환 지능으로 더욱 심해졌다.

디지털화는 원가를 낮춘다. 점점 많은 분야가 진화를 거듭하고 있다. 과거에는 많은 분야에서 수작업을 중시하다가 기계 조작으로 옮겨갔고, 지금은 디지털화가 이뤄지고 있다. 이는 생산성이 정체되다가 산술급수적으로 그리고 기하급수적으로 성장한다는 것을 의미한다. 조직들은 종종 산업별 추출 경제에 최적화된 계층 시스템에

서 정밀 경제와 경험 경제에 최적화된 분산형 시스템으로 전환할 필
요가 있다.

가상현실과 증강현실

가상현실(VR)은 시뮬레이션된 환경으로, 3D 효과를 주는 안경을 착
용해 접속하는 경우가 많다. 증강현실(AR)은 가상현실을 현실 세계
에 입혀 스마트폰, GPS 모니터 또는 스마트 글래스smart glasses 등으
로 볼 수 있는 확장된 개념이다. 이를 통칭해 몰입형 기술immersive
technology이라고 부른다. 몰입형 기술로 구현할 수 있는 특이한 결과
로는 인공 사지, 인공 감각, 가상 능력 등이 있다. 예를 들어, 마비된
사람이 생각만으로 인공 사지를 제어하는 방법을 익힐 수 있다. 이
를 VR 게임으로 확장하면 사용자는 생각만으로 아바타를 슈퍼맨처
럼 날게 만들고 이를 그대로 감각할 수도 있을 것이다!

　일부 기술은 뇌와 직접 상호작용하는 장치, 즉 급진적인 형태의
IoT와 관련이 있다. 이 기술은 집속 초음파(FUS)를 사용하는 비침습
형 장치와 뇌심부 자극 또는 광유전학 기술을 사용하는 침습형 장치
형태로 제공된다. 미래에는 이러한 기술을 활용해 폭력 같은 부정적
기억을 지우거나 자해 행동을 막기 위해 새로운 거짓 기억을 주입할
수 있다. 폐회로형 기계 장치는 숙면에 도움을 주는 뇌 활동을 증폭
시킬 수도 있다.

메타버스

비디오 게임 사용자는 화면에 나타나는 플레이어가 되곤 한다. 제한된 움직임을 보이는 캐릭터를 조이스틱으로 제어하는 대신, 실제로 게임 속 주인공이 될 수 있다면 어떨까? 또는 게임 캐릭터가 아바타 형태로 플레이어가 된다면 어떨까? 아바타의 정체성과 행동을 지시하고, 다른 사람들의 아바타와 상호작용하고, 심지어 사이버 공간에서 결혼하고 아이를 낳을 수도 있다면 얼마나 재미있을까? 현재의 물리적 현실에서 벗어나 완전히 새로운 온라인 현실을 구축할 수 있을 것이다. 이러한 게임이 제작된다면 큰 인기를 끌지도 모른다.

그런데 이는 게임이 아니다. 이미 메타버스에서 구현되고 있고 많은 자금이 투입되었다. 심지어 페이스북은 이러한 세상을 구축하는 작업을 미래의 주요 임무 중 하나로 정의한 후, 회사 이름을 메타로 변경했다. 2020년 2770만 명의 플레이어가 〈포트나이트Fortnite〉에서 개최한 트래비스 스콧Travis Scott의 메타버스 가상 콘서트에 참석했으며, 2021년 마이크로소프트는 미 육군과 219억 달러 규모의 계약을 체결하고 군용 AR 헤드셋 생산에 나섰다. 같은 해에 메타버스에서 매입된 가상 토지는 약 20억 달러 규모에 달했다. 메타버스는 사람들과 가상현실 헤드셋, 웨어러블 신체 센서를 연결하는 단일 공통 플랫폼 조합이다. 사용자가 새로운 디지털 세계로 들어가 꿈을 실현할 수 있음을 의미한다. 현실과 비현실의 경계가 모호해지면서 점점 많은 사람이 가상 세계를 일상적인 현실로 대체하고 있다. 메타버스에서는 물리적 위치뿐 아니라 물리적 현실도 무의미하다. 이제 메타버스에서 자신의 정체성과 행동을 형성하고 만들어갈 수 있다. 메타버스를 남들보다 앞서 접한 한 사용자는 "눈을 뜨고 꿈을 꾼다"는 말을 남기기도 했다.

분명한 사실은 정보 기술이 정체되지 않으며, 양자 컴퓨팅, 블록체인, 메타버스 등 아직 걸음마 단계에 있는 '새로운 기술'이 계속 무수히 쏟아지고 있다는 점이다. 이러한 기술 중 상당수는 완전히 새로운 방식으로 융합되고 있다.

슈퍼트렌드 전문가들이 예측한 IT 기술은 다음과 같다.

슈퍼트렌드 전문가가 예측한 미래 정보 통신 혁신 개요	
2023년	정부의 인구 조사가 빅데이터로 대체
2024년	소형 모듈형 양자 컴퓨터가 데이터 센터에 네트워크로 연결됨
2024년	터치스크린 대신 AI 기반 노터치 기술의 첫 공공장소 적용
2024년	몰입형 가상현실 경험을 제공하는 호텔 등장
2024년	사용자의 니즈를 예측할 수 있는 음성 비서 등장
2024년	인간 패션 디자이너를 능가하는 인공지능 디자이너 등장
2025년	얼굴 인식으로 도시 대중교통 요금 결제
2025년	양자 컴퓨팅과 양자 금융 이론을 시장 예측에 사용
2025년	군사 작전에 유도탄 사용
2025년	드론 공격을 자기 차폐막으로 막는 데 성공
2025년	탄소 나노튜브 근육을 장착한 최초의 로봇 출시
2025년	육류를 섭취하기에 안전한지 판단하는 스마트폰 앱 출시
2026년	인공지능이 기업 이사회의 일부가 됨
2026년	익명의 휴대전화 데이터에서 바이러스 발병을 식별하는 알고리즘 개발

2026년	자가 충전 전자 기기를 일상 용품에 내장
2026년	일기 예보를 개선하는 데 양자 컴퓨팅 사용
2026년	죽은 사람과 대화할 수 있는 챗봇 출시
2026년	주요 소매업체에서 모든 매장에 증강현실 거울 설치
2027년	비디오 게임 개발에 양자 시뮬레이터 사용
2027년	전 세계 IT 인프라 지출의 절반이 클라우드 제품에서 발생
2027년	전체 블록체인 트래픽의 75퍼센트가 에너지 소비가 적은 기술에 의존
2028년	스마트폰에서 홀로그램을 투사할 수 있게 됨
2029년	주요 소셜 미디어 플랫폼에서 블록체인을 로그인 시스템에 통합함
2029년	가상현실로만 가르치는 최초의 학교 개교
2030년	인간의 연산 능력을 능가하는 개인용 컴퓨터 등장
2032년	신생아 선별 검사에 전장유전체 분석 포함됨
2032년	전반 조명과 무선 신호를 활용해 전자 기기에 전력 공급
2032년	튜링 테스트를 공식으로 통과한 최초의 컴퓨터 등장
2033년	최초의 인공지능 홈 어시스턴트 상용화
2033년	가상현실 헤드셋이 스마트 콘택트렌즈로 대체됨
2034년	6G 네트워크가 제곱킬로미터당 1000만 개의 IoT 장치 수용
2034년	사람 눈에 보이지 않는 물체를 만들 수 있게 됨
2035년	최초의 상업용 광학 컴퓨터 판매
2035년	Wi-Fi 신호로 전자 기기 충전
2037년	인공지능이 스스로 인식
2038년	미국 고속도로를 달리는 자동차 절반이 자율 주행
2038년	최초의 양자 컴퓨터 노트북 상용화
2038년	완전 몰입형 가상현실 구현
2042년	전 세계 컴퓨터 성능의 10퍼센트 이상이 양자 컴퓨팅에 기반함
2042년	범용 가정용 로봇 상용화

부머에서 주머로

From Boomers to Zoomers

시간과 돈을 소비하는 방식에 영향을 미치는 요인은 무수히 많다. 세대 간 습관과 가치관이 다르므로 소비는 복잡한 양상으로 나타난다. 기술적 변화가 가속화되고 젊은 층이 노년층보다 생활 방식을 더 빠르게 바꾸면서 세대 간 차이는 더욱 벌어지고 있다. 현재 인력과 소비층은 다섯 세대(1928년과 1945년 사이에 태어난 전통주의자와 침묵 세대를 포함할 경우)로 구성된다. 아마도 인류 역사상 가장 문화적으로 다채로운 인구일 것이다. 마케팅과 사회학 전문가들은 어느 세대에나 존재하는 '시대정신zeitgeist'을 이야기하는데, 문제는 여러 시대정신이 동시에 존재한다는 점이다. 기술적 변화의 속도가 세대를 가르고 있다.

이어지는 내용은 다양한 세대의 특징을 정리한 것이다. 일반적인 정보에 불과하므로 유의해서 취급해야 한다. 더 자세한 정보를 얻고 싶다면 바비 더피Bobby Duffy의 저서 《세대에 관한 잘못된 믿음 The Generation Myth》을 추천한다. 더피는 나이가 들면서 세대별 태도가 변하기 때문에 과거처럼 많은 세대 간 갈등이 일어나지는 않을 것이라고 지적한다.

베이비 붐 세대(1946~1964년생)

베이비 붐 세대(베이비 부머Baby boomer)는 제2차 세계대전을 겪은 부모에게서 기억이나 실제 경험을 들으며 자랐다. 이들은 오디오 카세트, 개인용 컴퓨터(PC), 전화 회선으로 접속하는 인터넷, 우주여행의 출현과 텔레비전, 라디오, 전화와 같은 발명품의 대중화를 경험했다. 위계적 리더십 구조가 자리 잡은 안정적인 업무 환경에 익숙하며, 일반적으로 안정성과 고용 보장을 대가로 조직에 충성했다. 1960년대와 70년대에 일어난 자원 파동과 환경 파괴를 목격했고, 전통적인 인쇄물에서 라디오와 TV 등 공중파 매체를 이용한 마케팅 방식의 전환도 경험했다.

X세대(1965~1980년대생)

X세대는 아날로그에서 디지털로 전환하는 과정을 경험했으며, 스마트폰과 MP3 오디오로의 전환이 이뤄지기 전에 등장한 워크맨Walkman과 커다란 디스크맨Discman 시절의 추억을 간직하고 있다. 짧은 기간이지만 무선 호출기(삐삐)와 PDA(개인용 디지털 비서)를 사용하기도 했으며, 대체로 디지털 전환에 그럭저럭 적응했다. 이들은 냉전 기간에 분단된 세계와 베를린 장벽의 붕괴, 자유 민주주의의 대담한 '역사의 종언end of history' 선언을 기억한다. 보통 참여형 조직 문화에 익숙하며 목표를 달성하기 위해 열심히 일할 준비가 되어 있지만 '일과 삶의 균형(워라밸)'(1986년에 만들어진 용어)에도 중점을 둔다. OECD 국가에서 X세대 4명 중 1명은 33세까지 대학 학위를 취득했다.

Y세대/밀레니얼 세대(1981~1996년대생)

밀레니얼 세대는 어릴 적부터 인터넷을 접하며 자랐고, 어린 시절이나 십 대 시절에 처음으로 휴대전화를 쓴 기억이 있다. 당시 휴대전화 대부분은 오늘날의 스마트폰과 달리 벽돌처럼 생긴 장치였다. 이 세대는 Y2K 버그, 9·11 테러, 2008년 금융 위기, 코로나19 팬데믹 같은 세계화globalization, 전 세계를 휩쓴 공포와 충격, 위협을 겪으며 성장했다. 이들은 업무에 대한 자율권과 지속적인 자기 계발을 요구하며, 이전 세대에 비해 고용 안정성에 그리 신경 쓰지 않는 편이다. 밀레니얼 세대는 대체로 약 3년마다 직업을 바꿀 것으로 예상되며, 프리랜서를 선택 가능한 직업군으로 고려하는 비율이 증가하고 있다. 밀레니얼 세대 3명 중 1명은 대학 학위를 취득했지만, 일부 부유한 국가에서는 밀레니얼 세대가 이전 세대보다 소득이 적은 첫 세대가 될 것이라는 증거가 제시되고 있다.[1]

Z세대/줌 세대(1997~2010년생)

줌 세대(주머Zoomer)는 스마트폰, 스마트 TV, 가정 내 디지털 기기, 소셜 미디어가 출현한 시기에 성장했다. 이들은 진정한 디지털 네이티브digital native(태어나면서부터 디지털 기기에 둘러싸여 성장한 세대를 가리키는 용어—옮긴이주)이며 여러 소셜 네트워크에서 활동하는 경우가 많다. 소유보다는 이용을 우선시하고, 구매를 결정하거나 기업 행동을 바라볼 때 윤리관을 깊이 고려한다. 이들은 생명공학에 힘입어 적어도 100세까지 살고 언젠가 우주를 관광할 날이 올 거라는 기대를 품고 있다. 현재 Z세대는 약 20억 명에 달해 이미 사상 최대 규모의 글로벌 세대가 되었다. Z세대 2명 중 1명은 대학 학위를 취득할 것으로 예상되지만, 학위 대신 기술 기반 단기 학위와 자격증을 선호하는 추세도 나타나고 있다. 이들은 평생에 걸쳐 6개 직종을 넘나들며 18개의 직업을 갖고 15곳의 주거지에 거주할 것으로 예상된다.[2] 동시에 이 세대는 가장 많은 스트레스와 불안을 겪고 있으며 기후 변화와 권위주의의 부상, 불평등 심화 등 여러 문제를 비관적으로 바라보는 것으로 나타났다.

Z세대/줌 세대는 평생에 걸쳐 6개 직종을 넘나들며
18개의 직업을 갖고 15곳의 주거지에 거주할 것으로 예상된다.

이 책에서는 알파 세대(2010~2024년 출생)를 제외할 것이다. 가장 나이 많은 알파 세대조차 2030년이 돼야 20세가 될 정도로 아직 어리기 때문이다. 하지만 이들은 이전 세대와 비교할 때 세상을 바라보는 방식에서 중요한 차이를 보이고 있고 빠르게 성장하는 세대(매주 270만 명의 알파 세대가 새로 태어난다!)이므로 향후 중요한 연구 대상이 될 것이다.

새로운 세대가 등장할 때마다 인식, 기대, 행동에 분명한 전환이 일어나는데, 그러한 전환의 대부분은 단방향성unidirectional을 보인다. 전환 과정에서 때때로 충돌이 발생하더라도 미래에도 계속될 것으로 예상되는 특정 방향으로 나아간다는 뜻이다. 예를 들어 전 세계가 일반적으로 환경에 더 많은 관심을 기울이고 있고, 성소수자 인권에 더 관대해지고 있다. 인구통계학적으로 Z세대는 동성 입양, 동성 결혼, 인종 평등을 지지하는 것에 대해 밀레니얼 세대보다 더 열려 있으며 다름에 관대한 태도를 보인다. 한편 밀레니얼 세대는 X세대와 베이비 붐 세대보다 더 개방적이고 관대하다.

밀레니얼 세대와 Z세대는 무신론자이거나 공식적으로 종교를 갖지 않는 경우가 많고, 관심 있는 대의명분을 위해 뭉치고, 기후 변화가 위험하며 주로 인간에 의해 발생한다고 믿는다. 또 구글 검색을 이용하며 자라온 덕분에 스스로 학습하는 데 익숙하고, 프리랜서로 일할 가능성이 높으며, 유연한 근무 시간과 장소를 중요하게 생각하고, 온라인에서 시간을 보내고, 여러 온라인 커뮤니티에 참여할 가능성이 높다. 이 새로운 세대는 개인 맞춤형 제품에 더 많은 돈을 지불할 가능성이 크고, 자신이 공감하는 대의를 수용한 브랜드에 더 많은 비용을 지불할 의향이 있으며, 남성이나 여성으로 분류되지 않는 브랜드를 더 높이 평가할 가능성이 크다. 구매할 때 평점을 기준으로 판단하는 데 익숙하므로 평점이 좋다면 생소한 브랜드도 기꺼이 구매한다.

**젊은 층은 평점이 좋다면 생소한 브랜드를 구매하는 데
주저하지 않는다.**

그런데 추세를 거스르는 몇 가지 특징이 있다. 직업을 갖는 것은 여전히 중요한 일로 여겨지며, 이는 여러 세대에 걸쳐 비교적 일관되게 이어진다. 이는 가치 있는 일을 하고 싶어 하는 인간의 타고난 욕구 때문일 수도 있고, 밀레니얼 세대와 Z세대가 여러 경제 위기와 실질 임금 대비 치솟는 부동산 가격, 전염병의 대유행 등 혼란스러운 거시경제 환경을 겪었기 때문일 수도 있다. 실제로 밀레니얼 세대의 최대 71퍼센트는 고임금 일자리보다 워라밸을 지킬 수 있는 일자리를 선호하지만, Z세대의 경우 이 수치는 58퍼센트로 떨어진다. 밀레니얼 세대와 Z세대는 몇 년마다 직장을 옮기고 더 유연하고 자기 주도적으로 경력을 쌓고 프리랜서로 활동하며 부수입을 버는 방

식을 선호하면서도 여전히 경력을 중시하고 일반적으로 기술을 개발하고 직무 책임과 급여를 높이기 위해 신중하게 결정한다. 개인정보를 기업과 공유하는 것에 대해서는 세대를 막론하고 모두 일관되게 불편함을 느끼고 있고, 소비자의 10~15퍼센트만이 개인정보를 공유해도 괜찮다고 응답했다.[3]

2030년에는 인구 통계학적으로 큰 변화가 있을 것이다. 이 시기에 이르면 최대 7억 명에 달하는 베이비 붐 세대가 은퇴 연령에 도달하게 되며, 그중 가장 젊은 세대는 65세가 될 것이다. 흥미롭게도 대다수가 65세 이후에도 일할 계획이거나 이미 일하고 있다. X세대는 50~65세가 될 것이다. 마찬가지로 가장 나이가 많은 밀레니얼 세대도 50세가 될 것이다. 같은 기간에 Z세대 노동자 13억 명이 노동인구에 포함되어 Z세대가 전 세계 인구와 마찬가지로 노동인구에서도 가장 큰 비중을 차지하며 밀레니얼 세대를 제치고 지배적인 집단으로 부상할 것이다. 밀레니얼 세대와 Z세대를 모두 합치면 전 세계 노동인구의 3분의 2 이상에 달할 것이다.[4]

베이비 붐 세대는 여전히 전 세계 많은 지역에서 막대한 구매력을 행사하고 있다(이들의 은퇴 물결은 여행, 레저, 의료, 비타민, 기능성 식품, 전통 소매업, DIY 상점 등 여러 산업에 이득이 될 것이다). 인구 변화는 소비, 업무 기대치, 사회적 상호작용, 투표 행태 측면에서 중요한 변화를 가져올 것이다.

현재 대다수가 65세 이후에도

일할 계획이 있거나 이미 일하고 있다.

위험 회피와 야수의 심장으로 나누는 이분법

앞서 우리는 사회와 조직에서 중앙 집중화와 분권화를 촉진하는 힘 사이에 존재하는 이분법에 대해 논했다. 이는 매우 고차원적인 현상이지만, 여기에는 주목할 만한 유사점이 있다. 시간이 지나면서 우리 사회가 제품, 업무, 자유 시간 등에서 지속적으로 안전을 더 추구한다는 점이다. 한편 이와 유사하게 고난과 위험에 맞서 더 큰 역경을 만드는 힘도 있다. 그러나 인간의 유전자는 그다지 빠르게 변하지 않기 때문에 많은 사람(특히 남성)이 위험과 고난에 대해 잔존 욕구를 느낀다. 이는 다소 폭력적이고 때로는 극단적인 스포츠, 점점 더 극도로 잔인해지는 영화와 게임에서 드러난다. 이처럼 두 가지 상반된 추세는 앞으로도 지속될 것으로 보인다.

아동 정점 vs 지속적 풍요

백분율로 측정한 전 세계 인구 증가율은 1964년에 정점을 찍은 후 매년 감소하고 있다. 실제 숫자로 측정해보면 1988년에 인구가 9300만 명이 추가돼 정점을 찍었고, 그 이후 감소세를 이어가고 있다(2020년에는 8100만 명을 기록했다). 전 세계는 '아동 정점peak child(최고조에 달한 연간 출생아 수를 의미하는 용어—옮긴이주)'에 도달했다. 이는 아동 수가 더 이상 증가하지 않고 정체기에 도달한 상태를 의미한다. 실제로 유엔의 중간 추정치에 따르면 남은 21세기 동안 전 세계 5~15

세 아동 수는 거의 그대로 유지될 것이다.

즉 기술은 계속 발전하는 반면 인구 증가세는 지속적으로 줄고 있고 조만간 감소세로 반전될 것이다. 결과적으로 점점 더 많은 사람이 풍요의 영향을 느끼며 더 이상 물질적 부를 늘리지 않는 생활 방식을 선택할 것이다. 이들은 양보다 질을 우선시하게 될 것이다.

벼락부자nouveau riche는 부유하게 자란 사람들보다 물질적 소비를 더 많이 하는 편이다. 전형적으로 물질적 부의 결핍을 느끼며 자란 사람들은 가능하면 지나칠 정도로 보상을 받으려 할 테지만, '충분히' 넉넉한 환경에서 태어난 그들의 자녀들은 그런 선택을 하지 않을 것이다. 이처럼 '충분함'을 느끼는 개념을 흔히 만족주의enoughism 라고 부른다.

풍요로운 환경에서 성장할수록 양보다 질을 우선시한다.

이를 만족주의라고 일컫는다.

매슬로 피라미드 올라가기

매슬로Maslow 피라미드는 의식주 같은 기본적 욕구부터 사랑, 존중, 자아실현 같은 상위 욕구에 이르기까지 인간의 다양한 욕구를 설명하는 매슬로의 욕구 단계를 시각적으로 표현한 것이다. 매슬로가 규명한 욕구는 항상 아래에서 위로 엄격하게 순서대로 충족되지는 않는 것으로 밝혀졌다. 하지만 일반적으로 시간과 돈이 많은 사람들이 그렇지 않은 사람들보다 상위 욕구를 더 많이 추구한다.

오늘날 사람들은 삶의 목적과 자아실현에 더 많은 관심을 기울인다. 이는 베이비 붐 세대와 Y세대/밀레니얼 세대의 전형적인 가치관 사이에 상당한 차이가 있음을 보여준다. 후자의 경우 여가 시간과 선택의 자유가 부유층의 새로운 화폐가 되고 있다. 부유층은 새로운 욕구를 충족하고, 더 높은 수준의 목적을 추구하기 위해 자기 계발을 하고, 사회적 대의명분에 집중하는 데 여가 시간을 쓰고 있다.

**오늘날 사람들은 삶의 목적과 자아실현에
더 많은 관심을 기울인다.**

정점에 도달한 저차원 기술

오래된 공상과학 영화의 흔한 실수 중 하나는 모든 것이 인공적이고 첨단 기술로 이뤄진 미래를 그린 것이다. 세상은 이제 영화에서 묘사한 시기를 지나고 있는데, 실제 모습은 영화와 좀 다르다. 물론 많은 곳에서 첨단 기술 솔루션을 도입하고 있다. 하지만 부유해질수록 훨씬 비싼 저차원 기술 또는 복고풍 생활 방식을 선호하는 경우도 늘고 있다. 예를 들어 많은 국가에서 사냥은 주로 부유층이 즐기는 스포츠가 되었다. 사냥만큼 비싼 값에 음식을 구하는 방법도 없을 것이다. 누구나 스마트폰으로 시간을 확인할 수 있지만, 부유층을 중심으로 정확도가 떨어지는 수제 기계식 시계 시장이 급성장하고 있다. 유럽 알프스에서는 부유층이 산장의 벽과 표면을 낡은 목재로 교체하기도 한다(새것을 제거하고). 게다가 낡은 목재가 새것보다 무려 4배나 더 비싸다. 첨단 기술과 10배 이상 성장하는 많은 기술이 번영을 가져다준 덕분에 점점 많은 사람이 더 매력적이고, 쾌적하고, 아늑하다는 이유로 저차원 기술을 선택할 수 있게 되었다. 수작업 생산은 때로는 매우 비효율적이지만, 희소성이 높아질수록 선호도도 높아진다. 이는 가정에서 직접 만드는 제작문화 운동maker movement에도 적용되는데, 산업 대량생산에 맞서는 또 다른 저항으로 볼 수 있다. 실제로 산업 경제와 정밀 경제로 창출된 부가 늘면서 사람들은 사랑스럽지만 비효율적인 경험 경제를 더 많이 누릴 수 있게 되었다.

인식의 격차

세상에는 불신에 기반한 승패/지배/정복 사고방식을 지닌 사람들이 있고, 반대로 신뢰에 기반한 상생 협력 사고방식을 지닌 사람들이 있다. 이처럼 사람과 문화 간 인식의 격차가 발생할 수 있으며, 다른 정신적 격차도 벌어질 수 있다. 예를 들어 경험 경제와 정밀 경제 지지자들은 종종 상반된 방식으로 현실에 접근하므로 둘 사이에는 격차가 존재할 수 있다. 경험 경제 지지자들은 처음에 건강하고 자연 친화적인 유기농 식품을 주제로 매우 매력적인 이야기를 꺼낸다. 그러면 정밀 경제 지지자들은 전 세계의 모든 식량이 실제로 유기농으로 생산된다면 거대한 자연 지역을 농지로 전환해야 하며 그렇지 않으면 수십억 명이 굶주림에 허덕이게 된다고 지적할 것이다. 유기농 식품을 생산하려면 현대 산업이나 정밀 기반 농업보다 생산 단위당 훨씬 넓은 농지가 필요하기 때문이다.

부모나 조부모와 달리 안전하고 부유한 사회에서 태어난 젊은 층은 경험 경제 이야기에 매료되지만, 경험 경제로 누리는 모든 것이 때로는 산업 경제와 정밀 경제보다 효율성이 떨어진다는 사실은 잊는다. 이처럼 세대 간 인식과 방식이 다르기에 충돌이 발생할 수 있다.

세분화된 시장의 보이는 손

The Visible Hand of the Micro-Market

기술과 소비자 선호도가 진화하면서 시장도 이에 발맞춰 변화하고 있다. 대규모 디지털화, 기술 융합, 소비자 선호도 변화에 따라 모든 산업에서 여러 중요한 변화가 일어나고 있다.

제품 다양성 증대

데이비드 도이치의 거대한 단조로움과 계층 법칙을 다시 떠올려보자. DNA의 재조합이 잠재적으로 가능해지면서 계층 법칙도 끝이 났다. 제품과 시장의 경우도 마찬가지다. 디지털화와 복제는 제품의 다양성을 급증시킨다. 디지털 데이터는 온라인에서 무수히 많은 방식으로 조합되며, 제조 공정의 디지털화는 더 큰 다양성과 번영을 불러올 수 있다.

인터넷이 널리 보급되면서 누구나 이용할 수 있는 매체의 수가 사실상 폭발적으로 증가했다. 이제 많은 사람이 수백 개의 매체와 온갖 종류의 스트리밍 서비스를 구독한다. 서비스 대부분이 무료로 제공되며 상호작용도 가능하다.

선택권도 무수히 많아졌다. 번영 덕분이다. 지난 수십 년 동안 커피 시장이 어떻게 달라졌는지 눈치챘는가? 커피 브랜드와 종류가 더욱 다양해졌다. 그 수가 엄청나게 많아졌다. 물론 이는 부분적으로 우리가 부유해지면서 더 많은 선택권과 더 높은 품질을 구매할 여력이 생긴 덕분에 일어난 결과다. 소비자는 오늘날 커피뿐 아니라 맥주 시장에서도 훨씬 다양한 선택권을 누릴 수 있다. 소규모 양조장이 급증했고, 이것이 가능한 배경에는 대체로 디지털 기술이 있다.

빵, 시계, 패션, 진gin(일반적으로 토닉 워터나 과일 주스를 섞어 마시는 독한 술—옮긴이주) 등에서도 이와 비슷한 일이 벌어지고 있다. 이처럼 많은 시장에서 산업 경제와 정밀 경제, 경험 경제의 장점을 결합하는 움직임이 일고 있다. 더 많은 제품과 브랜드뿐 아니라 계절이나 행사 특가, 수집판이나 한정판 등이 속속 등장하고 있다. 지역 내 소규모 양조장에서 만든 수제 맥주 같은 제품을 비롯해 틈새시장에 적합한 콘셉트, 의류, 공유 공간 등에 이르기까지 많은 제품과 서비스 중심으로 소비 집단이 형성되고, 좀 더 특별한 정체성과 소속감이 공유된다.

나의 세분화

이제 '나'라는 세분화된 시장을 완전히 맞춤형으로 공략하는 제품과 서비스가 나오기 시작했다! 온라인 쇼핑, AI, 자가 측정, 자가 추적 같은 기술이 이러한 목적에 부합한다. 3D 프린팅도 마찬가지다. 매장에 들어가 발을 스캔하면 3D 프린터가 발에 딱 맞는 신발을 프린트해줄 것이다. 이러한 기술에 가장 많이 영향을 받을 수 있는 분야는 패션이다. 이른바 소프트 로봇공학은 경쟁력 있는 가격으로 개개인에 맞춰 옷을 재봉하고 직조할 수 있는 방향으로 발전하고 있다.

슈퍼트렌드 전문가가 예측한 미래 주문형 패션 혁신 개요	
2026년	모든 매장에 증강현실 거울을 도입한 대형 유통업체 등장
2028년	AI 기반 가상 인플루언서를 채용한 브랜드 등장
2031년	스스로 업데이트되는 맞춤 안경 상용화
2033년	최종 고객이 AI의 도움을 받아 자신만의 옷을 디자인할 수 있게 됨
2035년	챗봇 패션 스타일리스트가 인간 스타일리스트보다 더 많이 사용됨
2041년	숙련된 로봇 메이크업 아티스트가 개발됨
2042년	증강현실 의류를 구매하는 사람들이 늘어남
2045년	가정에서 3D 프린터로 옷을 출력할 수 있게 됨

통신과 통신 기반 컴퓨팅 기술 또한 발전하면서 다양한 서비스가 제공될 수 있었다. 최초의 컴퓨터는 고도로 중앙 집중화되었지만(메인프레임 컴퓨팅을 떠올리면 된다), 컴퓨팅 기술은 네트워크와 인터넷에 연결된 컴퓨팅, 클라우드 컴퓨팅을 넘어 IoT, 빅데이터, AI를 통한 엣지 컴퓨팅으로 진화하면서 더욱 분산되었다. 이로 인해 다양한 디지털 서비스가 폭발적으로 증가하고 개인화도 강화되었다.

부의 증가와 디지털화가 결합하면서 더욱 세분화된 시장 공략이 가능해지고 세분화된 마케팅도 빠르게 성장했다.

공급자 중심에서 고객 중심으로

이러한 발전을 계기로 공급자가 밀어내는 마케팅에서 고객이 끌어당기는 마케팅으로 전환이 이뤄졌다. 고객들은 점점 더 정확한 요구사항을 제시하게 되었고, 자신에게 맞지 않는 제품이 쏟아져 나오는 것을 탐탁지 않게 바라보게 되었다.

지식 탐색과 교육에서도 공급자 중심에서 고객 중심으로 전환이 일고 있다. 과거에는 대부분의 지식을 학생에게 일방적으로 주입하는 교육이 이뤄졌는데, 학생들은 이렇게 습득한 지식의 상당 부분을 써먹지 못하거나 막상 필요한 시기에 잊어버리기 일쑤였다. 이제 점점 많은 사람이 구글 검색과 유튜브, 위키피디아Wikipedia 등을 통해 관련 최신 정보를 제때 찾으려 한다. 미래에는 정규 교육 프로그램에도 AI를 도입해 개개인에게 맞춤형 교육을 제공하게 될 것이다. 학생들이 진정으로 세분화되는 것이다. 예를 들어 AI로 맞춤형 학습 여정을 제공할 수 있다. 즉 교육이 산업 경제 방식의 대량 일괄 교육에서 정밀 경제 방식의 대량 맞춤형 교육으로 전환되는 것이다. 수업 전에 숙제를 먼저 제시하는 이른바 거꾸로 교실flipped classroom, 종합적인 슈퍼랩super-lab, 완전 몰입형 교육 경험이 그 대표적인 예다.

> **대량 개인화 기술의 지원으로 공급자 중심에서
> 고객 중심으로 전환되고 있다.**

경험 경제의 성장

세상은 경험 경제로 나아가고 있다. 제품보다는 경험을 판매하는 방향으로 전환이 이뤄진 지 오래다. 경험 경제는 소비자들이 강변 카페에서 마시는 커피 한 잔에 10달러(약 1만 4000원)를 지불하는 이유를 설명해준다. 실제로 커피 생산에는 그보다 훨씬 적은 비용이 드는데도 소비자들은 기꺼이 지갑을 연다. 점점 많은 제품이 경험으로 포장되어 판매되면서 기업들은 브랜드 차별화를 위해 경쟁을 벌이기 시작했다. 경제적 관점에서 보면, 지금도 진행 중인 산업 경제와 1980년경부터 시작된 정밀 경제는 부를 창출하고, 부는 인류를 경험 경제로 이끌고 있다. 이 세 가지 경제가 공존할 테지만 궁극적으로 경험 경제의 속성이 우위에 설 것이다. 수십 년 전에는 세계에서 가장 가치 있는 기업들이 산업 경제와 연관돼 있었고 지금은 정밀 경제의 주역이 되었다. 하지만 앞으로 수십 년 뒤에는 경험 경제에서 주요 선두 기업이 등장한다 해도 그리 놀랍지 않을 것이다.

경험 경제가 발전할수록 흥미진진한 콘텐츠를 더 많이 접할 수 있게 될 것이다. 그중에서도 새로운 컴퓨터 게임과 관련 e-스포츠, 새로운 미디어 유형, 가상 및 생활환경 컴퓨팅 등 전자 기기를 중심으로 많은 콘텐츠가 나올 것이다. 증강현실처럼 물리적 경험과 전자적 경험의 조합은 말할 것도 없고, 인간의 모든 감각과 감정을 자극하는 매력적이고 새로운 하이브리드 경험도 늘어날 것이다. 물론 기존 산업에서도 변화가 나타날 것이다. 건설, 교육, 의료 분야가 단순히 소비자의 기본적 니즈를 충족하는 데 그치지 않고 더 정확하고 의미 있는 경험을 제공하기 위해 어떻게 변화할지 상상해보자. 예컨대 디즈니Disney는 스토리텔링을 '스토리리빙storyliving'에 입히기 위해 주거 커뮤니티 개발 사업에 뛰어들었다. 디즈니는 "어디서든 디즈니의 마법을 선사하는 것"을 목표로 삼았다.[1] 이는 제품의 다양성, 공급자 중심에서 고객 중심으로 전환하는 역동성, 경험에 주력하는 운영 방식 등을 하나로 통합한 매우 흥미로운 사례다!

고객이 제품이 되다

소비자가 본질적으로 제품이 되는 새로운 서비스와 상품이 많이 등장하고 있다. 여기에는 코칭, 건강 워크숍, 힐링, 몸매 관리, 토론 모임, 맞춤 의류, 맞춤 인테리어 디자인, 맞춤 식단 등 어떤 식으로든 구매자를 더 나은 상태로 만들어주는 제품과 서비스가 포함된다. 즉 소비자는 더 나은 자기 자신을 구매하는 셈이다.

**성장하는 경험 경제에서
고객은 곧 제품 그 자체가 된다.**

이 모든 것이 연결된 참여 사회가 성장할 때, 소비자는 다른 사람들이 생산한 물건을 구매할 뿐 아니라 그 물건을 만드는 생산자가 되기도 한다. 즉 '프로슈머prosumer'가 되는 것이다. 이를테면 누구나 콘텐츠를 소비하고 생산할 수 있는 소셜 미디어에서 이러한 현상이 두드러진다. 사용자가 플레이리스트(선곡표)를 만들고 소비하는 스포티파이도 그렇다. 가정에서 만든 진과 직접 재배한 채소, 핸드메이드 제품 등이 호황을 누리고 있다. 소비자가 부분적으로 참여하는 활동도 늘고 있다. 예를 들어 최신 소프트웨어와 장비를 이용하면 훨씬 쉽게 디제잉과 노래 편집을 할 수 있다. 때로는 자신을 홍보하고 네트워크를 구축할 수단으로, 때로는 순전히 활동과 개인적 소비를 통해 즐거움을 느끼기 위해 직접 생산한 제품을 판매하는 사람들도 있다.

**인간이 기계와 합쳐져 켄타우로스가 되듯,
소비와 생산이 합쳐져 프로슈머가 된다.**

서비스형 솔루션의 성장

특히 의미 있는 변화는 언제든 이용 가능한 온탭on-tap 경제로의 전환이다. 현재 부유한 국가에서도 수백 년 전에는 지금과 생활 방식이 매우 달랐다. 당시에는 사람들 대부분이 시골에 살았고, 가정에 필요한 모든 물건을 수동으로 운반했다. 그 자리에서 즉시 소비할 수 있는 건 들이쉬는 공기뿐이었다. 우물에서 물을 길어 양동이에 담아 옮기고, 땔감과 석탄도 직접 날라야 했다. 정보는 편지와 신문 형태로 전달되었다. 물론 석탄을 담은 들통보다는 가벼웠지만 이 역시 직접 집 안으로 옮겨야 했다!

하지만 수돗물이 공급되면서 세상이 달라지기 시작했다. 이제 수돗물은 건물로 흘러 들어오고, 인간은 사용한 만큼 비용을 지불하면 된다. 얼마나 편리한가! 이후 전기 형태로 전력이 공급되었다. 장작이나 석탄과 달리 천연가스도 집 안으로 원활하게 들어왔다. 그 후 사람들은 인터넷으로 뉴스와 정보도 접할 수 있게 되었다. 이제 클라우드 컴퓨팅으로 데이터 저장 공간과 연산력도 이용할 수 있고, IoT를 통해 점점 더 많은 장치에서 데이터도 얻을 수 있다.

이러한 온탭 모델은 판매자와 구매자 모두에게 대단히 편리하다는 장점이 있어 꾸준히 성장세를 이어가고 있다. 이미 수많은 업계가 온탭 비즈니스 모델 또는 서비스형 모델로 전환을 시도하고 있다. 앞으로도 더 많은 기업이 이러한 추세를 따를 것이다. 이는 많은 산업에서 소유보다는 임대(또는 구매보다는 구독)로 소비 형태가 전환되고 있음을 시사한다.

간소화와 자동화

온라인 쇼핑이 늘면서 쇼핑이 점차 알고리즘 중심으로 이뤄지고, 원클릭 결제처럼 소비자를 위한 간소화 서비스가 등장하고 있다. 아마존의 추천 엔진은 전체 매출의 30퍼센트 이상을 창출하고, 스포티파이와 같은 음악 스트리밍 서비스도 사용자에게 아티스트와 노래를 추천해 스트리밍 횟수를 늘리고 있다. 때로는 소비자 본인이 무엇을 해야 할지 모르거나 뜻밖의 취향을 발견하고 싶을 때 기계 알고리즘의 도움을 받을 수도 있다. 그런데 이러한 시스템의 이면에 소비자 경험을 개선하고 간소화하기 위해 매우 복잡한 작업이 진행되고 있다는 사실은 잘 드러나지 않는다.

최근 업계 동향은 더 극단적인 방향으로 흘러간다. 작업이 완전히 자동화되고 소비자 본인도 모르고 있던 니즈에 기반한 구매까지 이뤄지고 있다. 어느 날 자율 주행 전기차가 미리 등록된 신용카드로 타이어를 구매해 알아서 교체했다는 소식을 휴대전화로 접하게 되는 상황을 상상해본 적이 있는가? 적어도 사전에 사용자의 승인을 구하는 메시지가 떠야 한다고 생각하는 사람들도 있겠지만, 어떤 소비자에게는 클릭 한 번조차 귀찮은 일이 될 수 있다.

공유와 평가

공유 경제도 증가세를 보이고 있다. 공유 경제는 세 가지 형태로 나 뉜다.

- 서비스형 모델(예: 자동차 임대, 자전거 대여, 단기 일자리)
- 기업이 아닌 개인으로 이뤄진 크라우드소싱(예: 에어비앤비, 반려 견 산책 서비스, 프리랜서 셰프가 포장 음식을 제공하는 클라우드 키친)
- 크라우드소싱과 유사하지만 중개인이 없는 P2P(예: 비트토렌트 BitTorrent 파일 공유)

블록체인 기술은 중개인을 보호 메커니즘으로 사용하지 않는 대 신, 탈중앙화된 거래 장부를 관리해 시스템에 대한 신뢰를 더욱 높 일 수 있다. 흥미로운 점은 이러한 추세가 시장을 세계적인 규모로 확장한다는 것이다. 전 세계 거의 모든 사람과 정보를 공유할 수 있 기 때문이다.

전 세계는 평가 경제rating economy에도 진입했다. 제품과 서비스에 대한 고객 의견이 투명하게 공개되고, 이는 최종 사용자에게 직접 판단할 근거를 제공하는 동시에 품질 수준을 계속 향상시킨다. 가 격이 수요와 공급에 따라 실시간으로 투명하게 변동되는 경우도 많 아졌다. 시장의 보이지 않는 손이 점점 가시화되는 셈이다. 이러한 기능은 특히 공유 경제에서 유용하다. 제품들이 반드시 균일한 품 질로 공급되진 않기 때문이다. 물론 이는 양쪽에 똑같이 적용된다.

예컨대 차량 공유 플랫폼에서 활동하는 운전자도 승객을 평가할 수 있다.

탈중개화와 플랫폼

또 다른 중요한 업계 동향으로는 제품과 서비스가 소비자에게 직접 판매되는 탈중개화가 있다. 일반적으로 탈중개화가 이뤄지는 개방형 플랫폼에서 소비자는 공급되는 제품(그리고 가격과 평점, 실제 제품인 경우 재고 여부)을 확인할 수 있다. 개방형 플랫폼에서는 강력한 네트워크 효과가 나타난다. 사용자 수가 많아질수록 더 나은 플랫폼이 만들어지고, 이는 다시 더 많은 사용자를 끌어들인다. 디지털화와 세계화는 종종 승자 독식 구조의 역동적 시장을 만들어낸다. 일부 기술 기업이 대기업으로 성장할 수 있었던 이유가 여기에 있다.

1

1

빠르고 유동적이며
유연한 미래의 업무

The Fast, Fluid, and Flexible Future of Work

업무 환경은 그 어느 때보다 빠르게 진화하고 있다. 코로나19 팬데믹이 전 세계를 덮치면서 몇 년도 아닌 단 몇 주 만에 전환이 일어나고 새로운 업무 방식이 생겨났다. 이를 계기로 일반적으로 인식되는 업무의 개념이 송두리째 바뀐 듯하다. 향후 업무 환경에서는 다음과 같은 네 가지 중요한 추세가 나타날 것이다.

1. 노동자들은 산업 경제에서 정밀 경제와 경험 경제로 계속 이동할 것이다.
2. 정서적 성취감과 만족주의가 업무 선호도에 반영될 것이다.
3. 일과 생활의 패턴이 더 빨라지고 유연해지고 유동적으로 바뀔 것이다.

4. 인재가 일자리를 구하러 나서는 게 아니라 반대로 사용자(일
   자리)가 온라인상에서 인재를 찾으러 다닐 것이다.

정밀성과 경험

산업 경제에서 기계, 로봇, 컴퓨터가 점점 더 일상적이고 기본적인
작업 유형을 수행하게 되면 인간은 보다 창의적이고 고차원적인 인
지 작업에 역량을 집중할 여유를 갖게 된다. 물론 IT와 생명공학이
결합된 정밀 경제와 3D 프린팅 등을 활용한 정밀 제조 분야도 거대
한 활동 영역이다. 실제로 SEO(검색엔진 최적화) 전문가, 블로거, 앱 디
자이너, 앱 개발자, 클라우드 서비스 전문가, AI 전문가, 빅데이터 분
석가, 로봇공학 엔지니어, 풀스택 개발자, 고객 성공 전문가, 사이버
보안 전문가, 행동 건강 전문가 등 새로운 산업 관련 직업이 등장하
고, 일부는 주류로 자리 잡았다. 앞으로 인체 장기 제작, AR 고객 여
정 구축, 디지털 화폐 자문, 드론 교통 관제사, 자율 주행 정비사, 액
티브 콘택트렌즈 제작자 등 또 다른 새 분야도 등장할 것이다.

정밀 경제와 경험 경제가 교차하는 영역에서도 많은 직업이 생
겨날 것이다. 점차 컴퓨터가 일상적인 콜센터 업무(예: 시스템 내 주소
변경, 새 직불카드 신청, 항공편 예약)를 처리하게 되면, 콜센터 담당자는
요금 분쟁, 개인별 추천, 예약 같은 까다로운 주제에 대해 개개인에
맞춰 탁월한 고객 서비스를 제공하는 데 집중할 수 있다.

교육, 의료, 소매업 등 다른 산업에서도 고객과 소비자를 대상으

로 더 복잡한 논의와 주제를 처리하는 데 집중하기 위해 인간과 기계의 상호작용을 촉진하는 방향으로 전환이 이뤄지고 있다. 다시 말해, 켄타우로스 집단은 점차 대부분의 작업에 기계를 활용하지만, 인간의 감독은 여전히 필요하다. 하지만 반대되는 경우도 있다. 예를 들어 치명적인 오류를 방지하기 위해 인간이 작업을 수행하는 동안 기계가 인간을 모니터링한다. 자동차의 차간 거리 제어 시스템이 대표적인 예다.

궁극적으로 경험 경제에서 일자리가 대규모로 공급될 것으로 예상된다. 이미 전 세계 부유층에서 인생 상담 코치, 체력 단련 코치, 건강 전문가, 치유사, 디자이너 등 생활 방식 중심의 직업이 크게 성장하기 시작했다. 이러한 추세는 지속될 것이다. 예를 들어 (초월적 경험, 자립 지원, 꿈 연결, 피부에 삽입한 작은 캡슐을 사용해) 감각적 경험을 향상시키는 피부 과학자(예: 옛 감정을 되살리거나 영화 또는 비디오 게임 경험을 향상시키는 직업), 생의학자, 스크린 벽면 디자이너, 비디오 타투 아티스트 등 새로운 직업이 많이 등장할 것이다.

이와 동시에 인류는 지난 역사에서 일관되게 나타난 본질을 다시 경험하게 될 것이다. 기술이 일자리를 없애는 것이 아니라 일자리를 바꿀 뿐이라는 사실 말이다. 이러한 현상은 수세기 동안 이어졌고, 공급이 자체적으로 수요를 창출한다는 세이의 법칙Say's law 으로도 설명된다. 무언가를 자동화하면 이로 인해 늘어난 부가 다른 분야로 흘러간다고도 해석할 수 있다. 이를 수요의 재순환recycled demand이라고 부른다.

목적과 성취

앞서 살펴봤듯이, 젊은 세대는 점점 삶의 목적을 찾으려 한다. 이러한 변화는 업무 선호도에도 반영될 것이다. 이들은 자신이 하는 일이 의미 있는 목적에 부합하고, 돈 이상의 가치를 지녀 자신의 삶을 풍요롭게 해주기를 기대한다.

부유해질수록 여가를 즐길 기회가 많아지므로 적게 일하고 적게 버는 길을 택할 사람도 많아질 것이다. 이들은 이미 기본적 욕구와 더 높은 수준의 욕구를 충족하기에 충분한 수입을 얻고 있다. 이 같은 현상은 여러 종류의 만족주의 중 하나로 볼 수 있으며, 사람들은 더 많은 돈을 벌기 위해 일을 더 많이 하길 원하지 않는다.

휴먼 클라우드

혁신 주기가 빨라지고 복잡성이 늘어나고 업무 프로세스가 디지털화되면서, 제품과 서비스, 노동력이 점점 작은 단위로 세분화되었다. 이를 미세 개체라고 부른다. 전문화(예: 제품 관리자, UI 전문가, 디자인 전문가, 앱 개발 프로그래머)가 세분화될 뿐만 아니라 업무도 프로젝트 또는 작업 단위로 단기간에 수행되는 경우가 많아졌다.

이러한 변화를 거치면서 이제 "어느 기업에 다니세요?"가 아닌 "지금 어떤 일을 하세요?"가 훨씬 의미 있는 질문이 되었다. 이 질문에 여러 고객을 대상으로 다양한 프로젝트를 병행하고 있다고 대답할 가능성도 커지고 있다. 미세 업무micro-work와 긱gig(초단기 노동—옮긴이주)을 선호하는 추세가 나타나고 있는 셈이다.

"어느 기업에 다니세요?"가 아닌
"어떤 일을 하세요?"가 훨씬 의미 있는 질문이 될 수 있다.
임시직으로 미세 업무를 맡는 사람들이 늘고 있기 때문이다.

선택의 폭과 유연성을 확장하는 기술 중 하나는 디지털 클라우드다. 여기에는 온라인으로 컴퓨터 성능을 이용하는 기능도 포함된다. 노동 시장에서도 이와 같은 전환이 일어나고 있다. 소비가 점차 선택의 폭이 넓은 온탭 모델로 이동하고, 인구 변화로 인해 일과 삶을 향한 새로운 욕구가 생겨나고, 업무 프로세스가 점차 세분화되고 있으니 노동 시장도 이에 발맞춰 바뀌어야 한다. 이제 클라우드는 컴퓨터 클라우드, 사물 클라우드(IoT), 휴먼 클라우드human cloud 등 세 가지 유형으로 나뉜다.

휴먼 클라우드를 이용하면 인적 서비스를 거래 가능한 작은 마이크로 단위로 세분화해 언제든 필요할 때 바로 사용할 수 있다. 슈퍼트렌드 패널 분석 추정치에 따르면 2060년에는 미국 노동력의 절반 이상이 프리랜서 형태로 일할 것이다. 이처럼 마이크로 단위의 제품과 서비스, 데이터는 평가, 디지털 분석, 실시간 가격 책정, 투명한 경쟁의 대상이 될 수 있다. 이는 시장 경제를 크게 개선하는 동시에 경쟁을 늘려 인플레이션을 억제하는 역할도 할 것이다.

이와 같은 변화와 더불어 개인 생활과 직장 생활, 여가 시간과 업무 시간 사이의 경계가 점점 모호해지고 통합되는 현상도 나타나고 있다. 코로나19 팬데믹을 계기로 이러한 현상이 가속화되면서 많은 조직에서 업무 환경과 시간에 대해 근본적으로 다시 생각하게 되었다. 하지만 이러한 추세는 이전부터 진행되었다. 단언컨대, 직원의 기대치와 기업 문화가 과거로 되돌아가기에는 이미 너무 많은 변화가 일어났다. 팬데믹 이전 상황으로 업무 방식을 되돌리지는 못할 것이다.

앞으로 하이브리드 모델이 다양한 수준으로 등장할 것이다. 2021년에 발표된 한 연구에 따르면, 직원의 83퍼센트가 대면 상호작용과 원격 근무의 유연성을 결합한 하이브리드 업무 환경을 선호한다고 답했다.[1] 또 다른 연구에 따르면 노동자의 20퍼센트는 팬데믹 이후 주 5일 사무실 근무를, 30퍼센트는 주 5일 재택근무를, 나머지 50퍼센트는 그 중간쯤을 원하는 것으로 나타났다.[2]

전반적으로 클라우드 기반과 분산형 미세 업무로 전환되면 사람들은 점점 다음과 같은 상황을 맞닥뜨리게 될 것이다.

- 정해진 업무 시간이 없다.

- 직원과 컨설턴트 또는 프리랜서 등 업무 형태가 영구적으로 지정되지 않는다.
- 고정된 일터가 없다.
- 휴일이 명확하지 않다.
- 직함이 없다.
- 정해진 연금 수령 연령대가 없다.

그 대신 모든 것이 더 빨라지고 유연해지고 유동적으로 바뀐다. 물론 모든 것이 더 불확실해질 수도 있다. 하지만 더 이상 '일자리'를 잃을 위험은 없고, 주어진 프로젝트 한두 개만 잃을 수 있다는 점에서는 대체로 불확실성이 줄어든다.

정해진 업무 시간, 직무, 일터, 휴일, 직위,
연금 수령 연령대가 점점 사라지고 있다.
빠르고 유동적이며 유연해진 세상은 경계가 점점 모호해지고 있다.

역전된 인재 유입 경로

인재 유입 경로가 뒤바뀐 상황에서 조직은 더 이상 직무나 전문 지식을 유일하게 관리하는 위치에 있지 않다. 이제껏 많은 사람이 업무 능력과 서비스, 제품 또는 특별한 재능을 실무에서 발휘하려면 기업에 지원서를 보내고 관리자의 시험을 통과해야 했다. 예를 들어 음반사에 음악을, 고용주에게 입사 지원서를, 벤처 펀드에 스타트업 사업 계획서를, 편집자에게 원고를 보내야 했다. 자료를 보낸 후에 는 두 손 모아 기도하며 기다리는 수밖에 없었다. 하지만 담당자에 게 간신히 짧은 답변을 받거나 감감무소식인 경우가 대부분이었다.

물론 이러한 접근 방식과 관리자의 시험은 여전히 존재하지만, 이러한 과정이 역전되는 경우가 많아졌다. 오늘날 영향력 있는 사람 들, 즉 인플루언서들이 웹에 게시하는 콘텐츠를 모니터링하는 매체 가 점점 늘고 있다. 해당 콘텐츠가 흥미로울 뿐 아니라 당사자가 애 초에 콘텐츠를 게시하기로 선택했다는 사실 자체가 하나의 이야기 가 될 수 있기 때문이다. 언론 기자들은 인플루언서들의 이야기를 주제로 기사를 작성하고 인터뷰를 요청한다. 일론 머스크Elon Musk의 트윗이 대표적인 예다.

소셜 미디어의 영향으로 인재 유입 경로가 종종 역전되기도 한다.
인재가 브랜드와 기업을 쫓는 것이 아니라
브랜드와 기업이 인터넷에서 인재를 찾아 나서는 경우가 늘고 있다.

소셜 미디어에서 입사 지원자의 활동과 '좋아요' 수를 확인하는 기업도 늘고 있다. 친구 수, 팔로워 수, 조회 수, 참여도, 좋아요 수, 공유 수 등이 지표에 포함된다. 예를 들어 소프트웨어 개발자가 〈해 커뉴스Hacker News〉 또는 〈스택오버플로Stack Overflow〉에서 좋아요나 업 보팅을 받았다면 특별한 진취성과 재능이 있다는 의미로 여겨질 수 있다.

예술 분야의 기업들도 데모 작품을 기다리던 기존 방식에서 벗어나 웹에서 인재를 찾아 나서고 있다. 음반사 트윈뮤직Twin Music이 한 예다. 누구나 트윈뮤직에 데모를 제출할 수 있다. 하지만 트윈뮤직은 주로 웹에서 가장 많이 공유되고 가장 많은 좋아요를 받은 인디 음악을 검색한 후 해당 음악을 만든 사람에게 직접 연락해 음반 발매를 제안하는 식으로 인재를 발굴한다.

많은 프리랜서가 작업 포트폴리오를 포함한 온라인 프로필을 만든다. 고객에게 별 1~5개 평점을 받을 수 있는 기능이 포함된 플랫폼이 많다. 기업들이 이를 토대로 인재를 발굴해 프로젝트를 제안하는 경우도 늘고 있다. 일반적 고용 계약이 이뤄지는 방식을 완전히 뒤집는 상황이 벌어진 셈이다. 업워크Upwork나 파이버Fiverr 같은 플랫폼을 살펴보면 디지털 마케팅, 그래픽 디자인, 글쓰기/번역 서비스, 전략 분석 등 시선을 끄는 몇 가지 업무 분야를 확인할 수 있다.

현재 소셜 미디어에 게시되는 수많은 의견과 재능, 샘플에 비해 체계적인 검색 기능은 뒤처지는데, 앞으로는 상황이 바뀔 것으로 보인다. 실제로 아직 드러나지 않은 인적 자원을 찾기 위해 고도로 조직화된 스크랩과 텍스트 마이닝, 머신러닝, 기타 도구를 사용하는 빈도가 크게 증가할 것으로 예상된다. 이러한 방식의 장점은 웹이 실시간으로 대규모 시험대 역할을 한다는 것이다. 시장에 소문이 나고 누군가가 웹에서 인기를 얻는다면 그만한 이유가 있기 때문이다.

인재를 찾기 위해 고안된 여러 대체 모델이 실패하는 경우가 많다는 점을 떠올리면 소셜 미디어 통계는 상당한 가치를 지닌다. 매년 기업들은 성과를 내지 못하는 직원과 연예인, 아티스트를 채용한다. 더 심각한 문제는 대대적인 성공을 거둘 수 있는 많은 인재를 놓치는 일이 허다하다는 것이다. 예를 들어 J.K. 롤링J.K. Rowling의 소설 《해리 포터》 원고는 블룸즈버리Bloomsbury에 채택되어 출판 계약을 맺기까지 출판사 수십 군데에서 퇴짜를 맞았다. 스티븐 킹Stephen King의 첫 번째 소설도 약 30곳에서 거절당했으며, 마돈나Madonna와 비틀스The Beatles도 데뷔하는 데 어려움을 겪었다. 이들의 작품은 모두 세상에 공개된 후에야 입소문을 타기 시작했다.

인재 유입 경로가 역전된 현상은 인력과 재능을 구매하는 사람과 판매하는 사람 모두에게 편리하며, 세상에도 이로운 영향을 준다. 이러한 시장에서는 출신 지역이나 인맥이 중요하지 않다. 누구나 웹을 활용하면 직접 스포트라이트를 받을 수 있다.

미래를 가리키는
스물다섯 가지 방향

Twenty-Five Vectors for the Future

우리가 말하는 미래에는 다소 급진적인 기술이 포함된다. 현존하는 가장 빠른 슈퍼컴퓨터보다 수백만 배 빠른 속도로 특정 유형의 연산을 수행하는 양자 컴퓨터, 궁극적으로 전 세계 농지를 90퍼센트 이상 줄일 혁신적인 식량 생산 기술, 석탄보다 무게 단위당 수백만 배의 에너지를 공급하는 토륨, 중수소와 삼중수소를 이용한 전력 발전, 향후 100년 동안 과학적 발견이 100배 증가한다는 전망, 3D 프린터로 출력한 인체 장기, 홀로그램을 생성하는 스마트폰 등 몇 가지 극단적인 예측도 몇 가지 있다.

흐릿한 미래를 가리키는 스물다섯 가지 핵심 방향은 다음과 같다.

1. 이제야 많은 슈퍼트렌드가 진정한 도약의 정점에 있다. 오늘

날 알려진 많은 슈퍼트렌드는 지난 수십 년간 빠르게 발전했고, 최근에야 진정한 글로벌 현상이 되었다.

2. 혁신은 본질적으로 이미 존재하는 기술을 재조합하는 것이므로 한계가 없다. 더 많은 개발이 이뤄질수록 앞으로 더 많은 새로운 기술이 만들어질 것이다.

3. 과학 활동은 적어도 15년마다 두 배로 증가하고 100년마다 약 100배씩 성장한다. 지만의 법칙에 따르면 이러한 현상은 무한정 지속될 수 있다.

4. (1) 소규모 집단, (2) 협력 네트워크, (3) 공통 규칙, (4) 변화 매개, (5) 경쟁 등 혁신의 5C는 이러한 과정을 이끄는 핵심 동력이다.

5. 초사회성을 지닌 사람이 승리하는 경향이 있다. 일반적으로 협력을 잘하는 사람은 경쟁을 잘하는 사람보다 더 좋은 성과를 낸다. 승패보다 상생을 중시해야 승리하는 것이다. 진동하는 초사회성에 통달한 사람들이 최고의 성과를 낸다.

6. 기하급수 법칙은 예측 가능성을 제공한다. 안정적인 기하급수 법칙을 활용하면 미래 응용 기술이 언제 경제적으로 실현될지 예측할 수 있다.

7. 1인당 평균 실질 소득은 10년마다 약 20퍼센트씩 증가한다. 이는 놀라울 정도로 안정적인 수치다. 경기 침체는 보통 급격한 반전으로 이어져 기하급수적인 추세선을 따라잡는다.

8. 지금처럼 풍요로운 시기는 없었다. 원자재의 평균 시간 가격은 약 20년마다 절반으로 감소한다. 이는 초풍요를 의미한다.

생산을 가능하게 하는 원자재와 자원을 단순히 소유하기보다 혁신을 꾀할 때 비로소 더 많은 부가 창출된다. 사람들은 식량과 안전 등 기본적인 욕구가 충족되면 건강과 자아실현처럼 고차원적인 욕구에 집중한다.

9. 정밀 경제는 적은 비용으로 많은 성과를 얻는 것을 의미한다. 정밀 기술을 활용하면 더 작은 물리적 공간에서 더 많은 가치를 창출할 수 있다.

10. 새로운 핵심 기술 혁신에 뒤이어 종종 인접 가능한 응용 기술이 나타난다. 새로운 핵심 기술에 대한 시장의 초기 반응은 실망스러울 수 있지만, 시간이 지나면서 사람들은 새로운 비즈니스 모델과 응용 분야를 찾아낸다. 이를 계기로 새로운 비즈니스 기회와 기술이 끝없이 파생된다. 즉 새로운 핵심 기술이 실재하는 기술로 적용될 때 항상 파생된 응용 기술이 인접 분야에서 등장한다.

11. AI와 양자 컴퓨터는 인류를 순환 초지능recursive super-intelligence으로 이끌고 있다. 점점 많은 분야에서 컴퓨터가 인간의 심리를 능가하고 있으며, 이러한 현상은 직관적이라고 생각되는 분야에서도 일어나고 있다. 게다가 양자 컴퓨터는 일부 연산 영역에서 수백만 또는 수십억 배 향상된 연산 능력을 선보이고 있다. 결과적으로 인간보다 다른 컴퓨터를 더 잘 프로그래밍할 수 있고 인간의 역량을 뛰어넘어 논문을 작성하고 질문을 던질 수 있는 컴퓨터가 등장할 것이다. 따라서 지능은 자발적으로 더 많은 지능을 만들어낼 것이다.

12. 켄타우로스가 되는 사람이 점점 많아질 것이다. 인간과 기계
가 서로 돕고, 안내하고, 감독하는 일이 보편화될 것이다.

13. 기술은 인간의 삶을 이루는 모든 구조의 일부가 될 것이다.
디지털화할 수 있는 모든 것이 이미 디지털화되었거나 앞으
로 디지털화될 것이다. 삶의 모든 영역에서 새로운 유형의 하
드웨어와 소프트웨어가 등장하고 있다. 기술이 연달아 기하
급수적으로 발전하면 생산 단가가 급격히 낮아지고 기술 역
량은 올라간다. 이러한 현상은 기술 융합과 네트워크 효과,
AI, 순환 지능에 힘입어 더욱 심화될 것이다.

14. 생물학은 컴퓨팅 플랫폼이 되었다. 인류는 원하는 대로 생명
을 창조하고, 파괴하고, 조정하고, 수정할 수 있다. 한 예로 세
포가 로봇처럼 재코딩돼서 우리에게 필요한 부분을 놀랍도록
정밀하게 생산하는 공장처럼 기능하게 할 수 있는 새로운 산
업혁명이 일고 있다. 이러한 과정에서 얻을 수 있는 제품으로
는 식품, 의약품, 건축 자재 등이 있다.

15. 인구 변화는 그 어느 때보다도 많은 혁신을 일으킬 것이다.
인류는 역사상 가장 다양한 계층이 일하고 소비하는 시대에
접어들고 있다. 새로운 세대는 더 자유롭게 투표하고, 개인적
목적을 추구하는 데 집중하고, 사회적·윤리적 대의명분에 신
념을 갖고 행동하며, 일과 삶의 균형과 유연성을 중시하는 경
향이 있다.

16. 세대 간 문화적 차이가 커질 것이다. 새로운 기술은 새로운
태도, 생활 방식, 소비자 선호도를 불러오지만, 이를 받아들이

는 방식은 세대마다 달라서 혁신이 가속화될수록 세대 간 격
차가 벌어진다.

17. 번영은 제품의 다양성으로 이어진다. 양적으로 시장 포화 상
태에 도달하면, 선택의 폭을 넓혀 제품의 다양성을 확보하는
방향으로 혁신이 일어나기 마련이다.

18. 아날로그에서 디지털로 전환되면서, 경제는 일괄 전달 기반
에서 온탭 모델로 전환되고 있다. 컴퓨터 용량, 단기 인력 서
비스, 사물 데이터의 클라우드는 광범위한 추세를 보여주는
몇 가지 예에 불과하다. 공급자 중심에서 고객 중심으로 마케
팅 전환도 일어나고 있다. 이러한 변화로 훨씬 효율적인 경제
와 편리한 삶이 펼쳐질 것이다.

19. 마케팅이 지능적인 개인 맞춤형으로 바뀌고 있다. 고급 알고
리즘은 점차 개인을 분할해 타기팅하고, 종종 소비자가 스스
로 니즈를 알아차리기도 전에 적시 적소에 개인 맞춤형 추천
을 제공할 수 있게 됐다.

20. 시장은 실시간으로 가시화되고 있다. 마이크로 단위의 제품,
서비스, 데이터가 하나의 서비스 형태로 제공되고 글로벌 플
랫폼에서 호스팅되면서, 가격이 투명하게 공개되고 실시간으
로 변동한다. 사용자는 즉각적으로 의견을 남기고 평점을 매
길 수도 있다.

21. 산업이 변화할 것이다. 모든 산업이 기술에 영향을 받고 있으
며, 10년 후에는 지금과 전혀 다른 모습으로 변모할 것이다.
특히 교통, 의료, 교육, 미디어, 도시 개발, 부동산, 에너지, 농

업, 금융, 전문 서비스 부문, 소매, 제조 분야에서 대대적인 전
환이 이뤄질 것으로 기대된다.

22. 노동자들은 산업 경제에서 정밀 경제와 경험 경제로 계속 이
동할 것이다. 산업 경제에서 기계와 로봇, 컴퓨터가 점점 더
많은 업무를 처리하면서, 인간의 노동력은 인간이 기계보다
경쟁 우위를 점하는 정밀 경제와 경험 경제로 옮겨갈 것이다.

23. 일과 생활의 패턴이 더욱 빨라지고 유연해지고 유동적으로
바뀔 것이다. 코로나19 팬데믹을 계기로 업무의 세분화와 디
지털화가 이뤄지고 사내외 단기 노동자에게 많은 업무가 분
산되는 추세가 가속화되었다. 일과 개인 생활은 점점 통합되
고 있다. 사람들은 업무 공간과 시간, 휴일, 심지어 연금 수령
연령대와 관련해 기존의 틀에서 벗어나고 있다. 그 대신 일과
여가, 학습을 유동적으로 조합해 생활을 영위하는 경향이 뚜
렷해졌다. 어쩌면 은퇴를 아예 하지 않을 수도 있을 것이다.

24. 만족을 향한 수요가 증가하고 만족주의가 확산되면서 사람들
의 선호도에도 이러한 변화가 반영되고 있다. 이는 소비 패턴
뿐만 아니라 업무 선호도에도 적용된다.

25. 인재가 일자리를 찾는 것이 아니라 사용자(일자리)가 인재를
찾아 나설 것이다. 즉 재능 있는 사람들이 노동력을 판매할
기회를 좇는 대신 수요자가 온라인에서 그들의 재능을 발견
할 것이다.

미래로 나아가는 과정에서 온갖 놀라운 일이 벌어질 것이다. 그

중 일부는 어느 정도 확실히 예측할 수 있지만, 일부는 어렴풋하게 추측만 할 뿐이다. 어떤 변화는 하늘에서 뚝 떨어진 듯 순식간에 실현될 것이다. 그렇다면 개인은 이러한 변화에 어떻게 적응해야 할까?

2

퓨처핏 사고방식

MINDSETS FOR FUTURE FITNESS

이 책에는 머지않아 일어날 온갖 놀라운 일이 언급된다. 오늘날 알려진 기술은 미래에 일어날 수많은 발전 중 극히 일부에 불과하다. 우리는 정말 운이 좋은 세대다.

하지만 꽃길만 걸을 수 있는 건 아니다. 메타버스와 같은 가능성이 높아지면서 개인에게 요구되는 사항도 늘고 있다. 지난 수십 년 동안 스트레스와 우울증, 기타 정신 건강 문제가 심각한 수준으로 증가했고, 신체 질병과 비만, 소셜 미디어에서의 끊임없는 비교로 인한 자의식과 불안도 늘어났다.[1] OECD의 연구에 따르면 18~20세 청년의 거의 절반이 현재 자신이 보유한 기술과 지식에 대한 수요가 미래에는 없을 것이며 디지털화로 인해 정규직 일자리를 찾기 어려울 것 같다고 답했다.[2] 요컨대, 앞으로 다가올 많은 변화에 대처할 준비가 되어 있지 않다고 느끼는 사람이 많다.

이러한 압박은 신체적으로나 정신적으로, 정서적으로나 영적으로 건강한 상태를 유지하려면 완전히 새로운 방식으로 자신을 돌봐야 한다는 것을 의미한다.[3] 2부에서는 바로 이 점에 초점을 맞춘다. 즉 개인이 퓨처핏을 달성할 방법을 알아본다. 여기에는 주변 세계를 내부에서 외부로 형성해나가는 정도와 슈퍼트렌드를 탐색하는 능력, 새로운 정보를 이해하고 학습하는 방법, 점차 상호 연결되는 풍요로운 세상이 미치는 영향에 대응하는 방법, 스스로 행운을 만들어내고 행동을 취하는 방법, 미래로 계속 나아가는 방법 등이 포함된다.

이 책에서는 도움이 될 만한 행동 유형과 도구뿐 아니라 필요한 사고방식에도 초점을 맞춘다. 근본적인 믿음과 사고방식을 바꿔야 학습하고 생활하는 방식을 더 나은 방향으로 지속적으로 전환할 수 있기 때문이다. 퓨처핏을 강화하는 데 중추적인 역할을 하는 여덟 가지 사고방식도 소개한다. 그중 일부는 이전에 들어봤을 수도 있다. 그러한 사고방식은 오늘날에도 중요하지만 미래에는 더욱 중요해질 것이라 여겨 여기에 포함시켰다. 나머지는 새롭게 등장한 사고방식일 수 있다. 각각의 사고방식은 그 자체로도 가치가 있지만, 상호 연관되어 강화하므로 서로 보완하는 방법을 파악하는 것이 중요하다.

흥미진진한 미래가 펼쳐질 것이라는 점에는 의심의 여지가 없지만, 미래로 향하는 여정은 더욱 험난해질 것이다. 가장 바람직한 미래를 달성하려면 변화에 대처할 수 있는 역량을 기르고 지속적으로 자기 계발을 해야 한다. 올바른 방향으로 나아간다면 그 여정은 흥미진진할 것이며, 그만큼 가치 있는 보상을 얻을 것이다!

뒤르켐 다루기

Dealing with Durkheim

1858년에 태어난 에밀 뒤르켐Émile Durkheim은 사회학의 창시자로 불린다. 그가 제시한 여러 흥미로운 개념 중에는 사회적 규범이 없는 상황인 '아노미anomie'가 있다. 아기들은 태어날 때부터 사회적 규범이 거의 없으므로 아노미가 극대화된 상태에서 삶을 시작한다. 하지만 성장하면서 이를 학습하게 된다. 예를 들어 한 살이 되면 2000년 전 인간 성인과 매우 비슷한 식습관을 갖게 되고, 열 살이 되면 1000년 전 인간의 일반적인 식습관에 이른다. 스무 살이 되면 현대의 식습관을 따라잡는다.

예외도 있다. 대학이나 다른 새로운 환경에 있는 경우가 그렇다. 청년들은 본가를 떠나 부모가 강요하던 통제된 사회 질서에서 벗어나면, 식사 예법, 방 정리 성향 등이 낮은 문명 수준으로 잠시 후퇴하기도 한다. 대학에 입학한 첫해는 뒤르켐의 아노미 상황을 새롭게 경험하는 시기가 될 수 있다.

아노미를 언급하는 이유는 1부에서 설명한 세계로 접어들면 수많은 슈퍼트렌드가 우리의 안락한 세상을 계속해서 혼란에 빠뜨릴 것이기 때문이다. 즉 처음 집을 떠날 때와 마찬가지로 익숙한 사회 질서가 사라질 수 있다. 이러한 변화는 아노미 상황을 일으킬 수 있다.

직업 18개, 경력 6개, 주거지 15곳

직업, 습관, 문화, 기술, 집이 새로운 변화에 맞춰 우리 삶에서 사라지는 일이 반복되고 있다. 예를 들어 하나의 조직에서 수십 년 동안 승진 사다리를 오르는 평생직장 개념이 사라지고 있다. 앞서 언급했듯, 줌 세대(1997~2010년 출생)는 평생에 걸쳐 평균 6개의 직종을 넘나들며 18개의 직업을 갖고 15곳의 주거지에 거주할 것으로 추정된다. 따라서 이들은 뒤르켐의 아노미를 다룰 줄 알아야 한다. 물론 이러한 변화의 상당 부분은 대단하진 않을지라도 분명 좋은 것이다. 모두 기회이기 때문이다!

하지만 선택의 폭이 지나치게 넓으면 그 자체로 문제가 될 수 있다. 사자 한 마리가 물소 수백 마리 중 하나를 공격하려는데 선택의 갈림길에서 혼란에 빠져 좀처럼 공격에 나서지 못하는 모습을 담은 유튜브 동영상을 본 적이 있는가? 우리에게도 비슷한 일이 일어날 수 있다. 수많은 가능성이 존재하는 변화무쌍한 세상에서 어떤 사람들은 끊임없이 아노미를 느끼며 갈피를 잡지 못한다. 사자가 물소 한 마리만 마주쳤다면 그날 저녁 식사는 너끈히 확보했을 것이다. 우리 인간도 과거에는 전통에 따라 부모님 농장에서 일하다가 이웃 사람과 결혼하는 것이 인생에서 주어진 일이었다. 아마 대부분은 간단히 해낼 수 있었을 것이다. 하지만 현대 사회에서는 길을 잃는 사람이 많다.

이제 마음을 다잡는 데 도움이 될 만한 몇 가지 사고방식과 행동을 살펴보자.

의존성에서 상호의존성으로

1989년 스티븐 코비Stephen Covey는 세계적인 베스트셀러 《성공하는 사람들의 7가지 습관》을 출간했다. 그는 평생을 바친 심리학 연구를 바탕으로 집필한 이 책에서 인간의 삶을 세 가지 단계, 즉 (1) 의존성, (2) 독립성, (3) 상호의존성으로 설명했다.

영유아는 아노미 상태에서 어려움을 겪을 뿐만 아니라 사람들에게 의존하는 존재이기도 하다. 아이들은 양육자에게 의존한다.

어떤 사람들은 의존 단계를 넘어서지 못한다. 예를 들어 본가를 떠나 독립했는데도 빨래를 제때 하지 못해 부모님이 빨래를 가지러 주기적으로 자녀의 집에 들르는 경우가 있다. 또 어떤 사람들은 부모를 대체하는 사회복지제도에 곧장 의존하거나, 마치 부모처럼 모든 것을 다 알고 있다는 듯 무엇을 해야 하는지 일일이 규정하고 통제하는 이념에 기대어 살아간다.

다행히 10대 초반에서 20대 초반 사이에 주도적으로 자신의 삶을 살기 시작하는 아이가 많다. 물론 자기 소유권을 갖고 자신의 행동에 책임을 지려 노력하다가도, 외부 방침에 휩쓸려 주도권을 포기하기도 한다.

자기 소유권은 독립성을 안겨준다. 독립성에는 여러 측면이 있다. 하나는 바람이 아무리 몰아쳐도 독립적으로 생각하며 나아가는 능력이다. 독립적인 사람들은 다른 사람들이 반대할지라도 자신이 옳다고 생각하는 일을 밀고 나가는 경향이 있다. 독립성의 또 다른 전형적인 특징은 타인의 인정에 얽매이지 않는다는 점이다. 독립적인 사람들은 다른 사람들이 인정하지 않아도 자기 자신을 토닥이며 만족해한다. 진정으로 독립적인 사람들은 매우 능동적으로 생각하고, 자신의 삶에 전적으로 책임을 지며, 목표를 이루기 위해 생각하고 계획한다. 이러한 능력은 단순히 주어진 운명을 따르는 세상보다 혼란스러운 세상에서 훨씬 유용하다.

그러나 자기 계발이 여기서 멈추면 나 자신 이외에는 좀처럼 관심을 갖지 않는 다소 자기중심적인 사람이 될 수 있다. 코비가 말하는 성공하는 사람들은 상호의존성으로 나아가기 위한 세 번째 단계를 추가로 밟아 다른 사람들과 자발적으로 상생하는 거래에 매우 능숙해진다. 다시 말해 상호의존적인 사람들은 독립 단계를 통달했으며, 팀 내에서 협력하는 것은 물론, 생각과 친구, 제품과 서비스 등을 공유하는 데 능숙하다. 이들은 건설적으로 인맥을 활용해 인간의 초사회성에 효율적으로 기여한다.

상호의존성은 매우 중요하다. 더 복잡하고 역동적인 세상으로 나아갈수록 다른 사람들과 탁월하게 상호작용할 필요가 있기 때문이다. 복잡한 시스템에서 뛰어난 능력을 발휘하려면 무엇보다 초사회성이 필요하다.

> **복잡하고 빠르게 진화하는 시스템에서 성공하려면**
> **초사회성을 갖춰야 한다.**
> **강력한 상생 정신을 갖춘 상호의존적인 사람이 된다면**
> **이러한 시스템에서 탁월한 능력을 발휘할 수 있다.**

드라마에서 벗어나기

1961년 스티븐 카프먼Stephen Karpman이 처음 제시한 이른바 카프먼의 드라마 삼각형Karpman drama triangle에 갇혀 있다면,[1] 초기 의존 단계를 벗어나지 못했다는 신호로 볼 수 있다. 이 삼각형에는 세 가지 역할이 있다.

- **구원자**rescuer는 눈에 띄는 피해자를 찾아 구세주 역할을 한다. 상대에게 도움을 줄 때 삶의 보람과 성취감을 느낀다. 극단적인 경우 다른 사람들에게 구원을 청하는 동시에 소셜 미디어에 구원자로서 활동한 자신의 도덕성을 알리기도 한다. '세상을 구하자!'라고 외치면서도 정작 자신은 아무것도 하지 않을

수 있다. 이러한 현상을 도덕성 과시라고 부른다.

- **박해자**persecutor는 누군가의 부족함을 지적하고 모든 것을 그의 탓으로 돌린다. "다 네 잘못이야"를 주문처럼 왼다. 박해자는 자존감이 낮아서 자신의 인생이 발전하지 못한 것에 대한 책임을 다른 사람에게 돌리고 싶어 한다. 한편 피해자와 구원자가 가상의 박해자를 만들어내어 자신의 이야기를 그럴듯하게 부풀릴 수도 있다.

- **피해자**victim는 실제로 피해자가 아닌데도 스스로 피해자가 되려 한다. "난 불쌍해!"라는 말을 입버릇처럼 내뱉으며, 인생에서 자신이 선호하는 역할을 계속 유지하기 위해 박해자나 구원자 역할을 할 수 있는 사람을 적극적으로 찾아 나선다.

물론 세상에는 실제로 피해자, 구원자, 박해자가 존재한다. 카프먼의 드라마 삼각형은 이들을 가리키는 게 아니다. 인생에서 이러한 역할 중 하나를 적극적으로 추구하거나 만들어내어 드라마를 조율하고 다른 사람들을 드라마에 끌어들이려고 애쓰는 사람들이 이에 해당된다. 이들이 카프먼의 피해자, 구원자, 박해자이며, 의존적인 사람들이다.

이러한 행동의 결과로, 드라마 삼각형을 이루는 각 당사자는 자기 인생에 대한 책임을 회피하게 된다. 예를 들어 구원자는 피해자가 자신의 인생을 책임지지 않도록 만들면서, 종종 구원 활동을 구실로 피해자의 부족한 책임감을 감춰버린다. 박해자 역시 자신의 인생에 대한 책임을 회피한다. 그들은 인생에서 일어나는 나쁜 일이 모두 다른 사람의 잘못이라고 믿는다. 즉 드라마 속 세 인물 중 누구도 진정으로 독립적인 사람이 없고, 모두 이 게임 같은 드라마 삼각형에 갇혀 의존적 단계에서 벗어나지 못하며 절대 성장하지도 못한다.

지금까지 의존적 단계에서 독립적 단계로 나아가지 못하도록 막는 요인을 살펴보았다. 그렇다면 독립적 단계에서 상호의존적 단계로 나아가지 못했다는 징후도 있을까? 소셜 미디어에 자기 자신만 나온 사진을 게시하는 경우가 이에 해당될 수 있다. 또 다른 징후로는 단기적 쾌락을 충족하는 것 외에 인생에 아무런 의미나 목적이 없는 경우다. '진토닉을 마시는 나'를 남에게 자랑하는 것처럼 말이다. 현재의 삶을 즐기는 것도 좋지만, 무엇을 위해 살고 있는지 생각해보는 건 어떨까? 독립적이거나 (더 나은) 상호의존적인 사람이 되어 복잡한 미래의 세계를 성공적으로 탐색하는 데 도움이 되는 몇 가지 실용적 지혜가 있다.

자신과 타인을 이해하기

첫째, 자신을 진정으로 이해하는 것이다. 아직 자기 자신을 제대로 파악하지 못했다면, 빅 파이브Big Five, 호건Hogan, DiSC, 바렛 밸류Barrett Values, 스트렝스 파인더Strengths Finder 등 다양한 성격 테스트를 시작해보는 것도 좋다. (1) 자신의 행동 방식, (2) 행동 방식의 원인이 되는 근본적인 믿음, (3) 자신에게 효과가 있는 전략과 그렇지 않은 전략,

⑷ 활력과 목적을 느끼는 상황, ⑸ 지루함이나 공허함을 느끼는 상황, ⑹ 지금과 같이 시간을 보내는 이유 등을 성격 테스트로 설명할 수 있는지 생각해보자.

둘째, 사람들에게 어떤 일을 하는지 말하기 전에 그 일을 왜 하는지 말하는 습관을 들이는 것이 좋다. 그 일이 쓸모 있고 의미 있다고 생각하는 이유를 말하는 것이다. 자신을 잘 파악하고 있다면 충분히 설명할 수 있을 것이다.

자신에게 맞는 가장 효율적인 학습 방법을 생각해보자. 읽기, 쓰기, 말하기, 듣기, 행동하기 중에서 어떤 방식이 가장 적합한가? 적어도 업무 환경에서 주위 사람들이 적응할 수 있도록 자신의 방식을 이야기해보자. 마찬가지로 당신도 효율적이고 상호의존적인 사람으로서 주위 사람들에게 적응할 수 있도록 그들의 학습 방식에 대해 물어보는 것이 좋다.

윤리에 대한 이해와 가치관 정의

복잡한 세상에서 혼란스러운 선택의 갈림길에 놓이면 윤리 의식을 따르는 것이 더욱 중요해진다. 윤리는 행동 지침이 되는 도덕적 원칙이다. 가치관은 윤리에서 파생되며, 살면서 판단하고 우선순위를 정하는 데 도움이 되는 원칙과 이상이다. 미래 세대가 평균적으로 6개의 직종을 넘나들며 거의 18개의 직업을 거치고 15곳의 주거지에 살게 된다면 인생은 복잡해지겠지만, 명확한 윤리 의식과 가치관이 그 의사결정의 근간이 될 수 있을 것이다.

다른 사람들이 당신에게서 어떤 가치를 알아봐주길 원하는지 스스로 질문을 던지는 시도도 바람직하다. 어떤 가치가 삶에 진정한 의미를 부여할까? 가치에 집중하면 순간의 감정에 이끌려 행동하지 않고 자신의 가치에 부합하는 행동을 할 수 있는 강한 정신력을 갖출 수 있다. 명확한 가치에 집중하면 다른 사람의 삶이나 의미 없는 삶을 사는 것이 아니라 자신의 운명을 더 수월하게 개척할 수 있게 된다.

**흐릿한 세상을 헤쳐 나가려면 흔들리지 않는 중심이 필요하다.
그것은 바로 강력한 윤리 의식과 가치관이다.**

내적 통제 위치

외적 통제에서 내적 통제 위치internal locus of control로 정신적 토대가 전환되고 있다. 이는 "세상일이 내게 일어난다"가 아닌 "내 일이 세상에 일어난다"고 생각하는 방식을 의미한다. 이는 1954년 줄리안 B. 로터Julian B. Rotter가 제시한 개념인데, 이에 따르면 강한 내적 통제 위치를 가진 사람들은 살면서 겪는 대부분의 일이 직간접적으로 자신의 결정에 따른 결과라고 생각한다. 반면 강한 외적 통제 위치를 가진 사람들은 어떤 일이 잘못되면 외부 세계를 탓하는 경향이 있다. 이들은 카프먼의 드라마 삼각형에도 자주 등장한다. 내적 통제 위치를 가지면 자연스레 주로 자신이 영향을 끼치거나 통제할 수 있는 요소에 초점을 맞춰 행동하게 된다. 다른 사람이나 날씨에 대해 불평하면 기분이 나아질지 몰라도 달라지는 건 아무것도 없다. 행동만이 변화를 불러온다.

북유럽에는 이러한 사고방식을 (다소 과장해) 함축한 격언 하나가 있다. "악천후라는 건 없다. 그저 옷차림이 적절하지 못했을 뿐이다." 여기서 배울 점은 내적 통제 위치를 가지면 자아를 형성하고 자신의 행동을 선택해 자신의 인생과 주변 세계를 형성할 수 있다는 점이다. 당신은 인생이라는 게임에서 무력한 볼모가 아니라 운명의 창조자다. 그렇다고 해서 동기부여 강연자들의 말처럼 무엇이든 될 수 있다는 의미는 아니다. 마음먹은 대로 되지 못할지라도 내적 통제 위치를 가지면 그렇지 않은 경우보다 훨씬 더 많은 가능성을 누릴 수 있다.

**신중하고 의도적인 행동은
자신과 주변 세상에 영향을 줄 수 있다.**

외부에서 관찰하듯 자신을 바라보고 자신의 눈에 비친 그 대상에 대해 책임을 져야 한다고 생각하면 내적 통제 위치를 강화하는 데 도움이 된다. 이는 마치 거울을 보며 거울에 비친 모습이 괜찮은지 생각하고 때때로 자기 자신에게 조언하는 것과 같다. 자신의 행동이 윤리적 기준과 가치에 부합하는지 판단할 때도 같은 방식을 적용하면 된다.

이러한 다양한 접근 방식은 이른바 주인의식으로 압축할 수 있다. 이 사고방식은 자신의 인생에 일어나는 일에 책임을 느끼는 것과 관련이 있다. 이는 가만히 앉아 무엇을 해야 할지 남의 지시를 기다리고 자신의 행동이 부른 결과를 통제할 수 없다고 생각하며 일이 뜻대로 되지 않으면 남을 탓하는 피해의식과 대비된다.

기회가 많아질수록 주인의식은 더욱 중요해질 것이다. 사회 구조와 규범이 무너지면(뒤르켐의 아노미) 스스로 원하는 인생을 정의하고 목표한 바에 도달하기 위해 책임을 져야 한다.

주인의식에 담긴 가장 중요한 믿음은 다음과 같다.

- 나는 내 주변에서 일어나는 일에 영향을 미칠 수 있으며 현재 내 위치와 상관없이 내가 처한 상황을 개선할 수 있다.
- 내 능력과 노력 여부에 따라 원하는 결과를 달성할 수 있다.
- 나는 내 인생에 일어나는 일에 책임을 져야 있다.
- 나는 지시를 받기 전에 행동을 취한다.
- 나는 내 우선순위와 가치관에 따라 스스로 인생을 만들고 의사결정을 한다.

앞서 언급했듯이 자신의 인생에 주인의식을 갖고 독립적으로 생각하고 행동하는 것이 중요하지만, 그것만으로는 충분하지 않다. 다음 단계는 상호의존성이다. 다음 장에서 이 개념을 비롯해 풍요와 상생 사고방식의 중요성을 자세히 설명할 것이다.

바람직한 카프먼

실제로 모든 이에게 생산적이고 부정적인 드라마에서 벗어날 길을 제시하는 또 다른 형태의 드라마 삼각형은 '자율성 역학The Empowerment Dynamic, TED'으로 불린다. TED는 건설적인 목표와 긍정적인 결과를 지향한다. TED에도 사회적 삼각형이 있다. 여기서는 의존적인 사람들이 아니라 건설적이고 상호의존적인 사람들이 역할을 수행한다. TED는 의사이자 리더십 코치인 데이비드 에메랄드David Emerald가 효율적인 자기 리더십을 지도하며 얻은 다양한 경험을 바탕으로 2005년에 도입한 개념이다. 이 삼각형에서 각 역할은 다음과 같이 바뀐다.

- 피해자는 창조자가 된다.
- 구원자는 지도자가 된다.
- 박해자는 도전자가 된다.

늘 피해자 행세를 하며 자신과 타인의 시간을 낭비하고 있다는 사실을 깨달은 상황을 가정해보자. 에메랄드에 따르면 이러한 상황에서 벗어날 한 가지 방법은 되도록 앞서 언급한 믿음을 실천하는 동시에 자신의 가치관과 장기적 목표를 정의하는 것이다. 의존적 역할에서 독립적 역할로, 그리고 상호의존적 행동으로 나아가는 여정을 시작하고 현재 직면한 문제보다는 자신이 통제할 수 있는 영역과 원하는 결과에 집중하는 것이 중요하다.

자기 자신을 책임지는 법을 배워야 하는 사람들을 '구하는' 역할을 선호하는 경우는 어떨까? 다시 말해, 카프먼 드라마 삼각형에서 구원자라면, 피해자가 정보를 토대로 선택해 스스로 노력하도록 지원함으로써 구원자에서 지도자 역할로 전환할 수 있다. 말하자면 피해자에게 물고기를 주는 것이 아니라 물고기 잡는 법을 가르치고, 피해자의 역할에서 벗어날 수 있도록 도와주는 것이다.

마지막으로, 인생에서 가장 선호하는 역할이 카프먼 삼각형의 박해자일 수 있을까? 그렇다면 원래 자존감이 낮았기 때문일까? 에메랄드에 따르면 여기서 첫 번째 단계는 휴식을 취하는 것이다. 자신에 대한 연민을 갖고 자기 계발을 시작하는 것이 좋다. 그다음 다른 사람에게 도전하고 싶다면 항상 긍정적이고 배우려는 태도로 행동하면 된다. 다른 사람들에게 진실을 전하고 싶다면, 자신이 소수 집단에 속하며 느낀 강박관념을 완화하기 위해서가 아니라 사람들을 더 나은 미래로 다정하게 이끌기 위한 목적이어야 한다. 선생님, 상사, 조부모, 친구들이 연민을 갖고 당신을 더 나은 방향으로 또는 더 나은 목표를 향해 나아가도록 이끌었던 상황을 떠올려보자. 이제 당신이 그런 사람이 되어 다른 사람을 도와줄 때다.

다음은 주인의식을 길러 주변 세상을 바꾸는 데 도움이 될 만한 조언을 정리한 것이다.

1. **너 자신을 알라**: 친구와 가족, 멘토 등과 이야기를 나누고 성찰하며 자기 자신을 더 깊이 알아가는 시간을 가져보자.
2. **가치관이나 삶의 원칙을 정의하라**: 가치관을 정의하는 방법을 논하는 글과 책은 수없이 많다. 대부분은 가치관 목록에서

자신에게 가장 중요한 가치를 몇 개 선택하거나, 가치관 테스트를 하고, 가장 보람을 느꼈던 때(또는 보람을 느끼지 못했던 때)를 떠올리며 공통분모를 파악하고, 가장 존경하는 사람들의 특성과 가치관을 파악하는 등 다양한 방법을 제시한다. 자신의 가치관을 처음 적을 땐 '완성'되었다는 인상을 느끼지 못할 수도 있지만, 인내심을 갖고 정기적으로 조금씩 수정해보자.

3. **맹세하라**: 많은 국가에서 차기 대통령과 관료, 새로운 시민권자가 '충성 선서'를 한다. 이 의식은 새로운 시작을 상징하며 당사자가 지키기로 약속한 내용을 개략적으로 보여준다. 마찬가지로 자신의 인생을 전적으로 책임지겠다고 약속하는 맹세를 하는 것도 원하는 미래를 만드는 데 강력한 원동력이 될 수 있다. 이 맹세에는 항상 성장하기 위해 노력하고 상호 이익을 위해 다른 사람들과 건설적으로 상호작용하는 방식을 개선하겠다는 약속이 포함될 수 있다.

4. **내면의 목소리에 귀를 기울여라**: 내면의 목소리가 한계를 두거나 발목을 잡는다면 잠시 멈춰보자. '나는 할 수 없어' 또는 '항상 똑같겠지'에서 '내겐 이 상황을 바꿀 힘이 있어'라는 사고방식으로 전환하자.

5. **성찰하라**: 인생에서 무엇이 잘 진행되고 있는지, 무엇을 더 발전시킬 수 있는지, 어떻게 앞으로 나아갈 수 있는지 정기적으로 성찰하는 습관을 길러야 한다. 원하는 미래의 자신을 그리는 행위 자체가 미래 목표를 향해 나아가는 데 도움이 될 것이다.

세상을 민첩하게 탐색하라

Navigate the World—Nimbly

우리는 매일 미래에 관한 이해와 희망, 신념에 따라 의사결정을 내린다. 여기에는 시간을 어떻게 보내고, 어떤 직업을 갖고, 어느 나라에 거주하고, 어디에 우선 투자할지 등 다양한 의사결정이 포함된다. 스스로 미래학자라고 생각하지 않을지라도 우리는 모두 미래학자다. 사실 미래학자가 되기는 쉽지 않은 일이다. 기술이 기하급수적으로 발전하고 세상이 급변하는 상황에서 변화에 대응하기는커녕 당장 일어나는 일을 제대로 파악하기조차 점점 어려워지고 있기 때문이다.

그렇다면 갑작스러운 변화에 허를 찔리지 않으면서 기회를 조기에 포착하는 데 능숙해지려면 어떻게 해야 할까? 미래학자, 기업, 기타 미래를 예측하는 조직에서 사용하는 여러 도구와 접근 방식이 있다. 누구나 각자의 삶에 이러한 도구와 방식을 어느 정도 적용할 수 있다. 이러한 도구는 모호한 미래로 돌진하는 상황에서 매우 유용할 것이다. 첫 번째 도구는 다음과 같다.

대화형 정보 네트워크 구축

최근 수년 사이 대단히 유능한 사람들에게서 나타난 두드러진 변화는 소셜 미디어를 효율적인 도구로 사용하는 점이다. 캐나다 경영 컨설턴트인 해럴드 자르쉐Harold Jarche가 설명한 개인 지식 관리(PKM) 접근법은 이러한 변화에 대한 적절한 틀이 될 수 있다. PKM은 정보를 찾고, 정보에 대해 생각하고, 정보와 생각을 공유하는 행위를 구분해 설명한다.

특히 마지막 공유에 관한 내용은 호기심을 불러일으킨다. 흥미로운 정보를 곧잘 공유한다면 같은 주제에 관심 있는 사람들이 모인 네트워크에 참여하게 된다. 이들은 온라인 친구이자 팔로워가 되어 관심 분야에 대한 정보를 공유하고 관련 팁과 정보를 담은 비공개 메시지를 보낼 수도 있다.

이들은 당신의 눈과 귀가 된다. 말하자면 개인 자문단이 되는 셈이다. 이 과정에서 실제로 개인 네트워크 효과가 발생한다. 즉 친구와 팔로워가 많아질수록, 사람들은 당신의 네트워크에 속하는 것을 더욱 매력적으로 느끼게 된다. 이로써 당신은 탁월한 초사회성을 갖추게 된다. 다만 당신은 팔로우하는 데이터 출처와 접한 의견에 대해 비판적인 태도를 유지해야 한다.

소셜 미디어에서 친구와 팔로워는 개인 자문단이 될 수 있다.

소셜 미디어에 정보를 공유하면 또 다른 강력한 효과를 얻을 수 있다. 활용할 수 있는 아이디어와 솔루션을 더 많이 접할 수 있고, 반대로 당신의 서비스를 이용하고 싶어 하는 사람들이 다가올 가능성도 커진다. 이러한 방식으로 앞서 설명한 역전된 인재 유입 경로를 활용할 수 있으며, 이를 통해 우연한 기회를 발견할 확률도 더욱 높일 수 있다.

소셜 미디어에 전문적인 생태계를 구축하면
더 많은 아이디어와 정보를 얻을 수 있고,
네트워크를 활용해 우연한 기회를 발견할 가능성도 커진다.

소셜 미디어를 통해 초사회성을 갖추게 되면(개인적으로 내성적인 사람일지라도) 초사회적인 메타 브레인meta-brain이 강화된다. 한번 생각해보자. 링크드인 사용자의 절반 이상이 500명 이상의 인맥을 보유하고 있고, 때로는 일반 사용자의 인맥도 수천 명에 이르는 경우가 있다.[1] 페이스북, 트위터, 시나 웨이보Sina Weibo, 인스타그램, 틱톡 같은 네트워크를 사용하는 사용자와 조직도 마찬가지다. 물론 대다수가 재미로 네트워크에 참여하고, 소셜 미디어를 그다지 좋아하지 않는 사람들도 있다. 하지만 초사회성으로 중요한 이점을 누릴 수 있는 세상에서 소셜 미디어는 유용한 도구가 될 수 있다. 물론 '좋아요'를 모으는 데만 집중한다면 소셜 미디어는 그다지 좋은 도구가 되지 못할 것이다. 이는 성장형 사고방식growth mindset이 아닌 고정형 사고방식fixed mindset에 기반한 접근법이기 때문이다.

두 가지 사고방식

서구권의 교육 시스템과 경영 대학원에서는 대체로 어려운 문제를 해결하는 핵심 분석 도구로서 근본 원인 분석에 집중한다. 이를 수렴적 사고convergent thinking라고 부른다. 문제를 해결하려면 다양한 근원을 분석해야 한다. 이러한 접근 방식은 과학자들이 가설을 검증할 때 필요한 과정이며 목적을 달성하는 데 매우 효율적이다.

하지만 미래는 본질적으로 알 수 없으며 해결할 문제가 명확하게 정의된 것도 아니다. 미래는 각자에게 맞는 최적의 방식으로 탐색해야 할 거대하고 끝없이 펼쳐진 안개 속 풍경이다. 따라서 이른바 확산적 사고divergent thinking라는 보완적인 접근 방식이 필요하다. 확산적 사고는 다양한 반응과 아이디어, 시나리오를 지속적으로 만들어낸다. 여기에는 종잡을 수 없는 아이디어와 예상치 못한 특이한 시나리오가 포함된다. 대단히 유능한 과학자들은 종종 수렴적 사고와 확산적 사고를 결합한다.

흐릿한 미래로 향하는 여정에서는 레이저처럼 정밀한 시야로 탐색하고 레이더처럼 주변을 정밀하게 탐지해야 하며, 수렴적 사고뿐만 아니라 확산적 사고도 갖춰야 한다. 일상에서 미래를 탐색할 때 수렴적 사고와 확산적 사고, 문제 해결 능력을 모두 키워야 한다. 이는 창조적 순환과 비슷하게 들릴 것이다. 실제로 창조적 순환은 한 사람이 자신의 인생을 정밀하게 탐색하는 과정과 같다. 하지만 일반적으로 소셜 네트워킹과 정보 탐색에 능숙하다면, 이 과정에도 초사회성을 적용할 것이다. 확산적 사고를 한다면 종종 다른 사람들에게서 영감을 받을 수 있다. 스스로 간지럼을 태울 수 없듯, 진정으로 자신을 놀라게 하기는 어려우므로 다른 사람들의 도움이 필요하다.

관찰하고 생각할 때 레이저와 레이더를 번갈아 활용해야 한다.

전략적 예측

지금까지 정보를 얻고 영감을 얻는 과정을 살펴보았다. 이제 퓨처핏 접근 방식에 활용할 수 있는 몇 가지 정신적 기술에 대해 알아볼 차례다. 널리 알려진 미래 접근 방식으로는 전략적 예측이 있다. 이는 6단계로 구성된다.

- **영역 그리기**: 관심 있는 중점 영역과 결과는 무엇인가?
- **동력과 추세 살피기**: 관련 데이터와 약한 신호, 추세 시점을 찾는다.
- **시나리오 예측**: 가능성 있는 미래를 목록으로 정리한다.

- **미래 상상하기**: 이러한 시나리오에서 성공은 어떤 모습일까?
- **재구성**: 미래의 성공을 달성하려면 어떤 단계에 도달해야 하는가?
- **실행**: 여정을 시작하려면 지금 무엇을 해야 하는가?

개인적 예측 과정에서 정보 검색을 위해 레이저와 레이더, 수렴적 사고와 확산적 사고를 두루 활용한다. 중점을 두는 영역과 관심 있는 결과를 중심으로 생각을 정리한 다음 추세를 살피고, 다양한 출처에서 나온 정보를 관찰하면서 생각을 펼친다. 그 후 추세를 분석하며 다시 생각을 수렴한다. 다양한 미래를 떠올리며 다시 생각을 확산한 후 의사결정과 실행 계획, 다음 단계에 맞춰 생각을 정리한다.

기하급수적 사고방식

앞서 설명한 모든 과정은 성장에 도움이 되지만, 기하급수적 사고방식을 포함하면 훨씬 빠르게 성장할 수 있다. 인생에서 거의 변하지 않는 것도 있고 선형적으로 진화하는 것도 있다. 하지만 대체로 변화 속도가 점점 기하급수적으로 빨라지고 있으며, 이러한 기하급수적 추세로 우리의 직관을 거스르는 미래가 만들어진다. 1798년 토머스 맬서스는 200년 후 세계 인구가 약 7.5배로 늘어날뿐더러 음식도 훨씬 잘 섭취할 것이라는 말을 전혀 믿지 않았을 것이다. 분명

"그게 어떻게 가능하겠어?"라고 생각했을 것이다. 당시에는 기하급수적 사고방식이라는 개념이 존재하지 않았다.

1903년에 라이트Wright 형제가 처음으로 만든 허술한 비행 기계를 지켜본 사람이라면 그로부터 100년 후에 100만여 명이 비행 기계를 타고 빠르게 이동하는 상황을 그리 쉽게 상상할 수 없었을 것이다!

마찬가지로 기하급수적 사고방식이 없는 사람들은 2100년에 전 세계 인구가 지금보다 크게 줄고, 1인당 실질 GDP가 6~8배로 늘어나고, 농경지가 90퍼센트 감소하고, 거의 모든 에너지가 핵융합과 건물에 통합된 태양열 패널로 생산되며, 우주 관광이 활성화되고 화성에 식민지까지 건설될 것이라는 말에 의아해할 것이다. 장기적인 관점에서 세상은 종종 급진적으로 변화하는 것처럼 보이지만, 각 변화를 하나하나 살펴보면 순간적으로 일어난 변화라기보다는 대부분 기하급수적 변화가 빚어낸 결과물이다. 그래서 미래주의에 기하급수적 발전이 포함되어야 하는 것이다.

사고방식 ②　기하급수적 사고방식

세상이 변하면 우리도 그에 맞춰 변해야 한다. 우리는 많은 변화가 본질적으로 기하급수적으로 일어나며, 일반적으로 디지털화가 이러한 변화를 주도한다는 점을 알고 있다. 그러니 우리도 기하급수적으로 사고하는 방법을 익혀야 한다.

이는 사실과 데이터를 사용해 디지털화의 위력과 향후 추세가 어떻게 발전

할지 이해하는 능력을 뜻한다. 즉 아직 존재하지 않는 미래를 그릴 수 있어야 하며, 여러 가능한 미래를 상상할 수 있어야 한다. 단순히 현재 운영하는 비즈니스를 개선하는 데 그치지 않고 자신과 비즈니스를 재창조해야 한다는 얘기다.

기하급수적 사고방식을 뒷받침하는 주요 믿음에는 다음과 같은 생각이 포함된다.

- 미래는 점진적으로 나아지거나 나빠지는 것이 아니라 오늘과 다를 뿐이다.
- 지금부터 1년 후의 변화 속도는 (주어진 추세와 기술 또는 상황에 따라) 오늘날의 변화 속도를 크게 웃돌 것이다.
- 미레의 변회 폭은 10퍼센트기 이니리 10베에 달할 것이디.
- 우리는 아직 완전히 적용되지 않은 혁신과 방법으로 오늘날의 문제를 해결할 것이다.

기하급수적 사고방식의 반대는 산술급수적 사고방식으로, (현재 상황과 비슷하게) 어떤 수량의 변화가 다른 수량에도 이와 비례하는 변화를 일으킨다는 믿음이다.

원하는 미래를 설계할 때 산술급수적 사고방식에 맞서는 일곱 가지 방법은 다음과 같다.

1. 기하급수적으로 성장하는 기술과 결합의 힘을 터득한다. 과거에는 할 수 없었던 일을 오늘날에는 어떻게 할 수 있는지, 또 이러한 발전을 생활에 어떻게 활용할 수 있는지 스스로 질

문을 던져보자.

2. 의사결정에 중요한 산술급수 및 기하급수 추세를 그려보면 추세의 방향을 더 수월하게 파악할 수 있다. 이를 3~5년 전 비슷한 궤적을 보였던 추세와 비교해본다.

3. 어떤 추세와 기술이 실재하고, (기존 기술을 재조합할 경우) 인접 가능한 영역에 어떤 기회가 있는지, 새로운 기술이 개발된다면 이론적으로 무엇이 가능한지(그림자 미래) 생각한다.

4. 현재 수치가 앞으로 10년 이내에 10배 또는 100배로 증가하려면 무엇이 사실이어야 하는지 자문하고 그러한 가정이 타당한지 평가한다.

5. 융합되는 추세를 살피고 각 추세를 서로 보완해 완전히 새로운 것을 만들어낼 수 있는지 생각한다. 기술 융합은 일부분이 모여 전체를 이룰 뿐만 아니라 무한대로 강력해질 수 있음을 의미한다.

6. 기본적인 지표보다는 눈길을 사로잡는 결과에 집중한다. 때로는 목표를 달성할 방법을 고려하지 않고 상상력을 대담하게 발휘한 다음 거꾸로 방법을 찾는 것이 도움이 될 수 있다.

7. 탐색하고 탐지하고 공유하는 과정을 반복해 자신의 네트워크에서 아이디어와 질문을 수집한다.

다른 장에서 풍요의 사고방식abundance mindset과 폭넓게 생각하는 방법을 논할 때 기하급수적 사고방식을 다시 짚어볼 것이다.

복잡성 탐색

성공하려면 세상이 진화하는 방식에 대해 현실적으로 생각하는 것 외에도 자기 자신을 알아야 한다. 먼저 자신이 누구인지 이해하는 데 집중해보자. 당신의 재능과 도덕적 본능, 관심사, 윤리관, 가치관은 무엇인가? 이러한 요소를 파악하기 위해 성찰의 시간을 가져보자.

이제 개인적으로 성공했다는 느낌을 주는 교육, 고용 안정성, 직업, 생활 방식, 장소가 어떤 종류인지 깊이 생각해보자. 안정성을 선호한다면 기하급수 법칙에 따라 모든 것이 끊임없이 바뀌는 직업이나 분야는 피하고 싶을 것이다. 아직 실존하지 않는 분야를 원한다면 그 분야가 언제쯤 세상에 존재하게 될지 알아봐야 할 것이다.

이와 같은 단계를 밟을 때, 아주 멀리 내다보는 것이 좋다. 현재 가능하다고 생각되는 일과 앞으로 가능할 것으로 생각되는 일을 바탕으로 20년 후를 상상해보자. 당신은 누구와 함께 있을까? 어디에 살고 있을까? 무슨 일을 하고 있을까? 어떤 일로 유명해질까?

미래의 삶을 상상할 때 소리, 색상, 냄새까지 구체적으로 그려보자. 그런 다음, 원하는 미래의 삶에서 또 다른 멋진 하루를 상상하자. 이러한 상상이 어떤 방향을 제시하는지 생각해보자. 이제 당신에게는 임무가 생겼다!

20년 후 꿈에 그리는 미래의 일상을 상상해보자.

둘째 날과 셋째 날도 상상해보자.

어떻게 하면 그러한 미래에 도달할 수 있을까?

다음 단계는 자신의 분야에 영향을 미칠 중요한 추세를 파악하는 것이다. 이러한 추세는 상당한 속도로 변화를 불러와야 한다. 예를 들어 사회, 정치, 경제 또는 가장 중요한 기술 분야의 추세가 될 수 있다. 기업에서는 이러한 분석 작업을 수행할 때 각각 중요한 추세에 관한 정보를 기록한 '추세 카드'를 만드는 경우가 많다. 이러한 추세에 1부에서 설명한 기하급수적 발전이 포함된 경우, 스프레드시트에 기하급수적으로 진행되는 발전을 표로 그려보고, 3년, 10년, 20년 후 관련 기술(또는 그것이 무엇이든)이 어디쯤 도달할지 확인하자. 당신의 꿈은 슈퍼트렌드와 맞닿아 있는가?

1차(직접적), 2차(간접적), 3차(훨씬 간접적) 영향에 대해서도 생각해보자. 예컨대 도로에 자율 주행 차량이 많아지면 교통사고가 줄어드는 긍정적인 1차 영향이 나타난다. 그러나 2차 영향으로 병원에서 이식할 수 있는 장기가 줄어들 것이다. 장기 기증은 교통사고가 발생했을 때 가장 많이 이뤄지기 때문이다.

이제 당신의 인생에 나타나는 추세를 떠올리면서 해당 추세가 이러한 수준에 도달하면 어떤 일이 일어날지 스스로 질문을 던져보고 적절하다고 생각되는 시사점 4~8개를 적어보자. 주요 시사점을 중심으로 다시 질문을 던져보자. 이러한 과정을 계속 진행해도 되지만, 일반적으로 2차 또는 3차 영향에서 멈출 것이다.

이를 바탕으로 가능성과 관련이 있으면서 현재와 다른 몇 가지 대체 시나리오를 의미 있는 방식으로 설명해보자. 영화에서 본 것처럼 상상하고, 가능하다면 관련 사건도 구체적으로 떠올리는 게 좋다. 그리고 다시 상상 속에서 그것을 실체화해보자. 현실에서 미래 예측은 거의 항상 빗나갈 수 있으므로 여러 대안을 생각하는 것이 중요하다.

이제 원하는 여러 시나리오에 눈에 띄는 요인이나 문제가 있는지 떠올려보자. 예를 들어 매우 건강해야 한다거나 특정 장소에 살아야 한다거나 AI, 요리, 시각 디자인 또는 심리학에 특출난 능력이 있어야 하는 것과 관련이 있는가? 이러한 요인이나 문제가 서로 맞닿아 있진 않은가?

이처럼 어떤 문제에 수렴하는 역량이나 조치를 전환 요인transformational factors이라고 한다. 다음 단계는 이러한 혁신이 일어나고 있거나 이미 일어난 세상에서의 엄청난 성공을 상상하는 것이다. 이처럼 큰 성공을 거두려면 무엇을 갖추어야 할까?

처음에 상상했던 미래 시나리오와 추세 카드가 포함된 미래 시나리오는 잠시 접어두고, 지금 품고 있는 꿈을 선택한 후 지금부터 꿈꾸는 미래에 성공적으로 도달하려면 무엇을 해야 할지 생각해보자. 조만간 또는 지금 당장 무엇을 시작해야 할까?

이제 해야 할 일을 가리키는 이정표를 만들자. 예를 들어 3년 후 학사 학위 취득, 5년 후 브리티시컬럼비아주로 이주, 4년 내 오트 쿠튀르를 다루는 유명 블로거 되기 등 목표를 설정하면 된다.

**개인적 예측 과정은
선택의 폭이 점점 넓어지는 혼란스러운 세상에서
개인이 나아갈 방향을 찾는 데 도움이 될 수 있다.**

조기 경고 신호 만들기

때로는 미래를 예측할 수 있다는 생각이 들 수 있다. 아마도 이전보다 비행기와 기차, 버스 운행 시간, 사전 선거 여론조사, 스포츠 확률 통계, 빠른 일기 예보 등의 정확도가 높아지면서 단기적으로는 미래 예측성이 높아진 것처럼 보일 것이다. 하지만 바로 이 부분에서 실수를 저지르는 사람이 많다. 전략적 예측은 정확한 로드맵을 정의하기보다 주변에서 일어나는 일을 지속적으로 관찰하고 해석할 수 있는 레이더를 개발하는 것에 가깝다.

레이더를 개선할 한 가지 방법은 중요한 추세에서 미약한 신호(향후 중요해질 수 있는 변화를 암시하는 첫 번째 지표)를 찾아내는 것이다. 다른 방식으로 행동해야 할 때를 알리는 이탈 지점을 설정해 중요한 지표에 이를 공식화할 수 있다.

미래를 체계적으로 전망하고 기하급수적 사고방식을 개발해 슈퍼트렌드를 앞서 나가는 데 도움이 될 만한 몇 가지 요령은 다음과 같다.

1. **대화형 정보 네트워크를 구축한다**: 현재 정보 네트워크가 적절한 규모인지, 인구 통계나 전문 지식을 놓치지 않았는지, 정보를 구하는 동시에 정기적으로 의견을 제공하고 있는지 평가한다.

2. **미래를 그린다**: 2시간을 할애해 개인적 예측 과정을 밟는다. 틀 짜기, 정밀하게 훑어보기, 예측하기, 구상하기, 재구성하

기, 실행하기 등 6단계를 떠올려보자. 확산적 사고와 수렴적 사고를 적용하고 현재 추세와 나아가고자 하는 길을 모두 평가한다. 적어도 분기에 한 번씩 개인적 예측 과정을 반복하는 것이 좋다.

3. **기하급수적으로 생각한다**: 주변에 일어나는 다양한 추세를 제대로 이해하기 위해 분석에 몰입하고, 향후 1년, 3년, 5년, 10년 후의 상황도 상상해보자.

4. **조기 경고 신호를 만든다**: 가장 바람직한 미래를 생각하면서 향후 의사결정에 영향을 미칠 중요한 추세를 선택한다. 추세를 추적할 방식을 정하고 정기적으로 검토한다.

5. **행동을 취한다**: 미래는 멈추지 않으므로 우리도 멈춰서는 안 된다. 사람들은 무언가를 시도했다가 실패하는 것보다 너무 늦게 행동에 옮긴 것을 더 후회하곤 한다. 오늘날에는 발을 담근 뒤에도 완전히 방향을 바꿀 수도 있으니, 처음에는 두렵더라도 정기적으로 새로운 것을 시도하도록 스스로를 채찍질하자.

흐릿한 상황에서
또렷하게 생각하기

Thinking Clearly in the Blur

불확실한 상황에서 의사결정은 더욱 어려워질 뿐, 수월해지진 않는다. 명확하게 정립된 가치관과 내적 통제 위치, 개인적 예측 과정을 갖추더라도 흐릿한 상황에서 또렷하게 생각하고 올바른 조치를 취하기는 어려운 일이다. 우리는 매일 수많은 의사결정을 내려야 하지만, 정작 의사결정 기술과 과학에 대해서는 딱히 배운 게 없다. 살아가다 보면 자신의 신념을 뒤흔드는 새로운 상황에 직면하거나 새로운 사실을 접하게 될 것이다. 초사회성은 다양한 의견과 정보가 뒤엉킨 혼란스러운 상태를 의미하는데, AI에 기반한 대규모 개인화는 기존 신념에 맞춘 정보 버블information bubbles(자신이 보고 싶어 하는 특정 정보에만 노출되어 갇히는 현상—옮긴이주)을 일으킬 수 있다.

인간은 다양한 편견에 빠지기 쉽고, 편견으로 '예측 가능한 비합리적' 행동을 할 수도 있다.[1] 안타깝게도 주변 환경이 변화하면 편견은 더욱 심해지는 경우가 많다. 일례로 더닝 크루거 효과Dunning-Kruger effect는 잘 알지 못하는 상황에서 자신의 능력을 과신하는 인지 편향을 의미한다(표 15.1 참조). 우리는 새로운 상황과 도전에 직면했을 때 아는 것과 모르는 것을 구분할 수 있는 메타인지 능력을 아직 갖추지 못했다. 이는 직업 선택, 투자, 소셜 미디어 게시물 작성 같은 의사결정 오류로 이어질 수 있다.

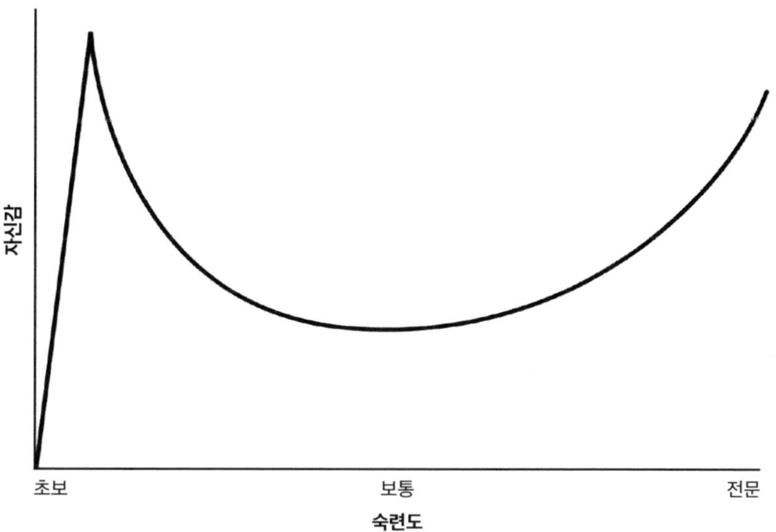

표 15.1 · 더닝 크루거 효과

모호한 상황에서 악화되는 편향으로는 모순된 증거를 찾기보다 자신의 관점과 일치하는 정보를 찾으려는 확증 편향confirmation bias, 같은 사회 집단에 속한 사람들의 의견과 관점에 지나치게 의존하는 내집단 편향in-group bias, 가장 쉽게 기억할 수 있는 정보에 의존하는 가용성 편향availability bias, 최근 정보에 의존하는 최신 편향recency bias, 미래 사건을 예측하는 능력을 과신하는 확신 편향confidence bias이 있다.

일반적으로 인간은 학습을 즐기지만, 새로운 정보를 접했을 때 자신의 신념을 쉽게 바꾸지 못한다. 신념 갱신belief updating은 비교적 초기 단계에 있는 연구 분야인데, 연구자들은 몇 가지 흥미로운 결과를 얻어냈다. 한 연구에서는 심장 수술을 받은 환자를 추적 관찰했다. 환자들은 약을 처방받았고 더 많이 운동하고 건강한 식습관을 기르고 흡연이나 과도한 음주를 피하는 등 생활 방식을 바꾸라는 지시를 받았다. 이들은 습관을 바꾸지 않으면 조기 사망 위험이 크다는 이야기도 들었다. 이러한 경고는 더 건강한 삶으로 이끌 긍정적인 자극처럼 들리지 않는가? 하지만 결과는 충격적이었다. 심장병 환자 일곱 명 중 한 명만이 실제로 조언을 받아들여 생활 방식을 바꿨다.[2] 다른 연구에 따르면 인간은 신념을 비대칭적으로 갱신한다. 새로운 신념이 기존 관점을 강화할 때는 신념을 바꾸는 데 개방적 태도를 보이지만, 반대로 기존 관점을 부정할 때는 그리 개방적이지 않은 것으로 나타났다.

그렇다고 암울하게 생각할 필요는 없다. 이처럼 흐릿한 상황에서도 의사결정을 내리는 방법은 있다. 하지만 본능을 억누르고 가장 자연스럽게 느껴지는 방향으로 향해야 할 것이다. 이를 위해서는 대체로 속도를 살짝 늦췄다가 다시 높여 흐릿한 영역으로 나아가야 한다.

데이터 확인

퓨처핏을 달성하려면 자신의 신념과 세계관을 정기적으로 갱신해야 한다. 여기서 핵심은 자신이 진실이라고 알고 있는 것과 그렇게 믿고 있는 것을 구분하는 능력이다. 오늘날에는 거의 모든 주장의 타당성을 매우 쉽게 확인할 수 있다. 이를테면 '원자력은 굉장히 위험할까?'라는 질문을 떠올려보자. 통계에 따르면 위험하지 않다.[3] 최근 수십 년 동안 전 세계 불평등 수준이 심화되었을까? 그렇지 않다. 실제로는 불평등 수준이 많이 감소했다.[4] 이외에도 많은 주장을 검증할 수 있다. 어떤 사안에 대해 조금이라도 의구심이 들면, 많은 뉴스 매체가 사실 여부를 제대로 검증하지 않고 콘텐츠를 게시하는 경우가 많다고 가정하고, 신뢰할 수 있는 출처에서 정보를 확인하는 편이 좋다. 언제나 가장 영리한 사람이 될 수는 없을지라도 적어도 박식한 사람이 될 수는 있다.

> **신뢰할 만한 출처에서 핵심 정보를 확인하는 것만으로도
> 큰 경쟁 우위를 확보할 수 있다.
> 사람들 대부분과 주류 언론조차도 정보를 충분히 검증하지 않는다.**

초사회성을 기르고 싶다면 비판력도 길러야 한다. 보통 다양한 의견을 참고하면 정보에 입각한 선택을 내릴 수 있지만, 이는 그러한 의견이 실제로 타당한 경우에만 해당된다. 정보의 탈중개화와 대중화가 일어나면 웹사이트, 블로그, 소셜 미디어와 같은 정보의 출

처가 되는 새로운 매체의 중립성과 전문성에 대한 기준이 낮아질 위험이 있다. 알다시피 AI를 활용한 뉴스 큐레이션 자체가 편향성을 일으킨다. 따라서 온라인 공간에서 편협하고 정확하지 않은 정보가 확산되는 현상을 효과적으로 제한할 수 있는 솔루션이 개발되기 전까지는 가짜 뉴스와 사실이 아닌 정보를 걸러내는 데 더 열중해야 한다.

입수한 정보에 대해 비판적 시각을 유지하고 편향을 막기 위해 구조화된 의사결정 과정을 갖추는 것이 중요하다. 일론 머스크는 아이디어를 떠올리고 문제를 해결하거나 사업을 시작하기로 마음먹었을 때 다음과 같이 과학적 방법과 유사한 개인적 의사결정 접근법을 활용한다.[5]

1. 질문을 던진다.
2. 문제에 대한 증거를 최대한 많이 수집한다.
3. 수집한 증거를 바탕으로 공리를 개발하고, 각 공리가 진실일 가능성을 부여해본다.
4. 이러한 공리가 정확하고 적절한지, 특히 특정 결론으로 이어지는지, 그러한 확률은 어느 정도인지 판단하기 위해 일관성에 근거해 결론을 도출한다.
5. 결론을 반증해본다. 다른 사람들의 반박을 참고해 결론이 틀렸음을 입증한다.
6. 아무도 결론이 틀렸음을 입증하지 못한다면 아마도 주장이 맞을 수 있다. 그렇다고 해서 확실히 옳다고만 볼 수는 없다.

새로운 시각으로 바라보기

미래에 필요하고 가장 중요한 기술 중 하나는 배운 것을 잊어버리고 다시 배우는 능력이다. 이러한 능력을 감각 허물기sense unmaking라고 부르는데, 이를 위해서는 신념의 근원을 이해하고 열린 마음으로 신념을 바꾸는 자세가 필요하다. 이는 세계관과 슈퍼트렌드를 이해하는 방식이 부모, 환경, 인생 경험, 개인의 정체성에 크게 영향을 받으며, 주변 환경이 바뀌면 그 방식이 유용하지 않을 수 있음을 인지하는 데서 비롯된다. 기존의 신념이 굳어지면 변화를 받아들이기보다 깊은 내적 동기에 따라 원래의 입장을 파고들어 비합리적으로 방어하게 된다. 앞서 언급했듯 심장병 환자 일곱 명 중 여섯 명은 생명이 위태로운 상황에서도 생활 방식을 바꾸는 데 실패했다.

퓨처핏의 상당 부분은 순환과 관련이 있다. 창조적 순환은 개념과 혁신을 구체화하는 데 도움이 된다. 진동하는 초사회성은 새로운 아이디어들을 끊임없이 경쟁에 붙이고 가장 훌륭하고 적합한 아이디어만 취한다. 확산적 사고와 수렴적 사고 사이를 오가며 의사결정을 개선하는 것이다. 이와 마찬가지로 정기적으로 신념과 가치관에 이의를 제기하고 변화를 추구하면, 퓨처핏도 향상된다.

이를 위한 한 가지 방법은 스스로에게 더 많은 질문을 하고, 대화를 상대를 설득하는 과정이 아닌 무언가를 발견하는 과정으로 인식하는 것이다. 성장형 사고방식의 일부로서 스스로 항상 새로운 것을 배울 수 있다고 생각해야 한다. 이와 동시에 더 많은 의견을 듣고 주변을 관찰하는 연습을 하는 것이 좋다.

**대화는 상대에게 무언가를 설득하는 과정이 아니라
발견하는 과정이라고 인식해야 한다.**

특히 유용한 방법은 판단하지 않는 것non-judgmental awareness이다. 어떤 것을 보자마자 반사적으로 꼬리표를 붙이거나 섣불리 판단하면 안 된다. 이렇게 새로 발견한 자각은 정보에 근거하여 의식적으로 선택할 수 있는 능력을 향상시킨다. 이 능력은 근육처럼 단련할수록 더욱 강력해진다.

의식적으로 판단하지 않는 태도는 편향에 맞설 수 있는 강력한 방법이기도 하다. 편견을 모두 없앨 수는 없으므로(여전히 섣부른 판단을 내릴 수 있다), 차선책은 편향적으로 판단할 때 이 사실을 인식하고 보다 적절한 조치를 취하는 것이다. 분명히 말하지만, 어떤 일에 대해 명확하게 의견을 정하지 않는다면 인생을 헤쳐 나갈 수 없다. 모든 가능성을 열어두면 완전히 불안정해질 수밖에 없다. 하지만 새로운 정보를 접하게 되면 처음에는 시간을 들여 호기심을 갖고 겸손한 자세로 받아들여야 한다. 세상이 변화를 거듭할수록 시간을 두고 바라보는 것이 점차 중요해졌다. 정보의 시대에는 모르는 것도 하나의 선택이다.

정보의 시대에는 모르는 것도 하나의 선택이다.

아기들이 처음으로 무언가를 접할 때 매 순간 놀라워하고 열린 마음으로 받아들이는 모습을 지켜보는 것은 매우 흥미롭다. 아기들은 무엇이 어떤 모습이어야 하는지, 난관을 어떻게 해결해야 하는지에 대해 선입견이 없다. 초심자의 마음가짐과 정반대되는 전문가의 사고방식은 이전에 모든 것을 경험했기에 더 이상 배울 게 없다고 생각하는 것이다. 이러한 사고방식은 익숙한 상황을 다룰 때 도움이 될 수 있지만, 새로운 도전이나 아이디어를 접할 때 학습을 방해할 수 있다.

흐릿한 미래로 빠르게 나아가는 시대에 초심자의 마음가짐을 기르는 것은 큰 자산이 될 것이다. 이 과정을 통해 학습 수준을 개선하고 도전을 즐거운 학습 기회로 여기면, 보다 창의적인 해결책을 찾을 수 있다.

초심자의 사고방식의 토대를 이루는 핵심 신념은 다음과 같다.

- 나는 모든 상황에서 무언가를 배울 수 있다.
- 나를 포함한 모든 사람이 편견을 갖고 있다.
- 가능성 있는 답은 많다.
- 내 아이디어가 좋을지라도 더 나은 방법이 있을 수 있다.

속도를 높이기 위해 속도를 낮추다

새로운 딜레마나 상황에 직면했을 때 다양한 관점을 받아들이고 새로운 접근법을 실험하기보다 오히려 기존 신념으로 되돌아가는 경우가 많다.[6] 초사회성의 문제로 알려진 정보 과잉이 나타날 때 이러한 현상이 특히 두드러질 수 있다.

해결책은 속도를 늦추고 모든 감각을 활용하는 것이다. 이 방법은 직관적으로 이해되지 않을 수 있다. 심호흡을 하면 몸이 진정되고 정신이 맑아진다. 두뇌 이외에 감정과 직감을 더하면 의사결정을 개선할 수 있다. 직감이 비롯된다고 여겨지는 내장에는 약 5억 개의 신경세포가 있어 '제2의 뇌'라고도 불린다. 심장에도 약 4만 개의 신경세포가 있다. 이 두 기관은 모두 뇌와 연결되어 있고 양방향으로 신호를 주고받는다. 이러한 신호는 (논리적 사고는 아니지만) 정신 상태에 영향을 준다. 따라서 슈퍼트렌드를 접하고 미래에 대해 생각할 때, 특히 자극을 받을 때 인지 논리와 직관은 모두 필요하다. 스티브 잡스Steve Jobs는 중요한 결정을 내릴 때 직감을 활용하기로 유명했다. 직감을 활용해 이론을 발전시킨 아인슈타인Albert Einstein도 마찬가지였다. 그는 이렇게 말했다. "나는 이따금 내가 옳다고 느끼지만 실제로 그런지는 알지 못한다."[7]

상황 인식 개선

기하급수적으로 발전하고 융합하는 기술, 문화적 변화, 새로운 시장 역학, 일의 미래 등을 붙잡고 씨름할 때 의사결정 도구를 넓히는 것이 도움이 될 수 있다. 복잡성 과학은 몇 가지 실용적인 접근법을 제공한다. 이를테면 데이비드 J. 스노든David J. Snowden과 메리 E. 분Mary E. Boone은 커네빈 프레임워크Cynefin Framework로 불리는 개념적 의사결정 지원 체계를 개발했고,[8] 우리가 처하게 될 다양한 상황과 그에 대한 대응 방법을 다음과 같이 제시했다.

1. 단순한 상황은 원인과 결과가 명확하고 자신이 무엇을 알고 있는지 인지하는 상황이다. 과거의 패턴은 미래가 어떻게 전개될지 예측하는 좋은 지표가 된다.
2. 복합적 상황은 무엇을 알지 못하는지 인지하는 상황이다. 당장 인과관계가 명확하지는 않지만 쉽게 파악할 수 있다.
3. 일부 상황은 무엇을 알지 못하는지 인지하지 못할 만큼 복잡한 상황으로 분류된다. 이러한 환경에서는 안정적인 행동 패턴이 없으며 대체로 미래를 예측할 수 없다.
4. 네 번째 영역은 혼돈의 영역이다. 이러한 상황에서는 혼란과 긴장 수준이 높고 시간에 쫓겨 행동해야 한다는 압박을 느끼게 된다.

단순한 상황에서 가장 적절한 접근법은 문제를 감지한 후 과거 경험을 바탕으로 분류한 다음 이에 대응하는 것이다. 모범 사례와 표준 절차가 도움이 된다. 복합적 상황에서는 분석과 전문가의 통찰로 문제를 해결할 수 있다. 서로 상충되는 조언을 포함해 다양한 정보를 수집하면 최상의 결정을 내리는 데 도움이 될 수 있다.

그러나 복잡하거나 심지어 혼란스러운 상황에 직면할 때가 갈수록 많아지고 있다. 단순히 상황에서 벗어날 방법을 분석하거나 과거의 관행인 모범 사례에 의존하는 것은 위험하다. 복잡한 상황에서는 실패해도 안전한 실험을 수행하는 것이 중요하다. 이는 한 가지 아이디어나 가설에 지나치게 집착하지 않고 다각도로 문제에 접근하는 소규모 실험을 말한다. 실패해도 파멸로 이끌지 않는 실험이 있고, 부분적으로 가능성을 보이는 실험이 있다. 연구자들은 이러한 실험을 거치면서 점차 잠재적인 문제 해결책을 이해하기 시작한다. 이를 위한 가장 간단한 방법은 머릿속에 무언가가 떠오를 때까지 다양한 사람들과 가능성을 논하는 것이다. 짝을 찾기 위해 많은 사람을 번갈아 빠르게 만나보는 스피드 데이트와 비슷하다. 이때 초사회성도 도움이 된다. 마지막으로 혼란스러운 상황에서는 즉각적인 조치가 필요한 경우가 많으므로 상황을 통제한 후 바로 문제를 감지하고 대응해야 한다.

흐릿한 미래로 돌진하다 보면 무수히 많은 결정을 내려야 하는 상황에 직면한다. 상당수는 새로운 시도라서 무엇이 정답인지 명확하게 알 수 없을 것이다. 그럴 땐 자신의 신념과 지식을 비판적으로 바라보고, 마음을 열고 신념을 바꾸는 자세를 가지는 것이 좋다. 느긋한 마음으로 논리와 직관을 모두 활용하고, 적절한 의사결정 방식을 적용하자. 초심자의 마음가짐을 기르고 인식 수준과 의사결정의 질을 향상하는 데 도움이 될 만한 몇 가지 요령은 다음과 같다.

1. **전력을 다한다**: 성격 테스트를 통해 일반적으로 자신이 세상을 이해하는 방식(예: 세부 사항을 중요시하는 유형 또는 큰 그림을 지향하는 유형)을 파악하고, 스스로 밀어붙여 평소에 잘 취하지 않는 접근 방식을 연습한다.

2. **가설에 의문을 제기한다**: 자신의 관점이 자신이 알고 있는 지식 또는 신념에서 비롯된 것인지 직접 확인한다.

3. **정보를 얻는다**: 정보의 출처를 의심하고 특히 전문가 의견에 이의를 제기한다. 공유된 정보가 신뢰할 수 있고 검증 가능한 정보에 근거하는가?

4. **폭넓게 접한다**: 다양한 관점과 정보 출처를 찾아본다. 단지 정보를 얻기 위한 목적으로 계속해서 정보를 찾지 않도록 주의해야 한다(정보 편향과 정보 과잉에 따른 분석 불능에 빠질 수 있다).

5. **실험한다**: 의사결정을 내릴 때 다양한 '모자'를 착용한다. (에드워드 드 보노Edward de Bono가 고안한 여섯 가지 생각하는 모자에는 창의성, 과정, 신중, 낙관주의, 감정, 사실 등이 있다.[9])

6. **다시 설정한다**: "처음부터 다시 시작해도 여전히 이런 식으로 할까?"라고 자문해본다.

7. **속도를 늦춘다**: 어떤 자극을 받았을 때 즉석에서 결정하거나 반응하지 않는다. 시간이 된다면 조용한 공간에서 사실에 대해 충분히 생각하고 자신의 직감과 마음에 귀를 기울인 다음 결정을 내린다.

학습 방법 익히기

Learning How to Learn

모든 것이 디지털화와 세계화를 거치고 연결되면서 (데이터로 측정하는) 지식의 증가 속도는 기하급수적으로 빨라지고 있다. 1900년에는 모든 종류의 지식이 두 배가 되는 데 100년이 걸릴 것으로 추정되었다. 하지만 1945년에는 25년, 1982년에는 12~13개월, 2020년에는 하루로 추정치가 단축되었다.[1] 지만의 법칙에 따르면 과학 활동은 15년마다 두 배로 증가하지만, 모든 종류의 데이터 양은 무한히 더 빠르게 증가한다. 이는 품질이 낮은 데이터와 잘못된 정보를 포함해 점점 더 많은 정보와 데이터를 무시하거나 처리해야 한다는 뜻이 된다. 게다가 2020년에 사회로 진출하는 취업자들은 100세 이상 살고 70대나 80대에 은퇴(또는 반은퇴)할 가능성이 크며, 평균적으로 약 3년마다 직업을 바꿀 거라는 전망도 있다. 그렇다면 당신은 이러한 변화에 대비해 어떻게 학습하고 있는가?

학습 곡선 앞지르기

지식에는 학습 곡선이 있다. 지식 습득 속도와 과제 수행 능력은 종종 비슷한 방식으로 발전하며, 이는 시그모이드 곡선Sigmoid curve으로 추정할 수 있다. 이 곡선은 수학적 개념을 보여준다. 처음에는 수익이 감소하지만 이후에 서서히 증가하다가 기하급수적으로 성장한다. 그 후 성장세가 둔화되고 정체되다가 다시 감소한다. 흔히 인생의 변화나 성장이 이 곡선의 형태에 빗대어 설명되곤 한다.

로마제국을 비롯해 과거 문명도 이러한 곡선을 따랐다. 정당도

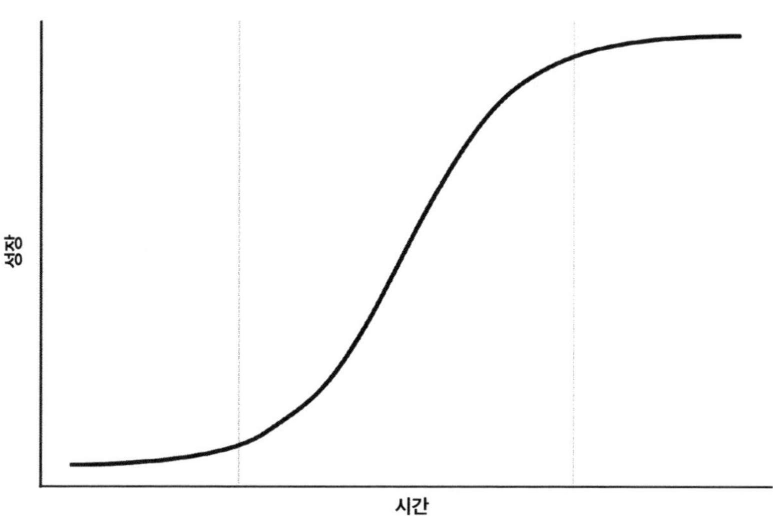

표 16.1 · 시그모이드 곡선(S자 곡선)

기업도 마찬가지다. 디지털 마케팅 광고와 기술도 그렇다. 그런데 미래로 빠르게 나아갈수록 이러한 곡선은 전반적으로 짧아지고 있다. 이는 재창조가 더 자주 일어나야 한다는 것을 의미한다.[2]

새로운 기술이 등장하는 시장에서는 주로 핵심 과학 혁신이 초기 성장을 주도한다. 그러나 시장이 성장하기 시작하면 일상적인 미세 조정 효과가 나타나고, 수많은 소규모 수정을 거쳐 효율성이 향상되는 경향이 있다. 포뮬러 원에서 경기 중 급유나 정비를 위해 정차하는 피트 스톱을 떠올려보자. 1950년에는 정차 후 다시 출발하기까지 67초가 걸렸지만, 2013년에는 3초가 걸렸다. 디지털 시장도 점진적으로 꾸준히 발전하다가 시장의 성장으로 판매 단위당 수익이 급격히 상승하는 수익 체증 효과로 인해 그 발전이 증폭될 수 있다. 궁극적으로 시장이 포화 상태에 이르거나 완전히 다른 솔루션으로 대체되면 미세 조정 효과는 사라지고 이와 관련된 과학 발견 과정도 끝이 난다. 완전히 다른 솔루션에 대해서는 컴퓨터 등급의 탄생과 죽음을 다룬 벨의 법칙Bell's law에서 컴퓨터 산업의 한 예를 찾을 수 있다.[3] 벨의 법칙에는 다음과 같이 명시돼 있다. "대략 10년마다 새로운 프로그래밍 플랫폼과 네트워크, 인터페이스를 기반으로 하는 새로운 저가 컴퓨터 등급이 생겨나고, 그 결과 새로운 사용 사례가 등장하고 산업이 형성된다." 실제로 메인프레임부터 클라이언트 서버, PC, 브라우저 기반, 클라우드 기반, 소형기기, 유비쿼터스/IoT에 이르기까지 다양한 장치가 도입되었다.

첫 번째 곡선이 아직 정점에 도달하기 전인 상승기에 있을 때 다음 곡선을 시작해야 한다는 점은 까다로운 부분이다. 그러나 핵융합

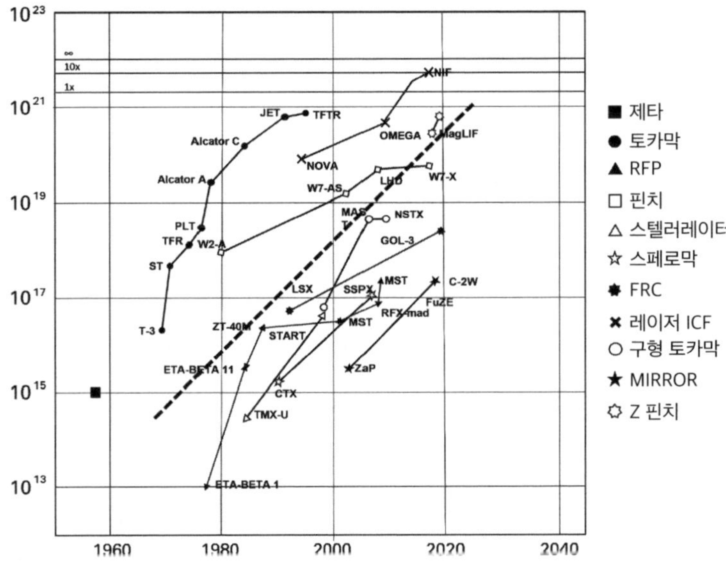

표 16.2 · 핵융합 분야에서 나타난 삼중곱의 기하급수적 성장(1950~2021년)

※ 세로축은 지수이며 삼중곱을 보여준다.[4]

기술의 기하급수적 발전 역사는 이를 잘 보여준다. 1950년대 이후 핵융합 기술이 중요한 삼중곱을 향해 어떻게 기하급수적으로 발전해왔는지를 표 16.2에 개략적으로 담았다. 이러한 발전이 여러 기술 접근법을 조합하며 이뤄졌으며, 그중 일부는 단계적으로 철수하고 다른 접근법이 그 자리를 대체하는 과정이 반복되었음을 볼 수 있다. 첫 번째 곡선이 언제 정점에 도달할지 알아내기는 쉽지 않다. 인간은 과거의 추세를 바탕으로 미래의 궤적을 예측하는 경향이 있으므로 지나치게 낙관적일 수 있다. 심리적으로도 현재 모든 것이 잘 진행되고 있을 때 다음 단계인 재창조에 돌입하기는 매우 어렵다. 하지만 우리는 개인으로서 자신이 가진 기술이 언제 유용하고, 또

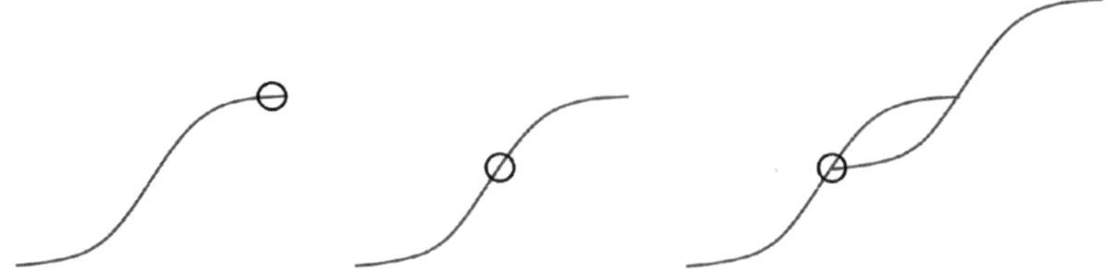

표 16.3 · 일반적인 전환점, 이상적인 전환점과 그 영향

언제 쓸모없어질 위기에 처할지 냉정하게 인식해야 한다.

변화의 속도가 빨라진다는 것은 기존 기술이 이전보다 훨씬 더 빠르게 쇠퇴한다는 의미이다. 예컨대 한 연구에 따르면, 전문 기술의 반감기는 5년에 불과하다. 즉 대학을 졸업할 시점을 기준으로 볼 때 대학교 1학년 때 배운 내용이 졸업식 당일에는 50퍼센트 정도만 적합하다는 얘기다.[5] 상당수의 기술이 더 빠르게 쇠퇴하고 있다. 물론 기초 수학 같은 기술은 시대를 초월한다. 그러나 의사소통, 관리, 문제 해결 등 광범위한 역량에서도 미묘하게 중요한 변화가 일어나고 있다. 디지털 방식으로 사람들을 이끌고, 젊은 세대나 기성세대와 함께 일하고, 문화 간 상호작용하고, 디지털이 중심이 되는 세계로 나아가는 과정에도 이러한 변화는 적용된다. 앞으로 교육을 전혀 받지 않은 분야에서 일하게 될 가능성도 커질 것이다. 이러한 상황에서 시대를 초월하는 지식이 아니면 그동안 배운 지식은 변화하는 업무 작업에 쓸모없어질 수 있다. 실제 업무와 직접적으로 연결되지 않더라도 유용한 지식과 통찰은 분명히 존재하지만, 특정 기술을 익히는 데 들인 시간을 다른 분야에 쏟는 것이 나았을 수 있다.

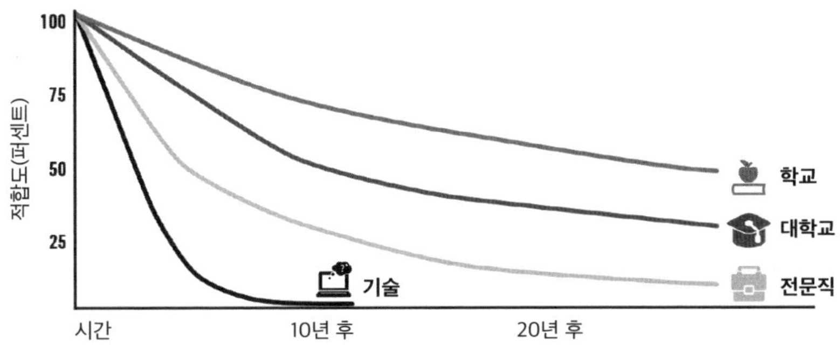

표 16.4 · 시간이 흐르면서 가치를 잃는 전문 기술[6]

한 연구에 따르면 기술의 반감기는 5년이다.
이는 대학을 졸업할 시점에 1학년 때 배운 기술이
50퍼센트 정도밖에 적합하지 않다는 의미가 된다.
교육받은 분야와 다른 일을 하게 될 가능성도 계속 커지고 있다.

이처럼 지식의 파도가 계속 밀려오는 만큼, 학습은 인생 전반에 걸쳐 계속 이어져야 한다. 음식에 비유해보자. 스물다섯 살이 되기도 전에 평생 먹을 음식을 모두 먹는다는 건 말이 안 된다. 평생에 걸쳐 매일 조금씩 계속 음식을 먹어야 하지 않겠는가?

우리는 학습 방식이 지식뿐 아니라 어떤 의미에선 우리의 정체성까지 형성한다는 사실을 알고 있다. 이는 나이가 들어도 뇌가 계속 변화하는 방식인 신경가소성neuroplasticity 때문이다. 신경가소성은 과학자들이 초반에 생각했던 것처럼 어린 시절에만 일어나는 현상이 아니다. 안타깝게도 전 세계 많은 교육 시스템이 지난 100년 동안 의미 있는 변화를 겪지 않은 탓에 시대에 뒤처지고 말았다. 예를 들어 예나 지금이나 사람들은 3~4년제 대학 학위와 1~2년제 석사 학위를 중요한 평생 직업의 토대로 삼는다. 하지만 학습은 실제로 평생에 걸쳐 이뤄져야 하고 끊임없이 변화해야 한다. 정규 교육 기간을 줄이고 평생에 걸쳐 강도 높은 세부적인 학습 과정을 거치는 것이 더 나은 접근법이 될 것이다.

미래에는 교육 기관과 고용주가 교육과 하나의 거대한 진로를 이끌기보다는, 자기 주도적 학습이 실시간으로 이뤄져야 할 것이다.

정규 교육 기간을 줄이고 평생에 걸쳐 강도 높은 세부 학습 과정을 거치는 것이 최선의 접근법이 될 것이다.

T자형에서 M자형 학습으로

거시적 차원에서 진로를 떠올릴 때 'T'자와 'M'자로 생각하면 도움이 된다. T자형 학습에 의존하는 경우는 점점 줄고 있다. T자형 학습이란 대학생이나 사회 초년생 때 전문 지식을 깊이 쌓고(예: 마케팅, 재무 또는 운영), 이를 바탕으로 실무 학습과 개발을 거치고 산발적으로 정식 교육 과정을 이수해 대학교와 수습 기간 때 배운 내용을 보완하는 방식이다. T자형 학습은 몇 년마다 새로운 기술과 역량을 본격적으로 개발하는 M자형 지식 프로필로 대체되고 있다.[7] 이 방식을 따르면 다양한 능력과 진로 계획을 완전히 바꿔야 할 수도 있다. 많은 사람이 평균적으로 약 3년마다 직업을 바꾸고 10년마다 진로를 완전히 바꿀 것으로 예상된다. 이제 장기 교육에서 벗어나 평생 학습을 맞이할 때다.

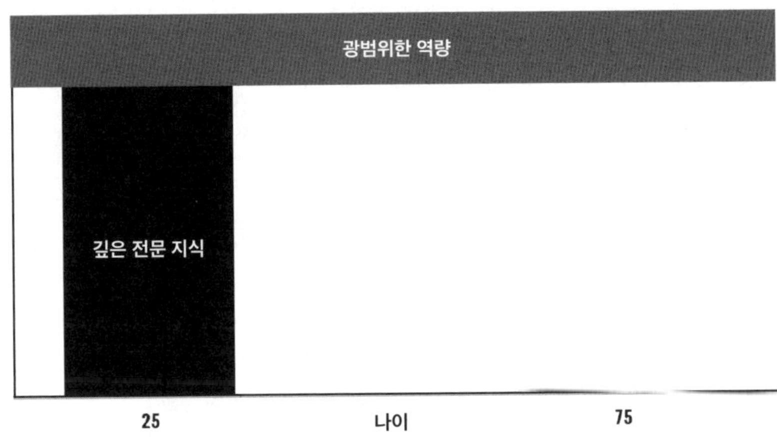

표 16.5 · 전통적인 지식 노동자의 T자형 프로필[8]

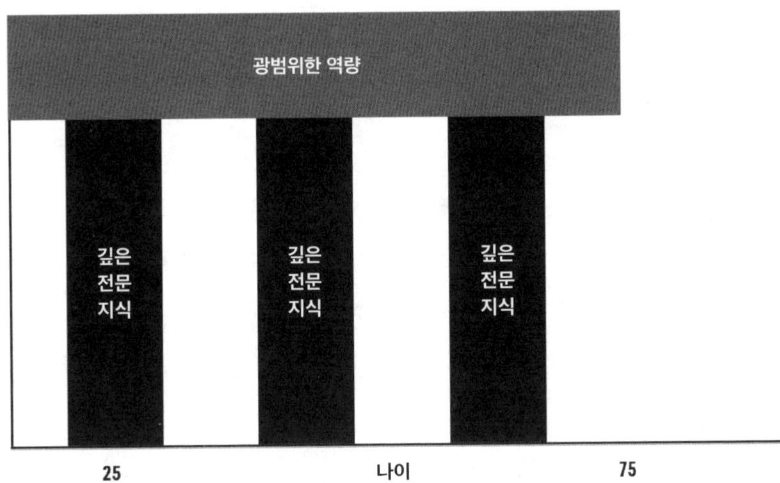

표 16.6 · 현대 지식 노동자의 M자형 프로필[9]

가치를 얻는 네 가지 기술

광범위한 역량 면에서 보면 반복적이고 단순한 작업과 관련된 기술은 수요가 감소할 것이다. 이런 기술은 대체로 부분적으로 완전한 자동화가 가능하기 때문이다. 반면 다음 네 가지 영역의 기술에 대해서는 특히 수요가 증가할 것이다.

- **문제 해결과 창의성**: 점점 더 추상적이고 새로운 문제에 직면하기 때문이다.
- **자기 관리**: 더 유연하고 자유롭게 유동적 업무를 관리해야 하기 때문이다.
- **협업**: 복잡한 문제를 다양한 관점과 태도로 해결해야 하기 때문이다.
- **기술 사용과 개발**: 일상적 업무에 적용할 수 있는 수준으로 기술의 작동 방식을 이해해야 한다.

세계경제포럼World Economic Forum의 〈일자리의 미래 보고서The Future of Jobs Report〉에 이러한 기술이 자세히 기술돼 있다. 이 보고서는 모든 사람이 반드시 읽어야 하는 자료다.[10] 다른 관점에서 보면 정밀 경제와 관련된 일자리가 증가하고 전 세계 경험 경제와 관련된 일자리가 점점 더 많아질 것이다.

많은 직업이 향후 3년 동안 의미 있게, 향후 5년 동안 현저하게, 향후 10년 내 완전히 새롭게 변모할 것이다. 수많은 부문과 제품처럼 학습도 일괄 처리에서 서비스형으로, 집합에서 세부적인 단위로 전환돼야 한다. 즉 맞춤형 학습이 조금씩 지속적으로 이뤄져야 한다.

**많은 업무가 향후 3년 동안 의미 있게, 향후 5년 동안 현저하게,
향후 10년 동안 혁신적으로 변화할 것이다.**

매트릭스 스타일의 학습 민첩성

영화 〈매트릭스〉에서 주인공 네오는 컴퓨터 링크를 통해 새로운 기술을 뇌에 업로드할 수 있다. 그는 눈을 감고 안락의자에 누운 상태에서 주짓수와 쿵푸 등 기타 여러 기술을 익힌다. 또 다른 장면에서 그의 동료 트리니티는 단 몇 초 만에 헬리콥터 조종법을 터득한 후 즉시 실전에 적용해 악당들로부터 도망친다. 정말 멋지지 않은가?

놀랍게도 이와 같은 즉각적인 학습 트렌드가 이미 일어나고 있다. 좁고 세부적인 학습 수요가 실시간으로 즉시 충족되고 있는 것이다. 예를 들어 구글 문서나 동영상 편집 프로그램에서 어떤 작업을 수행하는 방법을 익혀야 한다면, 곧바로 온라인에서 해결 방법을 검색하면 된다. 새로운 요리를 만들고, 세금을 신고하고, 개인 네트워크를 활용해 탐색, 탐지, 공유 과정을 거칠 때도 마찬가지다.

안타깝게도 우리 대부분이 효율적으로 학습하는 방법을 배운 적이 없고, 그러한 시도를 스스로 막아설 때가 많다. 하지만 다행히 오늘날에는 효과적인 학습 방법에 대해 많은 것이 알려져 있다. 여

러 학습 비결 중에서 한 가지 분명한 사실은 배운 기술을 즉시 적용해야 할 때 학습 동기가 가장 강하다는 점이다. 실제로 기술을 바로 적용했을 때 배운 내용을 기억할 가능성이 크다. 그래서 일하는 동안에도 계속해서 학습해야 하는 것이다. 이를 적시 학습just-in-time learning이라고 일컫는다.

영화 〈매트릭스〉처럼 (적어도 아직은) 새로운 정보와 기술을 뇌에 직접 업로드할 수 없지만, 제법 유사한 시도를 해볼 수는 있다.

학습이라는 사고방식

급진적인 슈퍼트렌드가 장악한 끊임없이 변화하는 세상에서 고정형 사고방식을 가졌는지, 성장형 사고방식을 가졌는지를 파악하는 것은 매우 유용하다. 이러한 구분이 무엇을 의미하는지 알아보기 전에 실리콘밸리에서 비롯된 사고방식을 생각해보자. 실리콘밸리만큼 현재 일어나고 있는 가속화된 변화를 상징적으로 보여주는 장소는 거의 없을 것이다. 세계에서 가장 성공한 다수의 기업이 탄생한 곳이기에 사람들은 실리콘밸리에서 승자를 칭찬하고 패자를 혐오하는 태도가 만연할 것이라고 생각한다.

그런데 현실은 전혀 달랐다. 실수를 기꺼이 감수하고 부끄러워하지 않는 사고방식이 등장한 것이다. 실패가 없었다면 충분히 시도하지 않았으며 충분히 배우지 못했음을 의미하므로, 실리콘밸리에서는 실패하지 않은 사람과 실패를 인정하지 않는 사람을 오히려 미덥지 않아 한다. 앞으로도 노력을 충분히 기울이지 않을 사람이라고 여기기 때문이다. 이러한 사고방식이 널리 퍼져 있다.

고정형 사고방식과 성장형 사고방식이라는 용어는 스탠퍼드대학 심리학 교수인 캐롤 드웩Carol Dweck이 쓴 《성공의 심리학The New Psychology of Success》에 처음 소개되었다. 드웩은 방대한 연구를 바탕으로 "가장 영리하게 시작한 사람이 항상 가장 영리하게 성과를 내는 것은 아니다"라며 이를 사고방식에서 나타나는 중요한 차이점으로 설명할 수 있다고 말했다.

큰 성공을 거두지 못한 사람들은 종종 고정형 사고방식을 가지고 있다. 즉 자신의 성격과 능력, 기타 특성을 그다지 바꿀 수 없다고 생각한다. 이 때문에 자신이 훌륭하고 완벽하다는 것을 끊임없이 증명하려 애쓸 가능성이 크다. 반면 이들은 자신의 부족한 부분을 개선하기 위해 열심히 노력하지 않는다. 개선할 수 없다고 생각할뿐더러 배우려고 노력하는 모습이 남들에게 바보처럼 보일 수 있다고 여기기 때문이다. 이들은 또한 누군가가 성공하려면 반드시 다른 사람의 희생이 뒤따라야 한다고 여긴다. 사회의 부가 보상 구조와 상관없이 한정돼 있어 승리자가 있으면 반드시 패배자가 있다고 보는 것이다. 그래서 고정형 사고방식을 가진 사람들은 대체로 다른 사람의 실패를 반긴다. 성공하고 영향력 있는 사람들이 실패할 때 자신이 더 나은 사람이 되었다는 생각에 기분이 좋아지기 때문이다.

드웩은 성공한 사람들이 주로 성장형 사고방식을 가지고 있다고 말한다. 성장형 사고방식은 스스로 바꿀 수 있다고 생각하고 때때로 실패하거나 바보처럼 보일지라도 도전을 즐기는 마음가짐이다. 실제로 이들에게 간헐적으로 일어나는 실패는 다음 기회에 더 잘하기 위해 교훈을 얻을 수 있는 유용한 경험이 된다.

성장형 사고방식을 지닌 사람은 다른 사람이 실패하는 모습을 보고 즐거워하지 않으며, 다른 사람의 성공에서 영감을 얻고 배우려 노력한다. 이 차이는 매우 중요하다. 드웩은 "고정형 사고방식을 지닌 사람은 자신이 어떤 평가를 받을지에 신경 쓰지만, 성장형 사고방식을 지닌 사람은 어떻게 개선할 수 있을지에 관심을 둔다"고 말한다. 고정형 사고방식은 즉각적인 결과를 추구하는 반면, 성장형 사고방식은 장기적 관점에서 발전을 중시한다. 고정형 사고방식을 지닌 사람에게 커다란 노력은 부끄러운 일이다. 노력을 기울여야 한다는 건 자신이 충분히 똑똑하지도 재능을 타고나지도 않았음을 의미하기 때문이다. 반대로 성장형 사고방식을 지닌 사람에게 노력은 칭찬받아 마땅한 일이다. 열심히 노력하면 똑똑하고 재능 있는 사람으로 거듭날 수 있기 때문이다.

고정형 사고방식을 지닌 사람은
자신이 어떤 평가를 받을지에 신경 쓰지만,
성장형 사고방식을 지닌 사람은
어떻게 개선할 수 있을지에 관심을 둔다.

변화의 기쁨

드웩의 연구에서 배울 점은 자신과 타인을 평가할 때 현재 도달한 지점을 지나치게 의식하지 말고 어디로 향하고 있는지에 더 집중해야 한다는 점이다. 다시 말해, 어떻게 변화하는지에 초점을 맞춰야 한다. 승리와 성취에서만 성공을 찾을 것이 아니라 학습하고 개선하는 과정에서도 성공을 찾아야 한다. 일상생활에서 동료 직원(또는 자녀)을 계속해서 무조건 칭찬하면 고정형 사고방식을 자극할 수 있으므로 주의해야 한다. 장점을 칭찬하되 다음 단계로 나아가기 위해 개선해야 할 점도 지적해줘야 한다.

진정한 성장형 사고방식을 지닌 대표적인 인물로는 농구계의 아이콘 마이클 조던Michael Jordan을 꼽을 수 있다. 그는 다음과 같은 유명한 말을 남겼다. "나는 선수 시절에 9000번 넘게 슛을 놓치고 거의 300번의 경기에서 졌다. 26번의 경기에서 승부를 결정짓는 슛을 믿고 던졌지만 실패했다. 나는 살면서 실패를 거듭했다." 조던은 실패했지만 늘 성장했기에 잃은 것보다 얻은 것이 훨씬 많았다. 이것이 바로 성장형 사고방식이다!

끊임없이 빠르게 변화하는 세상에서 고정형 사고방식은 이전의 정적인 사회에서보다 훨씬 큰 장애물이 될 수 있다. 미래의 역동적인 환경에서는 잦은 실패를 기꺼이 감수하고 일이 뜻대로 풀리지 않을 때 종종 방향을 전환해야 한다. 즉 실리콘밸리의 사고방식을 지닌 성장하는 젊은 스타트업 기업처럼 일과 개인 생활을 좀 더 적극적으로 영위해야 한다.

성장형 사고방식을 개발하는 한 가지 방법은 하루를 남은 인생의 시작이라고 의식적으로 생각하는 것이다. "만일 내가 이 상황에 처하지 않았다면 오늘 나는 이 일을 선택했을까?" 그렇지 않다면 다음 수를 고민해야 한다. 체스에서는 폰(졸) 뒤에 갇혀 있는 장수를 재빨리 움직여야 한다. 당신의 인생도 이와 비슷하진 않은가? 민첩성을 높이기 위해 제거해야 할 장애물이 있는가? 역동적인 사회에서는 움직일 수 있어야 한다.

**성장형 사고방식을 지닌 사람은 항상 도전하고,
실패가 여정의 일부이며 건설적인 학습 경험이라는 사실을 인정한다.
또한 다른 사람의 성공을 도발이 아닌 영감으로 받아들인다.**

사고방식 ④ 성장형 사고방식

성장형 사고방식을 지닌 사람은 점차 노력을 기울이고 기술을 연마하는 것이 의미 있는 차이를 만든다고 믿는다. 반대로 성장형 사고방식을 갖지 않은 사람은 재능과 지능, 전문 기술이나 경력은 타고난 것이며 바꿀 수 없다고 믿는다. 따라서 성장형 사고방식이 없으면 자신에 대한 믿음을 제한하고, 성장형 사고방식이 있으면 '할 수 있다'는 강력한 믿음을 갖게 된다. 앞으로 더 많은 도전을 이어가고 이전에 경험하지 못한 상황에 직면하게 되면서 이러한 믿음은 더욱 중요해질 것이다.

성장형 사고방식을 뒷받침하는 주요 믿음은 다음과 같다.

- 도전은 학습 기회다.

- 나는 성과에 대한 의견을 들으면 그것이 부정적인 내용일지라도 감사하게 생각한다.
- 어떤 기술을 능숙하게 해내는 것은 타고난 능력과 상관없이 그 기술을 연마하는 데 많은 시간을 투자했기 때문이다.
- 실수에서 교훈을 얻으려면 실수를 인정해야 한다.
- 실수는 무능이 아닌 배우는 과정을 의미한다.

성장 접근 방식 바꾸기

여전히 학습을 정식 수업과 암기, 시험 응시 등과 동일시하며 구시대적 관점을 고수하는 사람이 많다. 이는 학습을 합격과 불합격으로 나누는 태도로 이어질 수 있다. 하지만 실제로 학습에서 일어나는 진전은 훨씬 유동적이다. 어떤 도전적인 작업을 수행할 때 온종일 배울 수 있고, 또 그렇게 배워야 한다. 또 예상치 못한 순간에 무언가를 배우기도 한다. 예를 들면, 관심 분야가 아닌 주제의 동영상을 시청하다가 영감을 얻고 새로운 방식으로 두뇌를 확장할 수 있다.

성장형 사고방식을 기르고 급변하는 미래 속도에 맞춰 학습하는 데 도움이 되는 몇 가지 실용적 방법은 다음과 같다.

1. **커리큘럼을 만든다**: 자신이 가장 바라는 미래를 달성하는 데 필요한 기술을 파악한다. 예를 들어 세계경제포럼에서 공개된 일의 미래에 관한 최신 보고서를 읽는 등 폭넓은 역량과

깊은 전문성이 필요한 분야를 모두 아우르는 것이 좋다. 새로운 기술이 성공하면 어떤 모습일지 구체적으로 그려본다.

2. **구체화한다**: 기술을 분석하고, 실무를 통한 학습과 체계적 학습/실습에 중점을 둬 학습 여정을 수립한다.

3. **재미있게 만든다**: 다양한 자료(예: 온라인 강좌, 전문가의 영상, 팟캐스트, 전문 강의)를 활용하고, 점차 가장 효과적이고 흥미를 유발하는 자료로 범위를 좁힌다.

4. **네트워크를 활용한다**: 멘토를 구하거나 네트워크에서 해당 분야의 전문가에게 다가간다.

5. **안전지대에서 벗어난다**: 정체기(S자 곡선이 평평해지기 시작하는 시기)에 도달하면 새롭게 자신의 역량을 확장할 방법을 찾아본다. 이것이 계속 발전할 수 있는 유일한 방법이다.

6. **의견을 요청한다**: 학습은 반복적 주기로 이뤄지며 그 과정에서 조정이 필요하다. 다양한 사람들에게 정기적으로 의견을 구하고 매주 진행 상황을 되돌아보는 것이 좋다.

폭넓게 생각하라

Think Bigger

통찰력이 부족한 지도자가 두바이를 건설했다면 어땠을까? 그랬다면 두바이는 세계에서 가장 효율적인 어촌 마을이 되었을지도 모른다. 이는 농담처럼 들리겠지만, 사실 두바이는 자원이 풍부한 도시였을 뿐, 세계적인 명소가 될 것이라고 예상하기는 쉽지 않았다. 실제로 아부다비, 마나마, 쿠웨이트, 도하 등 중동 지역의 다른 비슷한 도시들은 자원을 기반으로 두바이와 엇비슷하거나 그보다 훨씬 많은 부를 축적했는데도, 두바이와 같은 수준의 성장과 혁신을 재현하는 데 어려움을 겪고 있다.

두바이의 지도자들은 슈퍼트렌드보다 앞서 생각하고, 현재의 기술과 패러다임을 토대로 점진적으로 발전하기보다 이를 과감하게 뛰어넘는 비전을 세웠다. 예를 들어 무역, 관광, 소매업, 일반 상업 활동 등 비석유 부문을 성장시킬 목적으로 두바이 공항의 수용량을 수요에 앞서 지속적으로 확장했고, 결국 광범위한 비전을 달성했다. 과거에는 두바이 GDP의 절반 이상을 차지했던 석유가 2020년에는 그 비중이 1퍼센트에 불과했다. 두바이는 '과거에 몰두하기보다 미래의 출현을 지원하는' 미래 박물관Museum of the Future을 설립했다. 참으로 대담한 발상이다.

그런데 여기에는 한 가지 문제가 있다. 원하는 미래를 설계할 때 목표를 너무 낮게 설정한다는 것인데, 인간의 뇌가 기하급수적으로 생각하지 못해서다. 하지만 주요 추세는 기하급수적으로 진화한다.

10퍼센트에서 10배로

앞서 기하급수적 사고방식의 중요성을 간단히 살펴보았다. 이번 장에서 이에 대해 좀 더 자세히 설명할 것이다. 수십 년 동안 진행된 인지심리학 연구에 따르면, 인간의 마음은 단순하고 선형적인 관계를 선호하며 비선형적으로 생각하는 데 어려움을 겪는다.[1] 그러다 보니 기하급수적 발전을 고려할 때도 어려움을 겪을 수밖에 없다. 과거에 기하급수적으로 일어난 변화를 잘 파악하고 있을지라도 미래에 그러한 변화가 계속될 것으로 상상하는 데 애를 먹는다.

또 다른 편향 중 하나는 선형성 편향linearity bias이다. 즉 한 수량의 변화가 다른 수량의 변화에 비례한다고 가정하는 것이다. 예컨대 이러한 수량 중 하나가 시간일 때, 우리는 과거의 추세가 미래에도 동일한 속도로 계속 이어질 것이라고 믿는다. 물론 기술이 발전하고 있기에 추세가 약간 더 빠르게 증가할 것으로 볼 수 있지만, 보통 5~10년에 걸쳐 10~20퍼센트 범위로 증가한다고 여긴다. 그러나 이러한 예측은 크게 빗나갈 수 있다. 기하급수적으로 나타나는 변화는 10~100배 이상 증가할 수 있으며, 그렇게 되면 현재와 전혀 다른 결과가 초래된다. 예를 들어 벌레의 신경세포 덩어리는 벌레가 움직이고 주변 환경에 반응할 수 있게 돕는다. 반면 인간의 뇌 내부에 존재하는 신경세포 덩어리는 벌레의 것보다 훨씬 크며, 벌레의 단순히 빠른 움직임과는 차원이 다른 결과를 만들어낸다. 한때 배터리 성능은 휴대전화 배터리 사용 시간을 늘리는 정도를 가리켰지만, 이제는 자동차가 효율적으로 운행되는 것을 의미하게 되었다. 완전히 새로운 분야로 범위가 확장된 것이다.

선형 논리는 무언가가 더 좋아지거나 나빠질 것이라는 믿음이다.
기하급수 논리는 무언가가 달라질 것이라는 믿음이다.

잠시 기하급수적으로 생각해보자. 거의 모든 것을 1초 만에 다운로드할 수 있거나(예: 3시간 30분 분량의 HD 영화 〈아이리시맨〉), 유전체 염기 서열 분석이 거의 무료인 데다 스마트워치나 건강관리 구독 서비스의 일부로 제공되는 세상을 상상해보자. 에너지를 100퍼센트 자급자족하고 휴대전화와 스마트워치, 음악 스피커와 TV 등 모든 기기를 무선으로 충전할 수 있는 가정은 어떤 모습일까? 자기장이 있는 도로를 달릴 때 알아서 충전되는 전기차를 그려보자. 이러한 기술 발전은 현재 이론이나 실험 환경에서도 가능하므로 향후 10년 이내에 상업적으로 실현될 가능성이 매우 크다. 이러한 기술은 어떤 기회를 불러올까?

선형 논리로는 과거를 조금 더 나은 방향으로 재창조할 수 있다. 반면 기하급수적 사고로는 미래를 새롭게 상상할 수 있다. 일론 머스크 같은 기업가들은 새로운 분야에 진출할 때 기존의 관점으로 가능성을 바라보지 않는다. 머스크는 자동차, 우주여행, 인프라 엔지니어링 관련 기술을 터득한 전문가는 아니었지만, 그가 설립한 기업들은 이러한 분야에서 대단히 새로운 영역을 개척하고 있다. 그는 동료들에게 기하급수적 사고를 발휘해 창의적 방법을 찾도록 끊임없이 독려한다.

**선형 논리는 과거를 조금 더 나은 방향으로 재창조하게 하고,
기하급수적 사고는 미래를 새롭게 상상하게 한다.**

이성적 논증과 분석은 문제를 세분화하고 세상이 어떻게 작동하는지 이해하는 데 도움이 된다. 이는 중요하고 꼭 필요한 접근법이다. 하지만 이것만으로는 획기적이고 더 나은 길을 만들어낼 수 없다. 이를 위해서는 가능성에 초점을 맞춘 사고방식이 필요하다. 즉 열망과 호기심을 갖고 대담한 자세로 "어떻게 하면 좋을까? 만약에 이러면 어떻게 될까? 왜 안 될까?" 같은 질문을 던져야 한다. 다시 말해 성장형 사고방식을 갖춰야 한다.

거꾸로 생각하기

한 가지 유용한 비법이 있다. 어떤 미래가 펼쳐질지 상상한 후 이를 실현하기 위해 무엇이 필요할지 거꾸로 생각해보는 것이다. 이 방법은 오늘 가능한 일부터 시작해 점진적으로 앞으로 나아가며 혁신하는 것과는 정반대 과정이다.

획기적이고 더 나은 길을 상상한 후
이를 달성할 방법을 거꾸로 생각하는 습관을 기르는 것이 좋다.

전문가이거나 익숙한 분야에서 활동할 땐 기존 신념과 패러다임에 도전하는 '감각 허물기'가 필요하다. 한 가지 방법은 다양한 유형의 정보와 경험, 사람들을 접할 기회를 획기적으로 넓히는 것이다. 내면의 목소리에 귀 기울이고 '나는 이미 알고 있다'에서 '나는 더 배우고 싶다'는 자세로 전환해야 한다.

앞으로 나아갈 생각만 하면 고정형 사고방식에 근접하게 될 수 있다. 미래의 환상에서 거꾸로 생각하면 성장형 사고방식이 촉진된다. 이른바 풍요의 사고방식도 마찬가지다. 기름 한 통을 태우면 기름은 사라지고 만다. 하지만 소프트웨어를 구독하면 아무것도 사라지지 않는다. 같은 제품을 끝없이 반복적으로 판매할 수도 있다. 이것이 바로 경제학자 줄리언 사이먼이 일컬은 풍요로움이며 전 세계가 더 많은 부를 경험하고 있는 이유이기도 하다.

선진국에서는 식수가 거의 무료로 인식되고 데이터 저장소도 빠르게 그러한 수준에 도달하고 있듯, 많은 생산 공정에서 생산 비용은 0에 가까워질 것이다. 물론 선택과 상호 절충 문제는 여전히 남아 있지만, 미래 세상에서는 모든 이에게 더 많은 기회가 주어질 것이다. 이러한 잠재력을 활용하려면 결핍의 사고방식scarcity mindset에서 벗어나 풍요와 가능성의 사고방식으로 전환해야 한다.

풍요의 사고방식은 'A 또는 B'가 아닌 'A와 B'라는 해결책을 모색한다.

인생에서 성찰하고 비전을 세우는 데 적절히 시간을 할애한다면 다양한 야망을 결합해 일관성 있는 완전체로 만들 수 있음을 종종 깨닫게 될 것이다. 창의력을 발휘하면 현존하는 상충 관계를 종종 피할 수도 있다. 예를 들어 오늘날에는 시간이 많이 소요되는 업무의 상당수를 외부에 위탁할 수 있다. 선진국에서는 일부 직원들이 자신의 시간을 더 효율적으로 사용하기 위해 크라우드소싱 사이트에서 일부 업무를 임금이 낮은 인력에 몰래 위탁하기도 한다.

사고방식 ⑤ 풍요의 사고방식

풍요의 사고방식을 지닌 사람은 모든 이에게 돌아갈 자원과 성공이 충분히 존재한다고 믿는다. 1부에서 살펴보았듯이 이는 분명한 사실이다. 기술 발전과 혁신은 가속화되고 있으며, 일반적으로 미래는 과거보다 훨씬 부유하고 평화로우며 더 나은 세상이 될 것이다.

풍요의 사고방식을 가지면 더 자유롭고, 더 크고, 더 대담하게 생각할 수 있다. 자원 부족을 두려워하며 제약을 받는 대신, 새로운 가능성에 마음을 열수 있다. 풍요의 사고방식을 지닌 사람은 낙관적이고 개방적이며 남을 신뢰하는 마음가짐을 유지하고, 상생할 수 있는 관계와 거래를 추구한다. 이는 코비의 상호의존 단계와 본질적으로 유사하며 초사회성을 일으킬 수 있다. 풍요의 사고방식을 뒷받침하는 주요 믿음에는 다음과 같은 생각이 포함된다.

- 나는 모든 이에게 돌아갈 성공과 인정이 충분히 존재한다고 믿는다.
- 나는 최고의 순간은 아직 오지 않았다고 생각한다.
- 나는 내가 가진 자원과 지식을 다른 사람들과 기꺼이 공유한다.
- 나는 다른 사람들과 함께 최고의 결과를 달성할 수 있다고 믿는다.
- 장기적으로 볼 때 관련된 모든 사람에게 '승리'가 돌아가지 않는다면 그 것은 진정한 '승리'가 아니라고 생각한다.

반면 결핍의 사고방식을 지닌 사람은 자원과 성공이 양적으로 한정되어 있다고 믿는다. 따라서 한 사람의 성공은 필연적으로 다른 사람의 실패를 의미한다. 결과적으로 이러한 생각은 다가오는 기회를 최대한 활용하는 데 방해가 된다.

창의성을 위한 공식

창의적인 조직과 개인은 가장 구조화된 형태이기도 하다. 이들은 사고의 폭을 좁히고 실제 현실에 근거해 열망을 품게 하는 지능적인 제약 조건과 자유로운 사고를 결합한다. 단기간에 수십, 수백 가지의 아이디어를 제시하고 평가하도록 자기 자신과 팀원들을 밀어붙이고 적절한 결과를 얻기 위해 여러 번 시도한다.

창의성 = 자유로운 사고 + 지능적인 제약 조건

꼭 천재가 되어야 이 과정을 재현할 수 있는 건 아니다. 기하급수적으로 성장하는 기술을 이해하고, 성장형 사고방식과 풍요의 사고방식으로 가능성을 믿고 호기심을 기르면 된다. 또한 이를 실현할 수 있는 다양한 방법을 생각해내면 새로운 가능성을 그릴 수 있다. 이 과정은 비즈니스 아이디어뿐만 아니라 가족, 건강, 부, 행복 등 인생에도 폭넓게 적용할 수 있다. 예를 들어 당신은 바라는 미래로 나아가기 위한 여러 경로를 계획해본 적이 있는가? 나머지 선택지와 전혀 다른 자유로운 선택지를 하나 더 추가한 후 또다시 자유로운 선택지를 세 개 더 떠올려보자.

새로운 미래와 경로를 살피면, 전략적 스펙트럼과 다양한 미래가 보이기 시작할 것이다. 그중 일부는 좀 더 당신에게 적합할 수 있다. 바로 이 지점에서 확산적 사고에서 수렴적 사고로 전환하면 된다. 분석과 판단을 조합해 가장 적합한 선택지로 좁혀보자. 바라는 미래를 설계할 때 더 분명하고 폭넓게 생각하는 데 도움이 될 만한 몇 가지 방법은 다음과 같다.

1. **폭넓게 생각한다**: 미래를 근본적으로 다르게 생각하는 훈련을 해본다. 현재 품고 있는 열망에 재미 삼아 10을 곱한 다음

그 미래를 어떻게 현실로 만들 수 있을지 분석한다.

2. **비합리적으로 생각한다**: 장기적인 미래 비전(예: 20년 후 비전)을 세우고 5년 후에 그것을 어떻게 달성할 수 있을지 생각해본다.

3. **고정관념에서 벗어난다**: 상충되는 것처럼 보이는 생활 속 제약을 파악한다. 인터넷에서 이를 결합할 방법에 대한 아이디어를 모은다.

4. **영감을 얻는다**: 스티브 잡스, 메리 배라Mary Barra, 마윈馬云 등 존경하는 비즈니스 리더를 떠올린 후 그들이라면 어떻게 행동했을지 스스로 질문을 던져본다.

5. **숫자를 맞춰본다**: 특정 문제 영역이나 도전 과제에 대해 어떤 일이 일어나기를 원하는지, 제약 조건(예: 금전적, 시간적, 기타 현실적 제약)이 있는지 적어본다. 15분 동안 최대한 많은 아이디어를 떠올린다. 15분이 지나면 아이디어 개수를 두 배로 늘려 다시 도전한다.

미래를 내다보며 점들을 이어가기

Connecting the Dots Forward

점점 빠른 속도로 끊임없이 밀려오는 변화와 정보의 홍수 속에서 많은 사람이 통제력을 상실하는 불쾌한 경험을 한다. 이때는 세상이 좀처럼 예측하거나 통제할 수 없는 수많은 점으로 혼란스럽게 뒤얽혀 있는 것처럼 보일 수 있다.

이는 자연스러운 반응이다. 통제력을 상실했다고 느끼면 우울증과 스트레스, 무기력증이 늘어 전반적으로 건강 상태가 악화된다.[1] 하지만 주변에서 일어나는 수많은 활동을 이해하고 실제로 이를 유리하게 활용하는 데 도움이 되는 입증된 기법이 있다.

그냥 운이 좋았다네, 친구

알렉스 퍼거슨Alex Ferguson은 역대 최고의 축구 감독으로 널리 알려져 있다. 퍼거슨은 약 40년 동안이나 감독직을 수행했다. 26년 동안 맨체스터 유나이티드를 맡았고, 200명 이상의 선수가 그를 거쳐갔으며 무려 38개의 우승 트로피를 들어 올렸다.[2] 그가 이끈 맨체스터 유나이티드가 경기 종료 직전에 166개의 골을 넣었다는 점에서 그를 운이 좋은 사나이로 부르는 사람도 있다. 그는 이에 대해 뭐라고 답했을까? 그는 팀이 열심히 노력할수록 더 많은 행운을 거머쥐었다고 답했다.[3]

급변하는 미래로 나아가기 위해 박차를 가할 때 모든 것을 우연에 맡기고 최선의 결과를 기대하는 것은 위험하다. 급격한 변화로 연이어 많은 기회가 빠르게 생겨나는데, 예상치 못한 난관과 한물간 기술도 많이 양산된다.

훌륭한 축구 선수들은 공이 향하는 방향을 예측하는 데 능숙하다. 마찬가지로 훌륭한 투자자는 금융 시장에서 방향을 잘 예측한다. 훌륭한 부모는 마지막 순간에 자녀가 위험한 실수를 저지르는 것을 막을 수 있다. 외부인이 보기에 훌륭한 축구 선수나 투자자는 단순히 운이 좋았던 것처럼 보인다. 사실 운은 인생에 접근하는 방식에 따라 달라질 수 있는 결과이므로, 뛰어난 실력을 갖춘 사람들은 종종 행운을 잡은 것처럼 보일 수 있다.

바로 이때 운의 과학이 작동한다. 리처드 와이즈먼Richard Wiseman은 아마도 운에 관한 한 세계에서 가장 뛰어난 과학자일 것이다. 그

가 진행한 실험 중 하나는 왜 남들보다 행운을 더 많이 누리는 사람
들이 있는가에 대한 아이디어를 제공한다. 먼저 와이즈먼은 자신이
유난히 운이 좋거나 반대로 운이 나쁘다고 생각하는 사람들을 모집
하는 광고를 게재했다. 운이 좋은 사람들과 그렇지 못한 사람들에게
신문을 건네어 사진이 몇 장 있는지 훑어본 후 알려달라고 요청했
다. 연구 결과는 놀라웠다. 운이 나쁜 사람들은 사진을 세는 데 평균
적으로 약 2분이 걸렸지만, 운이 좋은 사람들은 단 몇 초밖에 걸리지
않았다. 운이 좋은 사람들이 훨씬 빠르게 행동한 이유는 신문의 두
번째 장에 큰 글씨로 "그만 세세요. 이 신문에는 43장의 사진이 있습
니다"라는 글을 발견했기 때문이다.

　이 실험을 비롯한 여러 실험을 살펴보면 운이 좋은 사람들은 특
별히 알아보라고 요청받은 것보다 더 많은 것을 알아차리는 것으로
나타났다. 말하자면 이들은 레이저처럼 한곳에 집중하는 동시에 레
이더처럼 널리 탐지할 수도 있다. 반대로 운이 좋지 않은 사람들은
레이저는 있어도 레이더는 없다.

　점점 빠른 속도로 변화하는 세상에서는 잦은 실패를 인정하고
자주 방향을 전환해야 하기에 행운의 필요성이 더욱 커진다. 따라서
행운은 좇을 만한 가치가 있고, 운을 잡으려면 세심한 관찰력을 길
러야 한다.

운이 좋은 사람들은 레이저처럼 한곳에 집중하는 동시에
레이더처럼 널리 탐지할 수도 있다.
다시 말해, 이들의 관찰력과 사고력은 수렴하면서도 확산한다.

더 나은 레이더를 개발하기

운을 개선하기 위해 더 나은 레이더를 개발하려면 어떻게 해야 할까? 우선 일상이 규칙적이지 않을수록 행운과 불운을 만날 확률이 높아진다. 하지만 약간의 연습만 하면 대체로 행운을 활용하면서 불운이 불러올 피해는 최소화할 수 있다. 어디로 가고 싶은지 명확한 계획을 세우면 그곳으로 이끌어줄 행운을 얻을 확률이 높아진다. 마음은 자동으로 그곳에 도달할 방법을 찾기 시작할 것이다.

많은 실험에서 피험자에게 빨간색처럼 환경의 특정 요소에 집중하라고 요청하면 피험자는 빨간색을 띠는 사물이 무엇인지 꽤 정확하게 기억하지만 같은 환경에서 파란색을 띠는 다른 사물에 대해서는 잘 인식하지 못하는 것으로 나타났다. 뇌는 빨간색 사물에 집중하면 자동으로 빨간색이 아닌 사물을 거의 인식하지 못한다. 마찬가지로 뇌가 찾아야 할 사물을 감지할 때 레이더 능력은 활성화된다. 즉 일반적으로 뇌의 관찰력을 높이는 훈련이 가능한 것이다.

와이즈먼에 따르면 운이 좋은 사람들은 운을 추구할 뿐만 아니라 긍정적으로 기대하며 자기 충족적 예언을 하고, 직관에 귀 기울여 운 좋은 결정을 내리고, 불운을 행운으로 바꾸는 탄력적인 태도를 취한다. 후자는 성장형 사고방식의 또 다른 예로 볼 수 있다.

뜻밖의 경험을 받아들이기

운을 연구한 또 다른 과학자로는 《세렌디피티 코드》를 쓴 뉴욕대학 교수 크리스티안 부슈Christian Busch가 있다. 부슈는 모든 과학 혁신의 절반가량이 운에 달려 있다고 주장한다. 그는 운이 중요한 요소이며 '세렌디피티serendipity(행운이나 우연히 발견하는 능력—옮긴이주) 사고방식'을 지닌 사람이 점과 점을 연결하고(살면서 마주하는 여러 경험과 과정을 일련의 점에 비유한 표현이다—옮긴이주), 일반적으로 뜻밖의 경험을 기대하고, 그러한 경험에서 불안을 느끼기보다 무언가를 얻을 수 있기를 바라며, '똑똑하고 적극적인 행운'을 추구한다고 말한다.

복잡한 세상에서는 아무리 열심히 일하고 집중하더라도 일이 예상한 대로 풀리지 않을 수 있다. 말하자면 전쟁이나 축구 경기와 다를 바 없는 것이다. 이러한 이유로 늘 예기치 않은 상황이 발생할 수 있으니 조심하고 실제로 그러한 상황이 유리하게 작용하길 바라야 한다. "위기는 기회를 낳는다"라는 말이 생긴 건 결코 우연이 아니다.

예상치 못한 일은 피할 수 없으니 그것이 잠재적으로 행운과 기회의 원천이 될 수 있다고 생각하는 마음가짐을 기르는 것이 좋다.

**일반적으로 예상치 못한 일은 피할 수 없으니
이를 훌륭한 기회의 원천이라고 생각하자.**

행운을 찾을 확률을 높이는 습관 개발하기

운을 자극하는 데 도움이 되는 구체적인 습관도 있다. 예를 들어 많은 사람을 만나고, 소셜 미디어에서 인맥을 넓히고, 많은 장소를 방문하고, 책을 많이 읽고, 여러 가지 일을 시도해볼 수 있다. 상생하고 싶은 마음으로 다른 사람을 돕는 습관이 있다면 상대도 이에 대한 보답으로 당신을 도와줄 가능성이 크다.

> **많은 사람을 만나고, 소셜 미디어에서 인맥을 넓히고,**
>
> **많은 장소를 방문하고, 책을 많이 읽고, 여러 가지 일을 시도하고,**
>
> **다른 사람들을 자주 도우면 행운을 좇을 수 있다.**

복잡한 세상에서 여러 점을 탐색할 또 다른 방법은 순간의 알아차림과 성찰의 시간을 결합하는 것이다. 이렇게 하면 무의식을 의식화할 수 있고, 주변에서 새로운 기회를 발견할 수 있다. 실전에서는 속도를 조금만 늦추고 자동 조종 장치를 멈춘 후 양손으로 운전대를 잡도록 하자.

사고방식 ⑥ 세렌디피티 사고방식

세렌디피티 사고방식을 지닌 사람은 운도 다른 기술과 마찬가지로 배우고 활용할 수 있다고 믿는다. 이들은 단순히 '운이 더 좋다'가 아니라 성공하려면 인생에서 행복한 우연이 일어나고 이를 활용할 수 있는 조건을 갖춰야 한다는 점을 알고 있다. 반대로 징크스(또는 저주) 사고방식을 지닌 사람은 일반적으로 자신이 운이 나쁘고 인생에 사건이 무작위로 일어난다고 생각한다.

인생에서 앞으로 나아가는 길이 선형적이지 않고 수렴과 확산 주기를 반복하는 경우가 많아지면, 운을 기르고 겉보기에 이질적인 기술과 사람, 사건을 연결하는 능력이 점점 중요해질 것이다. 세렌디피티 사고방식은 기술 융합을 혁신의 원동력으로 삼고 활용하는 데 도움이 된다. 또한 초사회성으로 향하는 길을 열어준다.

세렌디피티 사고방식을 뒷받침하는 주요 믿음은 다음과 같다.

- 이유를 묻고 새로운 방법을 탐구하는 것이 좋다.
- 새로운 사람들을 만나 그들에게 배우는 것이 이롭다.
- 자신의 경험과 대화를 되돌아볼 시간을 따로 마련한다.
- 예상치 못한 실수나 이탈은 오히려 기회가 된다.
- 다양한 계층의 사람들과 생각을 공유하는 것은 종종 귀중한 경험이다.
- 뜻밖의 사건을 예상하고 지속적으로 접근 방식을 조정한다.

앞날을 내다보며 점들을 이어가기

행운은 종종 새로운 방식으로 여러 가지를 연결하는 행위가 될 수 있다. 다양한 정보와 경험, 사람을 접할 기회가 많아지면 서로 무관해 보이는 두 사건이 연결될 확률이 높아지는 건 당연한 일이다. 레오나르도 다빈치Leonardo da Vinci는 흔히 〈모나리자〉나 〈최후의 만찬〉 같은 상징적인 명화를 그린 화가로 여겨진다. 그가 A와 B를 얻을 수 있는 방법을 찾고 불가능해 보이는 기술을 자주 상상했던 기하급수적 사고방식의 소유자였다는 사실을 아는 사람은 그리 많지 않다. 다빈치는 헬리콥터, 낙하산, 심해 잠수복, 장갑차, 로봇, 기관총, 태양열 발전, 계산기 등 여러 기계의 초기 설계를 구상했다. 진정한 퓨처핏 인재의 대표적인 예가 바로 다빈치다.

다빈치가 현실에 바탕을 두지 않은 기발한 아이디어를 하루아침에 떠올린 것은 아니다. 그는 광범위한 분야에 매우 정통했기 때문에 그 누구도 알아차리지 못했던 연결고리와 기회를 발견할 수 있었다. 그는 어떤 영역에서 인식한 패턴을 종종 다른 영역에 적용했다.

우리 대부분은 다빈치 수준에 미치지 못할 테지만, 그의 접근법을 익혀 활용할 수는 있을 것이다. 스티브 잡스는 "미래를 내다보며 점들을 이을 수 없어도 과거를 되돌아보며 점들을 이을 수는 있다"는 유명한 말을 남겼다. 자신이 인식하는 점의 수를 늘리고 미래에 새로운 방식으로 점과 점을 결합할 방법을 탐색하는 일은 스스로 통제가 가능하다. 게다가 미래의 점들을 연결할 수 없다는 것도 사실이 아니다. 상당한 확신을 갖고 점들을 예측하고 연결할 방법은 얼마든지 있다. 이를테면 이미 살펴본 바와 같이 기하급수적 추세를 외삽하고 공진화 패턴을 찾아 나설 수도 있다. 이처럼 기본 개념을 익히면 지속적으로 행운을 거머쥐고 슈퍼트렌드를 더 잘 활용할 수 있음을 알게 될 것이다.

사전 연습

미래의 중요한 목표에 도달하지 못하는 자기 모습을 상상하는 사전 연습을 해볼 수 있다. 물론 이는 그다지 유쾌한 과정은 아니다. 하지만 6개월 또는 1년 후 중요한 다음 단계에 대해 생각해보는 시간을 가지는 것이 좋다. 목표에 도달하지 못했다고 상상한 후, 왜 그런 일이 일어났는지 이유를 간략하게 정리하자. 최대한 많은 이유를 생각한 후 목록을 길게 작성해야 한다. 열 가지 이유가 있다면 다섯 가지 이유를 더 찾아보자. 이제 주요 주제가 머릿속에 떠오를 것이다. 각 주제에 대해 위험을 완화할 방법을 생각해보자. 미래의 실패를 상상하고 실패를 피할 방법도 계획하자.

변동성이 점점 커지는 세상에서 결과를 우연에만 맡기는 건 위험한 전략이다. 목표에 미치지 못하더라도 성공 확률을 최대로 끌어올려야 한다. 목표를 이루지 못하면 주체성과 자율성을 상실하게 되고, 이는 무관심으로 이어질 수 있다. 우연에 모든 것을 맡기면 후회로 가득 찬 미래를 맞이할 위험이 있다. 자신에게 주어진 위대한 자산인 시간을 낭비할 수 있기 때문이다.

좀 더 예기치 않은 일을 생각하고 인생의 수많은 점을 더 깊이 탐색하고 연결하는 데 도움이 될 만한 몇 가지 방법은 다음과 같다.

1. **레이더와 레이저를 모두 개발한다**: 수렴적 사고와 확산적 사고를 모두 터득하고 다음 단계에 대한 실마리가 되는 신호를 주변 환경에서 찾는 연습을 한다.

2. **예기치 않게 일어난 사건을 받아들인다**: 뜻밖의 사건을 잠재
   적 행운과 기회의 원천으로 바라본다.

3. **행운을 좇는다**: 다양한 분야의 사람들을 많이 만나고, 대규모
   소셜 미디어 네트워크를 구축하고 상호작용하며, 다양한 장
   소를 방문하고, 독서를 하고, 새로운 것을 시도하고, 새로운
   변화를 기꺼이 받아들이는 등 행운을 찾을 확률을 높이는 습
   관을 기른다.

4. **다빈치처럼 행동한다**: 어떤 환경에서 다른 환경에 적용할 수
   있는 패턴을 찾아본다. 주기적으로 15분 정도 시간을 내어 특
   정 상황에서 얻은 경험과 교훈이 다른 상황에 어떻게 도움이
   될지 되돌아보는 것만으로도 다빈치처럼 될 수 있다.

5. **미래를 내다보며 점들을 연결한다**: 기하급수적 추세를 외삽
   해 미래의 점들을 예측하고 앞날을 내다보며 점과 점을 이어
   본다.

6. **사전 연습을 한다**: 실패를 상상한 후 이를 피할 방법을 계획
   한다. 실제로 일어날 가능성은 매우 낮지만 엄청나게 부정적
   인 영향을 미칠 수 있는 '블랙 스완black swan' 사건까지 포함해
   잠재적 실패와 장애물을 최대한 많이 떠올린 후 이를 목록으
   로 작성한다.

1년 만에 37배 향상

37x Better in a Year

지금까지 복잡성을 헤쳐 나가고 퓨처핏을 달성하는 데 도움이 되는 가치관과 습관, 사고방식에 대해 살펴보았다. 주인의식, 기하급수적 사고방식, 초심자의 사고방식, 성장형 사고방식, 풍요의 사고방식, 세렌디피티 사고방식 등은 주변 환경을 이해하고 우리가 가장 바라는 미래를 만드는 데 도움이 될 수 있다.

이제 행동으로 옮겨야 할 때다. 마라톤을 뛰거나 스포츠를 하기 위해 신체를 단련하듯, 일상에서도 더 효과적으로 도움을 받을 수 있도록 마음을 단련할 수 있다. 실제 스테로이드 약물은 매우 위험하고 신체 능력 향상을 위해 복용해선 안 되지만, 미래를 더 잘 준비하고 발전을 가속화할 수 있는 안전하고 매우 효과적인 (은유적인) 스테로이드가 있다.

꿈꾸고 실행하라

원하는 미래를 그렸다면 다음 단계는 행동을 취하고 그 추진력을 유지하는 것이다. 한계를 뛰어넘어 계획을 실행하고 집중해야 한다. 미래에 휘둘리지 말고 스스로 미래를 만들어보자.

사람들이 원하는 미래를 달성하지 못하는 주된 이유는 단련법을 모르기 때문이다.

대부분은 이미 그렇게 하고 있다고 말할지도 모른다. 하지만 실제로는 꿈꾸는 단계에서 막히는 경우가 많다. 미래에 대해 읽고 새로운 것을 익히고 비전을 세우는 일은 흥미롭고 중요한 작업이지만, 한편으로는 실천을 미루는 형태가 될 수 있다. 즉 꿈꾸고 생각하고 계획할지라도 막상 실천으로 옮기지 않는 것이다.

사람들은 특히 일이 복잡하거나 모호하거나 걷잡을 수 없거나 두렵게 느껴지면 질질 끄는 경향이 있다. 1부에서 설명했듯 끊임없이 변화하는 미래로 나아갈수록 점점 더 많은 미래 시나리오가 이러한 상황에 속할 것이다. 실제로 미래에는 매년 우리가 처음으로 경험하게 될 일이 더욱 많아질 것이다. 계획에 지장을 줄 수 있는 일도 많아질 것이다. "지금 이게 실화야?"라는 의문이 들 정도로 놀라운 경험도 많을 것이다. 이처럼 끊임없이 변화하는 불확실성을 헤쳐 나가려면 신속하고 일관성 있게 성찰하고 행동하는 습관을 가져야 한다. 이에 도움 되는 몇 가지 도구와 방법을 살펴보자.

복리의 사고방식

1년 동안 37배나 실력을 향상시킬 수 있다고 상상해보자. 여기서 일관된 행동과 복리의 위력을 엿볼 수 있다. 365일 동안 매일 1퍼센트씩 실력이 향상되면 결과적으로 총 3778퍼센트나 향상되는 것이다. 즉 37배 이상 향상되는 꼴이다. 마찬가지로 하루에 30분씩 한 가지 주제에 몰입해 매일 꾸준히 지식을 쌓으면 1년 후에는 해당 분야에 대해 많은 것을 알게 된다(S자 학습 곡선을 떠올려보자). 같은 기간에 걸쳐 하루에 200단어(3분의 2 페이지 분량)만 쓴다고 가정해도 1년 뒤 책 한 권을 완성할 수 있다.

여러 기하급수적 슈퍼트렌드에서 살펴보았듯, 무언가가 복합적으로 작용하면 시간이 지날수록 그 효과는 상당해진다. 개인도 다르지 않다. 복리의 사고방식을 갖추었다면 개인의 행동에서도 같은 효과를 기대할 수 있다.

끊임없이 변화하는 세상에서 개인이 이루는 성취 중 상당 부분은 의지력에 달려 있다. 성장형 사고방식을 지니고 꾸준히 자신을 단련하면 용기와 의지력도 근육처럼 단련될 것이다. 이러한 방식으로 사고방식은 곧 인격이 된다.

**복리의 사고방식을 지닌 사람은 단기적으로
일관성을 유지해 장기적인 성공을 얻는다.**

복리의 사고방식은 미래에 불균형적인 결과를 달성하기 위해 계속해서 시간, 돈, 에너지 등에 소규모 투자를 많이 해야 한다는 사실을 이해하는 것이다. 많은 기업가가 "하루아침에 성공하기까지 10년이 걸렸다"라고 말하는 것을 들어본 적이 있을 것이다.

노력과 단련의 중요성은 그리 새롭지 않다. 하지만 과거와 비교했을 때 현재와 미래에는 세 가지 주요 차이점이 있다. 첫째, 거의 모든 산업에서 탁월함에 대한 기준이 계속 높아지고 있다. 이는 무엇보다도 급속한 정보 흐름, 경쟁, 더 정확한 데이터(그에 따른 발전 기술) 덕분이다. 둘째, 오늘날에는 주의가 흐트러지기 쉬우므로 절제력과 집중력을 유지하기 위해 더 많은 노력을 기울여야 한다. 즉각적인 만족감이 팽배해 있고, 스마트폰에 몇 가지 앱만 설치해도 무언가에 금방 빠져들 수 있기 때문이다. 셋째, 수명이 길어지고 있기에 장기적인 관점에서 인생을 바라보는 것이 더욱 중요해졌다.

복리의 사고방식을 뒷받침하는 주요 믿음은 다음과 같다.

- 어떤 분야든 탁월해지기 위해서는 훈련이 필요하다.
- 오늘 내가 하는 일(또는 하지 않는 일)은 내일의 나에게 영향을 준다.
- 오랜 시간에 걸쳐 진행한 작은 투자가 커다란 성과를 가져온다(눈덩이 효과).
- 내 행동으로 비롯된 의미 있는 결과를 얻기까지는 시간이 걸린다(S자 곡선과 유사하다).
- 하루아침에 성공하는 법은 없다.

복리의 사고방식과 반대되는 개념은 즉각적 또는 단기적 만족이 지연된 만족보다 낫다고 여기는 사고방식이다.

프로이센 전술을 활용하라

19세기 전쟁을 재현한 영화를 본 적이 있는가? 전장에서 시끄러운 음악과 함께 등장한 병사들이 정연하게 줄 맞춰 행진하고, 전투가 시작되면 고함을 지르며 싸움을 벌이는 등 혼돈이 난무하는 장면이 이어진다.

나폴레옹이 한동안 군사 사령관으로서 승승장구했던 1800년 전후에 유럽에서 일어난 전쟁은 대체로 이러한 형태로 진행되었다. 나폴레옹은 막강한 병력을 확보했을 뿐 아니라 매우 민첩하게 지휘했기 때문에 성공할 수 있었다. 이를테면 1806년 예나-아우어슈테트 전투에서 나폴레옹이 이끄는 프랑스군은 그들보다 두 배나 많은 프로이센 군대와 맞섰지만, 전술적으로 민첩하게 접근해 프로이센을 멋지게 물리쳤다.

그 후 프로이센은 임무형 전술Auftragstaktik이라는 개념을 재정립했다. 프로이센의 군사령관은 지휘관들에게 다음과 같은 명령을 내렸다.

- 명확한 전술적 목표(대상)
- 명확한 목적(달성해야 하는 이유)
- 목표 달성에 걸리는 명확한 기간

이 세 가지 매개변수는 명확하게 명시되었지만, 지휘관들은 이러한 목표를 달성하는 방식에 있어서는 폭넓은 유연성을 누릴 수 있었다. 즉 민첩하게 대응할 수 있었다.

병사들이 충분히 훈련받았다는 전제하에 이 접근법은 매우 효율적이었음이 역사적으로 증명됐다. 제2차 세계대전 당시, 독일군은 이 전술을 사용해 매우 효율적으로 싸웠다(히틀러가 사령관들의 판단을 뒤엎어 종종 재앙적인 결과를 초래한 경우만 제외하면 대체로 효율적이었다). 다행히 연합군도 이와 비슷한 임무형 지휘mission command 접근법을 사용했다. 최근에는 많은 국가에서 무력을 다양한 수준으로 활용할 수 있는 상황과 조건을 서술한 교전 규칙을 채택하고 있다. 이러한 규칙들은 허용되지 않는 행동을 제한한다.

이러한 리더십 접근법의 교훈은 광범위한 목표와 목적 그리고 이를 달성하기 위한 전반적인 전략과 지도 체계에 집중하라는 것이다. 어디로 향하고 있는지 명확히 파악하고 이를 일상적인 행동에도 반영해야 한다. 아마존의 제프 베이조스는 8분기 앞을 내다보고 결정한다. 그는 현재 분기의 성공은 2년 전에 기반을 닦은 덕분이라고 말한다. 아마존은 명확한 미래 비전과 일상적 행동, 결정을 이끄는 원칙을 갖추고 있다. 임무 통제형 리더는 앞으로 일어날 일을 정확히 계획하지는 않지만, 부하 직원들 스스로 대부분 올바른 선택을 할 것이라는 확신을 가질 수 있게 충분히 강력한 경계선을 설정한다. 이는 부하 직원들이 동의하는 것은 물론 반대하는 것에도 똑같이 적용된다.

자신이 바라는 이상적인 미래를 설계할 때 가장 원하는 목표를 적어보자. 예를 들어 시각 예술에 집중하는 경험 경제에 뛰어들고 싶다면 무대 디자이너, 산업 디자이너, 예술품 딜러 등 어떤 종류의 시각 예술 산업에 종사할지 유연하게 선택하면 된다. 그리고 참여 규칙으로 여러 방법을 결정한다(개인적으로 좋아하는 예시를 들면 다음과 같다). (1) 경력과 자기 개발, 개인 건강의 균형을 맞추고, (2) 일주일에 최소 4회 이상 운동하고, (3) 안전한 길보다 제한된 위험을 감수하는 길을 택하고, (4) 인간관계에서 받은 만큼 베풀고, (5) 항상 건설적으로 비판한다.

다음으로 목표의 근거가 되는 목적이 무엇인지 적어보자. 예를 들어 시각 예술을 하고 싶은 이유는 무엇인가? 아니면 왜 아이를 갖고 싶은가? 왜 아이를 갖고 싶지 않은가? 왜 정치에 참여하고 싶은가? 자신의 활동을 강력한 목적과 연결하면 도전과 좌절을 견디고 딱히 흥미롭지 않은 일도 인내할 수 있다. 특히 처음에는 목표를 향해 나아가려면 많은 시간과 에너지를 쏟아야 할 가능성이 크다. 시그모이드 곡선을 떠올려보라!

이러한 접근 방식을 사용한다 해서 모든 것을 미리 결정할 수는 없지만, 앞으로 직면하게 될 의사결정 문제를 어떻게 해결할지는 정할 수 있다. 이는 불확실한 상황에서도 가치관에 부합하고 전반적인 목표에 부합하는 의사결정을 내리는 데 도움이 될 것이다.

**목적과 참여 규칙을 명확히 정하면
급변하는 미래로 나아가는 여정을 안정적으로 이어갈 수 있다.**

불합리한 마감 기한의 반복

단기 계획을 수립할 땐 단계와 달성할 기간을 설정해야 한다. 앞서 살펴본 바와 같이 아마존에서는 전술적 계획 기간을 8분기로 잡았다. 요즘 소프트웨어 개발자들은 종종 스크럼 스프린트scrum sprint 접근법을 사용한다. 다케우치 히로타카竹内 弘高와 노나카 이쿠지로野中 郁次郎가 1986년 〈하버드비즈니스리뷰Harvard Business Review〉에 발표한 논문에서 처음 사용된 이 용어는 원래 럭비에서 유래했다. 스크럼은 럭비 선수들의 대형을 의미하는데, 특정 경기에 빠르고 정확한 팀워크가 필요할 때 사용되었다.[1] 현대 경영에서 스크럼 접근 방식은 명확한 제품 개발 단계에 도달해야 하는 일련의 정해진 기간을 가리킨다. 보통은 단계별로 기간을 한 달 이하로 잡는다.

성과 스프린트에 돌입했다면 이 새로운 작업에 에너지를 집중하기 위해 무엇을 포기해야 할지 결정해야 한다(이는 특히 원대한 야망을 품은 바쁜 사람에게 중요한 일이다). 그다음 실행할 시간을 정해야 한다. 드문드문 한 번에 상당한 분량을 처리하기보다 매일 또는 단기간으로 나눠 규칙적으로 작업하는 편이 낫다. 일상적인 업무에 깊이 파고드는 기간(예: 하루 또는 일주일을 할애해 온전히 특정 목표에 집중한다)을 추가하면 진행 속도를 크게 높일 수 있다.

결정적으로 전 세계가 점점 빠르게 변화하고 있으므로, 몇 달이 아닌 몇 주 단위로 각 단계에 도전하면 더욱 수월하게 적응할 수 있을 것이다. "다음 의사결정 시점으로 이끌려면 적어도 어떤 일을 해야 할까?"라는 질문을 스스로 던져보자.

마감 기한을 터무니없는 수준으로 잡는 것도 하나의 방법이다. 예를 들어 웹사이트를 개설할 때 기한을 2개월이 아닌 2주로 잡는 다. 1개월이 아닌 1주 동안 암호화폐 산업에 뛰어들지 고민해본다. 6개월이 걸리는 프로젝트가 있는가? 이러한 장기 프로젝트는 6~12 개 단계의 다소 부담스러울 수 있는 스크럼 스프린트로 나눠 진행해 보자. 작업 방식과 최종 결과물의 품질은 이러한 마감 기한에 맞춰 정해질 것이다. 오늘날과 같이 사실상 거의 모든 것을 지원할 수 있 는 휴먼 클라우드와 기술이 발달한 시대에 외부 생태계를 동원하면 몇 주 만에도 대규모 작업을 수행할 수 있다. 화이트보드에 목표, 목 적, 가치, 주요 단계 등을 적어 임무형 지휘 과정을 시각화하는 것도 좋다. 당신이 커다란 야망을 품고 있다면 말이다.

높은 성과를 올리는 임무형 지휘 실행 방식으로 앞으로 나아가 고자 하는 방향을 명확히 할 뿐 아니라, 변화하는 상황에 적응할 수 있는 유연성도 확보할 수 있다. 또한 목적과 돌발 상황을 결합해 각 스프린트에서 매우 창의적으로 대처할 기회도 갖게 된다.

실행 단계에서 목표를 달성하기 위해 노력할 때
작업을 일련의 작은 스프린트로 나누고
각 스프린트 기한을 공격적으로 잡는다.
그 후 정기적으로 심층 작업을 추가한다.

실패를 앞당겨라

"완벽은 좋음의 적이다"라는 말을 들어본 적이 있을 것이다. 오늘날과 같이 점점 혼란스러워지는 세상에서 완벽을 향한 열망은 행동을 취하는 데 가장 큰 장애물이 된다. 누구나 완벽한 순간과 완벽한 환경을 갈망하고 불꽃처럼 강렬한 동기부여에 힘입어 마침내 일을 시작할 수 있기를 원한다.

하지만 그렇게 완벽하기만 바라면 틀림없이 모든 게 완벽하지 않고, 동기부여도 되지 않고, 적절한 속도로 발전하고 있지 않다고 계속 느낄 것이다.

완벽하기만 바라는 마음가짐은 종종 고정형 사고방식을 표현하는 데서 비롯된다. 이는 어떤 것의 성과가 자신이 향하는 방향이 아니라 자신의 정체성을 반영한다고 생각하는 것이다. 반면 성장형 사고방식을 지닌 사람은 단기간 스크럼 스프린트에서 얻은 아주 소소한 결과를 언젠가 도달할 완벽한 성과로 가는 단계라고 여긴다. 그 과정에서 분명 장애물에 부딪히고, 경로를 조정하게 될 것이다. 이것이 바로 실패를 앞당기는 행위가 된다. 세상에 대한 지식이 달라지면 우리도 덩달아 변화하기 마련이다.

> **"목표에 더 가까워지기 위해**
> **내가 다음에 할 수 있는 가장 중요한 일은 무엇일까?"라고**
> **자문하며 고민하자.**

한숨 돌려라

앞서 설명했듯, 매우 역동적인 미래로 나아가기 위해 효율적으로 업무를 처리하려면 주로 변화하는 상황에 맞춰 경로를 전환하며 일련의 스프린트 방식으로 움직여야 한다. 터무니없이 짧은 마감 기한을 맞추기 위해 단기간 집중적으로 활동을 수행해야 하기도 한다. 하지만 모든 활동이 순조롭게 진행되는 건 아니다. 빠르게 진행할수록, 그 과정에 적응하는 것이 무엇보다 중요하다. 이를 위해 한숨 돌리며 현재 위치를 파악할 수 있는 적절한 절차를 마련해야 한다.

예를 들어 매일, 매주 또는 매월 일정 시간을 할애해 다음 사항을 되돌아보는 시간을 가지는 건 어떨까?

- 올바른 속도로 올바른 목표를 달성하고 있는가?
- 무엇이 잘되고 있는가?
- 무엇을 다르게 해야 할까?
- 다음 단계는 무엇인가?

또한 때로는 야망을 내려놓고 산책을 하거나, 며칠 쉬거나, 장기 또는 단기 휴가를 떠나 야망을 잊어버리고 완전히 다른 사람이 되어보는 시간도 가져야 한다.

**미래에는 계획을 세우는 활동이
더 중요해질 것이다.**

원하는 미래로 나아가기 위해 행동하고 인생에 대한 복합적 접근법을 기르는 데 도움이 되는 열 가지 방법은 다음과 같다.

1. **변명을 끊어낸다**: 계획한 일을 하지 못하는 이유를 모두 작성한 후 하나씩 해결한다. 밖에서 달리기에 날씨가 너무 춥다면 겨울용 러닝 장비를 구매하면 된다. 부업으로 일할 시간이 없다면 출퇴근 시간에 일하거나 매주 일요일에 일주일간 먹을 저녁 요리를 대량으로 해놓는 건 어떨까? 어떻게 시작해야 할지 모르겠다면 해당 분야에 경험이 있는 세 명을 찾아가 조언을 구해보자.

2. **두뇌를 활성화한다**: 당면한 작업에 맞춰 물리적 전용 공간을 마련한다. 예를 들어 부업을 위한 전용 책상과 집 안 내 작은 헬스장을 마련하거나, 다음 소설 집필을 위해 공공 도서관을 이용할 수 있다. 매일 오전 8시부터 9시까지 특정 프로젝트 작업을 하는 등 전용 시간을 정할 수도 있다. 이렇게 시각적으로나 시간적으로 일관성을 유지하면 뇌가 해당 작업을 해야 할 시간이라는 것을 인지하게 된다.

3. **마감 기한 내 하나의 작업만 수행한다**: 다음 마감 기한까지 딱 한 가지 작업을 제외한 나머지 모든 작업을 과감하게 정리하고, 그 한 가지 작업에 몰두하는 연습을 한다.

4. **양이 아닌 질을 중요시한다**: 모든 작업이 똑같은 조건으로 만들어지는 건 아니다. 신중하고 계획적으로 일을 진행해보자. 30분 동안 한 가지 작업에 완전히 몰입하는 것이 몇 시간 동

안 산만하게 일하는 것보다 훨씬 나은 결과로 이어진다. 휴대
전화를 음소거하고 브라우저에서 로그아웃한 후 작업에 집중
하자.

5. **도전 과제를 재구성한다**: 도전은 좋은 시도다. 분명 힘들고
막막한 시기가 올 것이다. 이러한 도전을 접근법에 반영하고
긍정적으로 받아들이는 것이 중요하다. 성장형 사고방식은
어렵게 느껴지는 도전을 바탕으로 구축된다는 점을 기억하
자. 예컨대 과학자들은 약간의 아픔이 인체를 더 튼튼하게 만
드는 강력한 호르미시스hormesis 현상을 발견했다. 살충제 같
은 미량의 독에 노출되는 것이 전혀 그렇지 않았을 때보다 오
히려 건강에 좋은 경우가 종종 있다. 미량의 박테리아 감염이
면역 체계를 활성화하기 때문이다. 매일 운동하면 근섬유가
조금씩 파열되어 더 커지고 강해진다.

6. **몰입한다**: 가끔 아주 깊이 몰입해보자. 극한의 수준으로 작업
에 집중하는 것이다. 정말 몰입하고 싶은 기분이 드는 시간을
정한 다음, 심리학자 미하이 칙센트미하이Mihály Csíkszentmihályi
가 일컬은 몰입 상태flow state에 진입할 수 있는지 알아보자. 몰
입 상태는 강력한 집중력과 열중, 활동이 주는 강렬한 즐거움
에 빠져 시간 감각을 잊는 것을 말한다.

7. **팀을 꾸린다**: 방향을 제시하고 당신의 약점을 알려주고 안전
지대를 벗어나도록 자극해줄 멘토를 구해야 한다. 적어도 책
임감 있는 친구 한 명 정도는 있어야 한다. 서로 동의하에 각
자의 목표를 향해 책임을 부여하며 함께 나아갈 친구들을 온

라인에서 찾는 것도 좋다.

8. **공개적으로 밝힌다**: 친구들과 가족에게 목표를 알린다.

9. **대회나 기타 이벤트에 등록한다**: 진행 상황을 보여줄 필요가 있는 이벤트에 등록하면 더 효과적이다. 예를 들어 경주, 발표, 스타트업 투자 모집 등이 있다.

10. **결과뿐 아니라 진행 상황도 측정한다**: 성장 과정 초기에는 결과에 실망할 수 있다. 이때는 남들이 아닌, 1개월, 6개월 또는 1년 전의 자신과 비교하는 것이 좋다.

유리공이 아닌 고무공

Rubber Ball, Not Glass

우스꽝스러운 캐릭터인 미스터 빈Mr. Bean이 크리스마스트리 장식을 쇼핑하는 장면을 담은 동영상 클립이 있다. 미스터 빈은 어떤 상점에 들어가 반짝이는 동그란 장식품 두 개를 집는다. 하나는 유리로 만들어졌고, 하나는 고무로 만들어졌다. 그는 둘 중 어떤 것을 살지 고민하다가 바닥에 각각을 던져보며 품질을 테스트한다. 유리 장식품은 산산조각이 났지만, 고무 장식품은 튀어 올라 다시 그의 손에 들어온다. 테스트 결과에 만족한 그는 고무공을 집어 들고 웃으며 걸어 나간다. 어떻게 하면 압박을 받을 때 부서지지 않고 고무공처럼 원래 상태로 돌아오는 방법을 익힐 수 있을까?

오늘날 우리 대부분은 약속, 정보, 일상적인 의사결정, 삶의 속도 면에서 부모 세대보다 훨씬 많은 일을 처리하고 있다. 재택근무와 원격 근무가 점점 빈번해지면서 다양한 유형의 활동을 구분하는 경계도 모호해지고 있다. 업무 외적인 여러 활동을 하면서 더 오래 일하는 사람도 많다.

이는 매일 잠시나마 정신적으로 휴식을 취했던 순간마저 이제 거의 사라졌음을 의미한다. 사람들은 30초 동안 쉴 틈이 생기기만 하면 휴대전화로 무언가를 확인한다. 여러 연구 결과에 따르면, 사람들이 20년 전보다 지금 더 많은 스트레스를 받는 이유는 '할 일이 너무 많기 때문'이다.[1] 게다가 이메일이나 소셜 미디어 알림 등 여러 방해 요인으로 인해 산만해지기 쉽다. 그렇다 보니 자연스레 메타버스가 이러한 문제를 더욱 악화시킬 것이라는 전망도 나온다. 어쩌면 사람들은 다른 일에 방해가 될 정도로 메타버스에 많은 시간을 할애할지도 모른다.

이 세상을 살아가려면 새로운 방식으로 우선순위를 정하고 스스로 책임지는 법을 배워야 한다. 아무도 영원히 더 빠르게 끊임없이 달릴 수 없다는 사실을 인정해야 한다. 최근 몇 년 동안 미니멀리즘minimalism이 퍼진 것도 우연이 아니다. 미니멀리즘은 소유물의 대부분을 포기하는 극단적인 형태를 가리키기보다는 일반적으로 정말 필요한 것만 소유하고 나머지는 덜어낸다는 철학이자 삶의 방식이다. 여기에는 무엇을 소유할지, 돈을 어떻게 쓸지, 스마트폰과 기타 기기에 얼마나 많은 시간과 에너지를 기꺼이 쏟을지(디지털 미니멀리즘) 등 여러 문제가 포함된다.

24시간 쉴 새 없이 돌아가는 세상에 산다고 해서 개인적으로도 그토록 바쁘게 살아야 한다는 얘기는 아니다. 상당수가 친구, 직장,

소셜 미디어와 계속 연결되거나 매일 뉴스를 봐야 한다는 강박감을 느낀다. 그런데 여러 연구에 따르면 이러한 행동은 뇌 구조를 바꾸고, 새로운 알림을 받았을 때 전달되는 작은 흥분을 갈망하게 만든다. 퓨처핏을 갖추려면 이러한 시스템에 기대는 동시에 정기적으로 시스템에서 벗어나 건강을 관리해야 한다. 강인한 내면의 힘을 길러야 미래에도 성취 수준과 개인적 성장, 건강을 유지할 수 있다.

**이러한 시스템에 기대어 적합성을 기르는 동시에
정기적으로 시스템에서 벗어나 건강을 관리하는 노력이 필요하다.**

통제 가능한 영역에 철저히 주목하라

전前 맥킨지 선임 컨설턴트 케이반 키안Kayvan Kian은 저서 《젊은 리더들을 위한 철학 수업》에서 이 주제를 탐구한다. 그는 이 책에서 급변하는 미래에 성공하는 방법은 실제로 통제할 수 있는 영역에 철저히 주목하는 것이라고 설명한다. 시간은 한정되고 통제할 수 없는 것이 많지만, 반면 통제할 수 있는 것도 꽤 많으므로 키안의 주장은 일리가 있다. 통제할 수 있는 영역에 더 집중해보는 건 어떨까? 간단하지만 종종 놀랍도록 유용해 커다란 차이를 만드는 일곱 가지 방법은 다음과 같다.

1. 하루의 대부분을 자신의 강점을 활용하고 활력을 얻는 일에

집중한다. 약점에 해당하는 일은 외부에 위탁하거나 다른 사람들과 협력해 해결할 수 있다.

2. 불필요한 부정적 감정을 줄이고, (힘든 시기를 극복할 수 있도록) 긍정적인 경험과 감정을 늘린다.

3. 매일 감사하는 연습을 하며 긍정적인 감정을 한층 강화한다. 인생에서 일어난 좋은 일을 떠올리고 그것에 감사하는 마음을 갖는 것이 좋다.

4. 타인을 건설적인 방식으로 대한다. 상대방의 즉각적인 행동이나 말을 통제할 수는 없지만, 자신의 대응 방식은 얼마든지 선택할 수 있다. 다른 사람들에게 적절하게 대응하면 그들의 행동에 긍정적인 결과가 반영될 가능성이 크다. 소셜 미디어에서 서로에 대해 이야기하는 방식이 대표적인 예다. 생각이 다른 사람들에 대한 비판이 건설적인가, 아니면 파괴적인가? 지도자처럼 행동하고 있는가, 아니면 (카프먼 드라마 삼각형의) 박해자 역할을 하고 있는가?

5. 어떤 상황이 벌어지든 긍정적인 면을 찾아내고 일상적 활동에서 의미를 도출한다. 예를 들어 당신이 벽돌을 쌓고 있다면, 벽돌공으로서 그저 일을 하고 있는가, 학교를 짓고 있는가, 아니면 사회 교육을 개선하는 일에 한몫하고 있는가? 어떤 관점을 선택할지는 당신 몫이다.

6. 기준을 너무 높게 설정하기보다는 자신이 달성한 성취를 인정한다. 작은 성공을 축하하는 행동은 일상적 업무에서 동기부여가 된다. 이는 더 높은 목표를 공식적으로 달성한 결과뿐

아니라 발전을 축하한다는 의미이기도 하다.

7. 칭찬받아 마땅하다고 생각하지만 아무도 칭찬해주지 않는다
   면, 제3자의 시선에서 자신을 바라보며 스스로를 칭찬한다.

"건강한 육체에 건강한 정신이 깃든다"

"건강한 육체에 건강한 정신이 깃든다." 이 말은 고대 로마인들에게
바람직한 삶의 토대가 되었고, 지금도 그렇다. 자신을 돌보는 일은
단순히 '하면 좋은 일'이 아니다. 이는 최고의 성과를 내고 도중에 좌
절하지 않고 다시 일어서는 데 중요한 원동력이 된다. 육체와 정신
의 다양한 부분은 서로 강력하게 연결되어 있으며 서로 직접적인 영
향을 미칠 수 있다. 애쓴 만큼 간간이 회복 기간을 갖는 것이 중요하
다. 스포츠 경기를 할 때와 마찬가지로 과도한 훈련은 육체를 강화
하기보다 오히려 쇠약하게 만든다.

적절한 수면, 운동, 영양 섭취를 통한 기본 체력과 웰빙이 적절한
균형에 포함된다는 사실은 두말할 필요도 없다. 이 세 가지 요소는
상호 보완적인 관계에 있다. 즉 잘 먹고 잘 자면 운동을 할 의욕이
생기고, 운동하고 잘 자면 식욕 조절에 도움이 되며, 운동하고 잘 먹
으면 숙면에 도움이 된다.

뇌도 마찬가지다. 명상과 침묵이 더 차분하고 행복하고 자비로
운 마음을 갖고 스트레스를 줄이는 데 도움이 된다고 알려져 있다.
수천 년 동안 전해 내려온 명상과 침묵에 대한 이러한 전통적 개념

은 이제 과학으로 설명되고 있다. 장시간 이어진 고된 업무에서 벗어나 휴식(회복) 시간을 확보하고 명상과 운동, 요가, 걷기 등 자기 자신과 생각을 연결할 방법을 찾아보자. 하루에 10분만 해도 놀라운 효과를 볼 수 있다. 연구에 따르면 이러한 시도를 하면 8주 만에 뇌의 회백질이 증가한다.[2] 말 그대로 뇌의 이두박근을 키우는 것과 같다.

창의적 사고와 판단력이 필요한 고도의 인지 과제로 나아갈수록, 수렴적 사고는 물론, 집중력을 잃지 않는 시간과 정신적으로 회복하는 시간 사이를 오가는 것이 더욱 중요해질 것이다. 이러한 유형의 과제에는 맑은 정신과 확산적 사고, 새로운 아이디어를 받아들이는 열린 태도가 요구된다. 하지만 힘든 상황에서 전속력으로 헤쳐 나가야 할 때 이러한 사고와 행동을 유지하기는 쉽지 않다.[3] 계속 바쁘고 산만하게 지내기는 쉽다. 하지만 생각하는 수준을 높이면 완전히 새로운 길을 열 수도 있다. 미래가 전개되는 방식은 점진적이지 않고 기하급수적이라는 점을 기억하자. 그런 의미에서 전문가는 기계가 아닌 예술가처럼 일해야 한다. 온전히 생각에만 집중할 수 있는 시간을 확보하면 기적 같은 일이 벌어질 수 있다. 휴대전화는 잠시 집에 두고 노트북과 펜을 챙겨 근처 카페로 향하자. 더 나은 생각을 하고, 방향을 찾고, 고무공처럼 역경을 딛고 다시 일어서는 데 이러한 변화가 도움이 될 것이다.

모든 일을 너무 감정적으로 받아들이지 마라

미래에는 팬데믹을 비롯해 전 세계에 영향을 미치는 충격적이고 놀라운 사건이 매일 거시적인 수준에서 많이 발생할 것이다. 초연결 세상에서 살다 보면 당신의 의견에 동의하지 않거나 이를 신랄하게 비판하는 사람도 더 많이 접하게 될 것이다. 실패를 앞당기는 행위가 중요하다는 건 실패를 피할 수 없음을 의미한다. 실패를 어떻게 받아들이느냐에 따라 성패가 갈릴 수 있다. 고정형 사고방식을 가진 사람은 부정적 사건을 영구적이고 만연한 결과로 간주하고 감정적으로 받아들인다. 예를 들어 실직하게 되면 다시는 일자리를 찾을 수 없고, 실직한 이유는 자신이 무능하기 때문이며, 인생의 모든 면에서 자신을 실패한 사람이라고 여기는 것이다. 이러한 사고방식은 우울증과 무력감으로 이어질 수 있다.[4]

반면, 더 건강하고 적합한 성장형 사고방식을 가진 사람은 그러한 사건을 단기적 특정 상황으로 여긴다. 실직 기간은 특정한 상황에 따른 일시적 후퇴일 뿐이지 그것이 인생의 전부를 의미하지 않는다고 생각한다. 그들은 일시적 하락을 그리 심각한 사건으로 받아들이지 않아서 더 빠르게 회복할 수 있다.[5] 자신에게 일어나는 모든 일을 통제할 수는 없지만, 자신이 처한 상황을 어떻게 바라보고 대응할지는 직접 통제할 수 있다. 미래를 이미 굳어버린 콘크리트가 아닌 원하는 대로 빚을 수 있는 점토라고 생각해보자. 자신을 고정된 구조물이 아닌 변화하는 환경에 적응할 수 있는 액체로 바라보자. 이미 일어난 일이 아닌, 상황을 바라보고 대응하는 방식이 미래의 성공을 좌우한다.

실패에서 회복하는 데 도움이 될 수 있는 또 다른 전략은 자아를 연결할 공간을 마련하고 자신의 감정을 표현하는 것이다. 생각과 감정은 서로 다른 활동이어서, 자신의 감정을 제대로 설명할 적절한 단어를 떠올리기 어려울 수 있다. 이는 역으로 강한 감정을 불러일으키는 이야기가 강력한 힘을 발휘하는 이유이기도 하다. 심적으로 괴로울 때 부정적 감정에 이름을 붙이는 행위 자체가 그 감정을 극복하는 데 도움이 될 수 있다. 사람들에게 상황을 설명하고 격정과 관심을 받으면 감정을 가라앉히는 데 도움이 된다. 자아와 감정은 일치하는 개념이 아니다. 자신의 감정과 대응 방식을 분리하면 어려움을 극복하는 데 도움이 된다. 감정이 격해지고 부정적이라면 그러한 감정에 따라 행동하지 말고 자신이 믿는 가치관에 따라 행동하자.

시야를 넓혀라

미래가 불러올 모든 변화와 불확실성으로 인해 선택의 폭이 넓어졌다. 젊은 층은 아마도 남은 인생을 이끌어갈 진로 방향을 구체적으로 정하기보다 10년마다(또는 몇 년마다) 자신을 새롭게 발견하고 항상 새로운 것을 배우고 메타버스 같은 공간을 탐색하면서 실존적 질문을 던질 것이다.

인간은 기본적 욕구가 충족되면 목적을 정의하고 그에 따라 실천하는 등 고차원적 욕구를 충족하려 노력한다. 의식주 같은 기본 욕구는 눈으로 볼 수 있고 이해하기도 쉽다. 반면 고차원적 욕구는 개인별로 정의해야 하므로 이를 충족하려는 여정에 나설 때 혼란스러울 수 있다. 이미 9시에 출근해 5시에 퇴근하는 직장을 그만두고 개인의 유연성과 자유, 의미를 찾으려는 사람이 많아졌지만, 그렇다고 해서 일의 전환이 순조롭게 이뤄진다는 의미는 아니다. 긱(임시직) 업무를 이어가는 노동 형태로 전환하는 과정에서 불확실성을 경험하고 안정적이지만 의미 없는 삶으로 되돌아가야 할지 고민하게 될 수도 있다.

이러한 문제를 해결하는 방법은 끊임없이 새로운 관점에서 바라보고 의미를 새롭게 발견하는 것이다. 목적의식이 있으면 내적 동기가 부족한 상태에서 하고 싶지 않은 일에 직면했을 때 방향을 유지할 수 있다. 목적을 명확히 정하면 좌절을 딛고 일어나 불확실성의 시기를 헤쳐 나가는 데도 도움이 될 것이다. 디지털 메타버스는 근사하지만 그것이 인생에 어떤 의미를 더할까? 더 큰 성취감을 느끼게 해줄까? 아니면 방해만 될까? 어떻게 하면 의도한 대로 그것을 활용할 수 있을까? 물질과 경력 등도 마찬가지다. 그것을 원하는 이유는 무엇인가? 원하지 않는 이유는 무엇인가?

시야를 넓히고 새로운 관점을 얻는 가장 좋은 방법은 멀리서 세상을 바라보는 것이다. 저명한 천문학자인 칼 세이건Carl Sagan은 보이저 1호가 역대 최장 기록인 약 60억 킬로미터 거리에서 촬영한 〈창백한 푸른 점Pale Blue Dot〉이라는 사진에서 영감을 얻었다. 사진 속 지구는 광활한 우주에 둘러싸인 점에 불과해 보인다.

지구를 하나의 작은 점으로 바라보면 인생을 새로운 관점에서 볼 수 있다. 유명한 직장이나 안락한 집처럼 매우 중요하게 여겼던 것들이 그 의미를 잃게 된다. 우리는 작은 행성의 아주 작은 일부이며, 이곳에 잠시 머무는 존재라는 사실을 깨닫게 된다. 자신의 가치관에 맞지 않는 사회적 기대에 부응하려 애쓰는 것은 어리석은 일이다. 시야를 넓히면 불확실성 속에서도 의사결정을 내리고 좌절을 극복할 수 있다. 사실 생각만큼 심각하게 나쁜 일은 발생하지 않는 경우가 많다.

> **"천문학을 공부하면 겸손해지고 인격이 함양된다는 말이 있다. 멀리서 촬영한 이 사진만큼 인간의 자만이 어리석다는 것을 잘 보여주는 사진은 없을 것이다."** - 칼 세이건

이러한 접근 방식은 이른바 회복탄력성 사고방식resilience mindset을 촉진한다. 이러한 사고방식을 갖추면 불확실성과 복잡성에 훨씬 잘 대응할 수 있다. 상황이 모호하거나 계속 달라지더라도 "세상은 원래 그런 거야. 그냥 적응해 나가야지"라고 생각하는 것이다. 딜레마와 모순에 직면하면 자신의 가치관과 목적을 평가해 자신에게 가장 적합한 대응 방법을 결정할 수도 있다.

회복탄력성은 임상 및 발달 심리학에서 다루는 다층적 성격 특성을 말한다. 스트레스, 트라우마, 역경, 위협을 마주한 후에도 기초 기능 수준으로 쉽게 회복할 수 있다면 회복탄력성이 있는 것으로 간주된다. 자신의 기초 역량을 넘어서는 성향과 스트레스에 따른 인생의 난제를 해결할 방법을 개발하는 성향 모두 회복탄력성에 포함될 수 있다.

앞서 살펴본 바와 같이 미래에는 점점 더 빠른 속도로 더 많은 기회를 갖게 되는 동시에 예기치 못한 사건도 마주하게 될 것이다. 회복탄력성이 높은 사람들은 물리적으로 자신을 지키고, 강력한 커뮤니티를 형성해 정서적 지원을 받고, 힘든 상황도 정면으로 부딪쳐보고, 상황을 키우거나 악화시키지 않으며, 개인적 목적이나 방향에 따라 행동하고, 유용한 습관을 기르기도 한다.

사고방식 측면에서 회복탄력성을 키우는 데 도움이 되는 믿음은 다음과 같다.

- 부정적 사건과 속상한 일은 인생의 일부에 지나지 않는다.

- 영원히 지속되는 것은 없다.

- 내게 일어나는 일 자체는 내가 대응하는 방식보다 중요하지 않다.

- 내겐 상황을 어떻게 해석하고 앞으로 나아갈지 선택할 힘이 있다.

- 내가 통제할 수 없는 것 대신 내가 통제할 수 있는 것에 집중해야 한다.

회복탄력성 사고방식과 반대되는 개념은 취약성 사고방식fragility mindset이다. 이러한 사고방식을 지니면 실패에 집착하고 부정적 상황을 크게 키워 쉽게 좌절하게 된다.

혼자 해결하려 하지 마라

과거에는 개인을 둘러싼 안정적 공동체가 개인이 겪는 충격을 완화하는 역할을 했다. 산업혁명 이전에는 직계가족, 대가족, 지역사회 등 세 가지 주요 공동체가 있었다. 대부분은 가족 농장이나 지역사회의 사업체에서 일했다. 이러한 공동체는 금전적 소득, 주택 수요, 교육, 의료, 사회 정서적 지원, 전통에 기반한 일반적인 생활 지도 측면에서 인생의 근간을 이루었다.

그로부터 불과 몇 세대밖에 지나지 않았지만 공동체 형태는 극적으로 바뀌었다. 이제 사람들은 과거보다 이른 나이에 독립하고 더 늦은 나이에 결혼한다. 주어진 전통을 따르기보다 자신만의 가치관을 형성하고, 전 세계를 넘나들며 생활하고 일하며, 의료, 은행, 안전, 교육 등 다양한 서비스를 공공 또는 민간에 맡긴다. 이러한 변화는 본질적으로 개인이 이전보다 훨씬 강해지고 자립해야 함을 시사한다.[6]

이는 어려움에 직면할 때 힘든 시기를 헤쳐 나가는 데 필요한 도움을 제대로 받기 어렵다는 의미이기도 하다. 직면하는 어려움에는 실직이나 이혼처럼 정서적 상실감을 느끼거나 사랑하는 사람을 잃거나 질병에 걸리는 상황이 있다. 또한 이직을 하거나 새로운 국가로 이주하는 경우처럼 언뜻 긍정적으로 보이는 사건조차도 혼란스럽게 느껴질 수 있다. 개인이 이러한 상황을 겪게 되면 불확실성과 위협을 인식하는 과정에서 스트레스 반응이 촉발될 수 있으며, 이전에 겪었던 트라우마가 되살아날 수 있다. 새로운 세대가 성장하고 잦은 이직과 경력 변화를 경험하고 이전 세대에 비해 더 많이 이혼하면서 전통은 계속해서 무너질 것이다.[7] 따라서 이러한 혼란 속에서 적극적으로 자기 자신을 뒷받침할 구조를 유지할 방법을 찾아야 한다. 당신을 좋아하는 집단을 찾고 그들에게 도움을 요청하는 것이 좋다.

인생에서 스트레스를 유발하는 사건들을 통제할 수는 없지만, 내면의 힘을 기르고 그러한 사건에 대응하는 방식을 선택할 수는 있다. 원하는 미래를 만들기 위한 여정을 탐험 과정으로 여기고, 어려움을 차분하게 헤쳐 나가자. 때로는 돌부리에 걸려 넘어지는 것을 피할 수는 없지만, 그때마다 힘을 내어 다시 일어서도록 만들 방법은 많다.

**원하는 미래를 만들기 위한 여정을 탐험 과정으로 여기고
어려움을 차분하게 헤쳐 나가자.**

어려움을 극복하고 다시 일어설 수 있도록 회복탄력성을 강화하는 데 도움이 되는 여섯 가지 방법은 다음과 같다.

1. **24시간을 이용한다**: 기술이 발전하면서 여러 역할 간 경계가 모호해졌고 항상 준비된 상태로 일에 임하길 요구받게 된다. 그렇다면 이러한 추세를 거스르기보다 이를 유리하게 활용하는 건 어떨까? 예를 들어 야근을 하거나 주말에도 업무 이메일에 답장하는 일이 잦다면, 평일에 가족이나 개인적 취미 생

활에 시간을 할애해 균형을 맞추면 된다. 임무를 다하기만 한다면 업무 시간과 장소는 그리 중요하지 않다.

2. **자신이 통제할 수 있는 것에 (깊이) 집중한다**: 자신이 잘하는 일을 하고, 긍정적인 감정에 집중한다. 다른 사람들에게 반응하고, 상황에서 의미를 도출하고, 성공을 바라보고 칭찬하는 방식 등도 우리가 통제할 수 있는 것에 포함된다.

3. **건강을 관리한다**: 지금은 그 어느 때보다 정신적, 육체적, 정서적, 영적으로 건강한 상태를 유지하는 것이 중요하다. 자신이 무엇을 좋아하는지 파악하고 친구들과 함께하는 일과를 만들자.

4. **근본적인 자기 관리를 실천한다**: 자신을 소중히 여기는 시간을 갖고, 힘든 일이 생기면 다른 사람이나 멘토 등에게 이야기하고, 매일 감사하는 마음을 표현하는 행동은 정신 건강과 활력을 높이고 미래에 대한 낙관적 마음을 갖게 하는 것으로 나타났다.

5. **물처럼 유연해져라**: 종종 좌절이나 불행을 느끼는 가장 큰 이유는 특정 상황에 대한 기대가 충족되지 않아서다. 기대치를 좀 더 가볍게 하면 덜 실망하게 된다. 이는 기대치를 낮추는 것과는 다르다. 상황에 따라 적응할 준비가 되어 있음을 의미한다.

6. **공통된 인간성을 받아들여라**: 지금까지 혁신의 중심축을 이루는 원동력인 초사회성을 살펴보았다. 초사회성은 의심의 여지 없이 미래를 탐색하고 어려운 시기를 헤쳐 나갈 수 있

는 집단적 역량을 강화하는 중요한 수단이다. 시간을 들여 각 계각층의 친구들과 깊고 의미 있는 관계를 구축하고, 처음에는 어려울지라도 가족 간 유대감을 강화하길 바란다. 우주에서 멀리 떨어진 지구의 모습을 바라보면 인간은 하나의 종에 불과하다는 사실을 알 수 있다. 그런데도 우리는 자기 자신과 다른 사람들을 너무 심각하게 생각하고, 사소한 사건과 차이를 이유로 분열하고 갈등할 때가 많다. 불필요하게 싸움을 벌이기에는 인생이 너무 짧고 너무 풍요롭지 않은가.

3

퓨처핏 조직을 위한
열 가지 전환

TEN SHIFTS FOR FUTURE FIT ORGANIZATIONS

조직 형태는 인류 역사의 상당 기간 동안 매우 단순했고, 크게 변하지 않았다. 외부 환경에 변화가 거의 없었기 때문에(말하자면 슈퍼트렌드가 없었기 때문에), 원로, 남성 또는 여성 족장, 왕과 여왕 또는 군 수장(실제로 원로가 가장 적합한 의사결정권자였는지는 상관없었다), 후에 종교의식을 통해 지명된 우두머리 등이 존중과 같은 단순한 규칙을 앞세워 집단과 조직을 통치할 수 있었다. 부족이나 조직은 식량을 어디서 구해야 할지 불확실한 상황과 다른 부족에 침략될 위험에 직면하기도 했다. 그러나 빠른 기술 혁신과 실시간 의사소통 흐름은 거의 일어나지 않았고, 보편적 인권과 환경보호 같은 주제를 바라보는 의식 수준도 개선되지 않았다.

하지만 데이비드 도이치가 설명한 대로 지구가 우주의 단조로움을 깼듯, 조직에도 똑같은 현상이 벌어지고 있다. 오늘날에는 소규모 조직과 개인이 대규모 조직에 지배되지 않고 산업과 사회에 큰 영향을 미칠 수 있다. 조직 또한 미래 적합성, 즉 퓨처핏을 갖추고 유지하려면 변화에 적응하고 변화하는 속도를 높여야 하며, 획일적이고 느린 집단보다는 민첩한 소규모 집단을 육성해야 한다.

돌이켜보면 조직은 분명히 단순한 형태에서 복잡하고 광범위한 형태로 발전해왔다. 새로운 기술은 새로운 조직 형태의 필요성을 만들어냈다. 각 조직 형태는 새로운 혁신과 더 효율적이고 효과적인 조직 원칙을 불러왔다. 하지만 각 조직 유형은 주변 환경이 또다시 변화하면서 한계에 이르기도 했다.

3부에서는 최근 일어난 기술 변화와 앞으로 예상되는 기술 변화가 조직을 바라보는 우리 시선에 어떤 영향을 미칠지 살펴본다. 예를 들어 마이크로 단위의 제품과 서비스, 데이터가 서비스 형태로 제공되며 가격은 실시간으로 변동된다. 또한 평가와 디지털 분석, 실시간 가격 책정, 투명한 경쟁에 영향을 받기도 한다. 소비자는 언제 어디서나 필요한 서비스를 즉시 이용할 수 있을 것이다. 필연적으로 혁신을 겪지 않을 산업은 거의 없을 것이다.

기계와 로봇, 컴퓨터가 반복적이고 단순한 인지 작업을 계속 대체해나가고, 노동자는 산업 경제에서 정밀 경제와 경험 경제로 계속 옮겨갈 것이다. 생활 방식이 진화하면서 선택권이 늘어나고, 기술이 발전하면서 인간의 노동력도 온탭 모델이 주를 이루는 형태로 전환될 것이다. 업무 시간이나 일터, 휴일, 직함, 연금 수령 연령대는 고정되지 않고, 직원과 컨설턴트, 프리랜서 같은 영구적으로 구분된 직무도 없게 된다.

3부에서는 슈퍼트렌드를 출발점으로 삼고 그로부터 거슬러 올라가 조직이 불확실한 미래를 헤쳐 나갈 때 고려해야 할 열 가지 주요 전환을 살펴본다. 조직은 앞으로도 계속 존재하겠지만 성공하는 조직이 되는 데 필요한 거의 모든 요건은 달라질 것이다.

열 가지 전환이 필요한 이유

Why Ten Shifts?

일반적으로 일과 사회 구조가 조직되는 주된 방식은 변화를 거듭해왔다. 표 21.1은 조직을 둘러싼 복잡성 수준, 속도, 슈퍼트렌드의 규모가 증가하면서 조직이 진화하는 과정을 대략적으로 보여준다. 그래프에서 엿볼 수 있듯이 조직의 변화 속도는 기하급수적으로 빨라졌으며, 다른 많은 슈퍼트렌드와 마찬가지로 조직도 이제 변곡점에 이르렀다.[1]

여기서 중요한 점은 운영 환경과 요건이 바뀔 때마다(대부분 새로운 기술이 원인이다) 새로운 조직 혁신과 관행, 사고방식이 생겨났다는 것이다. 한편 변화에 적응하지 못한 조직은 변화의 흐름에 올라타지 못하고 도태되는 경우가 많았다.

새로운 조직 형태는 이전 조직 형태에서 잘 작동했던 시스템을

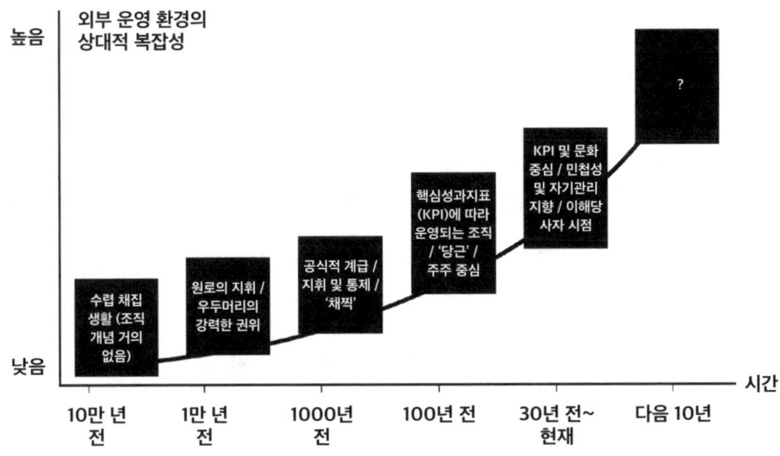

표 21.1 · 조직의 진화

기반으로 구축된다. 이를테면 오래된 운영 플랫폼을 기반으로 하는 시스템에 새로운 기능을 계속 추가하는 식이다. 문제는 오늘날 많은 조직이 여전히 시대에 뒤떨어진 운영 방식에 갇히거나 부분적으로 그러한 방식을 기반으로 운영된다는 점이다. 이러한 방식은 여러 극적인 슈퍼트렌드에 따라 변화의 속도가 계속 빨라지는 오늘날의 복잡한 운영 환경에는 적합하지 않다. 내연기관을 아무리 개선하더라도 그것이 리튬 이온 배터리가 될 수는 없는 법이다. 때로는 패러다임의 전환이 필요하다.

미래를 위한 조직

결과적으로 새로운 유형의 조직이 속속 등장하고 있다. 진화 조직,

애자일agile(민첩하게 사업을 운영하는 조직 체계—옮긴이주), 차세대, 홀라크라시holacracies(관리자 없이 모든 구성원이 동등한 직급에서 업무를 수행하는 수평적 제도—옮긴이주), 시장 지향적 생태계, 팀 기반, 네트워크화, 기하급수적, 포스트모던, 최강 기업, 이분 조직, 헬릭스helix(나선형을 의미하는 헬릭스는 애자일과 비슷하지만 리더가 여러 명 존재하는 조직 형태라는 점에서 다르다—옮긴이주), 개방형 조직, 휴머노크라시humanocracies(관료주의를 대체하는 사람 중심주의—옮긴이주), 의식적 개발 조직deliberately developmental organization 등 다양한 조직 구조(냉소적으로 해석하자면 유행어)가 나타났다. 구조마다 가치 있는 아이디어가 담겨 있다. 하지만 각 모델은 조직별 현황과 무관하게 미래를 위한 '가장 적절한' 형태로 설명되는 경우가 많다. 우리는 다르게 접근하려 한다. 말하자면 조직이 고려해야 할 전환에 초점을 맞춘, 미래 지향적이고 트렌드에 기반한 접근법을 취할 것이다. 물론 각 조직은 접근 방식을 조정하고 각 전환에 걸쳐 (얼마나 빠르게 어느 정도 이동할지) 신중하게 결정해야 한다. '미래의 조직'은 단일 형태가 될 수 없다. 다양한 유형의 조직이 존재할 수 있고 앞으로도 계속 생겨날 것이다. 다만 고려할 만한 명확한 방향성은 있다.

1부에서 다룬 내용을 토대로 "향후 10년 후 조직 환경은 어떤 모습일까?"라는 질문으로 시작해 조직에 대한 시사점을 정의하고자 한다. 여기에는 미래의 업무 트렌드뿐 아니라 거시경제, 정치, 인구통계, 사회, 문화, 기술, 소비자 측면을 모두 아우르는 다양한 슈퍼트렌드까지 포함할 것이다. 이것이 미래의 조직을 가장 완전하게 논하는 방법이 될 것이다.

이러한 미래 관점에서 시대를 초월한 조직 관련 질문을 살펴보았다.

- 조직이 존재하는 이유는 무엇인가?
- 조직의 전략은 무엇인가?
- 제품, 서비스, 마케팅은 어떻게 발전해야 할까?
- 어떻게 조직을 구성하고 파트너십을 활용해야 할까?
- 어떻게 업무를 수행하고 의사결정을 내려야 할까?
- 기술을 어떻게 활용해야 할까?
- 어떻게 혁신해야 시대의 혁신에 뒤처지지 않을까?
- 어떻게 빠르게 학습할 수 있을까?
- 최고의 인재를 모으고 참여도를 높이고 유지하려면 어떻게 해야 할까?
- 독특하고 건강한 문화를 조성하려면 어떻게 해야 할까?

이러한 질문은 향후 10년 동안 전개될 것으로 예상되는 열 가지 대규모 조직 전환으로 이어진다.[2] 이 모든 변화는 이미 일어나고 있으며, 현재 변곡점에 도달해 더욱 가속화되고 있다.

	기존		변화
1	일반적인 목적 선언과 관련성 없는 기업의 사회적 책임 활동	→	직원과 소비자에게 의미를 부여하는 진정성 있는 목적의식과 적극적 행동주의

2	엄격한 핵심성과지표(KPI) 실행 방식을 통한 다년간의 전략 계획을 수립	➡	보호 장치와 가치에 기반한 새로운 전략과 대담한 움직임으로 목적지가 아닌 방향을 설정
3	제품/서비스의 일괄적 개발 및 판매로 고객의 의견 반영은 제한적임	➡	네트워크와 고객 평점을 활용한, 번들(묶음)로 제공되지 않는 개인 맞춤형 온탭 상품/서비스의 개발 및 판매
4	사일로화(조직 내 부서 간 장벽이나 부서 이기주의가 나타나는 현상—옮긴이주)가 일어나고 적응 속도가 느린 고정형 계층 조직 구조	➡	휴먼 클라우드를 이용하고 플로우 투 워크(flow-to-work) 모델(적절한 인재와 기술에 쉽게 접근할 수 있도록 비즈니스 기능보다 기술의 유사성을 바탕으로 형성된 사내 인재 풀을 활용하는 모델—옮긴이주)에 인재를 배치하는 유동적인 주문형 조직
5	다양한 거버넌스 단계에서 자주 승인을 받아야 하는 순차적이고 파편화된 과정	➡	여러 기능과 권한이 있는 팀이 빠른 반복 주기로 작업을 수행
6	IT를 지원 기능으로 바라보는 기존 기술 프로세스와 사고방식	➡	조직의 모든 영역에 기술이 도입되는 기술 중심 접근 방식
7	혁신은 일상적 업무 활동과 분리되며 소수의 기업 이니셔티브로 제한됨	➡	혁신은 조직을 지속적으로 재창조하기 위해 다양한 접근 방식을 사용하는 구조적 역량으로 간주됨
8	공식적인 교육 세션에 초점을 맞추는 사례별 학습이 하향식으로 진행됨	➡	AI, 마이크로 학습 모듈, 동료 학습을 통한 적시 학습이 업무 흐름에 포함됨
9	특정 경력 및 개발 프로그램을 통한 직원 안내에 중점을 둔 인재 관리	➡	직원 스스로 경력과 자기 계발을 관리할 수 있도록 지원하는 인재 지원 플랫폼
10	우선 성과에 집중하고 부수적으로 직원 경험과 성취에 집중	➡	직원들이 최고의 성과를 내며 인생에서 성장할 수 있도록 지원하는 사람 중심 문화를 통해 성과와 사람에 집중

일반적으로 각 차원에서 좀 더 진화하고 스펙트럼의 오른쪽(변화)으로 이동한 조직이 지속 가능하며 높은 성과를 낼 가능성이 크다. 그렇다고 해서 조직이 각 차원에서 모두 오른쪽으로 이동하기

위해 노력해야 한다는 의미는 아니다. 핵심은 현재의 출발점을 이해하고 조직의 목표를 달성하기 위해 어떤 요소를 어떤 순서로 개선할지 신중하게 결정하는 것이다. 상황에 따라 미묘한 차이가 있을 수 있지만, 이러한 전환은 모든 산업과 기업 규모에 적용될 수 있다. 조직에서의 역할과 영향력에 상관없이, 업무를 계획하고 수행할 때 이러한 전환을 이해하면 도움이 된다.

다음 장에서는 큰 틀의 아이디어 설계, 실무에서 나타나는 탁월함의 모습, 근본적으로 전환을 주도하는 슈퍼트렌드, 실무에서 변화를 시작하는 방법 등을 포함해 각 전환의 핵심 원칙을 개괄적으로 설명할 것이다. 우선 미래의 조직에서 성공하려면 과감하게 움직이고, 낡은 것을 고치기보다 새로운 것을 창조하는 데 집중해야 한다는 점을 기억하자. 새로운 것을 창조하기 위해서는 향후 3~5년 동안(그 이후에도 3~5년 동안) 이전보다 몇 배 더 빠르고 깊이 있게 극적인 전환을 이뤄내야 한다. 또한 이를 시작일과 종료일이 정해져 있는 선형적이고 한정된 전환 관리 계획이 아니라 지속적으로 이어지는 전환 여정으로 인식해야 한다.

**조직 혁신을 관리할 때는 낡은 것을 고치기보다
새로운 것을 창조하는 데 정신적으로 집중하자.**

가치관 정립하기

Taking a Stand on Values

유럽축구연맹UEFA은 창설 60주년을 기념해 사상 최초로 11개국에서 개최한 UEFA 유로 2020 축구선수권 대회[1]로 곤경에 처했다. UEFA 집행위원회는 '정치적·종교적으로 중립적인 조직'이 되기 위해 오랫동안 정치적 메시지가 포함된 광고를 금지해왔다. 이는 충분히 이해할 만한 조치다.

이러한 이유로 UEFA는 대회 기간에 독일과 헝가리 경기가 열리는 알리안츠 아레나를 무지갯빛으로 밝히자는 뮌헨 시의회의 제안을 거절했다. 뮌헨 시의회는 전제 군주 같은 빅토르 오르반Viktor Orbán 총리가 집권한 후 탄압을 받기 시작한 헝가리의 성소수자 공동체에 연대를 표하고 싶었다.

이 사건은 UEFA를 향한 격렬한 반발을 불러일으켰고, UEFA의

후원사 상당수는 신속하게 성소수자 공동체를 지지하는 목소리를 내며 이에 대응했다. 하이네켄Heineken은 "모든 팬을 응원합니다"라는 문구와 함께 무지개 이미지를 트위터에 게시했고, 저스트잇Just Eat은 무지갯빛 로고를 만들었으며, 폭스바겐Volkswagen은 다양성을 주도한다는 의미를 담은 #WeDriveDiversity라는 문구를 내세운 무지갯빛 미니카를 출시했다. 많은 CEO가 '다양성과 관용'을 지지할 것을 촉구했다. 틱톡은 모든 형태의 사랑을 지지하는 새로운 캠페인 #LoveisLove를 시작했을 뿐 아니라 UEFA에 직접 연락해 성소수자 공동체 지원에 동참해달라고 요청했다. 다른 여러 조직과 팬, 기타 축구 클럽, 국가별 축구 단체도 이러한 흐름을 따랐다.[2]

그러나 이 사건을 대수롭지 않게 여긴 UEFA는 무지개 상징을 금지한 것이 아니며, 뮌헨 시의회의 요청이 정치색을 띠기 때문에 거절한 것이라고 해명했다.

UEFA의 입장을 반박하기에 앞서 여러 사항을 신중하게 고려할 필요가 있다. 하지만 많은 조직이 성소수자를 지지하는 것은 궁극적으로 옳은 일이며 많은 소비자가 이러한 행동을 지지할 것이라고 판단했다.

이 논란은 분명 쉽지 않은 문제다. 아무리 선의를 내세운 조직일지라도 중립성과 비정치적 메시지라는 구실을 이유로 논란을 피하기란 점점 어려워지고 있다. 특히 누군가에게 기본적 인권이나 보편적 가치와 관련된 문제로 여겨지는 주제라면 더욱 그렇다.

이를 보여주는 수많은 사례가 있다. 출판사 사이먼앤슈스터Simon & Schuster는 수년 동안 논란을 일으킨 저자들의 책 출판을 강행하면서, 그 이유로 언론의 자유를 꼽았다. 하지만 지난 몇 년간 출판사에서는 미국 상원의원 조시 홀리Josh Hawley의 저서를 포함해 유해한 정치적 견해를 밝힌 것으로 여겨지는 저자들의 출간을 취소했다.[3] 흥미로운 사실은 취소한 책 중 일부가 독립출판사 스카이홀스Skyhorse에서 출간됐는데, 사이먼앤슈스터가 책의 유통을 맡았다는 점이다.

스타벅스Starbucks는 오랜 기간 공정하고 윤리적인 조달과 공급망을 지지해왔다. 아이스크림 회사인 벤앤제리스Ben and Jerry's는 투표권과 민주주의를 개선하기 위해 자주 로비를 벌인다. 편의점과 약국 체인인 CVS는 담배 제품과 관련 판매를 적극 반대하고 있다. 건강 보조식품 회사인 클리프바Clif Bar는 오랜 기간 학자금 대출 개혁을 지지해왔다.[4] 최근에는 많은 조직에서 코로나19 백신 접종이 팬데믹에 맞서고 공동의 이익을 보장하는 가장 안전한 방법이라는 이유를 내세워 직원들에게 백신 접종을 의무화했다. 여기에는 구글, 딜로이트Deloitte, 포드Ford, 씨티그룹Citigroup, 골드만삭스Goldman Sachs, 넷플릭스, 마이크로소프트, 트위터, 델타항공Delta Airlines, 페이스북, 맥도날드McDonald's 등이 포함되었다. 조직의 목적과 중요한 문제에 대한 입장 표명은 더 이상 '만약'이나 '왜'가 아니라 '무엇을' 그리고 '어떻게'의 문제가 되고 있다.

목적 달성

조직은 UEFA처럼 확고한 이유를 내세워 정치와 거리를 둘 수도 있지만, 기업과 조직이 구체적인 입장을 취해야 한다는 사회적 압박은 늘고 있다. 실제로 강력한 조직 목적과 신중한 CSR(기업의 사회적 책임) 체계를 갖추는 것은 비즈니스의 필수 요소로 널리 인식되어왔다. 지속 가능성, 지역사회 개발, 기업 윤리, 직원 복지 같은 문제에 대한 인식과 의식이 높아지면서, 소비자와 직원 들은 지구, 사회 또는 직원을 희생해 이익을 얻는 듯한 조직을 외면하고 지갑을 닫는 식으로 자신들의 의사를 표현하기 시작했다.

중립을 유지한다는 공식적인 명분을 가질 뿐 아니라 직원들에게 (개인 자격으로도) 중립을 지시하는 조직도 많았다. 하지만 이에 대해 직원들의 불만이 높아지고 소비자 단체가 반발하면서 조직은 이러한 태도를 유지하기는 더욱 어려워지고 있다.

직원과 소비자가 선택하는 의미

앞으로 직원과 환경에 부정적 영향을 미치는 지속 불가능한 기업 관행은 계속 감소할 것으로 예상된다. 조직들은 적극적인 행동주의 전략을 개발하고, 주요 문제에 대해 정기적으로 입장을 밝힐 것으로 기대된다. 이에 따라 직원과 소비자 간 대립이 발생할 수 있으니 조직들은 이를 잘 헤쳐 나가야 할 것이다. 점차 많은 조직이 단기적으로 어려운 결정을 내리게 되더라도 역사의 올바른 편을 구분하고 선택하는 일에 집중할 것이다. 그렇지만 사회적 기업이 갑자기 확산되거나 주요 경제 대부분의 핵심 기반인 자본주의에서 벗어나는 극적인 전환은 일어나지 않을 것이다.

실제로 조직은 어떤 형태로 입장을 취할까?

조직이 자체의 목적을 고민하고, 직원들 사이에 의미를 조성하고, 조직의 정체성에 깊이 뿌리내린 주제에 대해 입장을 정하는 방식과 관련해 여러 중요한 전환이 일어나고 있다. 이러한 전환은 조직이 어떤 이유로 존재하는지, 누구를 위해 어떤 솔루션을 구체적으로 제공할지, 공정하고 지속 가능한 방식으로 이를 수행할 수 있는지 질문을 던지는 데서 시작된다. 카프먼의 드라마 삼각형에 나오는 구원자 역할처럼 보편적으로 세상을 구한다는 목적 선언은 별 의미 없는 공허한 마케팅 수사로 들릴 수 있다. 대부분이 동의할 만큼 대단히 일반적인 목적 선언 역시 별 의미가 없다.

반면 조직의 구체적인 사명과 비전을 제시한 문구는 효과적일 수 있다.[5] 존중과 다양성, 팀워크와 공정성, 개인의 성장 같은 요소를 아우르는 조직 문화와 가치를 기대하는 직원이 점점 늘고 있다. 문화를 주제로 한 설문조사와 실시간 직원 정서 측정 도구가 늘어나고 있으므로, 조직도 이러한 현상을 무시할 수 없을 것이다. 예를 들어 세계 최대 장난감 회사 중 하나인 레고LEGO의 사명과 목적 선언문은 "미래의 빌더builder들에게 영감을 주고 능력 발달을 돕는 것"이다. 레고는 상상력, 재미, 창의성, 배려, 학습, 놀이를 가치로 삼고 있으며 정기적으로 직원 참여도를 측정한다.[6] 탱크 같은 군용 모델을 만들지 않고 장난감 총 디자인을 최대한 피하는 정책을 고수해왔으며, 세상을 긍정적으로 바꾸는 방법을 꽤 명확하게 인식하고 있다. 레고의 비전과 가치, 명시된 약속은 모두 이러한 인식에 기반한다.[7]

기업 가치가 진정성과 의미가 있고 동기부여의 동력이 되려면 조직의 제품, 직원, 공급업체 등의 일상적 업무와 관련되어야 한다.

CSR 활동은 부가적 활동이 아니다. 이는 핵심 경영 방식에 포함되고 있다. 리더들은 위기가 닥칠 때까지 기다리지 않고, 선제적으로 지속 가능한 운영 방식을 선택한다. 어떤 조직은 이러한 활동을 핵심 가치 제안에 깊숙이 포함시키고 있다. 비콥B Corporation(사회적 목적과 이익의 균형을 맞추는 기업) 인증을 받은 파타고니아Patagonia가 대표적인 예다.

추문이나 언론 보도로 인한 '난장판'에 대응하기 위해 도입한 기업 가치는 진정성이 없어 보인다. 선제적으로 기업 가치를 개발하는 것이 더 나은 접근법이다.

모든 조직이 이러한 방식을 원하는 건 아니며 꼭 그럴 필요도 없다. 스타벅스는 비콥 인증을 신청하지 않겠지만, 여전히 사회적으로 긍정적인 활동을 하며, 눈에 띄고 환영받을 만한 조치도 취했다. 스타벅스는 원두를 재배하는 농부와 기타 공급업체가 공정한 노동의 대가를 받을 수 있도록 공급망과 조달 관행을 개선했다. 핵심은 브랜드, 가치, 행동 간 일관성을 확보하는 것이다. 이 세 요소가 일관되지 않으면 그린워싱greenwashing(환경적으로 바람직한 정책이라는 잘못된 인상을 주거나 오해를 불러일으키는 행위)과 핑크워싱pinkwashing(성소수자 인권을 지지함으로써 이익을 얻으려는 행위)을 비롯해 기타 유사한 형태의 위선적 조치로 여겨져 비난받을 수 있다.

점점 많은 주요 기업이 핵심 업무에 이타적 목적이나 사회적 목적을 담고 직원들과 대화를 나누며 계속 열린 자세로 경청하고 학습하고 있다. 때로는 이러한 과정이 어려울 수 있지만, 다양한 주제와 문제에 대해 관심을 기울이고 문제를 해결하기 위해 노력하는 것이 중요하다.[8] 성공하는 조직은 직원을 오직 돈벌이를 위해 일하는 사람이 아니라 사회적 관계를 형성하고 의미를 찾고 세상을 변화시키려는 열망을 가진 완전한 개인으로 바라본다.

이는 조직이 직원의 사회 참여를 바라보는 관점으로 확장된다. 오늘날 기업들은 직원들이 중요하다고 느끼는 주제에 대해 견해를 밝히는 행위를 금지하기보다, 대화를 장려하고 의견 존중, 관용, 배려 같은 가치의 균형을 맞추는 지침을 만들어야 한다.

어떤 슈퍼트렌드가 이러한 변화를 주도하고 있을까?

일반적으로 인류는 관용, 열린 마음, 평등, 협력을 늘리는 방향으로 진화했고 앞으로도 이 방향성은 이어질 것이다. 아직 갈 길이 멀지만, 전쟁과 인종차별, 빈곤이 줄어들고, 건강과 교육이 개선되고 있다. 기복이 있고 때로는 편협한 독재자가 등장하기도 하지만 이러한 추세는 분명 이어지고 있다. 장기적 관점에서 보면 보편적 가치를 요구하는 사람이 점점 많아질 것이다. 시간이 지날수록 인류는 인식이 높아지고 더 많은 관심을 갖고 점점 더 보편적으로 수용하는 흐름을 보인다.

사람들은 기본적 욕구가 충족되면 매슬로 피라미드를 올라가 자아실현 같은 높은 수준의 욕구를 추구한다. 자신과 주변 사람들을 위한 식량과 안전, 주거지에 대한 걱정에서 해방되면서 자신에게 중요한 일에 더 많은 시간을 할애하는 사람이 많아지고 있다. 인구통계학적으로 젊은 세대가 조직의 목적과 가치를 더 신경 쓰고 자신에게 의미 있는 문제에 개인적 견해를 밝히는 것으로 나타났으며, 이러한 추세는 가속화되고 있다.

맥킨지 설문조사에서 직장인의 약 75퍼센트가 이익보다 목적이 더 중요하다고 답했다.[9] 물론 기업 경영을 계속 유지하기 위한 전제조건은 이익이지만(이익이 클수록 발전 가능성도 커진다), 직원이 이익에 동기가 부여되는 경우는 드물다. 직원들이 업무에 전념하고 조직에 계속 충성하게 만들려면 기업이 더 많은 것을 제공해야 한다. 2021년에 발표된 한 연구에 따르면, 직원들이 조직의 사명이나 목적과 부합하는 수준이 10퍼센트 향상되면 이직률이 8.1퍼센트 감소하고 조직의 수익성이 4.4퍼센트 증가했다.[10] 인력 시장이 점점 유동적으로 변하면서, 직원이 자신이 추구하는 가치를 선보이는 고용주를 선택할 기회가 많아지고 있다.

이러한 변화는 투자 분야에도 이어져 ESG 펀드(환경, 사회, 거버넌스 요인 촉진을 목표로 삼는 펀드) 자금이 빠르게 증가하고 있다. 2020년 ESG 펀드는 511억 달러의 순투자금을 새로 유치했는데, 이는 전년 대비 2배 이상 증가한 수치다.[11]

유용한 정보와 주목할 만한 행사는 페이스북, 트위터, 인스타그램, 틱톡, 유튜브, 기타 소셜 미디어 사이트를 통해 온라인으로 빠르게 확산된다. 조직이 명시한 가치와 목적을 행동에 반영하지 않으면, 사람들은 이를 금세 눈치챈다. 이러한 변화를 주도하는 또 다른 추세는 공식적 투명성이다. 일반적으로 조직은 대외적으로 신뢰를 구축하고 대내적으로 참여를 유도하기 위해 공개적으로 실무와 결과에 대해 많은 정보를 공개하고 있다. 현재의 평가 경제에서 기업은 부적합한 행동에 따른 낮은 평가로 인해 망할 수도 있다. 마지막으로 우리 경제는 소비자를 위한 제품과 서비스의 다양성이 증가하는 특징을 보인다. 선택의 폭이 넓어질수록 목적의식을 갖고 신중하게 선택하여 소비하는 경향이 두드러지고 있다.

> **조직이 가치를 제대로 선언하면 신뢰를 구축할 뿐 아니라 참여도도 높일 수 있다.**

목적과 가치 실천

지금도 CSR 계획을 비즈니스의 핵심이 아닌 부수적 활동으로 취급하는 조직이 많다. 직장인을 대상으로 한 조사에 따르면 오늘날 조직의 60퍼센트만이 목적 선언문을 내걸고 있으며, 실질적으로 영향력이 있는 목적 선언문을 내건 조직은 40퍼센트에 불과하다.[12]

먼저 목적 선언을 리더십 의제 항목으로 설정해보자. 최고경영진이 진정으로 이끌고 옹호해야 하는 몇 안 되는 요소 중 하나가 목적이다. 선언에는 조직의 목적뿐 아니라 조직에서 이를 실천하는 방식을 수립하는 과정도 포함된다. 의미 있는 목적과 가치를 체계적으로 고안하거나 구체화하는 과정은 수개월이 걸릴 수 있다. 여러 이해관계자의 의견을 수렴하고 수정 작업도 여러 차례 거쳐야 한다. 이 과정에서 직원들과 대화를 나눠 진행 상황을 알리고 직원들의 의견을 구하는 것이 중요하다.

일반적으로 조직이 추구하는 가치에는 관심과 학습 같은 보편적 가치 그리고 레고 그룹의 창의성과 놀이처럼 조직의 고유한 목적이나 전략과 연관된 가치가 섞여 있다.

그다음으로 조직 문화의 핵심 구조, 주요 인재 양성 과정(예: 채용, 평가, 승진), 공급업체 선정과 고객 파악, 마케팅 착수, 팀 관리 같은 주요 단계의 의사결정에 목적과 가치를 통합하는 것이 매우 중요하다. 가치는 정기적으로 훈련, 개발, 측정될 수 있으며 마땅히 그래야 한다. 가치가 흔들리거나 퇴색하면 반드시 적절한 조치를 취해야 한다. 마지막으로 리더십 역할 모델링 작업도 매우 중요하다.

동시에 조직은 무엇을 지지하고 직원들이 중요한 문제에 어떻게 참여할지를 놓고 내부 정책과 지침을 수립해야 한다. 중립적이고 수동적인 태도를 유지하는 것에 익숙한 많은 조직의 경우, 이러한 전환을 실행하기가 쉽지 않지만, 적절한 균형을 찾아야 한다. 진정한 목적을 품고 더 적극적인 행동주의로 옮겨가는 것은 조직의 장기적 과제이며 지속적으로 이뤄질 진화이기도 하다. 처음부터 제대로 해내는 조직은 드물다. 따라서 조직은 전환을 거치면서 배움을 얻는 데 익숙해져야 한다.

다음 표를 참고해 현재 전환의 시작 지점과 해당 영역에서 우선순위가 높은 문제를 평가해보자.

기존		변화
일반적이거나 목적이 담기지 않은 선언문	➡	기업의 본질에 기반한 진정한 목적
핵심 비즈니스와 관련된 CSR 활동	➡	지속 가능한 방식으로 소비자에게 의미 있는 문제를 해결하며 비즈니스 수행
중요한 문제에 중립적이거나 수동적인 태도	➡	중요한 문제에 입장 표명
직원들의 사회 참여 비권장	➡	직원들이 가치와 현재 주제에 논할 수 있도록 열린 대화 환경 조성
직원에게 안정과 급여를 제공하는 데 집중	➡	매슬로의 욕구를 모두 아우르고 일상에서 의미를 발전시킴
조직에 가치가 존재하지 않거나 실천되지 않음. 또는 가치가 조직의 정체성과 목표와 연결되지 않음	➡	조직의 의미 있는 가치가 조직 문화와 일상적인 의사결정에 깊이 내재됨

목적지보다
방향을 설정하기

Setting Direction Rather than Destination

수십 년간 전략은 대단히 훌륭하고 어떤 면에서는 신비롭기까지 한 분야였다. 전략 수립은 조직 내에서도 최고위층에만 맡겨졌으며, 직원 대부분이 그저 꿈에서나 볼 법한 데이터와 기획 도구에 의존해 이뤄졌다. 일반적으로 전략 개발 과정을 통해 3~5년 후 미래를 대비하는 탄탄한 계획을 세운다. 이는 결과적으로 연간 예산 수립과 분기별 실행에 영향을 준다. 동시에 편차를 면밀히 모니터링하고 연중 운영 상황에 따라 예산을 변경하는 엄격한 절차가 뒤따르며, 지금도 이러한 흐름은 같다.

전략적 사고의 영향은 무엇보다 중요하다. 미국 뉴욕의 광고업계를 그린 드라마 〈매드맨Mad Men〉에 등장하는 캐릭터들이 마케팅이라는 개념을 바꿨듯이, 전략 기획이 하나의 학문으로 인정받으면서 조직이 현재 수행하는 일과 미래에 수행하고자 하는 일을 이해하는 방식이 바뀌었다.[1] 실제로 전략 기획의 틀과 도구는 21세기 비즈니스 세계에 가장 중요한 지식을 안겨주었다. 이러한 도구들은 계속해서 조직에 귀중한 이득을 주며, 나날이 더욱 개선돼 이제는 빅데이터 분석과 AI를 활용하는 최첨단 시스템이 등장했다.

그런데 세상이 변화하면 조직도 변화해야 한다. 전략 기획은 주변 환경이 파괴되기 전까지는 훌륭하게 작동한다. 문제는 조직이 점점 더 자주 혼란을 겪는다는 점이다. 많은 조직이 이러한 변화에 대응하기 위해 기획에 들이는 노력을 두 배로 늘려왔다. 이들은 점점 정교해진 기획 도구를 활용해 외부 환경의 복잡성을 다루고 미래를 예측하고 통제하려고 한다.

하지만 미래에 성공을 거두려면 다른 접근법이 필요하다. 시장의 요구와 환경이 너무 자주 변하기 때문에 성공으로 가는 길을 깔끔하게 계획하는 게 불가능하지는 않을지라도 점점 어려워지고 있다. 전략 기획은 여전히 빠져서는 안 될 중요한 부분이지만, 여기에 데이터·도구·분석을 균형 있게 측정하는 척도와 기하급수적 사고, 과감한 조치, 유동적 예산, 목표 설정, 절차를 좀 더 인간 중심으로 접근하는 분산 방식을 결합해야 한다.

**이제 전략 기획은 기하급수적 사고, 과감한 조치,
유동적인 예산, 목표 설정, 절차를 인간 중심으로 접근하는
분산 방식으로 이뤄져야 한다.**

과감하되 유연하게

2021년 제너럴모터스General Motors, GM는 배기가스 배출과 충돌 사고, 교통 체증이 전혀 없는 완전한 전기화를 목표로 2035년까지 비전기차 사업을 단계적으로 철수하겠다고 발표했다. 이 과감한 조치는 100여 년 동안 수많은 업계 혁신을 일으킨 주역임에도 최근 수십 년 동안 성장, 경쟁력, 기술 측면에서 경쟁 업체에 뒤처져 있던 GM에 의미 있는 전환점이 되었다. 당시 GM의 제품군에는 전기차가 단 한 대뿐이었고,[2] 전기차 점유율은 전 세계 신차 판매의 약 4퍼센트에 불과했다는 점을 고려하면 GM이 매우 야심찬 선언을 한 셈이었다.[3]

하지만 여기에는 반전이 있다. 흥미롭게도 GM은 순수 전기차 비전이 목표일 뿐, 보장되는 것은 아니며 향후 법규와 수요에 따라 방침을 바꿀 준비가 되어 있다고도 밝혔다. GM 북미 지역 책임자 스티브 칼라일Steve Carlisle은 "GM은 어디에서 경쟁하든 어떤 추진 장치 시스템을 사용하든 시장에서 승리할 생각이다. 이와 동시에 이처럼 피할 수 없는 전환에 대비하고 있다"고 말했다.[4] 마찬가지로 제조 부문 총괄 부사장 제럴드 존슨Gerald Johnson은 "GM은 시장 수요에 맞출 수 있는 유연성을 어느 정도 확보했다. 비전기차 시장이 끝나는 지점에 대해서는 확신하지만, 그 수준에 도달하기까지 전기차와 비전기차가 어떻게 조화를 이루며 진화할지에 대해서는 알 수 없다"고 밝혔다.[5]

이는 미래 전략 수립의 주요 차별화 요소 중 하나로, 말하자면 목적지가 아닌 방향을 설정하는 것이다. 직원과 소비자, 주식시장의 신뢰를 유지하고 명확성을 제공하려면 전략적인 계획은 여전히 중요하지만, 세상이 점점 유동적이고 예측하기 어려워지면서 방향을 명확하게 설정하는 동시에 그 과정에서 방향을 계속 조정하는 작업이 점차 중요해지고 있다. 예컨대 2021년에 GM은 수소 기반 연료 전지가 친환경 자동차 수요를 일부 충족할 수 있을지 확신할 수 없었다.

GM의 CEO 메리 배라Mary Barra는 "이 직책을 맡으면서 모든 사람에게 커다란 목표를 제시하면 그 목표가 금세 명확해진다는 것을 배웠다. 모두 이 목표에 동조하고 이를 달성하기 위해 저마다 능력을 보여주며 놀라움을 선사한다"고 말했다. 기업 경영과 지속 가능성에 도움이 되고 영감을 주는 목표의 또 다른 이점은 직원 가치 제안(EVP)을 높일 수 있다는 점이다. GM의 문을 두드리는 입사 지원자 수는 이미 빠르게 늘어났다.[6]

그러나 영감을 주는 방향성에는 반드시 그에 맞는 행동이 수반되어야 한다. 맥킨지에서 진행한 연구에 따르면 가치 창출 측면에서는 '어떻게'보다 '어디서'가 훨씬 중요하다. 따라서 조직은 앞서 나가기 위해 새로운 산업 분야로 과감히 진출하고 장기적 관점에서 민첩성을 확보해야 한다. 예를 들어 적극적인 자원 할당 전략을 따르고 10년 동안 사업 전반에 걸쳐 자본 지출의 60퍼센트 이상을 전환하는 기업은 그보다 더디게 자본을 전환하는 기업보다 50퍼센트 더 많은 가치를 창출한다. 업계 중간 비율을 초과하는 자본 지출은 미래의 성공과도 상관관계가 있다.[7] 예를 들어 GM은 2021년에 사상 처음으로 가솔린과 디젤 차량보다 전기차에 더 많이 투자하고 있으며,

2020년부터 2025년까지 전기차와 자율 주행차 제품 개발에 350억 달러를 투자하겠다고 발표했다.[8]

이는 많은 조직에서 사용하는 선형적 예산 책정과 점진적 목표와는 거리가 멀다. 많은 조직이 결핍의 사고방식으로 자본을 운영한다. 반면 조직을 앞서 나가게 하는 동력은 기하급수적 사고에 기반한 대담하고 혁신적인 조치다.

구체적으로 제시된 목표는
민첩성과 유연성을 발휘할 기회를 지워버린다.
목적지보다 방향을 명확히 정하는 것이 더 나을 때가 많다.

기획 절차를 일괄 처리에서 흐름으로 전환하기

1부에서 논한 슈퍼트렌드 중 하나는 일괄 처리를 흐름으로 전환하는 움직임이다. 기업의 기획과 예산 수립 절차에도 이러한 전환이 바람직한 경우가 많다. 수개월이 걸릴 수 있는 선형적 절차를 더 유동적인 예산과 함께 지속적인 기획 접근법으로 개편해야 한다. 다행히 최신 기술을 이용하면 재무 및 비즈니스 데이터를 실시간으로 확인할 수 있으므로 기업은 전술적 수준은 물론이고 전사적 수준에서도 더 빈번하게 전략적 의사결정을 내릴 수 있다. 실제로 주요 기업들은 분기별 또는 연간 검토가 나올 때까지 기다리지 않고 의사결정을 내리고 예산과 우선순위를 변경한다.

이는 경영진뿐 아니라 모든 직급의 직원에게도 중요하다. 무엇보다 가장 큰 위험은 전략이 자체적으로 생명력을 갖기 시작할 때다. 즉 일을 진행하면서 학습하고 적응하는 대신 '예산에 맞추는 것'이 가장 중요한 목표가 되면 곤란하다. 미국 은행 웰스파고Wells Fargo는 영업 사원들이 새로운 전략으로 제시된 목표를 달성해야 한다는 압박 때문에 현장에서 실제 마주치는 상황을 고위 경영진에게 그대로 보고하지 않고 매출 계정을 조작했다는 사실이 드러나면서 뼈아픈 교훈을 얻었다.[9] 줄곧 입장을 굽히지 않고 고집을 부리기보다는 실패를 앞당기고 방향성을 조정해가는 스타트업 사고방식을 채택하고, 실패할 때 불이익을 주기보다는 열린 토론을 통해 의견을 내도록 장려하는 문화를 조성해야 한다. 이러한 변화는 혁신의 5C를 통해서 바라볼 수도 있다. 전략의 내용과 수행 방식에 어느 정도 변화의 여지를 두면 조직은 훨씬 광범위하게 창의성과 에너지를 활용할 수 있게 된다.

**제품 및 서비스 분야에서 일괄 처리 대신
서비스형 전달로 전환하는 슈퍼트렌드가 나타나고 있다.
이처럼 전환된 온탭 접근법은 기업의 기획 절차에도
유용하게 적용될 수 있다.**

새롭고 지속적인 전략에 중요한 목표나 지표가 없는 것은 아니다. 시간이 흐르면서 지속적으로 전략적 선택을 하면 결국 자신이 옳다고 생각했던 전략과 실제 추구하는 전략이 완전히 다를 수 있음을 충분히 인지하게 된다. 같은 이유로 이사회가 열렸을 때 굳이 이사회에 대대적으로 브리핑할 이유는 없다. 이사회도 이미 정보를 정기적으로 전달받고 있기 때문이다.

전략 수립 절차에서 나타난 또 다른 변화이자 새로운 모범 사례는 인적 요소를 인식하고 잠재적으로 발생할 편향을 적극적으로 없애는 것이다. 매년 '이번에는 다르다'는 이유를 대며 실현되지 못할 예상치를 상향 조정해서 내놓는 사례를 본 적이 있을 것이다. 표 23.1은 실제로 그럴듯하게 꾸민 기업 예상치를 보여준다.

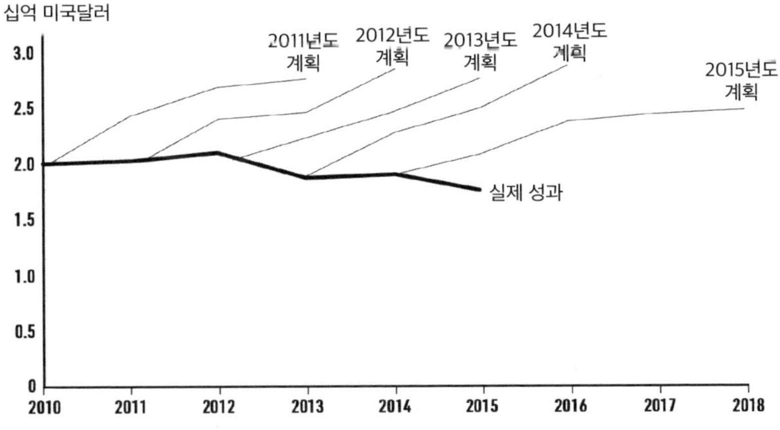

표 23.1 · 세전 영업 현금흐름(EBITDA) 프로젝트, 그럴듯하게 꾸민 예상치의 예[10]

문제는 많은 기업이 여전히 이런 식으로 예상치를 내놓고 계속해서 상향 조정한다는 점이다. 행동 심리학자들은 인간이 미래를 예측할 때 여러 인지 편향을 보인다는 사실을 밝혀냈다.[11] 이를테면 최신 데이터에 지나치게 의존하고, 데이터가 알려주는 수치를 뛰어넘는 예상치가 실현될 것이라 쉽게 확신하며, 추세가 비선형적일 때도 선형적 사고방식을 유지하고, 일반적으로 좀 더 과감하고 '한 번도 해보지 않은' 선택지를 고려할 때 위험을 회피한다.

마지막으로, 전략 실행은 단기적인 월별 또는 분기별 핵심 성과지표(KPI) 중심에서 목표와 핵심 결과(OKR) 같은 보다 총체적이고 투명하며 유동적인 접근법으로 옮겨가고 있다.[12] 주요 차이점은 KPI는 매우 구체적인 목표 달성에 초점을 맞추는 반면, OKR은 기업의 장기적인 방향과 조직의 중요한 우선순위 달성에 도움이 되는 활동과 결과의 주요 측정치를 결합한다는 점이다. KPI는 여전히 OKR에 투입되는 중요한 정보다. 하지만 전략을 실행하고 성과를 검토할 때 KPI에만 집중하면 대체로 지나치게 단기적이고 경직된 의사결정으로 이어질 수 있다.

시기를 맞추기 까다로운 이유

컴퓨터, 사물, 인간이라는 세 가지 클라우드의 영향으로 진입 장벽이 낮아져 기존 기업과 스타트업이 새로운 시장에 훨씬 수월하게 진입할 수 있게 되었다. 결과적으로 창조적 파괴의 주기가 빨라지고 대기업이 갑자기 시장 점유율을 상당 부분 잃어버리거나 반대로 작은 기업이 불과 몇 년 만에 유망 기업으로 떠오르는 속도가 점점 빨라지고 있다. 완전히 새로운 산업이 구상되고 형성되는 속도 또한 빨라지고 있다.

또 다른 슈퍼트렌드는 기술 융합의 추세다. 기술이 언제 어떻게 결합해 주류로 자리 잡을지 예측하기가 매우 까다로워졌다.

흔히 추세의 방향은 맞출 수 있지만, 그 시기는 종종 놀라움을 선사한다. 이를테면 1996년에 처음 등장한 개인용 디지털 비서(PDA)인 팜 파일럿Palm Pilot은 개인의 생산성과 기획 방식을 혁신할 것을 약속했다. 팜 파일럿은 소비자를 위한 최초의 스마트 장치 중 하나였으며 오늘날 널리 사용되는 스마트폰의 전신이었다. 하지만 이 아이디어는 당시 기술력과 인프라, 사회적 수용 측면에서 시대를 너무 앞서갔고, 여러 신제품 변경과 출시를 거듭한 끝에 결국 2010년에 단종되었다.

전기차와 자율 주행차, 인터넷 전화 같은 제품들과 완전히 자동화된 기계식 고객 통화 서비스 같은 서비스도 마찬가지다. 적절한 제품/마케팅 조합과 적절한 시기를 맞추기까지 수많은 시도가 있었다. 방향성은 인지하더라도 결정적 전환점과 돌파구가 언제 나타날지 정확히 알 수 없는 경우가 대부분이다. 따라서 방향을 설정하되 정확히 언제, 어떻게 구상한 미래에 도달할지에 대해서는 유연한 태도를 유지하는 것이 더욱 중요해졌다.

과감한 리더십이 필요하다

경영진은 진정한 목적과 조직의 정체성을 파악하는 과정은 물론, 전략을 설정하고 전략 수립 절차를 정의하는 작업에도 깊이 참여해야 한다. CEO와 그 외 다른 리더들은 조직이 달성하고자 하는 목표를 구체적으로 정하고 앞장서서 이끌 준비가 되어 있어야 한다. 먼저 실재, 인접 가능, 그림자 미래 기술에 일어나고 있는 관련 슈퍼트렌드부터 이해해야 한다. CEO와 기업 리더들은 낡은 것을 고치는 것이 아니라 새로운 것을 창조하는 데 중점을 두고 기하급수적 사고방식과 풍요의 사고방식을 길러야 한다.

계속해서 성과를 개선하고 매출 총이익 같은 KPI를 극대화하는 능력은 조직의 경쟁력을 유지하는 데 여전히 중요한 요소이지만, 이것만으로는 미래의 성공이 보장되지 않는다. 주변에서 일어나는 변화를 수용하지 않는 조직은 1900년대 초에 마차를 제조하느라 자동차로 전환하는 시기를 놓친 기업과 같다. 이들이 마차를 더 편안하게 만드는 작업에 열중하는 동안 다른 기업들은 자동차라는 완전히 새로운 형태의 운송 수단을 발명해 약 10년 만에 시장의 판도를 송두리째 바꿔놓았다. 미국에서 1914년 4600여 개에 달했던 마차 제조업체의 수는 1925년에 약 150개로 감소했다.[13]

조직의 리더는 변화 필요성을 인식하고 당장 오늘부터 중요한 전환에 뛰어들고 지속적인 여정에 나서며 조직을 이끌 준비를 해야 한다. 조직은 현재 상상하기조차 힘들 만큼 근본적으로 달라질 미래를 대비하기 위해 향후 5년 동안 나아갈 방향을 설정해야 한다. 과감하게 변화를 시도하지 않는 조직은 결국 빠르게 뒤처지고 말 것이다.

분석은 이제 기업이 나아가야 할 방향과 올바른 조치를 정확하게 파악하는 작업이 됐다. 전기차를 향한 GM의 야심 찬 계획과 같다. 자본 재분배부터 대규모 인수합병, 인접 가능한 신규 사업 분야에 대한 자본 지출, 완전히 새로운 사업 분야에 이르기까지 비전을 달성하기 위해 취할 수 있는 다양한 조치를 고려해야 한다.

이와 동시에 전략 수립 절차를 더 지속적이고 데이터와 AI에 기반한 형태로 개선해야 한다. 이를 위해서는 목표를 설정하고 진행 상황을 측정하는 방식을 근본적으로 바꿀 필요가 있다. 요컨대 지침을 과감히 내려놓고 그 과정에서 학습하고 적응하는 등 대담한 조치를 취해야 한다. 또한 모든 변화를 거칠 때 직원들에게 지속적으로 명확하게 알리는 것이 중요하다. 그래야만 직원들이 새로운 방향과 업무 방식으로 서서히 전환하면서 당면한 우선 과제를 계속 이행할 수 있다.

다음 표를 참고해 현재 전환의 시작 지점과 해당 영역에서 우선순위가 가장 높은 문제를 평가해보자.

미래가 정확히 어떻게 전개될지 예측하기 어려운 상황에서 과감한 조치를 취하는 게 쉽지는 않지만 이는 반드시 필요한 과정이다.

기존		변화
점진적으로 진행할 3~5년의 세부 계획을 통해 목표 설정	➡	슈퍼트렌드에 근거해 방향 설정
과거의 예산 할당 방식에 크게 영향을 받을 만큼 자본에 대해 수동적으로 접근	➡	필요할 때 새로운 영역으로 과감하게 진출할 만큼 적극적으로 자본 배분
전략 기획 및 예산 책정을 연간 절차로 진행하고 이후에는 변경을 제한	➡	실시간 대시보드와 상황 변화에 따라 전략 기획을 빈번하게 조정(지속적이고 유동적인 절차)

전략은 인간의 편견, 안건, 동기를 고려하지 않는 순전히 분석적 과정	➡	전략은 적절한 안전장치를 더한 분석적이며 본질적으로 인간적인 절차로 간주
연간 및 분기별 목표 달성에 중점을 둔 KPI 중심 전략 실행	➡	전략은 일련의 실행 보호 장치로, 혁신과 변화의 여지가 있음
장기적 기획과 단기적 의사결정	➡	단기적 기획과 장기적 의사결정

개별 고객 시장을 위한
온탭 경험 제공하기

Delivering On-Tap Experiences for a Market of One

중앙 집중화와 표준화, 대량생산으로 규모의 경제를 달성하려는 욕구는 산업 경제의 특징으로 볼 수 있다. 상품과 서비스는 일괄적으로 개발되고 판매되었으며, 공급업체는 상당한 권한을 쥐게 되었다. 과거에는 상대적으로 제품 선택의 폭이 제한적이었고, 마케팅은 주로 TV나 광고판 등 대량 판매 시장에서 이뤄졌다. 이러한 특징은 출판, 교육, 건설, 은행, 소비재, 소매업 등 많은 산업에 다양한 수준으로 여전히 남아 있다.

오늘날 인류는 정보 기술로 시장을 훨씬 세밀하게 세분화하고 향상된 지능으로 더 높은 수준의 복잡한 요건을 충족할 수 있는 정밀 경제와 경험 경제에 진입했다. 퓨처핏 조직은 제품과 서비스를 개발하고 판매하는 방식을 완전히 바꿔놓았다. 스웨덴 기업 스포티파이가 대표적인 예다. 이 대규모 음악 스트리밍 업체는 2억 명에 가까운 유료 가입자를 포함해 무려 수억 명의 사용자를 보유하고 있다. 스포티파이는 7000만 곡 이상을 서비스로 제공하며, 모든 곡은 아티스트, 앨범 또는 장르별로 정리돼 있다. 사용자는 자신만의 플레이리스트를 만들어 다른 사용자와 공유할 수도 있다. 스포티파이는 여러 산업 분야에 걸쳐 나타나는 여러 트렌드를 잘 보여준다.

사용자를 앞세우고 중심에 놓아라

기술이 발전해 소비자 선호도에 관한 이해가 점차 세밀하게 조정되고 풍요로워진 환경 덕분에 기본적인 니즈가 충족되면서, 고객의 요구, 특히 높은 수준의 요구 사항을 충족하기 위한 기준 또한 계속 높아지고 있다. 따라서 조직은 고객을 이해하는 데 근본적으로 다른 접근 방식을 취해야 하며, 가상 사용자persona 정의, 고객 여정과 공감 매핑, 아이디어 도출, 신속한 프로토타입(시제품) 설정, 지속적인 사용자 테스트 실시 등의 다양한 도구를 활용해야 한다. 이러한 디자인 사고 접근법은 근본적인 문제 해결에 초점을 맞추기보다 인간 중심적이며, 이는 많은 조직이 본능적으로 문제를 해결하는 접근법과 상반된다.

예컨대 스포티파이는 전 세계 2억 명 이상에 달하는 활성 사용자의 활동에 근거해 매일 1000억 개 이상의 데이터 포인트를 기록한다. 그리고 전 세계 사용자 연구원들에게 고객과의 심층 인터뷰를

표 24.1 · 스포티파이가 구상한 다섯 명의 가상 사용자: 닉, 올리비아, 셸리, 트래비스, 카메론

진행하게 하여 정성적 데이터를 얻어 정량적 데이터를 보완한다. 이러한 정보를 바탕으로 회의와 제품 개선에 영감을 불어넣어줄 세부적 가상 사용자를 만든다. 이러한 방식으로 사용자를 세분화해 파악하고 각각 이름과 정체성을 부여한 후 일상적인 회의에 반영함으로써 브랜드와 제품, 콘텐츠와 마케팅 등 다양한 부서에서 의사결정을 내릴 때 늘 고객을 앞세우고 중심에 두도록 이끄는 것이다.[1]

더 높은 수준의 니즈와 경험에 집중하라

스포티파이는 공감 지도empathy map를 만들어 고객의 니즈를 파악한다. 이는 고객의 핵심 요구 사항을 넘어설 정도다. 스포티파이는 단순히 음악을 제공하는 데 그치지 않고 적시에 적절한 음악을 적절한 사용자에게 제공해 더 나은 사용자 경험을 만들어낸다. 플레이리스트와 추천곡은 현재 수행 중인 작업이나 활동(예: 운동), 현재 기분이나 분위기(예: 느긋한 상황, 집중해야 할 상황 등), 시간대, 요일 등에 따라 개인 맞춤형으로 제공될 수 있다. 예를 들어 스포티파이는 일요일에

아침 식사를 하고 뉴스를 읽는 사용자에게 가볍게 듣기 좋은 재즈 플레이리스트를 제공한다. 참으로 놀라운 서비스다.

사람들은 주거, 식량, 안전과 같은 기본적 니즈가 충족되면서 삶의 질을 더욱 향상시킬 만한 새로운 제품과 서비스에 집중할 수 있게 되었다.

지능형 개인 맞춤화 도입

IoT, 빅데이터, AI, 3D 프린팅 등 기술이 발전하면서 더욱 정밀한 제품과 서비스를 만들 수 있게 되었다. 경제에서 온라인 시장이 차지하는 비중이 커지면서 온라인 제품과 서비스의 한계 비용도 급격히 감소한 상태다. 이제 매우 저렴한 비용으로 대량 맞춤화가 가능해졌다. 개인 맞춤화를 수행할 몇 가지 주요 방법으로는 서비스와 제품의 미세 개체 분리, 제품 다양성, 개별 고객 시장 겨냥, 사용자에게 경험 평가의 기회 제공 등이 있다.

서비스와 제품을 미세 개체로 분리: 예를 들어 이전에는 소비자가 음악을 소유하고 싶다면 15곡이 수록된 앨범이나 LP를 구매해야 했다. 한두 곡만 갖고 싶어도 선택지가 없었다. 전부 구매하거나 아예 구매하지 않는 수밖에 없었다. 그 후 한 곡씩 구매할 수 있는 아이튠즈iTunes가 등장했다. 이 덕분에 상품이 통합되지 않은 상태로도 공급될 수 있었다. 스포티파이도 곡을 구매하지 않는다는 점만 제외하면 아이튠즈와 다르지 않다.

여기에 더해 이제 소비자는 각 아티스트를 분류한 후 자신이 만든 곡이나 AI를 활용해 만든 곡을 추가할 수도 있다. 예를 들어 곡에 콩가 드럼 연주를 추가하거나 트럼펫 연주자를 교체할 수도 있다. 알고리딤 프로Algoriddim Pro DJ 프로그램의 뉴럴 믹스 기능을 활용하면 이러한 편집이 가능하다. 이를테면 〈세븐 네이션 아미Seven Nation Army〉라는 곡에서 베이스 연주를 빼고 〈위 윌 락 유We Will Rock You〉의 드럼 연주를 추가한 후 그 위에 자신의 목소리를 얹어 새로운 곡을 만들 수 있다.

에반스의 법칙에 따르면 "복잡하거나 단일 구조로 된 기술의 비유연성, 비호환성, 경직성은 기술 구조와 과정을 모듈화함으로써 간소화할 수 있다."[2] 에반스의 법칙은 밥 오버턴 에반스Bob Overton Evans의 이름에서 따온 것이다. 에반스는 1960년대 초 당시 IBM의 회장이었던 토머스 J. 왓슨 주니어Thomas J. Watson Jr.를 설득해 호환되지 않는 시스템 구조에서 호환 가능한 단위에 기반한 모듈식 접근으로의 전환을 이끌었다.

이전에는 IBM과 다른 메인프레임 컴퓨터 제조업체들이 각자 고유한 시스템을 생산했다. 각 시스템에는 고유한 운영 체제와 프로세서, 주변 장치, 애플리케이션 소프트웨어가 들어갔다. 고객은 새로운 IBM 컴퓨터를 구매하면 기존 코드를 이에 맞게 전부 다시 작성해야 했다. 이에 에반스는 여러 대의 컴퓨터에서 동일한 설명서와 인터페이스를 공유하도록 설계해야 한다고 왓슨을 설득했던 것이다.

제품 다양성 제공: 기술력이 향상되고 경제 여건이 좋아지면서

제품과 서비스의 다양성이 급속도로 증가했다. 예컨대 소규모 맥주 양조업자와 값비싼 진이 등장했고, 100달러짜리 보급형 스마트폰이 출시됐다. 스포티파이는 광고를 포함한 무료 계정 외에도 프리미엄 계정 등급을 제공하고 있으며, 무손실 음질로 음악을 제공하는 HiFi 등급도 출시할 예정이다.

세분화된 개별 고객 시장 겨냥: 많은 조직에서 상품을 미세 조정하고 다양성을 확대할 뿐만 아니라 개별 사용자에게 맞춘 주문 제작 상품을 늘리고 있다. 예를 들어 개인 맞춤형 패션 상품과 보석, 피부 관리, 신발 깔창, 의료용 임플란트, 비타민과 영양제, 식품 등이 등장했다. 서브웨이Subway는 일찍이 고객 맞춤형 샌드위치를 제공했는데, 최근에는 개인의 식단과 알레르기, 취향, 목표 체중 등을 고려해 3D 프린터로 만든 식단을 제공하여 개별 고객 시장의 가능성을 넓히고 있다.

스포티파이의 '온리 유Only You' 환경은 개인별 추천곡과 정보를 한 곳에서 제공하는 원스톱 상점 역할을 한다. 디스커버 위클리, 신곡 레이더, 데일리 믹스 그리고 사용자의 과거 재생 목록을 기반으로 만든 타임캡슐 또는 썸머 리와인드 등 음악적 취향에 맞춘 일일 및 주간 플레이리스트가 모든 사용자에게 제공된다. 스포티파이에는 재미있는 기능이 많다. 이를테면 '내 오디오 탄생 차트Your Audio Birth Chart'에는 지난 6개월 동안 사용자가 가장 많이 들은 상위 아티스트가 '태양'으로, 가장 최근에 발견한 아티스트는 '라이징'으로, 사용자의 감성적인 면을 보여주는 아티스트는 '달'로 표시된다. '유어 드림 디너 파티Your Dream Dinner Party'는 사용자가 좋아하는 아티스트 세 명을 선정하면, 즐겨 듣는 노래와 최신곡으로 맞춤형 스포티파이 믹스를 구성해 자주 업데이트한다. '유어 아티스트 페어Your Artist Pairs'는 사용자가 최근에 들은 독특한 음악을 장르를 넘나들며 다양하게 제안한다. 사용자는 이와 같은 맞춤형 음악 감상 정보를 토대로 자신이 음악을 즐겨 듣는 시간대, 좋아하는 음악 장르와 팟캐스트 주제, 하루 중 청취 선호도가 달라지는 방식 등을 파악할 수 있다.[3]

스포티파이 사용자는 매년 말 개인별로 총정리된 이른바 '랩드Wrapped'라는 연말결산 리뷰 정보를 받는다. 사용자의 음악 경험에서 의미 있는 아티스트, 노래, 장르 등 중요한 측면이 강조돼 있다. 소셜 미디어에 공유할 수 있는 플레이리스트와 온리 유, 랩드는 사용자의 상호작용을 늘리는 동시에 일종의 무료 마케팅 역할을 한다.

사용자 평가 활성화: 사용자와 관련된 데이터 수집은 개인 맞춤형 경험을 제공하는 데 필요한 매우 중요한 요소다. 사용자가 다양한 요소에 '좋아요' 또는 '싫어요'를 표시하거나 평가할 수 있도록 하는 것도 데이터 수집 방법이 된다. 스포티파이 사용자는 하트 버튼을 클릭해 음악 취향을 알리고, 좋아하는 아티스트를 팔로우하고, 노래를 평가하고, 맞춤형 플레이리스트를 만들 수 있다. 스포티파이 소프트웨어는 사용자의 선호도를 파악한 후 그에 따라 추천곡을 조정할 것이다.

사용자가 사진이나 영상에 '좋아요'를 누를 수 있는 스포티파이나 인스타그램 같은 서비스의 경우, 이러한 기능이 핵심 제품 자체에 내장되어 있다. 다른 제품과 서비스에서는 한 문항으로 구성된 팝업 설문조사 같은 추가 단계가 필요할 수 있다. 더 나아가 구글 지도나 아마존 같은 공개 플랫폼에서 사용자에게 평가를 요청하거나 트러스트파일럿Trustpilot 같은 내장 플러그인을 통해 자사 웹사이트에서 직접 의견을 요청하는 '과감한' 기업들도 있다. 열린 댓글과 평가는 긍정적일 수도 부정적일 수도 있으므로 대단히 과감한 조치인 셈이다. 하지만 전 세계가 평가 경제로 이동하면서 사용자들은 기업이 원하든 원하지 않든 제품과 서비스를 평가할 방법을 찾고 있다. 그러니 기업은 앞서 나가기 위해 평가 기능을 도입하지 않을 이유가 없을 것이다.

온탭 공급

소비자는 편리함과 단순함을 선호한다. 원하는 것을 정확히 원하는 시간에 얻고 사용한 만큼만 비용을 지불하는 것보다 편한 방법이 또 있을까? 세상은 편리한 방향으로 나아가고 있다.

공급자 중심에서 고객 중심으로: 많은 업계가 수십 년 전부터 일괄 생산에서 벗어나기 시작했다. 이러한 추세는 생산부터 제품 구성에 이르기까지 이어지고 있다. 예를 들어 맞춤형 패스트 패션은 개인화되어 주문형으로 생산된다. 식품, 의약품, 교육, 기타 여러 산업에서도 이와 같은 현상이 나타날 가능성이 크다. 스포티파이는 모든 사용자에게 플레이리스트를 제공하지만, 각 플레이리스트에 포함되는 곡은 개별 사용자의 선택에 따라 달라진다. 사용자는 제품에 포함되는 콘텐츠의 필수 요소가 되어 원하는 대로 직접 방향을 이끌어간다.

소유형에서 서비스형 모델로: 스포티파이를 사용하면 더 이상 음악을 구매하지 않아도 된다. 원하는 음악이 끊임없이 흘러나오는 서비스와 개인 맞춤형 플레이리스트를 구독하면 원하는 만큼 음악을 소비할 수 있다. 이러한 추세는 소프트웨어와 디지털 제품을 넘어 서비스형 제품(XaaS)에도 비슷하게 나타나고 있으며 조직의 구조에 중대한 영향을 미친다. 이에 대해서는 이후 장에서 상세히 다룰 것이다.

하나로도 충분: 온탭 솔루션은 대단히 직관적인 사용자 인터페이스와 사용자 경험으로 구성되어 있다. 사용자 인터페이스(UI)와 사용자 경험(UX) 시스템에는 디자인, 기술, 데이터 과학, 심리학이 통합되어 있다. 이는 제품이 아니라 사용자의 행동, 태도, 감정에 근거해 사용자와의 상호작용을 설계하는 작업으로 볼 수 있다. 스포티파이는 이를 위해 많은 자원을 투자한다. 버튼 모양과 크기, 버튼에 마우스를 가져갔을 때 나타나는 형상, 독특한 데스크톱과 태블릿, 스마트폰, 자동 모바일 인터페이스 등 아주 작은 세부 사항까지 놓치지 않는다. 이제 스포티파이는 사용자가 음성으로 어떤 곡이나 플레이리스트를 재생해달라고 요청할 수 있는 음성 지원 기능까지 추가로 제공한다. 이러한 기능은 전통적인 사용자 인터페이스를 완전히 건너뛰는 것이다.

인공지능을 도입해 솔루션 제공: 일반 플레이리스트와 개인별 플레이리스트를 생성하는 알고리즘은 인공지능으로 생성된다. 즉 스포티파이의 모든 직원이 한 달 동안 휴가를 떠나더라도 사용자는 계속해서 개인 맞춤형 플레이리스트와 새로운 추천곡을 제공받을 수 있다. 사용자가 스포티파이의 음성 기능을 통해 좋아하는 곡을 재생해달라고 요청하기만 하면 알고리즘이 사용자의 사용 기록, 프로필, 시간, 요일 등을 기반으로 곡을 선별해 플레이리스트를 만들 것이다. 스포티파이가 사용자를 너무 잘 알고 있어서 사용자가 곡을 재생해달라고 별도로 요청하지 않아도, 스스로 음악을 언제 틀지 파악하는 미래도 상상해볼 수 있다.

초사회성 비즈니스 모델

점점 디지털화되고 연결된 세상에서 규모는 중요하다. 이는 산술급수적 성장에서 기하급수적 성장으로 전환할 수 있는 능력과 규모의 경제를 제공할 뿐만 아니라, 개인 맞춤화 그리고 제품 개선과 가치 창출에 활용할 수 있는 소비자 데이터를 제공한다. 다음과 같은 네 가지 흐름을 생각해보자.

플랫폼 경제: 플랫폼은 '둘 이상의 상호의존적 집단, 일반적으로 소비자와 생산자 간 교류를 촉진해 가치를 창출하는 비즈니스 모델'이다.[4] 스포티파이는 수많은 음반사와 아티스트의 곡을 아우르는 개방형 플랫폼이다. 애플의 아이폰/iOS 플랫폼과 같이 상대적으로 폐쇄적인 생태계에서도 타사 멤버십과 적립을 허용하는 개방형 표준이 존재한다.

자체적으로 충분한 규모를 갖춘 플랫폼은 엄청난 가치를 창출할 수 있지만, 디지털 경제는 종종 승자 독식의 결과를 불러오므로 누구나 시장을 선도하는 플랫폼을 만들 수 있는 건 아니다. 일반적으로 기존 플랫폼에 가입하는 방안이 있으며, 자체 플랫폼을 출시하는 방안도 고려해볼 수 있다. 한정된 틈새시장에서 소규모로 시작해 성장하고, 사용자의 제품과 서비스 평가를 허용하고, 데이터를 사용해 공급과 가격을 지속적으로 최적화하는 것이 좋다.

탈중개화: 디지털 경제는 직접 경제를 의미한다. 특히 더 강력하고 정밀한 3D 프린터가 등장하면서 제품 생산에 영향을 주는 물리적 거리의 제약이 줄어들고 있다. 은행, 의료, 교육, 숙박, 엔터테인먼트, 마케팅, 제품 디자인 및 개발, 전문 서비스 등 다양한 분야에서 서비스 전체 또는 일부가 온라인으로 이뤄지는 경우가 많다. 온라인 여행 예약을 비롯해 많은 서비스가 알고리즘으로 수행될 수 있다.

중개인과 도우미를 배제하는 탈중개화는 앞으로도 계속 확대될 것이다. 중개인의 한 형태인 플랫폼에 입점하더라도 소비자와 직접 소통할 채널을 유지하고, 소비자 데이터를 이용하고, 플랫폼에서 제품을 마케팅하고 판매하는 방식에 영향을 미칠 방안을 찾아야 한다. 많은 플랫폼이 독점을 요구하진 않으므로 기업에서는 여러 플랫폼에 제품과 서비스를 동시에 등록하고 자체적으로 직접 판매 채널을 마련해 운영할 수도 있다.

스포티파이에는 여전히 음반사가 존재한다. 하지만 이들이 최종 사용자와 상호작용할 수단은 차단되어 있다. 사람들이 원하는 것은 음반사가 아니라 제품, 즉 음악이기 때문이다. 스포티파이는 자체적으로 제작한 오리지널 콘텐츠를 내놓기 시작했다. 유튜브, 아마존,

넷플릭스, 텐센트, 아이치이iQIYI, 유쿠Youku, 훌루Hulu 등 다른 플랫폼에서도 비슷한 현상이 나타나고 있다.

커뮤니티 구축: 초사회성을 실현하려면 사용자 커뮤니티를 키우고 발전시키기 위해 힘써야 한다. 커뮤니티는 소비자와 직접 소통할 수 있는 채널이 될 뿐 아니라, 고객 경험을 개선하고 충성도를 높이며 입소문 마케팅으로 성장을 촉진하는 것으로 나타났다. 스포티파이는 사용자가 다른 사용자의 플레이리스트를 팔로우하고 서로 플레이리스트를 공유하는 활동을 권장한다. AI를 사용해 사용자의 다양한 선호도에 맞춘 플레이리스트를 생성하는 '블렌드Blend' 기능을 사용하면, 사용자가 원하는 방식으로 새로운 음악을 공유하고 발견할 수 있다. 스포티파이는 적극적으로 이러한 활동을 장려한다. 앱에 간단한 가이드를 마련해 사용자가 블렌드를 만들어 친구를 초대하고 블렌드 결과를 소셜 미디어 채널에 공유할 수 있도록 유도하기도 한다.[5]

스포티파이는 사용자가 전 세계 어디서든 곡이나 팟캐스트를 동시에 청취할 수 있는 기능도 제공한다. 마찬가지로 디즈니 플러스Disney Plus와 넷플릭스 역시 동시 시청이 가능한 '파티 시청' 기능을 제공한다. 이 기능의 잠재력은 어느 정도일까? 메타버스에서 VR 웨어러블 기기와 신체 추적기를 결합해 가상 댄스파티를 열어 전 세계 사람들과 밤새도록 춤추며 즐길 날도 머지않았다.

네트워크 효과: 스포티파이는 사용자가 많아질수록 더 나은 서비스를 제공할 수 있다. 첫째, 사용자 기반이 증가하면 점점 더 많은 음악을 거래할 수 있는 협상력이 커진다. 둘째, 스포티파이는 사용

자와 비슷한 음악 취향을 지닌 다른 사람들의 플레이리스트를 기반으로 곡을 추천하므로, 사용자가 많아질수록 플레이리스트를 생성하는 AI의 성능도 좋아진다. 셋째, 플레이리스트를 보유한 사용자가 늘어날수록 플레이리스트를 공유하는 기능이 각 사용자에게 더욱 흥미로운 활동이 된다. 추가적으로 네트워크 효과를 일으킬 방법에 대해서는 다음 글에서 논하고자 한다.

네트워크 효과

회사에서 재무 및 법률 감사 활동이 통상적인 관례이듯, 네트워크 감사를 실시해보는 건 어떨까? 새로운 네트워크 효과를 불러일으킬 방법을 결정하기 위해 기존 네트워크를 면밀히 검토하는 것이다. 이를 구현할 열 가지 방법은 다음과 같다.

- **조기 가입 혜택**: 무료 체험판과 할인 등 초기 사용자에게 혜택을 제공한다.
- **상호 모집 권장**: 다른 네트워크의 사용자를 끌어모아 회사의 네트워크로 데려온 사용자 전원에게 보수를 지급한다. 예를 들어, 케냐의 모바일 결제 시스템 M-PESA는 발신자에게 돈을 지불해 수신자를 모집했다.
- **무료/유료**: 한쪽에는 무료로 제공하고 다른 쪽에는 요금을 부과한다. 예를 들어, 상업용 네트워크에서는 판매자에게 요금을 부과하는 반면 구매자에게는 부과하지 않는다.
- **틈새시장 접근법**: 아주 작은 틈새시장을 선택해 네트워크 효과가 작동하도록 만들고 적용 범위를 확장한다. 예를 들어, 페이스북은 초기에 하버드대학교 학생들만 사용할 수 있는 서비스였다.
- **편승**: 의미 있는 사용자 기반을 이미 확보한 네트워크 내부에서 서비스

형 네트워크를 출시한다. 페이팔Payapl은 이베이eBay 내에서 설립된 덕분에 빠르게 성장할 수 있었다.

- **초기 지분**: 초기 투자자와 기여자를 유치하기 위해 이들이 비즈니스의 미래 성장 잠재력에서 이익을 얻을 수 있는 지분 구조를 확립한다. 타투두Tattoodo는 설립 초기에 가입한 세계 최고의 타투이스트들에게 스톡옵션을 제공했다.
- **의도적 희소성**: 선별적으로 회원을 모집해 네트워크 가입을 매력적으로 보이게 만든다. 예컨대 "첫해에는 최고의 레스토랑 중 10퍼센트만 가입할 수 있습니다. 고급 레스토랑 그룹에 가입하시겠습니까?"와 같은 문구를 넣으면 된다.
- **자체 공급**: 일부 집단을 후원해 존재감을 드러낸다. 예를 들어 새로 문을 연 나이트클럽은 오후 10시 이전에 특별 할인 시간 가격을 책정해 분위기를 조성하고 이후 고객을 더 많이 끌어들일 기회를 늘린다. 유튜브가 처음 서비스를 시작했을 때 창립자가 게시한 첫 번째 동영상이 자체 공급을 보여주는 대표적인 사례로 볼 수 있다.
- **트로이 목마**: 잠재 사용자에게 무료 도구와 제품 또는 서비스를 제공해 '우연히' 네트워크에 연결되도록 만든다. 수동적인 네트워크 참여자가 충분히 확보되면 이들을 활성화하는 노력을 기울이면 된다.
- **두 단계**: 먼저 의도적으로 한쪽 네트워크에만 집중해 어느 정도 사용자 수가 채워지면 다른 한쪽에 접근한다. 예를 들어 오픈테이블OpenTable은 초기에 온라인 예약을 받는 상급 레스토랑을 모집하는 데 집중한 후, 타깃 광고를 진행해 특정 소비자에게 접근했다.

많은 기업에서 강력한 네트워크 효과는 엄청난 성공과 혹독한 실패를 가르는 유일한 차이점이었다. 특정 프랜차이즈 업체에는 네트워크 효과가 하나 이상 존재할 수 있다.

사람들은 깨어 있는 시간의 최대 3분의 1을 휴대전화 사용에 쓴다. 그 외에도 컴퓨터, 텔레비전, 기타 화면 기기와 상호작용하며 많은 시간을 보낸다.[6] 마케팅은 소셜 네트워크, 사용자 데이터, 빅데이터 분석, AI와 결합되어 지능적이고 정확해졌으며 이제 지극히 사용자 중심으로 돌아간다. 매력적인 체험형 콘텐츠로 특정 분야를 공략할 수 있게 되었고, 마케팅과 커뮤니티 참여의 경계도 모호해지고 있다. 모바일 마케팅 시장은 호황을 맞이했고, 메타버스에서도 점점 이러한 현상이 두드러지고 있다. 주목할 만한 세 가지 전환을 추가로 살펴보자.

유동적인 상시 마케팅 진행

끊임없이 변화하는 세상에서 소비자는 즉각적인 개인 맞춤형 방식으로 자신의 니즈를 충족하길 원한다. 따라서 마케팅은 유동적이어야 한다. 수많은 데이터와 데이터 과학자, 전문가가 있더라도 어떤 게시물이 입소문을 탈지 예측하기는 매우 어렵다. 복잡한 환경에서는 인과관계가 불분명하다는 점을 명심하자. 현대 마케팅은 게시물 준비에 몇 주나 들이지 않고 창조적 순환처럼 신속하고 반복적으로 진행된다. 따라서 연간 마케팅 일정을 잡는 것도 중요하지만, 몇 주, 며칠, 심지어 몇 시간 단위로 마케팅 일정을 조정해야 한다.

마케팅을 바라보는 또 다른 방법은 오늘날 거의 모든 조직이 업종과 관계없이 미디어 기업에 해당하거나 미디어 기업이 되어야 한다는 사실을 인지하는 것이다. 가상 세계를 무시하는 것은 불가능하며, 가상 세계를 적극적으로 형성하지 않으면서 온라인 공간에서 존재감이 드러나길 바라는 건 안일한 생각이다. 소비자는 점점 온라인 공간에서 자신의 니즈를 충족해줄 솔루션을 찾고 있다. 이들이 당신의 조직을 찾아낸 후 콘텐츠를 마음에 들어 할지가 유일한 관건이다.

오늘날 거의 모든 조직은 업종과 관계없이 미디어 기업이거나 미디어 기업이 되어야 한다.

실시간 대화 마케팅: 스포티파이는 새로운 유행이 등장할 때마다 방대한 양의 데이터를 활용해 '사람들이 표현하는 감정에 관한 정보'를 확보한다. 큰 인기를 끌었던 '고마워요, 2016. 이상한 한 해였죠(Thanks, 2016. It's been weird)' 캠페인이 한 예다. 여기에는 "밸런타인데이에 4시간 동안 '모태 솔로' 플레이리스트를 들었던 LA에 거주하는 당신, 괜찮으신가요?"와 같은 재치 있는 게시물이 포함되었다. 또 다른 예로는 #2018랩드 광고판에 등장해 화제를 모은 '야니 vs 로렐' 논쟁(해당 사운드가 어떤 소리로 들리느냐)을 들 수 있다.[7]

소비자는 점점 온라인 공간에서 자신의 니즈를 충족해줄 솔루션을 찾고 있다. 이들이 당신의 조직을 찾아낸 후 콘텐츠를 마음에 들어 할지가 유일한 관건이다.

마케팅 프로세스 자동화: 개인 맞춤형 제품 제공과 마케팅 캠페인을 하나로 통합하고 규모를 확장하는 유일한 방법은 자동화뿐이다. 핵심은 리드 육성(잠재적인 구매자와 계속 교류해 구매를 이끄는 방식—옮긴이주)을 포함하는 퍼널(깔때기)을 설정한 다음, 잠재 구매자의 행동에 따라 맞춤형 메시지를 자동으로 전송하는 기술이다. 머지않아 효과적인 마케팅 문구를 스스로 작성할 수 있는 AI 알고리즘도 등장할 것이다.

사용자 경험에 마케팅 장착: 평가 경제가 성장하는 과정에서 과감한 기업들은 소비자의 의견과 평가에 기대어 존재감을 드러내길 바랄 것이다. 평가가 진실하고 정직하게 작성되는 환경이라면 결국 최고의 가치를 제공하는 제품과 서비스가 승기를 잡을 것이기 때문이다. 이러한 현상은 플랫폼, 커뮤니티, 네트워크를 통한 입소문과 사용자가 이끄는 마케팅으로 한층 강화된다. 스포티파이는 다른 사람들과 노래를 공유하고 개인 맞춤형 정보를 게시하는 사용자와 연말 스트리밍 통계를 공유하는 아티스트 덕분에 큰 이득을 얻고 있다.

새로운 시대를 위한 스무 가지 질문

① 일상적인 의사결정에 유용성을 최우선으로 고려하고 있는가?

② 더 높은 수준의 소비자 니즈에 집중(매슬로의 욕구 피라미드에서 상위 단계로 이동)하고 있는가?

③ 제품과 서비스를 번들로 제공할 수 있는가?

④ 서비스와 제품을 미세 개체로 분리할 수 있는가?

⑤ 제품의 다양성을 확대할 수 있는가?

⑥ 세분화된 개별 고객 시장 분야(대규모 개인 맞춤화)를 공략할 수 있는가?

⑦ 개인 맞춤형 제품을 더 많이 제공할 수 있는가? 효율성을 유지하면서 모든 고객에게 제품을 효율적으로 맞출 수 있는가?

⑧ 제품에 추가해야 할 공유 및 평가 기능이 있는가?

⑨ 시장 역학을 공급자 중심에서 고객 중심으로 전환할 수 있는가?

⑩ 서비스형 제품을 제공할 수 있는가?

⑪ 사용자 경험을 대폭 간소화할 수 있는가('하나로도 충분')?

⑫ 최고의 고객 경험을 제공할 수 있도록 제품을 혁신할 수 있는가?

⑬ 인공지능을 통합해 솔루션을 제공할 수 있는가?

⑭ 개방형 플랫폼을 사용하거나 구축할 수 있는가?

⑮ 탈중개화가 가능한가?

⑯ 사용자들이 하나의 커뮤니티를 이루며 서로 상호작용하고 기업과 소통하도록 이끌 수 있는가?

⑰ 비즈니스에 네트워크 효과와 입소문 효과를 일으킬 수 있는가?

⑱ 마케팅을 실시간으로 조정할 수 있는가?

⑲ 마케팅 프로세스를 자동화할 수 있는가?

⑳ 사용자의 의견과 평점, 개인 간 공유를 활용해 제품과 서비스를 마케팅할 수 있는가?

다음 표를 참고해 현재 전환의 시작 지점과 해당 영역에서 가장 우선순위가 높은 문제를 평가해보자.

기존		변화
가상의 고객이 존재하지 않고, 사용자 경험이 측정되거나 관리되지 않음	➡	강력한 고객 중심주의와 이해도가 일상적인 논의에 반영됨
고객의 기본적인 니즈를 충족하는 데 집중	➡	고객이 기대하는 기본적인 니즈와 열망하는 니즈를 모두 충족
제한적인 맞춤형 제품 및 서비스	➡	개별 고객 시장의 개인 맞춤화 확대
공급자 중심으로 제품 및 서비스를 번들로 제공	➡	고객 중심으로 서비스형 온탭 제품 제공
네트워크 효과와 기하급수적 성장의 잠재력 제한적	➡	강력한 고객 커뮤니티를 갖춘 초사회성 비즈니스 모델
대규모 시장 접근법으로 연간 마케팅 일정 계획	➡	유동적이고 자동화된 개인 맞춤형 마케팅 접근 방식
내부 고객을 대상으로 의견을 구함	➡	대중에 개방된 평가 및 고객 의견

유동적이고 빠르고
유연한 조직!

Fast, Fluid, and Flexible!

최소 몇 년 이상 조직 생활을 해본 사람이라면 조직이 처음에는 기능, 그다음에는 제품군, 고객 세분화, 지리적 기반 순으로 각각 재조직되는 주기를 거치며, 이후 새로운 리더와 비즈니스 전략이 자리를 잡으면 이 과정을 다시 반복한다는 사실을 알고 있다. 대규모 조직 대부분은 정체되어 있지는 않지만, 충분히 빠르게 의사결정을 내리거나 부서 간 협업을 제대로 끌어내지는 못한다고 느낀다.

이러한 문제를 해결할 방안은 적어도 60여 년간 논의되어왔다. 알프레드 챈들러Alfred Chandler는 1962년에 펴낸 저서 《전략과 구조 Strategy and Structure》에서 조직의 구조가 전략을 따르는 방식과 조직 구조 개편이 종종 전략 실행의 일부임을 보여주었다. 맥킨지는 1979년에 〈매트릭스 조직을 넘어Beyond the Matrix Organization〉라는 글을 발표했다. 이 글을 쓴 저자들은 조직이 경쟁력을 유지하고 중앙 집중화와 분권화 사이에 존재하는 내재된 갈등을 관리하기 위해 지속적으로 조직을 재편성해야 한다고 주장했다. 피터 드러커Peter Drucker는 1988년에 발표한 〈새로운 조직의 태동The Coming of the New Organization〉이라는 글에서 "20년 후 일반적인 대기업의 관리 수준은 오늘날의 절반에도 미치지 못할 것이며, 관리자 수는 지금의 3분의 1도 되지 않을 것"이라고 주장했다.[1]

거듭된 실패

오늘날 많은 조직 구조는 실패에 대비하도록 설정되어 있다. 조직을 간소화하려는 시도는 대부분 실패로 돌아간다. 실제로 조직 구조를 재설계하는 노력의 성공률은 25퍼센트에 불과하다.[2] 큰 틀에서 조직의 변화를 살펴보면 성공률이 낮은 몇 가지 이유를 다음과 같이 찾을 수 있다.

1. 조직은 강력한 계층 구조와 명령 실행 계통chain-of-command execution 접근법에 계속 의존하는데, 이러한 방식은 오늘날과 같이 빠르게 변화하는 세상에서는 효과가 거의 없다.
2. 조직은 특정 전략(예: 제품을 새롭게 강조하는 방식, 고객 중심 또는 지리적 확장)과 연결되어 있다. 따라서 조직 구조는 본질적으로 경직되고 유연하지 못하며, 전략이 변경되거나 새로운 계획이

시작되면 새로운 조직 변화가 뒤따른다. 결과적으로 직원들은 계속 혼란을 겪고 피로를 느끼게 되며, 차선책이 실행된다.

3. 조직은 실제 업무 수행 방식이 아닌 기존 의사결정과 보고 체계에 최적화되어 있다.

4. 조직은 변화를 명시적으로 허용하고 기대하기보다는 통제된 환경에서 논리적으로 처리하는 데 중점을 둔다(계획/예산 편차와 너무 잦은 조직 변화는 환영받는 경우가 드물며 주로 바람직하지 못한 결과로 간주된다).

조직 전환은 주요 기업과 빠르게 성장하는 스타트업에서 이미 필수로 채택되었는데, 오늘날 조직에서 흔히 볼 수 있는 계층 구조와는 거리가 멀다.

우선 첫째로, 업무가 점점 단기간 업무로 세분화되어 빠르게 변화하면서 조직은 3대 요건을 충족해야 한다는 압박을 받는다. 즉 빠르고fast 유동적이며fluid 유연한flexible 조직이 되어야 한다는 것이다. 이 책에서는 이러한 요건을 충족한 조직을 3F 조직이라 부른다.

3F 조직은 빠르고 유동적이며 유연하다.
이는 조직이 끊임없이 변화하는 우선순위에 최적화되도록
설계되어 있고 적응력이 뛰어나다는 것을 의미한다.

3F 조직은 융통성 없는 조직 모델에서 벗어나 실무에서 가치를 창출하고 직원들이 최고의 성과를 낼 수 있는 방식에 중점을 둔다.

물론 조직 차원과 부서는 여전히 존재하지만 업무를 지원하는 범위 내에서만 존재한다. 이러한 조직은 적응력이 뛰어나고 변화하는 우선순위에 최적화되도록 설계되어 새로운 전략적 수요가 발생했을 때 유연하게 대처할 수 있다.

**역동적인 환경에서는 조직 구조를 조정하고
끊임없이 변화하는 우선순위에 맞게 최적화해야 한다.**

그렇다면 실무에서 3F 조직은 어떤 모습일까?

모든 비즈니스 유형과 규모에 적용 가능한 전형적인 단일 조직 구조는 없다. 예를 들어 일반적으로 민첩하지만 리더가 없는 조직은 스타트업과 소프트웨어 회사에 가장 적합하다. 반면 직원 수십만 명이 근무하는 대형 조직은 지식을 공유하고, 조달과 유통에 맞춰 규모를 조절하고, 영업과 마케팅을 진행하는 등 여러 활동에서 경쟁 우위를 확보하려면 실질적인 조정이 필요하다. 따라서 필요하다면 조직별로 계층이나 중앙 집중화를 적용해야 한다. 그런데 흥미롭게도 새로운 추세가 나타나고 있다.

하나는 의사결정이 일선 현장으로 밀려나는 경우가 잦아지면서 조직이 평면화되는 추세다.[3] 운영 환경이 점점 복잡해졌기 때문이다. 일상적인 과제조차 다면화되고 새로운 양상을 띠면서, 이제 의사결정을 할 때 틀에 박힌 방식으로 처리하기보다는 인간의 판단력이 필요하게 됐다. 기나긴 명령 체계와 경직된 계층 구조는 유연하지 않을뿐더러 느리게 이동하는 경향이 있음이 입증되었다.

연구에 따르면 조직을 이끄는 중심부와 일선 현장 간 운영 거리를 최소화하는 기업이 동종 업계에서 최고의 성과를 달성할 가능성이 두 배나 높다.[4] 업계를 선도하는 주요 글로벌 조직은 일반적으로 6~7개 또는 그보다 적은 계층으로 구성되어 있다는 연구 결과도 있다. 이는 9~10개 계층으로 구성된 다른 조직과 대비된다.[5] 물론 조직은 계층이 적은 구조만을 목표로 평면화되어서는 안 된다. 일선 현장에서 일하는 직원들에게 의사결정권을 주려면 역량과 의욕이 있는 인력을 현장에 배치하고 적절하게 자율성을 부여해야 한다.

또 다른 추세는 플로우 투 워크 모델로의 전환이다. 이는 직원들이 필요에 따라 유동적으로 업무를 할당받고 프로젝트에 배정되는 모델로, 일반적으로 여러 팀이 교차 기능 네트워크를 형성해 일정 기간 함께 모여 협업했다가 프로젝트가 끝나면 해체하는 것이다. 이때 직무 설명, KPI, 업무 배정은 필요에 따라 변경될 수 있어야 한다.

3F 조직은 글로벌 시장 경제와 마찬가지로 임시직 직원을 채용하는 플로우 투 워크 모델을 활용하지만 적용 규모가 더 작고 운영 속도는 더 빠르다.

그렇다고 해서 일상적인 업무가 사라진다는 의미는 아니다(실제로 그런 경우는 거의 없다). 일반적으로 비교적 안정적인 업무 범위를 주로 맡거나 전담하는 직원은 계속 존재할 것이다.

직원들을 고정된 부서와 유동적인 부서로 엄격하게 분류할 필요는 없다. 주요 조직에서는 조직 구조의 DNA 자체에 유연성을 집어넣어 모든 직원이 새로운 업무가 생겨날 때 참여할 수 있게끔 한다. 업무 배정은 하루 근무 시간의 10~15퍼센트(하루에 최소 한 시간)부터 전일제까지 다양하다. 어떤 직원은 완전히 유동적인 프로젝트 기반 업무를 수행하는 반면, 어떤 직원은 그런 업무를 전혀 맡지 않을 수도 있다. 하지만 조직 내 동일한 거버넌스 메커니즘은 모든 직원에게 적용된다.

사내 긱 경제 조성

필요할 때 기술과 경험을 갖춘 직원을 확보할 수 있는 공급망을 갖춘 사내 긱 경제 또는 인력 시장을 구축하면 인력 배치가 수월해진다. 이러한 직무는 특정 기간에 특정 요건을 갖춘 인력으로 한정된다. 누구나 긱 노동자로 참여할 수 있으며, 직원의 관리자나 조정관이 승인하면 조직의 필요에 따라 긱 인력으로 배치된다. 한 예로 15만 명 이상의 직원을 보유한 글로벌 소비재 기업 유니레버Unilever는 2019년에 플렉스FLEX를 출범했다. 플렉스는 빠르게 변화하는 비즈니스 목표를 지원하고, 기술 격차를 해소하고, 인재 개발과 유지를 강화하기 위해 만든 AI 기반 사내 시장이다. 이 플랫폼을 통해 직원들은 조직 전반에 걸쳐 프로젝트에 각자 다양하게 시간을 들여 참여할 수 있다. 플렉스는 출시 2년 만에 사용자 수가 전 직원의 거의 절반 수준에 이르렀으며, 특히 팬데믹 기간에 소비자의 수요 변화에 발맞춰 수천 명의 직원을 재배치하는 데 유용하게 활용되었다.[6]

계층 조직에서는 견고한 보고 체계가 성과 평가와 직원 개발, 일상 업무 관리와 동일시되기 쉽다(과거에는 직원이 실제 일하고 있는지 확인하기 위해 대면으로 상호작용해야 했다). 그러나 유니레버 같은 유형의 구조는 전통적인 계층 조직에 남아 있는 관행을 깬다.

3F 조직에서는 일반적으로 앞서 언급한 성과 평가와 직원 개발, 일상 업무 관리 등 세 가지 관행을 두세 군데의 부서에 할당하며, 각 부서를 관리하는 데 새로운 지표를 사용한다. 예를 들어 직원들을 기능 영역별로 조직화해(예: 마케팅, 제품 개발, 컨설팅) 강도 높은 수습 제도와 개발이 이뤄지도록 할 수 있다.

긱 방식은 조직 내 여러 리더가 필요에 따라 주도하는 프로젝트를 통해 일상적 업무를 관리하고 실행하는 것이다. 업무는 활동 지표(예: 이용률, 계정 수, 처리된 요청 수)와 결과 지표(예: 프로젝트 KPI, 결과물, 관리자, 동료와 팀의 의견)에 따라 관리된다. 그동안 직원 의견을 청취하고 개발을 논의하는 업무는 현장 관리자가 수행해왔지만, 일부 조직에서는 인재 관리 부서와 같은 제3의 부서를 활용해 성과 평가와 개발을 관리한다. 특히 조직 내 고위 직급을 대상으로 이러한 경향이 두드러진다.

권한에서 성과 지향으로

조직의 최고위 직급은 전반적으로 조화를 이루고 방향성을 일치시키기 위해 비교적 안정적으로 관리되지만, 하위 직급은 진행 중인 업무에 따라 위치가 크게 달라질 수 있다. 실제로 특정 리더에게 보고하는 직원 수의 많고 적음은 별의미가 없다. 보고하는 직원이 많다고 해서 업무 수행 방식이나 해당 부서가 창출하는 가치가 크다고 볼 순 없다. 이제 직급은 경력 사다리를 오를 때 거치는 단계가 아니라 조정과 수습 기간을 관리하는 데 필요한 개념일 뿐이다. 직급을 그대로 유지한 채 직무를 옮기는 인재도 많을 것이다. 따라서 유동적인 조직에서는 권한을 확대해 왕국을 건설하는 행위가 무의미해진다.

> **3F 조직에서는 부하 직원 수를 기반으로**
> **많은 권한을 갖는 왕국을 건설하는 행위가 무의미해진다.**
> **그보다는 업무에서 성과를 올리는 것이 중요하다.**

휴먼 클라우드 활용

조직은 더욱 유동적이고 유연해질 뿐 아니라 외부 휴먼 클라우드를 활용해 점점 수요에 맞춰 움직이고 있다. 한 회사에서만 일하지 않고 개별 계약을 맺어 서비스를 제공하는 긱 노동자가 이미 일부 대규모 경제에서 30퍼센트 이상에 달할 정도로 상당한 비중을 차지한다. 이 수치는 계속해서 빠르게 증가할 것으로 예상된다. 긱 노동자는 2020년 한 해에만 미국에서 33퍼센트 증가했다(코로나19 영향이 컸다).[7] 슈퍼트렌드 전문가들은 2060년까지 미국 노동인구의 절반 이상이 프리랜서 형태로 일할 것으로 전망했다.

긱 노동자는 조직 내 인력 시장에 새롭게 노동을 공급하고 필요한 때에 기술과 자원 공백을 신속하게 메울 수 있다. 긱 노동자가 리더십 직책을 채우는 데 성공적으로 활용된다는 사실이 입증된 사례도 있다. 이는 일자리 통로가 뒤바뀔 수 있음을 보여준다. 즉 조직은 인재를 찾으려 애쓰기보다 사내 인재가 일을 찾아낼 수 있는 내부 생태계를 조성할 수 있다. 관리자는 필요한 특정 기술을 설명하는 직무(긱) 개요서를 작성해 사내 채용 시장에 게시하는 방법을 알아야 한다. 직원들은 지원자가 이력서에 업무 이력, 자격증, 기술 등 최신 정보를 작성하도록 격려해야 한다. 대규모 조직에서는 AI 알고리즘이 긱 노동자와 직원들을 연결하는 데 유용하게 사용될 수 있다.

조직은 인재를 찾으려 애쓰기보다 사내 인재가
일을 찾아낼 수 있는 내부 생태계를 조성하면 된다.

긱 노동의 이론적 가능성과 운영상의 실현 가능성 사이에는 한계가 있지만, 사내외 긱 노동자로 채워지는 직원 근무 시간의 비율은 크게 변화할 것이다. 온탭 제품과 서비스를 원하는 소비자 추세에 맞춰 조직도 점차 온탭과 주문형 방식으로 변화할 것이다.

서비스형 솔루션의 우선순위 지정

조직들은 이러한 변화와 더불어 다른 클라우드와 외부 공급업체를 대규모로 활용해 유연성을 높이고 있다. 서비스형 소프트웨어(SaaS)는 이미 수십 년 동안 사용되었지만, 최근 들어 다양성과 유연성에 대한 요구가 늘어나면서 서비스형 만물(XaaS) 모델을 도입하는 조직이 늘고 있다. 2021년 딜로이트가 진행한 설문조사에 따르면, 기업의 4분의 3이 이미 IT 운영 업무의 절반 이상을 서비스형으로 관리하는 것으로 나타났다. 분석가들은 XaaS 시장이 향후 수년간 매년 24퍼센트씩 성장해(3년마다 두 배씩 성장) 2024년에는 시장 규모가 3400억 달러(약 501조 원) 이상에 달할 것으로 전망한다.[8]

생태계 구축

마지막으로, 조직들이 더 광범위한 생태계와 네트워크(일각에서는 메타 조직meta-organization이라고 부름)에 연결되는 방식으로 전환하는 움직임이 두드러지고 있다.[9] 여기에는 앞서 언급한 XaaS를 비롯해 다음과 같은 요소가 포함될 수 있다.

- 젊은 인재, 기업가, 미래학자, 과학자 등으로 이뤄진 다양한 자문위원회를 구성해 온라인 토론 포럼을 만들고 활성화하기
- 특정 문제를 해결할 방안을 찾기 위해 크라우드소싱 플랫폼

사용하기

- 이노베이션 잼innovation jam(온라인 공간에서 대규모로 이뤄지는 회의—
  옮긴이주) 개최하기
- 공개 해커톤hackathon(해킹과 마라톤의 합성어로 개발자, 기획자 등이 팀
  을 이뤄 정해진 시간 동안 특정 주제에 아이디어를 공유하고 시제품 등으로
  만들어내는 대회—옮긴이주) 개최하기

이중 일부는 새로운 개념이 아니며 점점 널리 확산되고 있다. 조직 구조와 경계가 더 유동적이고 유연해지며, 공식적으로 조직의 일부와 그렇지 않은 것 사이에 회색 영역이 크게 늘어난다는 점에서 이 모든 요소는 동일한 전환을 나타낸다. 업계를 선도하는 자동차 및 에너지 기업 중 한 곳인 테슬라Tesla는 전 세계 최고의 엔지니어들을 유치할 최선의 방법이 오픈소스에 있다고 판단했고, 2014년에 과감하게 기술을 오픈소스로 전환했다.[10] 결과적으로 테슬라의 결정은 옳았다. 2014년부터 2020년까지 매출이 10배나 성장했고, 기술도 새로운 경계를 허물며 계속 향상되었다.

조직 구조를 평면화하고, 현장 직원들에게 자율성을 부여하고, 플로우 투 워크 모델을 도입하고, 사내 긱 경제를 구축하고, 서비스형 솔루션을 우선순위에 두고, 외부 생태계와 광범위하게 협력함으로써 빠르고 유연하며 유연한 조직을 개발할 수 있다.

어떤 슈퍼트렌드가 이러한 전환을 주도할까?

이러한 전환을 주도하는 주요 추세 중 일부는 시장과 소비자의 니즈다. 제품과 서비스가 주문형으로 바뀌었으니 조직도 이에 맞춰 변해야 한다. 트렌드가 빠르게 변하면서, 더 높은 제품 다양성과 빈번한 신제품 출시가 요구되고 있다. 소비자는 자신이 선택한 시점에 정확하게 니즈를 충족하기를 원한다(예: 차량 서비스, 음식 배달, 제품 배달, 모든 유형의 스트리밍, 맞춤형 가구 또는 컨설팅처럼 더 복잡한 요소). 이제 소비자는 공급자가 제품을 들이밀기를 수동적으로 기다리기보다 공급자에게서 직접 제품을 끌어와 선택한다.

유동적인 주문형 조직이 필요한 또 다른 이유는 통상적 업무의 복잡성이 증가하고 있어서다.[11] 우리가 직면하게 되는 과제는 더욱 다면적이고 모호한 형태를 띠기 시작했다. 따라서 문제를 해결하려면 더욱 다양한 전문 지식과 해결책이 필요하다. 한 명 또는 소수의 리더가 대규모 조직의 나머지 구성원들을 대신해 일상적으로 효과적인 하향식 의사결정을 내릴 수 있었던 시대는 오래전에 끝났다. 오늘날 많은 산업에 닥친 현실이 너무 방대하고 복잡한 만큼, 의사결정은 실무를 담당하고 종종 교차 기능 팀에 들어가 일할 수 있는 사람들에게 맡겨야 한다. 즉 조직은 효율적이고 유연한 창조적 순환을 갖춘 반자율적 팀을 길러내야 한다.

기술의 반감기가 급격히 줄어들고 있다. 결과적으로 우리는 경력이나 학위보다 현재의 능력이 훨씬 중요한 기술 기반 경제로 진입하고 있다. 자동화와 인공지능이 발전하면서 신체적 능력과 기본

인지 능력에 대한 수요는 감소할 것이고, 인간이 수행하는 작업에는 더 많은 창의력과 판단력, 사회 정서 기술이 요구될 것이다. 이러한 작업은 덜 반복적이며 예측 가능성이 낮으므로 일상적인 업무 프로세스로 진행되기보다는 프로젝트 팀에서 맡아 완료하는 편이 가장 적합하다. 이는 조직 내 유동성의 필요성을 높이기도 한다.[12]

**우리는 새로운 기술을 지속적으로 습득하는 능력이
핵심 가치가 되는 기술 기반 경제로 진입하고 있다.**

젊은 세대는 점점 자신의 업무와 경력에 대해 목소리를 낼 수 있길 원한다. 조직은 이러한 변화에 적응하지 못하면 인재를 잃을 위험이 있다. 특히 밀레니얼 세대와 Z세대는 일반적으로 원격 근무나 하이브리드 방식으로 일하길 원하고, 업무에서 독립성과 자율성을 추구하며, 긱 업무 등 다양한 형태의 업무 프로젝트를 선호한다. 이들은 몇몇 직장에만 머물며 이미 구조화된 기업 경력 사다리를 그대로 올라가기보다 프리랜서로 활동하며 자신만의 경력 사다리를 쌓는 데 망설임이 없다. 물론 여기에는 이면도 있다. 구조화된 사다리를 선호하는 사람들은 그런 안정적인 사다리를 찾는 게 더욱 어려워졌다는 점이다. 하지만 여전히 선호하는 사람들이 존재하는 만큼, 구조화된 사다리는 희귀해질지언정 완전히 자취를 감추지는 않을 것이다.

코로나19 팬데믹은 위대한 평면화 시기로 불릴 정도로 이러한 추세를 가속화했다. 기업 직원들 대다수가 줌Zoom, 마이크로소프트

팀즈Microsoft Teams, 웹엑스Webex 통화를 활용한 재택근무로 전환하면서 함께 일하는 동료들의 일상, 가족, 반려동물과 관련해 새롭고 더 친밀한 정보를 얻게 되었다. 덕분에 특히 평등을 수용하고 모든 직원을 동등하게 대하는 조직에서는 직원들 사이의 인류애와 신뢰도가 높아졌다. 반대의 경우도 마찬가지다. 예를 들어 업무 일정과 정책 등을 취급할 때 하향식 의사결정에 의존하는 조직은 팬데믹 기간에 신뢰도와 회복탄력성, 성과 수준이 하락했다.[13]

어떤 경우든 외부 파트너와 긱 노동자와 협력하는 데 드는 거래 비용이 사내 정규직 직원을 동원해 모든 업무를 수행하는 데 드는 비용보다 낫아야만 주문형 조직이 바람직하다는 사실을 잊지 말아야 한다. 이 단순하면서도 통찰력 있는 이론은 1937년 로널드 코스Ronald Coase가 처음 제시했는데, 오늘날에도 여전히 유효하다. 기술과 온라인 플랫폼은 외부에서 인력을 구해 짧은 기간 채용하거나 소규모 업무를 맡길 때 들어가는 거래 비용을 크게 낮췄으며, 앞으로 이러한 추세는 더욱 가속화될 것으로 예상된다. 한편 이와 동일한 거래 비용 이론은 주문형 조직에 운영상 한계가 있음을 보여준다.[14] 조직마다 고유한 문화와 업무 방식이 중요하기 때문이다. 잠재된 지적 재산권 문제도 무시할 수 없다. 예를 들어 조직에서는 일급 기밀 프로젝트에 프리랜서가 아닌 정규직 인력을 투입하는 것을 선호할 수 있다.

여정 시작하기

조직 대부분은 조직 구조와 업무 방식을 종합적으로 검토해 직접 개선할 수 있다. 일반적으로 기성 기업은 현재 상황과 진화하는 슈퍼 트렌드에 맞춰 조직을 조정하는 과감한 조치를 취하지 않는다(사소한 진화로는 성공할 수 없을 것이다!). 반면 스타트업을 비롯해 빠르게 성장하는 기업은 유기적으로 성장하며 일하는 방식을 신중하게 선택해 이득을 얻기도 한다.

초기 단계에서는 조직의 성공 요인과 미래의 방향을 파악해야 한다. 구조는 전략을 따른다. 하지만 전략은 계속 변하기 마련이므로, (역설적으로 들리겠지만) 이 책에서는 구조와 전략 간 지나치게 밀접한 연관성은 추정하지 않으려 한다.

그 대신 전략이 등장할 때 이에 적응할 수 있는 충분한 유연성을 갖춘 후 방향을 결정하고 그에 맞춰 조직 구조를 그리는 것이 좋다. 일상적인 업무를 관리하고 직원을 평가하는 방식 그리고 직원이 가장 잘 발전할 수 있는 방법을 바탕으로 조직 구조를 단순하게 유지하자. 공장이나 소매업처럼 물리적으로 직원들이 상주해야 하는 경우에는 업무 범위 측면에서 직무에 유연성이 거의 필요하지 않을 수 있으며, 주로 관리자에게 매일 보고하는 체계가 필요할 것이다. 반면 교차 기능 팀에서 수행하는 프로젝트 기반 업무의 경우, 해당 부서(예: 영업, 제품 개발, HR)가 주요 보고 라인이 되어 직원이 수습 과정을 충분히 거칠 수 있도록 지원해야 한다. 이때 주인의식과 책임감을 최대한 낮추고 불필요한 계층을 제거하는 것이 좋다. 요컨대, 철저하게 간소화하는 것이다.

방향을 결정하고 그에 맞춰 조직 구조를 그려라.

조직 구조 외에도 적정 프로세스를 수립해 조직이 유동적으로 움직일 수 있도록 해야 한다. 적정 프로세스에는 적절한 기술을 갖춘 인재가 직무를 맡는 사내 채용 시장(수요), 직원의 기술을 파악하고 인증하는 메커니즘(공급), 이러한 전환을 지원하는 인재 프로세스와 문화 전환 요건이 포함된다. 먼저 소규모로 시작한 후(예: 다른 직원의 노동 시간 중 최대 15퍼센트에 해당하는 직무를 직원들이 지정할 수 있도록 허용), 인력 배분이 완전히 가능한 직무로 점차 개방하는 것이 좋다.

조직 내부의 유동성과 외부의 유연성을 확보하고 연령대를 연결해야 한다. 장기적인 시스템 관점을 갖추고, 긱 노동자와 다른 협력 조직을 대상으로 신뢰를 구축하는 것이 중요하다. 이를 위해서는 상생 관계에 초점을 맞추고 공통된 목적과 협력 방식을 명확하게 명시해야 한다.

다음 표를 참고해 현재 전환의 시작 지점과 해당 영역에서 가장 우선순위가 높은 문제를 평가해보자.

기존		변화
여러 계층과 강력한 사일로가 있는 복잡한 계층형 명령 체계 구조	➡	일반적으로 여러 팀으로 구성된 네트워크, 분산된 권한, 권한을 부여받은 현장 직원 등이 있는 단순한 평면 조직

위임된 업무 및 KPI와 아주 밀접하고 견고한 보고 라인 관계	➡	직원들이 필요에 따라 임시 긱 노동과 프로젝트에 참여하는 유동적인 플로우 투 워크 모델
업무의 상당 부분을 정규직 직원 또는 장기 계약직이 수행	➡	외부에서 채용한 긱 노동자를 활용해 급변하는 니즈를 충족하는 유연한 주문형 조직
사내 인재 개발과 수직적 또는 수평적 통합 방식 선호	➡	무엇이든 서비스형을 최대한 활용하는 파트너십 중심 접근 방식
경계가 불변하는 고정된 조직	➡	혁신, 협업, 지식 공유 측면에서 경계가 유동적인 네트워크형 조직

속도감 있는 경영과
풍요로운 삶

—

Management, at the Speed and Richness of Life

축구 선수가 '축구하는 법'을 담은 설명서를 손에 들고 경기장을 뛰어다니는 모습은 상상조차 할 수 없을 것이다. 그렇게 해서는 절대 경기를 잘 뛸 수 없다. 모든 선수는 끊임없이 발로 뛰면서 매 순간 의사결정을 내려야 한다. 아무리 최강 팀일지라도 승리하는 과정에서 수많은 실수를 저지르기 마련이다. 축구에 규칙(옐로카드와 레드카드 등)과 관리 행위가 있지만, 의사결정의 최소 99퍼센트가 실제 경기를 뛰는 선수 개개인에 의해 즉석에서 이뤄진다.

여기서 중요한 점은 기술과 관련된 슈퍼트렌드의 영향으로 세상이 변화하는 속도가 빨라지고 있어 조직의 의사결정도 축구처럼 민첩해져야 한다는 것이다. 낮은 인지 능력으로 할 수 있는 인간의 업무를 기계와 로봇이 계속 대체하고 있고, 인간은 점점 프로젝트 기반의 단기적이고 유동적이며 높은 인지 능력이 필요한 업무와 예측 불가능하고 창의적인 작업에 집중하고 있다.

**인간은 점점 프로젝트 기반의 단기적이고 유동적이며
높은 인지 능력이 요구되는 업무와 예측 불가능하고
창의적인 작업에 집중하게 될 것이다.**

기술이 발전하면서 산업 진입 장벽도 낮아졌다. 이를테면 스타트업은 디지털 클라우드, 휴먼 클라우드, XaaS 제품, 디지털 마케팅 등 저렴한 제품을 즉시 활용해 적은 비용으로도 기성 기업과 경쟁을 벌일 수 있게 되었다. 이는 창조적 혁신과 파괴의 속도가 계속 빨라지고 있음을 의미한다.

최고경영진의 통제력 상실

조직 계층 구조의 유용성은 기술로 인해 줄어들고 있다. 새로운 정보 흐름이 공식적 구조를 우회하고 실시간 협업 효율성을 높이기 때문이다. 이제 사원이 CEO보다 비즈니스에 영향을 끼칠 일부 기술에 대해 더 많이 이해하고 있을 수 있다. 어쩌면 그 사원은 어제 인터넷에서 해당 정보를 찾았지만 상사는 찾지 못했을 수 있다.

지식은 더 이상 조직의 상층부에 집중되지 않는다.

직원들이 의견을 공유하고 다양한 프로젝트에 함께 일한 동료들을 평가할 수 있는 평가 경제가 조직에도 속속 도입되고 있다. 따라서 성과 관리는 어떤 비밀스러운 사건이 아니라 지속적으로 이뤄지는 완전히 투명한 대화처럼 여겨지기 시작했다. 물론 상사는 여전히 비공개로 직원을 평가할 수 있지만, 직원은 글래스도어Glassdoor와 같은 서비스를 통해 인터넷에서 상사를 공개적으로 평가할 수 있다!

직원들이 자신의 평판을 쌓으면서 좋은 성과에 대한 동기부여를 받기 때문에 이제 중앙에서 통제하지 않는 방식으로도 직원들의 잠재력을 최대한 끌어올릴 수 있다. 직원들의 능력은 상사뿐 아니라 온라인 공간에서 인재를 발굴해 영입하는 스카우터를 포함해 전 세계에 공개된다.

필요한 속도

코로나19 팬데믹으로 이러한 추세가 가속화됐다. 역사상 처음으로 직장인 대부분이 재택근무에 돌입하고 가상 세계에 적응하며 협업해야 했다. 대부분은 이러한 업무 방식이 실제로 효과가 있음을 깨달았고, 다수가 변화를 즐겼다. 봉쇄 기간이 길어지면서 '원격 근무' 형태는 단 몇 주 만에 가능성이 아닌 필수 요소로 자리 잡았다. 이 과정에서 사람들은 분산된 팀원들이 조직의 다양한 구역에 있거나 서로 수천 킬로미터 떨어져 있어도 원활하게 협업할 수 있음을 알게 됐다. 기업들은 억지로라도 변화에 적응해야 했다. 근본적으로 새로운 업무 방식을 채택해 단 몇 주 만에 구현해낸 기업도 많았다. 가장 규제가 심한 산업 중 하나인 제약 업계에서도 적절한 인재들이 모여 기존 프로세스에 도전하고 새로운 방식으로 일하면서 얼마든지 성과를 낼 수 있음이 입증됐다. 과거에는 효과적인 백신을 개발해 상용화하기까지 5~10년이 소요되었지만 이번에는 이를 약 1년 만에 해낸 것이다.

모든 것은 속도에 달려 있다. 코로나19 바이러스 RNA 염기 서열이 공개되었을 때, 제약회사 모더나Moderna는 48시간 만에 컴퓨터로 RNA 백신을 설계했다. 수십 년 동안 전 세계 비즈니스 스쿨에서는 학생들에게 제품product, 가격price, 장소place, 홍보promotion를 뜻하는 마케팅의 4P를 가르쳐왔다. 이러한 마케팅 믹스marketing mix는 소비자에게 구매를 유도하는 데 활용할 수 있는 종합적인 마케팅 전략을 의미한다. 오늘날에는 여기에 다섯 번째 P 요인으로 속도pace를 추가해야 타당할 것이다.

새로운 마케팅 믹스는 제품, 가격, 장소, 홍보 그리고 속도다.

루틴 최적화에서 혁신 최적화까지

일반적으로 반복적인 작업을 완료하는 데 걸리는 시간은 학습에 영향을 받아 수행할 때마다 줄어든다. 처음에는 소요 시간이 빠른 속도로 감소하고, 그 이후에는 감소 폭이 점점 줄어든다. 이와 같은 체감 현상은 시간 단축뿐 아니라 자원 사용과 품질 최적화에도 똑같이 적용될 수 있다.

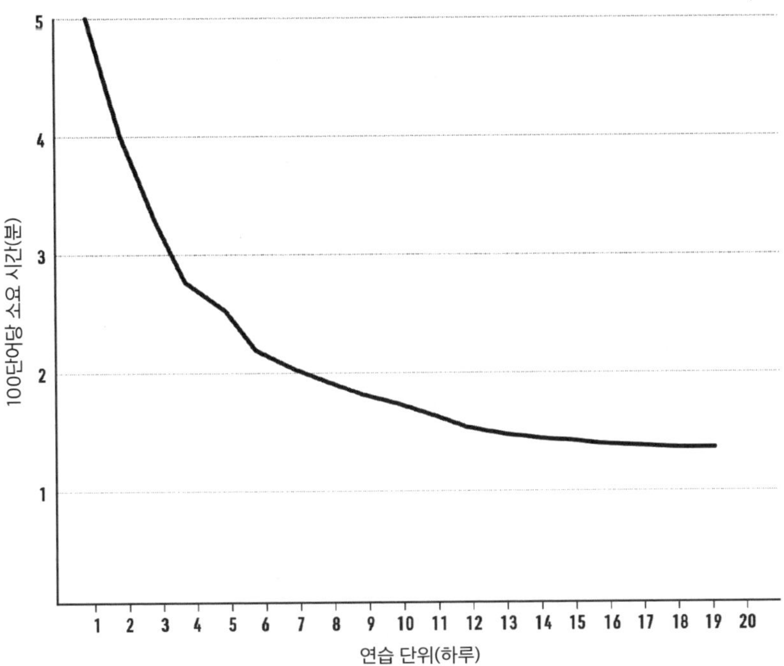

표 26.1 · 명확한 학습 곡선을 보여주는, 시간 경과에 따른 타자 속도[1]

이러한 최적화는 반복 작업에 매우 적합하며, 산업 경제가 시작된 1800년경 이후로 매우 중요했다. 최적화를 달성하려면 매우 효과적인 프로세스와 엄격한 통제가 필요하다. 최적화가 가능한 작업은 일반적으로 수작업으로 이뤄졌고, 역사적으로 철저한 관리 감독을 거쳐 이득을 챙겼다. 예컨대 일반적으로 공장 노동자들은 임금이 그리 높지 않았고 본질적으로 작업에 대한 동기부여가 부족한 경우가 많았다. 따라서 당근보다는 채찍을 휘두르는 관리 방식이 지배적이었다.

1950년대부터 1970년대까지 이뤄진 관리 혁신은 속도를 높이고 오류를 줄이고 더 적은 자원으로 업무를 수행할 수 있는 공정을 만드는 데 초점이 맞춰졌다. 도요타Toyota가 개발한 생산 기법인 린 방식Lean system(적시에 제품과 부품이 공급되는 시스템을 갖춰 재고 비용을 줄이고 생산 품질을 높이는 방식—옮긴이주)과 데밍Deming이 정립한 PDCA(계획Plan-실행Do-평가Check-개선Act으로 이어지는 4단계를 반복해 업무를 지속적으로 개선하는 품질 관리 방법—옮긴이주)가 대표적인 예다.

최근에는 미국 육군에서 사용하는 관측Observe-방향 설정Orient-의사결정Decide-행동Act의 OODA 접근법, 스타트업을 위한 린 접근법, 구축Build-측정Measure-학습Learn의 BML 순환 등 주로 급변하는 환경에서 활용되는 다양한 접근법도 등장했다.

문제는 점점 반복적인 업무가 자동화되고 변화 속도가 빨라지면서 늘 새로운 도전 과제에 직면해야 한다는 점이다. 조직이 직면한 과제는 일반적으로 빅데이터와 머신러닝을 활용해 운영, 마케팅, HR 등 모든 영역을 최적화하고, 미래의 업무에 대비해 인재 활용 프로세스를 개선하며, 외부 공급과 수요 변동성을 관리하는 동시에 인수 합병M&A을 포함한 종합적 혁신 프로그램을 진행하는 것이다. 즉 PDCA, OODA, BML과 같은 표준 프로세스는 매우 유용하지만, 이를 토대로 향후 수행해야 할 작업을 사전에 명확하게 정의하는 것은 불가능하다. 하향식으로 관리하는 리더들은 현장에서 일어나는 일을 충분히 인지하지 못하면 효과적으로 조직을 관리할 수 없음을 금방 깨닫게 될 것이다. 이들은 직원들이 주도적으로 일할 기회를 늘리는 데 힘써야 한다.

하지 말아야 할 일

잠시 반대로 생각해보자. 실행 프로세스를 늦추고, 성능을 낮추고, 비용을 더할 방법은 무엇일까?

사람들을 기능별 사일로에 머물게 한다.

직원들이 작업을 주고받으며 순차적으로 일하고 실시간으로 협업할 길을 막는다.

팀원들이 전반적인 상황을 파악하지 못하도록 정보 공유를 막는다.

의사결정을 내릴 땐 (바빠서 시간을 내기 어려운) 관리 기관과 함께 프로세스를 자주 점검한다.

이처럼 하지 말아야 할 일이 안타깝게도 많은 조직에서 너무도 익숙하게 벌어지고 있다.

해야 할 일

그렇다면 다음과 같이 해보는 건 어떨까?

- 모든 주요 이해관계자가 모여 가령 2주 동안 문제를 해결하고, 아이디어를 짜내고, 의사결정을 내리고, 결과물을 만들도록 이끈다.
- 그런 다음 최종 사용자와 함께 결과물을 테스트하고 의견을 모아 다음 2주 동안 우선순위를 정한 후 이 과정을 반복한다.

이는 애자일 접근 방식의 핵심이다. 애자일 접근법은 본래 소프트웨어 개발을 위해 고안되었으며 2001년 애자일 선언문Agile Manifesto[2]이 온라인에 게시되면서 널리 알려졌다. 조직이 여러 팀과 함께 애자일 방식으로 일하면 어떻게 될까? 일찍이 인류의 경쟁력을 높이는 데 핵심 역할을 수행하고, 서구권에서 창의적인 폭발을 촉발하며 도시국가들 사이에 나타났던 창조적 순환 과정을 기억하는가? 조직도 이러한 창조적 순환 과정에 따라 운영되기 시작할 것이다.

물론 대다수는 매일 소프트웨어를 만들지 않는다. 이러한 접근법은 가장 완전하고 순수한 형태로도 조직에서 제대로 작동하지 않는 경우가 많다. 하지만 다음에 열거된 몇 가지 핵심 원칙은 우리에게 많은 가르침을 준다.

- 단기 스프린트 작업을 통해 지속적으로 테스트하고 학습한다.

- 지속적으로 작업물을 주고받기보다 필요한 이해관계자들을 동시에 한자리에 모은다.

- 진행 상황의 척도로서 활동 대신 결과물에 집중한다.

- 기한이 긴 우선순위를 여러 개 정하기보다 기한이 짧은 우선순위를 몇 가지 정한다.

- 최종 결과물을 개선할 수 있다면 과정 후반부에라도 요구 사항을 기꺼이 변경한다.

- 정기적으로 과정과 팀이 더 잘 협력할 방법을 생각해본다. 프로세스를 완전히 재구상할 수 있을 정도로 열린 마음을 갖는다.

그렇다고 해서 계획과 검증된 방법론이 필요하지 않다는 건 아니다. 하지만 이러한 방법론이 상황에 맞춰 조정되는 개방성과 중대한 목표보다 우선될 수는 없다.

매장 600여 곳을 보유한 대형 서점인 반스 앤 노블Barnes & Noble은 지역별 고객과의 관계를 강화하고 직원들의 참여도를 높이기 위해 매장 관리자가 재고 도서와 진열 방법을 자율적으로 결정할 수 있도록 했다. 흥미롭게도 이 전략에는 상당히 의미 있는 학습 곡선을 인지하는 과정이 포함돼 있다. 매장이 다양해지면 그중 4분의 1은 훌륭하고 4분의 1은 끔찍할 것이다. 상당수가 개선되기는커녕 악화될 테니 말이다. 하지만 이후 이들을 가르치고 격려하면 결국 모두가 더 나아지게 된다.[3]

스타벅스, 월마트Walmart, 메리어트Marriott 호텔과 같이 견고한 일상 업무 프로세스에 의존하는 기업도 표준 운영 프로세스에 다양한 현장 실험과 고객 의견을 결합하면 지속적으로 업무를 개선하는 데 도움을 얻을 수 있다. 스타벅스 바리스타 직원이 고객 만족도와 매출을 높이기 위해 음악, 매장 배치, 상품 배치를 실험할 수 있다면 어떨까? 호텔 현장 직원이 고객의 체크인과 체크아웃 절차를 실험해 업무 방식을 지속적으로 개선할 수 있다면 어떨까?

결과물 측면에서 보면, 스프린트 방식을 반복적으로 적용해 일하려면 테스트와 학습을 끊임없이 수행해야 하며 그 과정에서 고객 의견에도 귀 기울여야 한다. 이 과정을 '빨리 실패하기' 또는 '실패를 앞당기기'라고 부른다. 하지만 실패라는 단어는 부정적 의미를 담고 있으며, 사람들에게 실험 정신을 갖고 무엇이든 시도하고 완전히 새로운 방법을 다시 시도하기 위해 전력 질주하도록 압박을 줄 수도 있다. 이는 그다지 효율적인 방식이 아니다. 물론 실패에 대해 열린 자세를 갖는 건 중요하지만, 진정한 목표는 실패가 아니라 가속화된 창조적 순환에서 반복적으로 테스트하고 학습하는 것이다.

정보 처리가 순차적이지 않고 병렬적으로 이뤄지는 가속화된 주기/단기 스프린트에서 반복적으로 테스트하고 학습하라.

소프트웨어 개발은 이러한 방법을 가장 쉽게 이해할 수 있는 사례다. 애플이나 구글 같은 기업에서 정기적으로 베타 버전 소프트웨어를 출시하는 이유는 그것이 고객의 진정한 의견을 얻고 버그를 발건하고 필요한 개선 사항을 파악하기에 적절한 방법이어서다. 많은 기술 기업은 제품의 베타 버전을 공유하는 것 외에도 중요한 개발 로드맵 형태로 베타 아이디어를 고객과 잠재 고객과 공유해 지속적으로 의견을 수렴하고 개발을 진행하며 이해관계자의 의견을 최우선으로 고려한다.

베타 아이디어와 베타 제품을 시장에서 지속적으로 테스트하라.

- 우리는 성과가 뛰어난 팀에서 함께 일한다.
- 우리는 팀의 역량을 강화한다.
- 우리는 인재와 장인 정신을 중요하게 생각한다.
- 우리는 계속해서 고객에게 배우고 이를 업무에 적용해 개선한다.
- 우리는 큰 그림을 염두에 두고 우선순위를 정한다.
- 우리는 조직 설계와 업무 방식에 일관성을 유지한다.
- 우리는 단순하게 조직을 구성한다.
- 우리는 재창조하기보다 재사용한다.

표 26.2 · ING의 업무 방식[4]

소프트웨어 기업이 아니어도 얼마든지 이러한 원칙을 적용할 수 있다. 예를 들어 1999년에 전자상거래 사이트로 영업을 시작한 온라인 신발 및 의류 소매업체 자포스Zappos는 소비자가 온라인에서 신발을 구매할 의향이 있는지 테스트하기 위해 재고를 확보하지 않은 상태에서 신발 사진을 사이트에 게시했다.[5] 실제로 신발을 주문하는 사람이 나타나면 소매점에서 할인된 가격으로 신발을 구매하는 거래를 체결했는데, 놀랍게도 많은 사람이 주문을 넣었다.

글로벌 소비재 기업인 프록터앤갬블Procter&Gamble은 마케팅 활동에 '테스트 후 학습' 원칙을 적용하고 있다.[6] 네덜란드의 다국적 은행인 ING도 새로운 상품을 개발하고 고객에게 서비스를 제공하는 방식에 이러한 원칙을 도입했다.

이메일부터 사회적 협업 도구까지

앞에서 언급된 원칙은 모두 협업과 정보로 이뤄진 새로운 패러다임으로 뒷받침된다.

- 빠른 일일 체크인과 가시적 결과물을 만들어내는 강도 높은 문제 해결 회의 등 새로운 의식 절차가 일상화된다.
- 최신 정보를 알리는 '상태 업데이트' 회의는 최소화된다.
- 이메일은 슬랙Slack, 구글 챗Google Chat, 디스코드Discord, 야머Yammer, 왓츠앱WhatsApp, 위챗WeChat 같은 보다 유동적인 실시간 채널로 보완된다.

리더가 팀원들과 소통하는 방식도 마찬가지다. 특정 주제에 대해 논의하기 위해 매주 일대일 소통이나 이메일 회신을 기다릴 필요 없이 실시간으로 논의해 처리하면 된다. 물론 이러한 환경에서는 여러 메시징 플랫폼을 확인하는 횟수를 하루에 몇 번으로 제한해 일에 깊이 집중할 수 있는 시간을 확보하는 것이 중요하다. 이렇게 다소 제한적으로 소통하면 답장을 처리하는 데 드는 시간이 며칠에서 몇 시간, 심지어 몇 분으로 단축된다.

작업과 결과물 측면에서 신뢰할 수 있는 단일 출처와 투명성을 보장하기 위해 정보는 클라우드에서 공유한다. 개인이 하드 드라이브에 파일을 저장하고 이메일로 공유하던 시대는 지났다. 실시간으로 업데이트되는 온라인 문서로 회의가 진행되며, 회의에 참석하지 못한 팀원도 이후에 진행 상황을 따라갈 수 있도록 회의 내용이 녹화되어 공유된다. 이러한 방식으로 모든 팀원이 같은 정보를 얻게 되며 해당 정보는 실시간으로 업데이트된다.

우리가 흐릿한 미래를 향해 돌진할수록 초사회성은 개인에게 매우 중요한 의미를 갖는다. 이는 조직도 마찬가지다. 지금 이 책에서 설명하는 빠르고 유동적이며 유연한 새로운 조직 구조와 관리 패러다임은 더 많은 협업을 요구한다. 비공식 네트워크는 대규모 조직이 가치를 창출하는 핵심 수단이며,7 협업 도구와 정보의 투명성, 자율성을 통해 초사회성을 장려하는 것이 중요하다는 점이 입증됐다. 최신 기술은 소셜 네트워크를 조사할 수 있으며, 이는 실무에서 초사회성을 뒷받침한다.

**실시간으로 업데이트되는 공유 파일에
핵심 정보를 담아라.**

서비스형 거버넌스

여러 부서에서 모인 팀들은 각자의 전문성을 바탕으로 목표를 달성하도록 자율성을 부여받아야 한다. 이 과정에서 일어나는 변화로 공급 속도가 높아지거나 개선된다면, 그러한 변화를 허용하고 기꺼이 받아들여야 한다. 서류상이나 이론상으로만 팀에 자율성을 부여하고 의사결정 권한은 여전히 고위 경영진에게 있다고 느끼게 해선 안 된다. 실무 팀에 필요한 권한을 제대로 부여해야 한다. 이를 위해서는 딱딱한 정책에서 벗어나 평가에 기반한 지침으로 전환해야 한다. 즉 구체적 방법이 아닌 가치와 목표, 타협 불가능한 몇 가지 참여 규칙을 정의하는 방향으로 나아가야 한다. 더 나아가 팀이 내릴 수 있는 의사결정 유형과 다른 사람들의 의견을 구해야 하는 항목을 명시할 필요가 있다. 결과적으로 팀은 자유롭게 실험할 수 있고, 일상적인 의사결정의 대부분을 처리하는 데 가장 적합한 위치에 있음을 충분히 인지하게 된다. 팀은 누구보다 현장에서 일하며 일반적으로 특정 주제와 관련해 임원보다 더 많은 전문성을 지니고 있기 때문이다. 이를 '서비스형 거버넌스' 또는 '주문형 거버넌스'라고 부른다. 팀이 모든 권한을 부여받아 일을 추진하고, 이따금 고위 이해관계자가 개입하는 형태를 의미한다.

의사결정 방식도 개선해야 한다.[8] 일반적으로 조직에는 많은 의사결정권자(예: 특정 위원회)와 분석 및 권장 사항을 발표하는 몇 명의 직원(예: 몇 주 동안 프레젠테이션을 준비해온 팀 리더)이 있다. 3F 환경에서 가장 효과적인 방법은 이와 정반대다. 한두 명의 의사결정권자(예: 팀장)와 다양한 사람들(예: 리더 및 주제별 전문가)이 당면한 문제에 의견을 제시하고 토론하되, 최종적으로 의사결정이나 실행에 대한 책임은 지지 않는다. 이렇게 하면 사람들이 자신의 관점을 상대에게 설득하려는 다소 일방적인 대화에서 벗어나 사실을 공개적으로 밝히고 논의한 후 책임자에게 결정권과 행동을 맡기는 대화를 하게 된다.

의사결정권자는 많고 아이디어 제안자는 적은 환경에서 벗어나 아이디어 제안자가 많고 의사결정권자는 적은 환경으로 전환하라.

그렇다면 어떻게 해야 할까?

전반적으로 앞에서 설명한 방법을 정리하면 다음과 같다.

- 장기 계획을 일련의 단기 스프린트로 변경하기
- 관리 프로세스를 순차적 방식에서 병렬 방식으로 전환하기
- 정보를 이메일과 로컬 저장소에서 실시간으로 업데이트되고 공유되는 소셜 미디어 앱으로 이동하기
- 조기에 지속적으로 테스트하기
- 의사결정 프로세스 뒤집기

이와 같은 맥락에서 관리 방식은 전반적으로 일괄 처리에서 서비스형으로 전환되는 추세다. 이는 많은 제품과 서비스에서 일어나

는 현상과 매우 유사하다. 이러한 접근 방식은 데이비드 도이치의 단조로움 법칙과 계층 법칙을 깨고, 조직의 순환 지능을 자극하는 데 도움이 될 수 있다.

반복적인 방식으로 일하고 권한을 부여받은 팀으로 전환하는 것은 특히 일부 조직에서 중대한 전환이다. 많은 스타트업과 신생 조직은 애초에 애자일한 특성을 갖고 있지만, 오랜 역사를 지닌 기업은 애자일의 개념을 충분히 이해하더라도 해당 분야에서 어려움을 겪을 수 있다. 그러나 애자일은 신생 기업이든 오래된 기업이든 지속적으로 적응해야 하는 여정이다 보니, 이 모델을 구조적으로 완벽하게 터득하는 조직은 거의 없다!

이 문제를 신속하게 해결할 방안은 없다. 이를 해결하려면 기술뿐 아니라 문화도 바꾸고 실질적인 기술을 구축해야 한다. 사람들은 급변하는 시기에 익숙하고 잘 아는 형태로 되돌아가려는 경향을 보인다. 따라서 이러한 전환에는 하향식 리더십의 직무 모델링과 전반적인 조직 체계를 바꾸는 통합적인 조치가 필요하다.

더 민첩한 업무 방식으로 전환하는 과정은 역시 민첩하게 이뤄져야 한다. 조직 내 특정 부서나 영역에서 전환을 시작할 수 있다. 이미 여러 영역에 걸쳐 공통된 계획을 마련했을지도 모른다. 하지만 더 신중하게 직원을 배치하고 직원의 역량과 업무 기간에 투명성을 확보할 필요가 있다. 예를 들어 이전 장에서 논했듯이 융통성을 발휘해 하루에 최대 1시간(10~15퍼센트)을 다른 프로젝트를 지원하는 데 할애하는 것만으로도 좀 더 유연하게 업무를 배정하는 절차를 조직에 공식적으로 도입할 수 있다. 이후에는 더 많은 직원을 대상으로, 더 다양한 유형의 프로젝트로 유연성을 확장하면 된다. 먼저 탁월하게 실행한 후 규모를 확장하자.

더 민첩한 업무 방식으로 전환하는 과정은 민첩하게 이뤄져야 한다.

조직과 부서의 목표를 정의하고 소통하고 다시 전달하는 작업은 매우 중요하다. 이를 통해 어떤 업무를 왜 해야 하는지 명확히 전달할 수 있다. 예컨대 업무 영역, 의사결정 권한, 예산 등 직원들이 정해진 한도 내에서 일해야 할 때 관련 지침과 경계를 정의해야 한다. 무엇보다 팀원들이 범위 내에서 자율적으로 실험할 수 있다고 느끼도록 지침과 경계는 단순하면서도 충분히 명확하게 유지해야 한다.

이전 장에서 설명한 플로우 투 워크 모델을 활용하면 이러한 업무 방식이 가능해진다. 노동의 공급(직원 역량과 기술)과 수요(프로젝트 요건과 필요한 기술)에 대한 투명성을 확보하고, 전환되는 프로젝트에 인력을 투명하게 배정하는 메커니즘을 구축하는 것이 중요하다. 이러한 사내 채용 시장에 맞춰 기술 공급업체가 제공하는 솔루션이 이미 존재한다. 클라우드 파일 공유, 지능 정보 큐레이션, 가상 협업을 위한 동급 최고의 기술 플랫폼과 솔루션을 결합해보자.

이 단계에서는 아직 구조를 신경 쓰지 않아도 된다. 그 대신 업무를 수행하는 방식에 집중하자. 작업을 적절한 방식으로 수행한 뒤, 구조를 조정하면 된다. 이를 제대로 수행할수록 사람들은 구조가 변경되었다는 사실을 알아차리지 못할 가능성이 크다.

디지털 미디어 기업 넷플릭스는 시장을 계속 선도하기 위해 여러 번 변화를 받아들이고 재창조한 조직의 대표적인 예다. 넷플릭스는 1997년에 메일 기반 저차원 기술을 토대로 DVD 대여 사업을 벌였고, 2007년에 이르러서야 스트리밍 서비스를 제공하기 시작했다. 그 이후 자체 제작한 오리지널 프로그램과 지역 콘텐츠를 확장해 190개국에 진출했다. 넷플릭스는 2009년에 조직 문화를 설명한 125쪽 분량의 '컬처 데크culture deck'를 온라인에 게시했다.[9] 이 문서에서 '자유와 책임', '통제가 아닌 맥락 전달', '강하게 연결되어 있되 느슨하게 짝지어진' 팀의 중요성을 지속적으로 강조한다.[10] 이러한 원칙은 혁신의 5C 핵심 요소와 유사하다. 조직 환경에서 소규모 집단, 건전한 경쟁, 공통된 표준, 협력 네트워크, 변화 매개를 보장하면 혁신과 전반적인 직원 참여도, 효율성이 향상될 것이다.

이외에도 수많은 사례가 있으며, 상당수는 비기술 기업에서 찾아볼 수 있다. 예를 들어 1896년에 설립돼 현재 55여 개국에서 약 5000개의 지점을 운영하고 8만여 명의 직원을 보유한 바클레이즈Barclays 은행은 팀에 자율성을 부여하고 유연성을 장려하기 위해 애자일 원칙을 채택했고, 그 덕분에 '더 발전하고, 더 빠르고, 더 안전하고, 더 만족스러운' 결과를 창출할 수 있었다. 심지어 바클레이즈는 회계 감사 같은 분야에도 애자일 원칙을 적용했다. 감사 부서에 업무를 제한하고 팀이 최선을 다해 일할 수 있도록 지원해 감사 작업에 걸리는 평균 시간을 3분의 1로 줄였다.[11]

다음 표를 참고해 현재 전환의 시작 지점과 해당 영역에서 가장 우선순위가 높은 문제를 평가해보자.

기존	변화
노력/활동에 중점을 두고 과정 중심으로 순차적 실행	결과/전달에 중점을 두고 반복적으로 스프린트 조정
완벽한 상태에 이를 때까지 대기	지속적인 실험, 고객 테스트와 피드백
거버넌스 중심, 일반적으로 의사결정권자가 많음	진정한 권한과 실험의 자유가 있는 서비스형 거버넌스
이메일과 많은 회의에 기반한 협업	다각적인 협업 기술
협업에 상당한 자원 소요	실시간 협업 및 의사결정
로컬 드라이브에 보관된 정보를 필요할 때 공유	클라우드에 정보를 저장하고 업무 작업과 작업물 상태를 완전히 투명하게 관리
정보 축적	정보 공유

기술 기업으로 성장하라

Become a Technology Company

2010년으로 시간을 거슬러 올라가 도시형 자동차인 피아트 판다Fiat Panda를 살펴보자. 물론 문자 그대로 과거로 돌아갈 수는 없다. 하지만 자동차에 탑재된 기술, 아니 아직 탑재되지 않은 기술을 확인하는 건 흥미롭다. 당시 출시된 온보드 진단 기능은 제한적이고, USB 포트와 블루투스 통합, 크루즈 컨트롤, 후진 시 작동하는 후방 카메라는 없다. 주차 센서와 디지털 스크린도 없고, 기어는 5개가 전부다. 불과 10년 뒤에 출시되어 비슷한 마케팅 수준에서 비슷한 가격대에 판매된 자동차에는 이 모든 기능과 5단 이상의 기어가 탑재되어 있다. 단순한 이동 수단을 넘어 본격적으로 지능형 로봇에 가까운 자율 주행 전기차를 선도하고 있는 테슬라나 니오NIO 같은 업체는 말할 것도 없다.

기술은 더디게나마 삶의 구석구석에 확실히 스며들고 있다. 하지만 일상에서 기술을 바라보면 더디게 움직이는 것처럼 보일 때가 많다. 애플이 새로운 iOS 시스템을 출시하고, 마이크로소프트가 좀 더 얇고 빠른 노트북을 출시하고, 틱톡이 새로운 동영상 편집 도구를 출시한다. 그래서 어쩌라는 걸까?

이 모든 기술이 계속 기하급수적으로 더해진다. 예를 들어 이제 웨어러블 기술은 혈중 산소 농도를 측정하고 일정 수준 이하로 떨어지면 사용자에게 알려주는 수준에 이르렀다. 증강현실 기술을 활용하면 가정에서도 직접 이케아IKEA 가구를 구경할 수 있다. 말하자면 일반적으로 기술을 경험하며 살아가다 보면 그것을 혁명보다는 진화로 인식하게 된다. 하지만 이는 나무만 보고 숲을 보지 못하는 것과 같다. 5년이라는 짧은 기간만 놓고 보면 누적된 변화가 극적으로 드러나는 경우가 많기 때문이다.

디지털화될 수 있는 모든 것이 디지털화되는 슈퍼트렌드를 기대해도 좋다. 이는 시간문제이다. 무언가가 디지털화(또는 부분적으로 디지털화)되면 기하급수적 성장에 접어든다. 모든 산업 분야의 조직들은 향후 일어날 변화에 대해 구체적으로 논의하기보다 기술 개발에 전력을 다하고 계속해서 현황을 꼼꼼하게 파악해야 한다. 이는 이미 뒤처진 기업들이 지금부터 중대한 기술적 전환을 겪어야 한다는 의미로도 볼 수 있다.

디지털화될 수 있는 모든 것이 디지털화될 것이다.

디지털화된 인간

현재 모든 산업이 유례없는 속도로 변화하고 있다. 향후 10년 동안 모든 산업에서 여러 혼란이 빚어질 것이다. 이러한 과정에서 켄타우로스, 즉 컴퓨터의 도움을 받는 사람들이 점점 늘어날 것이다. 예컨대 전문 서비스 부문에서는 빅데이터, 알고리즘, 자동화를 활용해 분석 작업을 수행하고, 심지어 사전에 추천 사항을 내놓는 경우가 점점 늘고 있다. 전략 컨설팅 회사도 전문가와 함께 디지털 도구와 자산을 활용해 고객을 지원하기 시작했다. 이러한 디지털 도구는 직원 참여도를 측정하고, 조직의 효율성을 평가하고, 향후 산업 발전을 예측하고, 개선 방안을 제시할 수 있다. 한편 변호사들은 기술과 AI를 활용해 중요한 업무를 수행하기도 한다. 이를테면 자연어 처리 기술로 수천 또는 수백만 페이지에 달하는 문서를 분석하는 등 일반적으로 법률 보조원이 수년에 걸쳐 할 법한 다양한 업무를 훨씬 수월하게 해낼 수 있다. 한편 휴대전화 업계에선 비전문가로 취급된 애플이 스마트폰을 개발했듯, 로보변호사와 로보의사도 비전문가가 개발할 가능성이 있다. 이처럼 로봇 기술이 발전하면 켄타우로스는 더 이상 화젯거리로 떠오르지 않을 것이다. 이제 사람들은 기술이 활동 주체를 노동자에서 소비자로 전환했음에 주목할 것이다.

반복 구매를 위한 자동화도 급증하고 있다. 이를테면 2017년 알리바바에서 출시한 티몰 지니 스마트 스피커Tmall Genie Smart Speaker는 소비자들이 음악 스트리밍, 웹 서핑, 가전 컨트롤, 구매 등을 할 수 있도록 도와준다. "티몰 지니, 우유를 사고 싶어"라고 말하기만 하면 스피커와 통합 소프트웨어로 다양한 선택지를 제시한다. 아마존은 스마트폰, 구독 서비스와 통합되는 알렉사Alexa 기능 지원 스피커를 통해 이와 비슷한 기능을 제공한다. 아마존 대시Dash(세탁 세제, 화장지 등 사용 빈도가 잦은 소비재를 즉시 재주문할 수 있는 물리적 버튼)는 2014년 출시 당시 선구적인 최첨단 기술로 평가받았지만 이후 스마트폰과 음성 인식 컨트롤 기능으로 대체되었다.

일반적으로 저차원 기술로 여겨지는 산업도 언젠가 전성기를 맞이할 것이다. 앞서 살펴보았듯이 농업은 노동 집약적인 수작업에서 AI와 로봇 등 첨단 기술을 활용하는 산업으로 변화하고 있다. 새로운 기후 혁신도 일어날 것이다. 생산 과정이 더 저렴하고 오염을 덜 일으키며 동물에게 해를 끼치지 않는 줄기세포를 이용해 실험실에서 식용 가능한 맛있는 고기가 배양될 것이다. 교육, 의료, 금융 서비스 등 서비스 산업 전반에 걸쳐 탈중개화와 디지털화, 자동화와 AI 활용이 대규모로 이뤄질 것이며, 운송, 호텔, 제조업 등 인간과 물리적 하드웨어와 관련된 모든 것이 자율 주행 자동차처럼 자동화되고 자율적으로 운영될 것이다. 이외에도 블록체인과 같은 디지털 통화와 디지털 데이터 스토리지로 급격한 전환이 일어날 것이다. 의료 기록과 은행 원장 또는 부동산 증명서를 수기로 작성하고 출력하는 시대는 저물 것이다. 10년 후에는 거의 모든 산업이 극적인 변화를 겪고 많은 산업이 지금과 전혀 다른 모습으로 탈바꿈될 것이다.

**거의 모든 서비스 산업에서 탈중개화와 디지털화,
자동화와 AI 활용이 대규모로 이뤄질 것이다.**

기술력을 앞세운 스타트업을 통한
창조적 파괴 주기 단축

창조적 파괴는 그럭저럭 작동해온 혁신적인 자본주의 시스템에서 중요한 부분을 차지해왔고 앞으로도 그럴 것이다. 1955년 〈포춘〉이 선정한 500대 기업 중 약 10퍼센트만이 현재까지 500대 기업에 남아 있다.[1] 나머지 450여 개 기업은 파산, 인수, 계약 등을 겪으며 다른 기업들에 비해 경쟁력을 제법 많이 잃었다.

오늘날에는 변화와 파괴의 속도가 전보다 빨라졌다. 1935년에 S&P 500 기업의 평균 수명은 90년이었지만, 2010년에는 18년으로 줄어들었다. 최근 연구 결과를 보면 기업의 평균 수명은 계속 감소하고 있다. 예를 들어 2015년에 발표된 한 연구에 따르면 일반적인 기업은 인수, 합병 또는 청산을 경험할 때까지 약 10년을 버틴다. 기

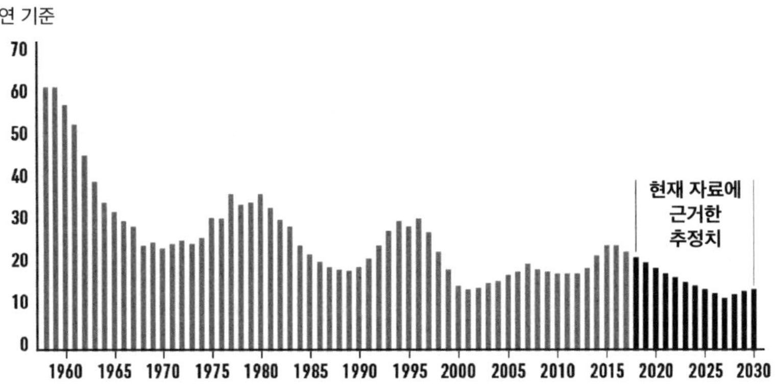

연도(각 측정치는 7년간 평균 수명의 평균치를 구해 얻은 값이다)

참고: 이 그래프는 두 개의 보고서에서 발표한 데이터를 취합했다.

표 27.1 · S&P 500 지수 기업의 평균 수명[2]

업의 파괴 속도는 점점 빨라지고 있으며, 통계적으로 실패 위험은 그 어느 때보다 높다. 즉 창조적 파괴의 위력이 점차 강력해지고, 이 러한 추세는 앞으로도 지속될 것이다.

이러한 파괴적 혁신을 이끈 가장 큰 원동력은 기술, 특히 기술 기 반 스타트업이다. 신생 조직이 기존 기업을 대체하는 속도도 점점 빨라지고 있다. 이전에는 세계에서 가장 가치 있는 기업 10곳으로 석유, 자동차, 소매, 공업 부문 기업들이 꼽혔지만, 이제 데이터 기업 이 주를 이루고 있다. 다시 말해, 이전에는 대기업이 주로 산업 경제 에서 등장했다면 지금은 주로 정밀 경제 분야에서 나오고 있다.

베처 캐피털과 스타트업으로 들어가는 투자 자본이 증가하고 있 고, 상대적으로 신생 조직이 경제에서 차지하는 비중도 늘고 있다. 즉 창조적 파괴가 늘어났다. 기술 추세가 비즈니스의 전반적인 속도 를 가파르게 끌어올리면서 창조적 파괴의 규모와 속도는 앞으로 더 증가할 것이다.

기술력을 앞세운 스타트업은 더 많이 등장할 것이다. 기성 기업 이 일부 기술을 사용하고 있지만 핵심 경쟁력으로 삼지 않는 분야에 스타트업이 진출하는 현상이 나타날 것이며, 첨단 기술을 앞세운 스 타트업이 이러한 분야에 진입해 얻을 수 있는 수익원을 집중적으로 파고들 것이다.

많은 수익을 창출하는 분야에서 기성 업체는
점차 기술을 앞세운 스타트업의 공격을 받게 된다.

이러한 움직임에 맞서는 전통적인 기업들은 결국 생존과 번영을 위해 상당히 다른 형태로 변모하고 스스로 파괴적 혁신을 꾀하려 할 것이다. 실제로 대부분의 조직이 향후 3~5년 이내에 제품과 서비스, 업무 방식, 역량, 문화 등 모든 면에서 대대적인 기술 혁명을 겪지 않는다면 뒤처지게 될 것으로 예상된다.

오늘날 대부분의 성장 스타트업은 산업 전반에 걸쳐 디지털 방식으로 탄생한다. 이들은 애초에 기존 제품이나 오래된 업무 방식을 가지고 있지 않다. 기존 고객이 없다는 점이 표면적으로는 단점처럼 보일 수 있지만, 이러한 현실은 이들이 완전히 새로운 방식으로 시장에 접근하도록 이끈다. 스타트업은 대부분 기성 기업과 근본적으로 다르며 기술을 우선시한다.

또 다른 흥미로운 이중성은 스타트업과 신규 진입 업체가 때로는 업계의 경계를 완전히 새롭게 정의하거나 제품의 중심 영역과 특수성을 좁힌다는 점이다. 예컨대 애플은 컴퓨터 회사로 시작했지만 지금은 개인 금융, 의료, TV, 비디오 게임, 뉴스, 서적, 교육 분야로 사업을 확장하고 있다. 스마트 기술 중심 방식으로 기존의 거대한 수익원을 공략한 셈이다.

특정 제품으로 시작했으나 전통적인 산업 경계를 허물고 대규모로 확장한 다른 기술 대기업들도 마찬가지다. 기성 기업들은 점차 '비전통적인' 기업들을 경쟁업체로 바라봐야 할 것이다. 의료 서비스를 예로 들면, 현재 가치 사슬의 다양한 부분에 걸쳐 애플, 페이스북, 구글, 아마존, 바이두, 월마트가 기성 기업으로 자리 잡고 있다. 금융, 교육, 미디어, 언론, 기타 여러 산업도 사정은 비슷하다. 기술 중심 거대 기업들은 사방에서 공략하며 시장 점유율을 높이고 있다.

기성 기업들은 이제 '비전통적인' 경쟁자들을 점차 의식해야 한다.

거대 기업들이 이와 같은 행보를 보이는 가운데 반대로 특정 상품이나 서비스를 겨냥하는 스타트업들도 있다. 예를 들어 은행은 전통적으로 다양한 상품을 제공하는 경우가 많은데, 기업용 신용카드, 개인 투자 또는 디지털 결제에 전적으로 집중하는 새로운 업체들이 등장했다. 마찬가지로 스킨케이, 의류, 보서, 주류 등 일반적으로 대기업이 장악한 분야를 포함해 거의 모든 제조업 분야에서 기술을 우선시하는 틈새 기업도 등장하고 있다.

창업 비용은 점점 낮아지고 있다. 오늘날 스타트업이 첨단 로봇과 3D 프린터를 포함한 산업 장비를 대여/리스할 수 있게 되었기 때문이다. 서비스형 소프트웨어를 월 단위로 지불하며 사용하고, 클라우드에서 디지털 저장 공간을 빌리고, 프리랜서 시장에서 적합한 업체나 인재를 찾아 거의 모든 작업을 아웃소싱할 수 있다. 따라서 고정 비용과 초기 투자금이 거의 들지 않아 창업 비용이 과거에 비해 매우 낮게 유지되는 경우가 많다. 벤처 자금도 이전보다 쉽게 접근할 수 있다.

이러한 변화 덕분에 스타트업은 상대적으로 적은 위험을 감수하며 시장에 진입하고 한 가지 제품에만 집중해 공격적인 행보를 이어갈 수 있다. 경쟁 전략에서는 이를 살라미 전략salami tactic(살라미 소시지를 쓰는 방식과 유사하다)이라 부른다. 기술력을 앞세운 소규모 업체가 기성 업체들을 한 번에 한 조각씩 잘라 먹어 치우는 전략이다. 각각의 움직임은 너무 미미하지만, 시간이 흐르면서 시장 점유율에 극적인 변화를 일으킬 수 있다.

> **스타트업은 종종 기성 기업이 통제하는 수익원을
> 한 번에 하나씩 공격한다. 운영비는 지속적으로 낮아지는 반면
> 자금 조달 기회는 늘고 있어 스타트업에 유리하다.**

기성 기업이 갖는 장점 중 하나는 일반적으로 탄탄한 재무상태표와 충성도 높은 고객층이다. 그 덕분에 코로나19 시기에도 경제적 충격과 침체에 탄력적으로 대응할 수 있었다. 기성 기업은 대체로 역량 구축, 투자, 채용 등을 위한 예산을 더 많이 확보할 수 있다.

하지만 추세는 분명하다. 규모와 깊이에서 얻는 이점만으로 기성 조직이 생존하기는 녹록지 않다. 이들 역시 기술(일반적으로 디지털 기술을 의미한다)을 중심으로 사고하고 다른 조직에 의해 파괴되기 전에 스스로 파괴하며 혁신해야 한다. 기술을 위협이 아닌 기회로 여기는 기업은 앞으로 번영하고 노력에 대한 보상을 더 쉽게 거둘 것이다. 반대로 그렇지 않은 기업은 뒤처질 것이다.

> **혁신의 속도가 빨라질수록 창조적 파괴의 속도도 빨라지지만,
> 기업의 평균 수명은 줄어든다.
> 기존 기업이 취할 수 있는 확실한 대응책은 스스로 파괴하는 것이다.**

1980년대와 1990년대에 디지털 전환은 이전까지 모든 일을 아날로그 방식으로 처리하던 사람들이 컴퓨터와 관련된 변화를 수용하는 과정이었다. 전환이 이뤄지면서 기업들은 월드 와이드 웹을 이용해 정보 수집, 파일 공유, 이메일 전송 등을 하고, 웹사이트를 만들어 온라인 공간에서 소비자에게 다가가기 시작했다. 운 좋게도 무선호출기, 팜 파일럿 PDA, 심지어 휴대전화를 누구보다 앞서 사용한 개인들도 있었다. 대부분에게 이러한 변화는 엄청난 영향을 주었다.

2000년대에 일어난 디지털 전환은 페이스북, 유튜브, 트위터와 같은 새로운 소셜 미디어 플랫폼 진출은 물론 온라인 판매 채널과 디지털 비즈니스 모델 구축을 의미했다. 선도 기업들은 디지털 결제를 받기 시작했다. 2010년 이후, 본격적으로 소셜 미디어 마케팅에 뛰어들고 소비자 데이터를 활용하는 조직이 늘어났다. 대부분의 조직에 이러한 모든 변화는 큰 영향을 끼쳤다.

하지만 대부분의 조직에서 디지털 전환이 클라우드, 빅데이터 분석, 인공지능, 디지털화, 자동화 등 훨씬 더 강력하고 심오한 기술을 의미하게 된 건 2015년 이후다. 최근에는 가상현실과 증강현실, 사물 인터넷, 웨어러블 기술, 3D 프린팅과 같은 분야에 손대기 시작한 기업도 생겨났다. 많은 조직에서 이러한 변화는 계속해서 커다란 영향을 끼치고 있다.

의도치 않은 기술 기업

안타깝게도 여전히 기술을 제품의 핵심이 아닌 주변 기능으로 여기는 기업이 많다. 기술은 융합되고 있으며 비즈니스 환경을 완전히 필연적으로 탈바꿈시킬 만한 수준에 도달하고 있다. 거의 모든 기업이 기술을 계속 따라잡는 데 그치지 말고, 좋든 싫든 미래에 생존하고 싶다면 기술 기업으로 거듭나야 한다는 사실을 인정해야 한다. 어차피 기술 기업으로 전환해야 한다면 빨리 하는 편이 나을 것이다.

이제 거의 모든 기업은

좋든 싫든 기술 기업이다.

2020년 팬데믹이 시작되기 전부터 이미 디지털은 모든 산업에 스며들었다.[3] 그러나 2020년과 2021년에 엔터테인먼트, 유틸리티, 공공 부문 서비스, 은행, 교육, 의료, 소매 등 대부분의 산업에서 디지털 채택률이 크게 증가했다. 흥미롭게도 브라질, 인도, 중국, 멕시코와 같은 개발도상국은 팬데믹 기간에 디지털 채택률이 더 가파르게 증가했으며, 이는 부분적으로 기존 기술을 우회해 EU 국가와 미국을 따라잡고 있음을 의미한다.[4]

실무에서 기술 우선주의는 어떻게 구현될까?

기술 기업으로의 전환은 사람과 문화에서 시작된다. 모든 부서의 리더와 직원은 근본적으로 숙련도가 높아야 하며 일하는 방식도 달라져야 한다. 기술 기업을 이끄는 리더조차 새로운 디지털 혁명에 적응하는 데 어려움을 겪을 수 있다. 마이크로소프트의 사티아 나델라 Satya Nadella는 2014년에 CEO로 취임한 후 가장 먼저 조직 문화와 협업 방식을 완전히 탈바꿈했다. 나델라는 이렇게 회고했다. "혁신은 관료주의로 대체되고 있었다. 팀워크는 내부 방침으로 대체되고 회사는 뒤처지고 있었다. 그런데 정말 속상했던 건 직원들이 그러한 상황을 그저 받아들였다는 점이다."

마이크로소프트조차 어려움을 겪었을 만큼 전환은 쉽지 않은 과정이다. 나델라는 고위 임원 전원에게 책 한 권을 선물했다. 공감이라는 중요한 기술에 초점을 맞춘 마셜 B. 로젠버그 Marshall B. Rosenberg의 《비폭력대화》였다.[5] 나델라는 마이크로소프트가 잠재력을 발휘하려면 사일로를 허물고 다양한 비즈니스 영역에서 직원들이 협업해 새롭게 시장을 선도할 아이디어를 내야 한다고 생각했다. 회사가 성공할수록 배움에 어려움을 겪는다는 것을 깨닫고 조직 내 학습 문화를 조성하려 했다. 단순히 모든 지식을 쌓으려는 문화가 아닌, 모든 것을 배우려는 문화를 말이다.

**모든 지식을 쌓으려는 문화에서 벗어나
모든 것을 배우려는 문화로 바꿔라.**

그런데 나델라가 그토록 공감에 중점을 둔 이유는 무엇일까? 공감은 내부 협업은 물론, 혁신에도 매우 중요한 요소가 되기 때문이다. 나델라는 공감 없이는 마이크로소프트가 고객의 니즈를 충족하기는커녕 제대로 이해조차 할 수 없음을 알았다.[6] 고객 중심주의는 성공적인 기술 스타트업에서 나타나는 가장 중요한 특징 중 하나이다. 이를 실현하려면 디자인 사고와 인간 중심주의를 바탕으로 하는 근본적으로 다른 문제 해결 방식이 필요하다.

그렇다면 실재하는 기술을 다루는 건 어떨까? 블록체인, 빅데이터 분석, 머신러닝, 사물 인터넷에 대해 들어본 적은 있어도, 일상 업

금융기관의 디지털 기술 활용 준비 태세

귀사에서 예상하는 비즈니스 성과를 달성하기 위해 이러한 기술을 활용할 준비가 어느 정도 되었는지 표시하세요(1~5등급, 준비 수준이 매우 낮으면 1, 매우 높으면 5).

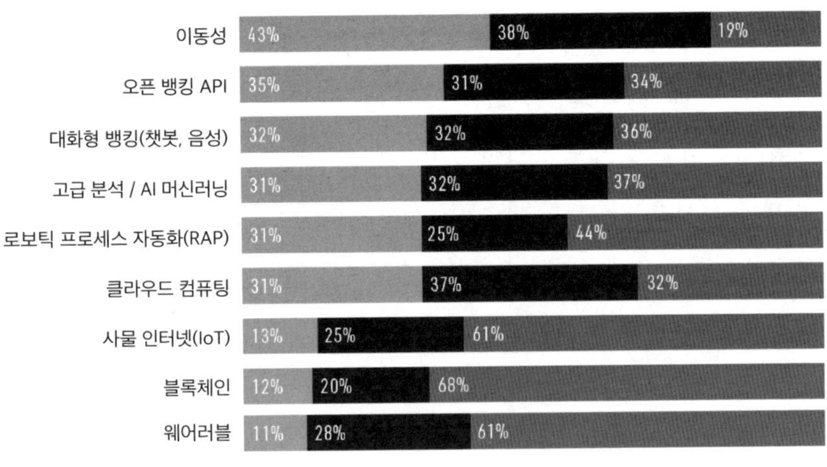

표 27.2 · **금융기관의 디지털 기술 활용 준비 태세**(예상하는 비즈니스 성과를 달성하기 위해 이러한 기술을 활용할 준비가 되어 있음을 나타낸다).[7]

무를 개선하는 데 적용하기는커녕 해당 개념을 제대로 설명하지도 못하는 직원이 대부분일 것이다. 각 조직은 문화와 출발점이 마이크로소프트와 다를 수 있지만, 어느 정도 조직 내 기술 관련 숙련도를 높이고 신규 채용을 빠르게 진행해야 한다.

그 후에는 기술을 적용하고 실험한다. 일반적으로 여러 부서로 구성된 팀에서 반복적으로 테스트하고 학습하는 방식으로 전환되고 있다. 하지만 많은 조직이 이 단계에 갇혀 있는 것으로 나타났다. 이를테면 이 글을 쓰는 시점을 기준으로, 주류 금융 업계에 소위 표준 기술 중 실제로 충분히 배포된 기술이 거의 없다. 표 27.2에서 이러한 상황을 확인할 수 있다.

승자 독식 게임 참가

실무에서 조직은 고객 여정 지도와 융합 기술에 대한 이해를 바탕으로 제품과 서비스로 가치를 창출하는 방식을 완전히 재정의해야 한다. 이는 조직 자체와 핵심 비즈니스 모델을 스스로 파괴하는 행위를 의미할 수 있다. 방향 설정과 과감한 조치는 디지털 전환에서 여전히 중요하다.

시장은 주로 세 가지 현상에 따라 승자 독식 형태가 되는 경우가 많다.

- 네트워크 효과(사용자가 많을수록 서비스가 모든 사용자를 더 사로잡게

된다.)

- 전환 비용(고객이 공급업체를 변경하기에는 너무 복잡하다.)
- 빅데이터(가장 큰 업체가 가장 좋은 지식을 보유한다.)

이러한 이유로 과감하게 시장을 선점하는 퍼스트 무버first-mover 전략을 취해 성과를 거두는 기술 기업이 많다. 하지만 빠르게 추격하는 패스트 팔로워fast-follower 전략과 효율적인 실행으로도 새로운 기술 시장에 진입할 때 상당한 가치를 창출할 수 있다.[8] 그러나 이는 비기술 기업이 기술 기업으로 전환하려 한다면 새로운 규칙을 따라야 한다는 의미이기도 하다.

나델라는 클라우드 컴퓨팅을 강력하게 추진했으며, 라이선스 방식에서 구독 방식으로 전환하고, 윈도우를 무료로 제공하고, 엑스박스Xbox 게임을 서비스형으로 제공하고, 노키아Nokia 휴대전화 프로젝트를 중단하고, 사용자 환경을 개선하는 등 과감한 결단을 내렸다.[9] 그는 성공하지 못할 것으로 판단한 벤처 회사를 폐업하는 데 망설임이 없었으며, 색다른 시선으로 자기잠식cannibalization을 바라보았다. 그는 이렇게 말한다. "사실 클라우드 전환은 자기잠식이 아니다. 비즈니스 모델이 전환되는 시기로도 볼 수 있다. 하지만 마이크로소프트가 공략해볼 만한 전체 시장과 고객에게 더 많은 가치를 제공할 수 있는 능력이라는 측면에서 볼 때, 클라우드 전환은 공략 가능한 거대한 시장을 확장하는 것과 같다."[10]

기술로 고객을 대하라

내부 프로세스와 업무 방식을 결정할 때도 과감해질 필요가 있다. 모든 직원은 고객을 마주하며 기술을 통해 업무를 재설계할 방법을 끊임없이 모색해야 한다. 이때 고객은 내부 직원일 수도, 외부 고객일 수도 있다. 예컨대 빅데이터 분석, AI, 로보틱 프로세스 자동화는 이미 광범위하게 적용되고 있다. 먼저 이미 보유하고 있는 데이터로 시작해보자. 대부분의 기능으로 음성 지원과 같은 이점을 누릴 수 있으며, 관리자는 반복 작업을 지원하기 위해 봇을 배치해야 한다. 실제로 관리하는 (인간) 직원 수가 아닌 봇의 개수를 기업 성공의 척도로 삼는 건 어떨까?

모든 직원에게는 고객이 있다.

고객은 내부 직원일 수도, 외부 고객일 수도 있다.

모두 기술을 활용해 고객에게 더 나은 서비스를

제공할 방법을 끊임없이 모색해야 한다.

선도 기업들은 데이터를 활용할 때 실시간 데이터 흐름을 기반으로 현명한 의사결정을 내린다. 이러한 의사결정의 대부분은 자동화되어 예측 가능하다. 예를 들어 알고리즘은 아마존에서 소비자가 내리는 선택의 약 3분의 1, 넷플릭스에서는 80퍼센트 이상에 영향을 미친다.[11] 넷플릭스가 판권을 구매하거나 제작에 투자하기 전에 수많은 요소를 토대로 프로그램의 성공 가능성을 얼마나 정확하게 예측하는지를 놓고 이런저런 이야기가 넘쳐난다.[12] 〈오징어 게임〉을 비롯해 넷플릭스가 제작한 깜짝 히트작이 여러 편이며, 알고리즘은 이러한 사례를 학습한다. 기하급수적 성장과 기술 융합은 모든 성장 기업이 기술 기업으로 거듭나야 하는 핵심 이유를 분명히 보여준다. 스타트업 활동에 드는 비용이 급격히 감소하는 현상은 새로운 경쟁업체가 생겨나 시장을 더 빠르게 파괴할 수 있음을 뜻한다. 스타트업은 보통 태생적으로 디지털 기업이기 때문에 디지털 측면에서는 기성 기업보다 유리하다.

게다가 늘 스마트폰을 만지작거리며 자란 젊은 세대는 자신의 니즈를 충족하고 자신이 직접 다룰 수 있는 빠른 온라인 서비스 솔루션을 기대한다. 이들은 주요 소셜 미디어 플랫폼에 익숙하며 다른 웹사이트와 앱에서도 이와 유사한 수준으로 매끄러운 사용자 경험을 기대한다. 신생 기업이 태생적으로 디지털 기업이 될 수 있듯, 신세대 고객도 디지털 고객이 될 수 있다.

> **신생 기업이 종종 디지털 기업으로 시작하듯**
> **신세대 고객도 디지털로 시작한다.**

디지털 재탄생

디지털 전환은 다년간의 여정이다. 비즈니스의 모든 영역을 아울러야 하며, 최소한의 변화가 아니라 디지털화에 초점을 맞춰야 한다.

전략, 시스템, 역량, 문화, 프로세스, 데이터와도 연관이 있다. 특정 기술에 집중하기보다는 폭넓게 바라보며 다양한 첨단 기술을 탐색하고 적용할 수 있는 진정한 디지털 인력을 구축하고 채용해야 한다.

디지털 전략을 수립할 때는 눈앞에서 일어나는 변화의 시기를 놓치지 않도록 단기적으로 문제를 해결하는 동시에 중장기적으로 필요한 변화에 과감히 베팅해야 한다. 수익을 내기까지는 적어도 5년 이상 걸릴 만한 분야에도 상당한 투자를 해야 할 수 있다. 시대를 앞서 나가고 오직 실험과 실행을 거듭해야 얻을 수 있는 적절한 역량과 경험을 쌓는 것이 중요하다. 역량과 문화, 핵심 기술 스택, 데이터 분석, 핵심 프로세스 등 광범위한 영역에서 혁신을 일으켜야 한다.[13] 다시 강조하지만, 마이크로소프트조차 어려움을 겪었을 만큼 전환은 쉽지 않다.

역량과 문화와 관련해 어떤 직무에서 무엇을 알아야 하는지 명확히 정의하고 역량 구축에 집중적으로 투자해야 한다. 따라잡기식이 아닌 진정한 도약을 위해 최고의 기술 인재를 채용하고 역량 격차를 메운다면, 향후 몇 배의 성과를 거둘 수 있을 것이다. 문화를 바꾸려면 인센티브와 인재 관리 시스템, 실무 멘토링 리더십, 직무 모델링, 의사소통 등 전반적인 시스템을 바꿔야 한다. 전환을 제대로 진행하고 있는지 점검하고 싶다면 다음과 같은 네 가지 질문을 던져보자.

- 사람들이 디지털을 우선시하도록 장려하는 정책을 펴고 있는가?

- 사람들은 탁월함이 어떤 모습인지 이해하고 있는가?
- 리더가 적절한 질문을 던지고 있는가?
- 직원들이 문제의 시급성과 자신이 해야 할 일을 이해하고 있는가?

진행 상황은 정기적으로 점검해야 한다. 예를 들어 디지털 기술과 전문성을 갖춘 인력 비율, 직원들의 다양한 기술 이해도, 디지털 혁신에 관한 직원들의 지속적인 여론 등을 측정하자.

프로세스를 설정할 땐 사내외에서 수행되는 모든 일의 중심에 고객을 두는 것이 좋다. 가상 사용자와 여정 지도, 공감 지도, 기타 디자인 사고 도구를 필수 역량으로 만들어야 한다. 프로세스를 개선하기보다 재구상하고, 고객 만족도를 고객 순추천점수와 표준 지표로 측정하자. 이는 사내 고객에게도 적용된다.

데이터 분석의 경우, 데이터 아키텍처를 구축하고 분석할 수 있는 데이터 과학자를 필요한 만큼 양성하거나 채용하고, 비즈니스와 데이터의 세계를 폭넓게 아우를 수 있는 인재를 충분히 확보해야 한다. 서비스형 데이터 과학 회사를 이용하는 방법도 고려할 만하다. 데이터는 새로운 시대의 자원이다. 세계에서 가장 가치 있는 기업들은 최고의 데이터를 활용할 역량을 이미 갖추고 있다.

사이버 보안 부문에서 한 가지 더 주의해야 할 점이 있다. 이 책에서는 이 주제를 자세히 다루지 않을 것이다. 그러나 FBI 국장을 지낸 로버트 뮬러 3세Robert S. Mueller III가 남긴 말로 의미를 충분히 전달할 수 있을 것이다. 뮬러는 "세상에는 해킹을 당한 기업과 해킹을 당할 기업, 두 가지 유형의 기업만 존재한다"고 말했다. 해킹을 당했지만 그 사실을 모르는 회사가 세 번째 유형이라고 말하는 사람도 있을 것이다. 이는 농담이 아니다. 경고를 진지하게 받아들이고 보안 부문에 과도할 만큼 투자해야 한다.

전반적인 생태계를 고려해 과감하게 움직일 필요가 있다. 클라우드와 XaaS는 공급업체가 너무 분산돼 이후 통합 작업이 상당히 버거울 수 있다는 위험이 있다. 물론 마이그레이션(이전)은 시기적절하게 이뤄질 것이다. 하지만 쉬운 선택지인 기존 레거시 시스템legacy system을 좀 더 오래 유지하는 방안을 따른다면 미래의 효율성을 놓치게 될 것이나.

디지털 재탄생을 가속화할 수 있는 실용적인 방법이 있다. 가장 중요한 열 가지 프로세스를 선정한 후, 관련 담당자에게 새로운 기술을 활용해 프로세스를 재구상하도록 요구하면 된다. 몇몇 조직에서는 이보다 앞서 프로세스 담당자를 먼저 파악하는 단계를 거친다. 과감하게 새로운 아이디어를 적용하고 프로세스를 재구상하면 더 빠르게 양질의 프로세스를 수행할 가능성이 크다. 마찬가지로 채용, 승진, 신규 사업 투자, 구매 등 가장 중요하고 반복적으로 이뤄지는 의사결정 다섯 가지를 선정한 후, 해당 부분에서 빅데이터와 AI를 활용하면 얼마나 획기적으로 개선할 수 있을지 고려해볼 수 있다.

다음 표를 참고해 현재 전환의 시작 지점과 해당 영역에서 가장 우선순위가 높은 문제를 평가해보자.

기존	변화
기술이 부가적인 요소이거나 나중으로 미뤄지는 아날로그 기업	기술이 조직의 DNA로 우선시되는 디지털 기업
기술 전략이 전반적인 비즈니스 전략을 뒷받침	기술과 디지털화가 전략의 핵심 구성 요소로 작용
직원들은 최신 기술과 일상 업무에 이를 적용할 방법을 충분히 이해하지 못함	직원들은 기술 리더로서 사용 가능한 기술의 경계를 계속 확장함
번거로운 내부 프로세스와 레거시 시스템, 개선 유인이 제한적	단순하고 자동화된 내부 프로세스를 재구상해 내부 고객 만족도 측정
일반적으로 실시간 데이터가 거의 전무한 상태에서 의사결정이 이뤄짐	빅데이터 분석과 예측 통계를 근거로 데이터 기반 의사결정이 이뤄짐

아직 죽을 때가 아니다

No Time to Die

영화 관람은 멋진 취미 생활이자 일상의 활력소가 될 수 있다. 커다란 아이맥스IMAX 스크린이 있는 영화관에서 제임스 본드 시리즈인 〈노 타임 투 다이〉를 관람하면 색다른 재미를 경험할 수 있다. 관람객은 화려한 액션에 흠뻑 빠져들 것이다.

안타깝게도 조직에서 혁신을 일상적인 비즈니스 활동과 별개로, 소수의 기업 주도로 한정된 한 차례의 계획과 활동으로 바라보는 경우가 많다. 이러한 사고방식은 관련 당사자 모두를 분주하게 만들고 표면적으로는 진전이 이뤄진 것처럼 보이게 한다. 하지만 조직의 근본적인 구조와 문화, 비즈니스 모델이 바뀌지 않았으므로 본질적으로는 아무것도 변하지 않았다. 이처럼 혁신을 흉내 내는 현상을 '혁신 극장innovation theater'이라고 한다. 액션과 즐길 거리는 넘쳐나지만 그저 현실 도피에 불과하다. 말만 요란하고 실속은 없는 셈이다.[1] 그런데 이 쓸모없는 혁신 극장은 기업 내부에서만 발생하는 것이 아니다. 공공 부문에서 혁신을 촉진하기 위해 자금을 투입할 때도 흔히 나타나는 현상이다.

조직은 어떻게 건강을 잃고 죽는가

조직을 인간의 신체라고 상상해보자. 조직도 나이를 먹는다. 개인과 조직은 갈수록 경직되기 쉽다. 인간의 두뇌 역량은 작업 유형에 따라 다르지만, 대부분 10대 중반에서 30대 중반에(놀라울 정도로 이른 나이에) 절정에 달한다. 따라서 인간은 자주 경험, 습관, 편향에 기대어 직면하는 문제를 해결한다. 이러한 심적 모델mental model은 신속하게 행동하는 데 도움을 주므로 효율적일 수 있지만, 동시에 창의성과 혁신을 저해할 수 있다. 이는 '나는 늘 해왔던 방식대로 한다'는 사고 방식으로 굳어질 수 있다.

마찬가지로 조직은 구조, 프로세스, 성과, 보상 시스템 측면에서 점차 경직될 수 있는데, 이러한 경향은 조정과 신속한 실행 면에 도움이 될지라도 재창조 면에는 해로울 수 있다.[2] 하지만 퓨처핏 조직은 지나치게 경직되거나 안주하는 것을 허용하지 않는다. 퓨처핏 조직은 다른 조직에 파괴될 때까지 가만히 있기보다 끊임없이 스스로 혁신을 거듭한다.

조직 실패의 근본 원인을 연구하면, 대부분 변화하는 외부 환경에 적응하지 못해서다. 본질적으로 외부 환경과 조직의 내부 전략, 운영 모델이 불일치한다. 이는 조직이 '불운'의 제물이 되었다기보다는, 일반적으로 조치를 취하지 못했거나 뒤늦게 대응했기 때문이다. 실제로 조직을 이끄는 리더들을 상대로 진행한 설문조사에 따르면 실패와 실책의 진정한 근본 원인은 몇 가지에 불과할 때가 많은데, 거의 언제나 기업의 조직 방식, 의사결정 방식, 리더십, 문화로 귀결된다.

- **무적 편향**invincibility bias**과 지나친 긍정성**: 현재의 전략과 운영 모델이 과거에 효과가 있었다는 이유만으로 이전과 같은 방식이 미래의 성공을 보장하는 비결이 될 것이라 믿는 행동.
- **의사결정 편향**: 관련성이 없더라도 구할 수 있는 모든 정보에 영향을 받고(기준점 편향anchoring bias), 최근에 일어난 사건이나 기억할 수 있는 사건에 더 큰 비중을 두며(최신 편향recency bias 및 가용성 편향availability bias), 부당성을 증명할 증거보다 확증하는 증거를 찾으려는 행동(확증 편향confirmation bias).
- **위험 감수의 두려움**: 불확실하거나 고위험/고보상 선택지 대신 '안전하게 이기는 내기'를 선택하는 행동(손실 회피 편향loss-aversion bias). 이는 회의 발언부터 광범위한 전략적 선택에 이르

기까지 모든 유형의 의사결정에서 나타날 수 있다.

- **단기 집중**: 미래의 더 큰 보상을 기다리기보다 단기적 보상에 집중하는 행동(현재 편향present bias). 이는 스톡옵션 형태의 상여금, 분기 및 연간 성과 KPI 등 단기적 행동을 강화하는 재정적 유인과 비재정적 유인으로 인해 종종 심화된다. 리더가 은퇴를 앞두고 있거나 이직을 고려할 때 단기적 성과에 집중하면 수년이 소요될 계획을 지연시키거나 회피하게 될 수 있다.
- **선형성 편향**: 어떤 수량의 변화는 다른 수량에 비례하는 변화를 불러온다는 가정. 인간은 선형적으로 사고하는 것을 선호하기 때문에 어떤 수량의 변화가 다른 수량에 비례적 변화를 불러온다고 가정할 때가 많다. 이러한 사고로 인해 기하급수적 추세와 기술 융합을 완전히 놓칠 수 있으며, 이는 전략적 차원에서 치명적일 수 있다.

앞의 목록은 기업의 쇠퇴가 대부분 자초한 결과이며 예측 가능한 패턴을 따른다는 사실을 밝혀낸 포괄적인 연구 결과를 뒷받침한다. 하지만 다행히도 이러한 실수가 불가피한 것은 아니며, 조직은 상황을 뒤집어 스스로 재창조할 힘을 유지할 수 있다.

창의력 발휘하기

드라마 〈오징어 게임〉은 2021년 말 넷플릭스에 공개되자마자 4주 만에 가장 많이 시청된 프로그램 1위에 올랐다. 이 드라마에서는 빚에 허덕이는 456명이 상금을 차지하기 위해 어린이들이 즐기는 게임에 참가해 경쟁을 벌인다. 문제는 게임에서 지면 목숨을 잃는다는 것이다. 설정이 흥미롭지 않은가?

이 드라마에는 지름 10센티미터쯤 되는 달고나에 찍힌 모양을 파내야 하는 뽑기 게임이 등장한다. 달고나에 모양이 살짝 찍혀 있어 경계가 진 부분은 더 얇고 부서지기 쉽다. 참가자에게는 바늘 하나와 10분이라는 짧은 시간이 주어진다. 모양을 깔끔하게 뽑지 못하거나 시간 내 완성하지 못하면 죽는다.

총소리가 곳곳에서 들려오고 달고나가 부서져 총을 맞고 바닥에 쓰러지는 동료들을 눈앞에서 봐야 하는 참가자들은 상당한 공포를 느꼈을 것이다. 참가자들은 말 그대로 손을 떨고 땀을 뻘뻘 흘리며 당면한 과제에 집중하려 노력한다. 이러한 환경에서는 두말할 필요 없이 위험을 감수하기가 훨씬 어렵다. 새로운 시도를 하는 데 그리 큰 비용이 들지 않는 환경과는 차원이 다르기 때문이다. 스트레스가 심한 상황에서는 교감신경계가 자극되어 긴장이 높아지고 민첩하게 행동에 나설 태세를 갖출 수 있지만, 동시에 주변 환경을 충분히 인식하지 못하고 공감 능력이 떨어지며 새로운 발상을 해내지 못할 수 있다.

그렇다면 왜 그렇게 많은 조직이 신뢰와 지원이 아닌, 공포를 바탕으로 규칙에 따라 운영되는 걸까? 진정한 혁신을 이끌어내려면 직면한 도전과 기회를 긍정적으로 바라보고 직원들이 최상의 성과를 낼 수 있도록 지원해야 한다. 즉 혁신과 새로운 사고에 대해 보상을 제공하는 긍정적이고 강점에 기반한 지원적 환경을 조성해야 하는 것이다. 하지만 그렇다고 해서 멋대로 할 수 있는 자유를 허용하는 건 아니다. 창의성은 어느 정도의 제약이 주어질 때 가장 잘 발휘되며, 이러한 조건에서 조직은 같은 방향으로 나아갈 수 있다.[3]

광기의 구조

혁신은 고독한 천재들이 순간적으로 제품과 산업을 완전히 바꾸며 이뤄내는 일로 생각하기 쉽다. 확실히 혁신은 예술과 기술, 과학의 조합이다. 그러나 가장 혁신적인 기업들은 매우 체계적으로 슈퍼트렌드를 판독하고 혁신을 다룬다. 이들은 어떤 유형의 혁신(예: 점진적, 파괴적, 급진적)을 원하는지 매우 명확하게 알고 있으며, 일반적으로 다음과 같은 단계를 포함해 엄격한 혁신 프로세스[4]를 갖추고 있다.

- 영감을 주는 목적 설정, 고객 기회 구성, 모든 부서와 직급의 공감 확보
- 발견, 고객 참여, 발상
- 아이디어 평가(예: 타당성, 실행 가능성, 실현 가능성)
- 고객 테스트 및 검증(예: 개념 증명, 최소기능제품, 알파 릴리스, 베타 릴리스, 분할 테스트)
- 출시 준비가 된 제품 공개
- 실행 및 확장

이러한 유형의 혁신 퍼널은 수많은 아이디어에서 시작되며, 특정 기준을 충족하기 위해 여러 관문이나 심사를 거쳐야 한다. 승자를 미리 뽑는 것은 불가능하진 않아도 매우 어려운 일이기에 순전히 숫자놀음이 될 수 있다. 한 연구에 따르면 스타트업에 투입된 벤처캐피털 투자 100건 중 64.8퍼센트는 실패하고 33.7퍼센트는 어느 정도 성공을 거두며(1~20배 수익), 1.1퍼센트는 20~50배 수익을 달성하는 반면 0.4퍼센트, 즉 투자 1000건 중 4건만이 투자 자본의 50배 이상에 달하는 수익을 창출하는 것으로 나타났다.[5]

기대 수익률이 높을수록 더 많은 프로젝트에 각각 적은 금액을 투자해야 한다. 투자 위험을 최소화할 한 가지 방법은 계량적 자금 조달, 즉 미터드 펀딩metered funding을 활용하는 것이다. 이는 연간 계획 주기에 맞춰 예산을 미리 승인하는 일반적 방식이 아니라, 새로운 아이디어나 벤처가 4~5개의 관문을 통과했을 때 필요한 예산의 일부만 지급하는 방식이다.

대형 조직에서 혁신에 접근하는 한 가지 방식은 많은 프로젝트를 시작하되, 새로운 아이디어나 벤처가 4~5개의 관문을 통과했을 때 필요한 예산의 일부만 지원하는 미터드 펀딩을 활용하는 것이다.

드래곤즈 덴

변화의 속도가 점점 빨라지고 문제의 본질이 상호 연결되어 있으므로 모든 것을 상부에서 계획하는 건 불가능하다. 최고의 아이디어는 종종 새로운 것을 만들려고 의도하지 않아도 우연히 떠오르기도 한다. 따라서 아이디어 창출과 혁신뿐 아니라 실행도 조직 전반에 걸쳐 활성화되어야 한다. 현장에서 실제로 관련 업무를 수행하는 직원들은 종종 고객과 비즈니스에 대해 독특한 통찰을 내놓을 수 있고, 수많은 혁신적인 아이디어를 생각해낼 수 있다. 따라서 이들도 반드시 적절한 지원을 받아야 한다.

조직 전반에 걸쳐 아이디어 창출과 혁신이 이뤄져야 한다.

업계를 선도하는 조직은 개인과 팀이 기회를 발견하고 실행할 수 있도록 다양한 방식으로 이들을 지원한다. 앞서 논했듯 팀이 권한을 부여받아 유동적으로 모일 수 있는 플랫폼을 구축하는 것이 매우 중요하다.

또 다른 조치는 디자인 사고, 고객 공감 매핑, 고객 여정 매핑, 아이디어 구상과 창의성(이는 학습이 가능하다), 비즈니스 모델 매핑(주요 가정과 아이디어 실행 가능성을 기록하는 행위), 신속한 프로토타이핑(시제품화) 등 디지털 및 대면 모듈을 통해 주요 혁신 역량을 대대적으로 구축하는 것이다. 이는 조직에서 기술적 능숙도와 데이터 활용 능력을 향상시키는 데 꼭 필요한 요건이다.

아이디어를 구상하는 데 필요한 적절한 자원을 확보하는 것도 도움이 된다. 이를테면 돈과 시간(예: 업무 시간의 일정 부분을 부수적인 프로젝트에 쓸 수 있도록 허용) 또는 공유 VR/AR 헤드셋과 3D 프린터, 직원들이 아이디어를 실현해볼 수 있는 '마이크로 팩토리micro-factories' 등 기타 자산을 제공하는 것이다. 그 외 시도해볼 만한 방법은 다음과 같다.

- 에릭슨Ericsson의 사례처럼 선별한 직원들을 대상으로 이론과 실무를 체계적으로 가르치는 사내 기업가intrapreneurship 프로그램 운영[6]
- 개인이나 팀에게 새로운 사고방식을 갖도록 영감을 주기 위한 행사 진행 및 연사 초대
- 물리적 사무 공간을 개선해 더 많은 협업과 창의성 촉진
- 혁신 전도사 선정

슈퍼트렌드와 협업했던 한 조직은 모든 부서에 디지털 및 물리적 아이디어 상자를 제공한 후, 제출된 아이디어를 48시간 이내에 검토하고 응답하겠다고 약속했다.

그동안 수많은 조직에서 혁신 캠페인을 열거나 상금을 내걸고 드래곤즈 덴Dragons' Den 또는 샤크 탱크Shark Tank 유형의 경연대회(기업가들이 잠재 투자자들에게 자신이 구상한 프로젝트를 발표하는 TV 프로그램)를 개최해왔다. 이러한 시도는 외부 참가자를 대상으로 확장할 수 있다. 예컨대 힐튼Hilton은 비용 절감과 환경발자국 감축을 목표로 공급업체에 드래곤즈 덴 방식을 적용했다.[7]

기관의 우선순위인 혁신

조직은 개인의 혁신을 지원하는 것 외에도 광범위한 자원을 통일된 방향으로 활용해 의사결정을 내려야 한다. 예를 들어 IBM, 페이스북, NASA와 같은 조직에서는 직원들을 한자리에 모아놓고 한정된 시간에 특정 목표를 달성하는 이노베이션 잼이나 해커톤을 널리 활용하고 있다. 이러한 행사가 진행되면, 사람들은 침낭을 챙겨와 숙식을 해결하며 꼬박 24~48시간 동안 쉬지 않고 경쟁한다. 온라인 해커톤은 전 세계 시청자에게 다가갈 수 있는 장점이 있어 때로는 참가자가 수만 명에 달한다.

일부 조직은 주요 조직을 파괴할 방법을 찾겠다는 목적 하나로 '레드 팀red team(조직 내 문제점과 취약점을 지적하는 팀―옮긴이주)'을 구성하기도 한다. 흔히 활용되는 또 다른 전략으로는 스컹크웍스skunkworks(신상품 개발 부서) 프로젝트가 있다. 일반적으로 소수의 개인이 모여 급진적 변화를 목표로 프로젝트를 연구하고 개발하는 프로젝트이다. 스컹크웍스 프로젝트의 장점은 기존 조직 프로세스와 패러다임에서 팀을 분리해 아무런 방해를 받지 않고 운영할 수 있다는 점이다. 때로는 프로젝트가 비밀리에 진행되다가 출시 이후에 그 존재가 공개되기도 한다. 스컹크웍스는 미국 항공우주방위산업체인 록히드마틴Lockheed Martin이 만든 용어로, 제2차 세계대전부터 오늘날까지 계속 채택된 전략이다. 스컹크웍스는 종종 본사와 다른 건물에 자리한 경우가 많고, 팀에 평소보다 높은 수준의 자율성을 부여한다. 프로젝트의 성공이 입증되면 프로젝트 규모가 확장되어 핵심 비즈니스에 통합된다. 반면 새로운 벤처 자체를 비즈니스 모델로 만들려는 조직도 있다. 이들에게 성공은 재통합이 아닌 순차적 분할을 의미한다.

조직 차원에서 활용할 수 있는 여러 수단도 있다. 예를 들어 존슨앤드존슨Johnson&Johnson은 혁신을 불러일으키고 기업 리더를 양성하기 위해 분산된 접근 방식을 사용한다.[8] 어떤 조직은 대규모 채용을 진행해 숙련된 인력을 빠르게 늘리고 새로운 사고를 끌어낸다. 예컨대 수백 명의 데이터 과학자, 디자인 설계자, 혁신 전문가를 한꺼번에 채용하거나 회사가 진출하려는 특정 산업 분야를 잘 알고 있는 전문가를 채용하기도 한다(예: 전력 기술 및 배터리 엔지니어를 채용하는 자동차 회사). 각각 새로운 최고 기관 또는 수평적 조직 단위(여러 집단에 걸쳐 혁신)를 설치해 이러한 방법을 공식 절차로 도입할 수 있다. 다양성을 인정하고 포용하는 조직을 만드는 것도 창의성과 혁신을 강화하는 또 다른 방법이다.

돈으로 사는 아이디어

혁신에 관해 논의할 때는 생태계 수준을 고려해야만 한다. 최고의 인재, 아이디어, 실행 역량을 확보하려면 전문가, 청년, 고객 자문위원회 등으로 구성된 메타 조직을 활용하고, 아이디어를 크라우드소싱하고, 더 나아가 스타트업에 투자하고 지원하는 기업 벤처 펀드와 액셀러레이터accelerator를 설립해야 한다. 기업 인수는 새로운 기술과 지적재산(IP), 인재를 대규모로 확보할 수 있는 방법이다. 한편 최근 몇 년 동안 아마존, 버크셔해서웨이Berkshire Hathaway, JP모건JP Morgan 같은 대기업을 필두로 업무 제휴도 증가하고 있다.[9]

기타 생태계 전략으로는 앱 스토어 구축(예: 애플과 구글), 플랫폼 내 조율 또는 참여(예: 마이크로소프트와 알리바바), 오픈소스 제공(예: 테슬라) 또는 개방형 아키텍처(예: 크레디트스위스), 비즈니스 허브 개발(예: 아랍에미리트와 중국의 자유무역지대) 등이 있다.

서른다섯 가지 생존 방법

더 이상 젊은 조직은 아니지만 죽기에는 이르다고 생각하는가? 그렇다면 개인/팀 수준, 조직 수준, 생태계 수준에서 기업 혁신을 제도화할 수 있는 서른다섯 가지 방법을 살펴보자.

개인/팀 수준	조직 수준	생태계 수준
자체 형성되어 권한이 부여된 팀	순차적 분할	메타 조직
구조적으로 핵심 혁신 역량 구축	스컹크웍스	크라우드소싱
사내 기업가 프로그램	분산된 접근법	기업 벤처 펀드
영감을 위한 예산	수평적 조직 단위	기업 액셀러레이터 및 인큐베이터
혁신상	새로운 최고 기관, 디지털 팩토리	인수

사내 드래곤즈 덴	비즈니스 모델 복제, 다른 성공 사례 빠르게 모방	제휴
개별 프로젝트에 할애하는 시간 비율	이노베이션 잼	오픈소스
자원 이용	온라인 해커톤	개방형 아키텍처
실행 조치가 보장된 디지털 아이디어 상자	외부 스타트업 액셀러레이터에 참여	앱 스토어
가상 및 물리적 사무 공간 개선	투명한 혁신 대시보드	허브 개발
혁신 전도사 선정	조직 전반에 걸친 파괴적이고 급진적인 이벤트	생태계 전반에 걸친 조율 및 참여
	다양한 인력 구축	
	레드 팀 설립	

보다시피 예측 가능하고 대중화된 혁신을 달성하려면 일회성 혁신 극장을 계획해선 안 된다. 통합되고 조정된 접근 방식이 필요하다. 영감을 주는 목적을 세우고, 과감한 조치를 실행해 목적지가 아닌 방향을 설정하고, 자체적으로 팀을 형성해 권한을 부여하고, 기술 기업으로 거듭나고, 더 광범위한 생태계를 활용할 때 비로소 혁신이 시작된다.

이 모든 것은 조직이 집중력을 잃지 않고 핵심 비즈니스의 경쟁력을 유지하며 지속적으로 관리한다는 전제하에 가능하다. 퓨처핏 조직은 눈앞에 닥친 현실과 미래를 동시에 취급하고, 그에 따라 예산과 인재를 관리한다. 일반적으로 실패를 겪는 벤처를 회생시키기 위해 최고의 인재를 모두 투입하거나(과거 대기업에서 주로 시도한 방법이다), 아직 검증되지 않은 근사한 신규 벤처에 모든 인재를 투입하는 것은 그리 권장되지 않는다. 단기 목표와 미래 목표를 모두 고려하고, 수요가 있는 다양한 직책에 요구되는 기술보다 상위 자원이 가진 특정 기술을 활용하는 등 총체적인 접근 방식을 취하는 것이 좋다.

다음 표를 참고해 현재 전환의 시작 지점과 해당 영역에서 가장 우선순위가 높은 문제를 평가해보자.

기존		변화
재무 목표와 공포에 사로잡혀 위험을 회피하는 조직	➡	긍정적으로 만들어낸 기회, 용기와 가능성 문화
거버넌스 또는 프로세스가 제한된 일회성 혁신	➡	구조화되어 꾸준히 이어지는 혁신 흐름, 관리된 포트폴리오
주로 하향식 혁신	➡	어디서나 혁신이 이뤄질 수 있도록 적절한 자원과 지원, 동기 제공
변화 또는 현상 유지 이탈을 허용하지 않음	➡	다양한 수단(예: 스컹크웍스, 해커톤, 새로운 최고 기관)을 활용한 조직 차원의 과감한 조치
'이곳에서 발명된 것이 아니다'라는 사고방식이 만연한 폐쇄형 혁신 접근법	➡	협력적이고 개방적인 사고방식을 갖춘 생태계 접근법(예: 제휴, 크라우드소싱, 기업 벤처 펀드)

유튜브로 배우는 기업 학습 과정

What YouTube Can Teach Us about Corporate Learning Processes

직원 모두에게 1000달러씩을 주고 투자 수익률(ROI)이 저조하거나 마이너스인 대상에 투자하라고 한다면 어떨까? 심지어 직원들에게 일상 업무를 잠시 멈추고 그 돈을 쓰라고 요구해 나중에 더 많은 스트레스와 좌절감을 안긴다면 어떨까? 미친 짓처럼 들리는가? 이 과정을 해마다 반복하라고 한다면 직원들은 어떤 심정일까?

방금 말한 내용은 많은 조직에서 '학습과 개발(L&D)'이 이뤄지는 방식과 그리 다르지 않다. 물론 조금 과장된 부분이 있긴 하지만 말이다. 역사적으로 학습과 지식 관리는 늘 한발 늦게 이뤄졌고 대체로 불필요한 비용처럼 여겨졌다. 기술 격차를 파악하려면 매년 또는 격년으로 진행되는 성과 검토에 의존해야 했고, 이후에는 대면 교육 방식에 기대는 L&D 프로그램으로 기술 격차를 메웠다. 이러한 과정

은 비즈니스 속도와 점점 빨라지는 현대의 업무 처리 방식과 동떨어
졌다.

전 세계 많은 조직이 매년 교육 개발에 약 4000억 달러(약 571조)
를 지출하지만, 학습 노력이 어떻게 수익에 영향을 주고 긍정적인
투자 수익을 가져다주는지 제대로 증명해내지 못한다. 한 설문조사
에 참여한 관리자의 75퍼센트가 회사의 L&D 기능이 만족스럽지 않
다고 답했고, 직원의 70퍼센트는 업무 수행에 필요한 기술을 익히지
못했다고 답했다. L&D 프로그램에서 배운 새로운 기술을 업무에 적
용한 직원은 12퍼센트에 불과했다.[1]

게다가 외부 환경이 그대로 유지되는 것도 아니다. 많은 산업이
그 어느 때보다 빠르게 파괴되고 있고, 5년 후 직업과 기술 요건은
지금과 매우 달라질 것이다. 세계경제포럼은 2020~2025년 전체 직
원의 절반이 대대적인 재교육을 받아야 할 것으로 전망한다.[2]

그 이유는 무엇일까? 반복적이고 단순한 업무가 자동화되면서,
인간은 감성 지능과 개념적 문제 해결 능력, 시스템 사고가 요구되
는 창의적이고 추상적인 업무를 맡아야 한다.

성공하려면 광범위한 기업 문화에 변화를 일으키고 각 개인에게
책임을 부여해야 하므로 모든 책임을 인사(HR)나 L&D 부서에 돌려
서는 안 된다. 하지만 세상이 빠르게 변화한다는 점에서 새로운 학
습 패러다임이 필요하다는 사실은 분명하다.

진정한 변화를 위한 교육

학습 전략부터 살펴보자. 대부분의 조직은 학습 관련 거버넌스가 부실해 대체로 조직 내 여러 단계에 학습을 위임하고, 사후 대응적인 접근 방식을 취한다. 학습 예산은 다른 예산과 마찬가지로 주로 매년 책정되며 실제 업무에 필요한 것과는 동떨어진 경우가 많다. 비즈니스 전환 과정에서 학습은 뒷전으로 밀려나기 십상이다.

이러한 접근 방식은 전략적 학습 수요를 완전히 놓치는 것이다. 최악의 경우, 직원들은 지출해도 좋은 돈이 있다는 생각에 자신이 즐길 만한 분야에 예산을 쓴다. 직원 참여와 동기부여 측면에서 꼭 나쁜 건 아니지만, 직무 관련 기술을 구축하는 것과는 분명 별개다.

조직은 달성하고자 하는 혁신과 목표에 L&D를 결합하고, 전략을 수행할 직접적인 원동력으로 L&D를 활용해야 한다. 다시 말해, 이미 수행하고 있는 업무를 조금 더 잘 해내는 방법만 교육해선 안 된다. 실제로 달성하고자 하는 핵심 목표를 짚고, 이에 맞춰 교육하는 것이 좋다.

예를 들어 은행 콜센터에서는 반복적이고 단순한 통화를 자동화해 비용을 절감하고 고객 서비스를 개선하는 동시에, 고객마다 지출 금액을 높이게 하는 것을 목표로 전략을 세울 수 있다. 목표가 많아 보이지만 이는 현실적인 상황이다. 목표에서 출발해 거꾸로 방법을 찾다 보면, 미래의 콜센터 상담원에게 필요한 구체적인 행동과 기술이 파악될 수 있다. 예를 들어 콜센터 상담원은 새로운 통화 연결(콜라우팅call routing) 기술과 AI로 지원되는 인터넷 봇을 사용하면 주소 변경이나 내역서 확인 같은 단순 업무에 관한 전화를 받지 않아도 되며, 그 대신 결제 분쟁, 사기, 차별화된 신상품 판매 같은 더 복잡한 문제에 집중할 수 있다. 이렇게 기술을 정의하면, 현재 콜센터 상담원의 기술 수준을 살펴본 후 학습 개입을 설계해 기술 격차를 해소할 수 있다. 즉 비즈니스 전략에 목표 대상을 세밀하게 선별하고 완전히 연계하는 것이 가능해진다.

더불어 학습 효과를 측정하는 방법도 달라지고 있다. 커크패트릭Kirkpatrick의 교육 훈련 모델 같은 일반적인 틀을 기준으로 보면 L&D 영향 측정은 총 4단계로 구성된다.

- 교육 참가자의 반응
- 학습 수준
- 실무에서 나타나는 행동 변화
- L&D의 비즈니스 성과 기여도

오늘날 조직 대부분이 잘못된 순서로 L&D 영향을 측정한다. 주로 참가자의 학습 반응을 측정한 후(교육이 흥미로웠는가? 시간을 들일 만했는가? 진행자는 어땠는가?), 교육 전후에 짧은 객관식 평가 등을 넣어 학습 수준을 측정하는 식이다. 정작 교육의 실질적인 성과와 관련된 학습 수준은 거의 측정하지 않는다.[3]

퓨처핏 조직은 측정 체계를 완전히 뒤집어 거꾸로 학습 전략을 수립해야 한다. 예를 들어 은행 콜센터에서 첫 통화 해결률을 73퍼센트에서 75퍼센트로, 고객 순추천점수(NPS)를 20점에서 35점으로 개선하는 등 L&D를 통해 달성하고자 하는 비즈니스 목표를 먼저 정의한다. 그런 다음 특정 인구 집단을 대상으로 실무에 필요한 기술과 행동(예: 신용카드 상품 관련 지식, 분쟁 해결 기술, 공감 능력)을 정한다. 이어 핵심 기술 전반에 걸쳐 현재 숙련도를 평가하고 초점을 맞출 기술 격차의 우선순위를 정한 후 격차를 해소하는 데 필요한 학습(공식교육과 실무 교육 포함)을 개발한다.

**학습의 목적은 단순히 기술을 습득하는 게 아니라
특정 비즈니스 목표를 달성하는 것이다.**

결과적으로 얼마나 많은 사람이 언제까지 어떤 기술을 어느 수준까지 익혀야 하는지 명확하게 학습 전략을 세울 수 있다. 그 후 격차를 줄이는 데 필요한 사항과 우선순위에 따라 예산을 결정한다. 기술 격차 해소는 단순히 사내 L&D 기능의 소관으로만 여길 게 아니라 L&D와 비즈니스의 공통된 KPI로 바라봐야 한다. L&D는 서비스 제공업체가 아닌 비즈니스 파트너로 취급되며, 투자 수익률은 OKR(목표 및 핵심 결과 지표) 개선을 통해 얻을 수 있는 가치와 더 명확하게 연결될 수 있다.

무엇을, 언제, 어디서, 어떻게 조정할 것인가?

팬데믹 이전에는 많은 학교와 조직의 교육 공간이 옛 전통적 방식과 그리 다르지 않았다. 강사는 기술과 경험 면에서 교육생에 대한 정보를 사실상 전혀 알지 못한 채 획일적으로 기술을 가르쳤다. 교육은 실무 환경과 동떨어진 곳에서 이뤄졌으며, 필요한 시기보다 훨씬 앞서 진행되었다.

L&D는 여전히 직무, 업무, 직원이 안정적이고 실행과 의사결정 속도가 느린 대면 업무 환경에 맞춰 설계되는 경우가 많다. 하지만 오늘날 환경에는 이러한 방식이 근본적으로 적합하지 않다. 이제 많은 업무가 프로젝트 기반으로 돌아가고, 임시로 구성된 팀에 의해 수행된다. 비정규(프리랜서) 직원이 많아졌으며, 그 어느 때보다 일이 더 빠르게 처리돼야 한다. 기술은 학습의 내용뿐 아니라 시기, 장소, 방식까지 바꾸었다. L&D로 조직의 전환을 효과적으로 지원하려면 L&D 자체를 전환해야 한다.[4]

다행히 현재 이러한 전환이 이뤄지고 있다. 실제로 '필요시 학습'에서 '적시 학습'으로 바뀌고 있다. 즉 학습이 업무와 분리된 공간(예: 강의실)이 아닌 업무 흐름 속에서 이뤄지는 것이다.

기술 수요 면에서도 목적에 더 부합하는 학습이 생겨나고 있다. 몇 시간 동안 대면 강의를 듣는 대신, 짧게(때로는 단 몇 분 만에) 필요한 내용을 학습할 수 있다. 이는 특정 기술이나 하위 기술에 초점을 맞춘 아주 짧은 디지털 학습 과정, 이른바 마이크로 러닝micro-learning으로 구현된다. 마이크로 러닝은 전통적인 대규모 교육보다 훨씬 효과적이라고 나타났다. 이를테면 개인 맞춤형 교육이 가능하며 접근성이 높고 딱 필요한 시기에 학습이 이뤄진다. 특히 젊은 세대를 비롯해 상당수가 선호하는 미디어 소비 방식(이동 중 짧은 동영상 시청)에도

부합한다.[5]

서비스형 마이크로 러닝

마이크로 러닝은 획일적인 일괄 전달 방식에서 벗어나 개인 맞춤형 온탭 방식으로 전환하는 데도 적합하다. 이탈리아 은행인 인테사산파올로Intesa Sanpaolo가 대표적인 예다. 인테사산파올로는 형식적인 기존 강의실과 이러닝e-learning 방식에 의존하는 교육은 느리고 확장성이 없으며 측정과 분석이 제한적이라는 점에서 비즈니스 요구 사항과 단절된다는 사실을 깨달았다. 그래서 넷플릭스와 유튜브 같은 기업에 영감을 받아 클라우드 기반 학습 플랫폼을 만들었고, 이 플랫폼을 통해 새롭게 설계된 아주 짧은 학습 콘텐츠로 다양한 기술을 설명하기 시작했다. 이제 학습자는 과거에 시청하거나 좋아한 콘텐츠와 관련된 다른 콘텐츠를 추천하는 유튜브처럼 학습 플랫폼에서도 현재 요구 사항과 선호도에 따라 개인 맞춤형 추천과 제안을 받는다. 직원은 수강하고 싶은 다른 콘텐츠를 쉽게 검색할 수 있다. 이 새로운 플랫폼에서는 학습 콘텐츠가 일괄적으로 밀어내는 공급자 중심이 아닌 필요에 따라 끌어당기는 소비자 중심 방식으로 제공된다.

인테사산파올로는 유튜브를 연상시키는 이 방식으로 신규 직원을 온보딩하고, 재교육을 실시하고, 모든 유형의 전환에 걸리는 시간을 획기적으로 단축할 수 있었다.[6] 콜센터 상담원은 이와 같은 서비스형 학습 플랫폼 덕분에 실무 도중 새로운 제품 지식을 개발하거나 복잡한 분쟁 해결과 같은 새로운 기술을 훨씬 쉽게 습득할 수 있게 됐다.

> **획일적인 강의실 방식보다
> 개인 맞춤형 플레이리스트를 생성하는 유튜브 방식에서
> 학습 관련 영감을 더 많이 얻을 수 있다.
> 일괄에서 온탭 학습으로, 공급자 중심에서 소비자 중심으로
> 전환이 이뤄지고 있다.**

'피지털' 학습을 통해 기술 전문가로 거듭나기

리더십 개발이나 더 많은 상호작용이 요구되는 경우에, 대면 또는 실시간 가상 세션은 여전히 중요하다. 이때 기술을 활용하면 참가자의 니즈나 실시간 피드백에 따라 개인별 맞춤형 지원을 제공할 수 있다. 예컨대 진행자(퍼실리테이터)는 VR 헤드셋이나 아이패드에서 아바타를 이용한 시뮬레이션으로 실시간 데이터를 제공받아 참가자의 학습 진행 상황을 확인할 수 있다. 이러한 접근 방식은 실체가 있음을 뜻하는 피지컬physical과 디지털의 합성어인 '피지털phygital'로

불리며 발전을 거듭하고 있다.

이제 새로운 기술이 가능성의 영역을 넓히고 있다. 이를테면 제조업이나 소매업에서 자주 사용되는 몰입형 VR 경험, 아바타를 포함한 AI 지원 시뮬레이션, 참가자가 탐색해야 하는 게임 요소를 적용한 시나리오 등은 개념적 문제 해결 같은 기술을 테스트하는 데 유용하다. 심지어 대화나 회의에서 리더가 말하는 내용과 방식, 분량에 대해 실시간으로 피드백을 제공하는 가상 코치도 등장하고 있다. 이러한 가상 '코치'는 웨어러블 기술, 자연어 처리, 빅데이터 분석을 통합해 리더를 지원한다. 예를 들어 리더가 말하기 전에 잠시 멈추고, 회의에서 다른 사람의 말을 더 경청하고, 발표할 때 영감을 주는 어조로 말하는 등 다양한 행동을 연습하게 돕는 것이다. 토널Tonal, 미러Mirror, 에셜론Echelon, 템포Tempo 같은 기업에는 이른바 피트니스 미러 버전이 있다. 거울이 화면으로 전환되고 실물 크기의 피트니스 강사가 화면에 등장해 개인별 세션을 진행한다. 이 피트니스 미러는 고객이 운동하는 방식을 자동으로 모니터링하고 수정할 수 있는 기능과 사전에 녹음된 표준 트레이닝 프로그램까지 제공한다.

그런데 여기에는 한 가지 주의할 점이 있다. 누가 언제 어떤 기술을 배워야 할지 등의 학습 전략을 먼저 세우고 이를 토대로 적절한 기술을 선택해야 한다. 학습 전략부터 시작하고 기술 격차를 좁히는 데 가장 적합한 방법을 결정하자.

손끝에서 얻는 정보

앞서 언급한 내용 대부분은 지난 10년간 음악 시장에 일어난 현상에 간단히 비유해 요약할 수 있다. 한때 음악 시장에서 소비자는 LP 형태로 음악을 구매하거나 라디오 진행자가 선택한 음악을 들어야 했다. 요즘에는 디지털 방식으로 언제든지 원하는 때에 상황에 어울리는 음악을 직접 선택할 수 있다.

모바일 기기를 사용하면 언제 어디에서 유튜브 동영상을 시청할지 간편하게 선택할 수 있다. 오프라인 상태에서 시청할 수 있도록 미리 동영상을 저장할 수도 있다. 이러한 기능은 개인 맞춤형으로 조정 가능한 소비자 중심의 서비스형 콘텐츠 솔루션이다. 사용자는 원하는 때에 바로 서비스를 이용할 수 있다. 이는 조직 내 학습과 개발에서 달성해야 하는 목표와도 같다.

이러한 목표를 달성하려면 학습을 세분화하고 아주 작은 모듈로 나누어 온탭 서비스 형태로 전달해야 한다.

AI로 이러한 서비스를 주도하는 방식이 이상적일 것이다. 적응형 학습은 특정 직원에게 어떤 학습 모듈이 가장 효과적일지 예측하고, 적절한 시점에 적절한 채널을 통해 적합한 사람에게 모듈을 제안한 후 피드백을 수집해 결과를 지속적으로 개선하는 식으로 이뤄진다. AI는 각 팀원에게 가장 도움이 될 만한 모듈을 밀지만, 결국 각자의 행동에 기반해 결정된 것이므로 사실상 소비자 중심 프로세스로 볼 수 있다.

학습은 손끝에서 이뤄지고
유튜브처럼 개인 맞춤형으로 조정할 수 있는
소비자 중심의 서비스형으로 제공되는 것이 이상적이다.

성과와 학습 간 피드백

피드백은 성과 측정과 학습이 실시간으로 통합돼야만 가능하다. 그래야 직원의 업무 실적에 따라 추천 모듈이나 필수 학습 모듈을 제안하거나 실행할 수 있다.

콜센터 상담원을 떠올려보자. 이제 콜센터는 발신자에게서 발견할 수 있는 몇 가지 단서를 바탕으로 문의 유형(예: 특정 제품, 미승인 결제, 다가오는 여행을 위한 여행자 보험 관련 문의)을 파악할 수 있다. 자연어 처리를 통해 문의 해결 여부, 고객과 상담원 중 더 많이 이야기한 사람, 각자의 감정(분노, 좌절, 행복) 등도 파악할 수 있다. 통화 시간도 측정할 수 있다. 이 모든 정보를 바탕으로 어떤 상담원이 어떤 유형의 통화를 능숙하게 처리하고 어떤 부분에서 어려움을 겪는지 비교적 쉽게 알아낼 수 있다. 적응형 학습 알고리즘은 이러한 정보를 활용해 목적에 맞는 마이크로 모듈을 제안할 것이다.

이러한 기계는 다양한 모듈을 수강하거나 수강하지 않은 상담원의 성과를 살펴보고, 마이크로 평가 도구나 기타 피드백 도구를 이용해 상담원의 데이터를 수집하며 학습을 이어간다. 학습 모듈의 분량과 콘텐츠 형식(예: 영상 또는 객관식 문제 또는 드래그 앤 드롭 박스), 진행자, 기타 여러 요인을 기준으로 모듈의 학습 효과를 분석해 학습 모듈 자체를 최적화할 수도 있다. 최종적으로 실시간 데이터를 기반으로 계속 학습하는 개인 맞춤형 예측 학습 모듈이 탄생된다. 그렇게 AI와 상담원이 하나가 되어 켄타우로스로 변신하는 것이다.

세상의 모든 지식

경영 업계에는 "지멘스Siemens가 습득한 지식을 제대로 이해한다면 부유한 기업이 될 수 있을 것이다"라는 오래된 격언이 있다.[7]

지멘스는 이미 부유한 기업이지만 언제든 더 많은 돈을 벌어들일 잠재력이 있다. 지멘스는 1847년 독일에서 설립된 산업 기술 제조 기업이다. 2022년 현재 기준, 지멘스의 직원 수는 약 200개국에 걸쳐 30만 명에 달한다.[8] 기업 활동의 광범위한 영역과 속도를 고려하면 L&D로 지속적으로 새로운 기술 요건을 충족하기는 분명 어렵다.

그러나 이를 다른 관점으로 바라볼 수 있다. AI로 가동되는 적응형 학습은 학습자에게 필요한 학습 콘텐츠를 제공하거나 의무적으로 수강하게 하는 공급자 중심 접근법처럼 보일 수 있다. 하지만 실제로는 직원들이 스스로 컴퓨터를 학습시키고 필요한 콘텐츠를 필요한 시점에 정확히 찾아낼 수 있는 소비자 중심의 접근법이다. 특정 주제를 암기하기보다는 학습하고 구체적인 정보를 얻는 방법을 알아야 하는 미래에는 이러한 방식이 더욱 중요해질 것이다. 따라서 L&D 부서는 이런 질문을 던져야 한다. 지멘스는 자체적으로 알고 생각하는 것뿐만 아니라, 전 세계가 알고 생각하는 것까지 어떻게 파악할 수 있을까?

이것이 바로 영상(그리고 오디오) 콘텐츠와 관련해 유튜브가 작동하는 방식이다. 유튜브는 20억 명의 활성 사용자와 5000만 명의 구독자가 3700만 개 이상의 채널과 8억 개 이상의 영상에 대해 어떻게 생각하고 반응하는지 잘 알고 있다.

미래의 학습 플랫폼은 폐쇄적인 지식 포털이 아닌 유튜브, 넷플릭스, 알리바바, 아마존과 제법 유사한 형태를 띨 것이다. 전통적인 지식 관리는 지능형 지식 큐레이션으로 대체될 것이다. L&D와 사용자가 만든 콘텐츠, 외부 출처와 연결되는 링크가 모두 여기에 포함된다. 앞서 언급한 인테사산파올로 은행은 자체 플랫폼에 총 130만 시간이 넘는 콘텐츠를 보유하고 있다. 이는 주 5일, 하루 8시간씩 강의를 수강한다고 가정할 때 무려 445년이 소요될 정도로 방대한 분량이다. 은행이 자체적으로 매년 이 정도 분량의 콘텐츠를 제작하기는 불가능에 가깝다.

전통적인 지식 관리는 AI가 개개인에게
가장 유용한 인사이트 조각을 지속적으로 안내하는
지능형 지식 큐레이션으로 대체될 것이다.

따라서 L&D는 콘텐츠 제작과 태그 지정(검색어 지정) 방식에 관한 틀을 마련하고, 콘텐츠 효과를 측정하고, 오래된 자료를 지속적으로 걸러내며 점차 지식 개발과 습득을 촉진하는 역할을 수행할 것이다. 모범 사례는 여전히 중요한 의미를 갖지만, 빠르게 변화하는 업무 환경에 맞춰 모범 사례의 수명도 계속 짧아지고 있다.

군대를 비롯한 일부 조직에서는 한 단계 더 나아가 클라우드를 활용해 직원들의 인지 능력을 확장하는 데 도움이 되는 뇌-기계 인터페이스(현실 속 터미네이터 같은 기능)를 실험하고 있다. 직원들은 이러한 인터페이스를 통해 전 세계 방대한 지식에 접근하고 기억력을 확장하고 더 강력한 지능을 갖출 수도 있다.

마지막으로 한 가지 조언을 하자면, 이 모든 기능은 광범위한 조직 프로세스, 문화, 업무 방식을 체계적으로 통합해야 구현할 수 있다. 기술 자체만으로는 긴박한 학습 문제를 해결할 수 없다. 조직 학습 문화의 토대를 새롭게 바꿔야 한다. 리더는 성장과 학습 사고방식을 행동으로 보여주고, 과거에 조직을 성공으로 이끈 전략과 기술만으로는 미래 목표를 달성할 수 없음을 조직에 명확히 전달해야 할 것이다.

속도와 규모에 맞는 학습

현재 가장 많은 지식을 습득한 조직이 아니라, 속도와 규모에 맞게 학습하고 동시에 지식을 덜어내고 다시 학습할 수 있는 조직이 미래에 성공할 것이다.

다음 표를 참고해 현재 전환의 시작 지점과 해당 영역에서 가장 우선순위가 높은 문제를 평가해보자.

기존		변화
전략적 목표와 분리된 임시 반응형 학습	➡	가장 중요한 기술에 중점을 둔, 비즈니스 전략과 긴밀하게 통합된 학습 전략과 예산
필요에 따른 획일적 대면 학습 방식	➡	디지털화된 마이크로 학습 모듈로 적시에 적절한 사람에게 적절한 콘텐츠 제공
제한적인 피드백 루프와 학습 영향 측정	➡	사용할수록 더 스마트해지는 적응형 학습
변화 또는 현상 유지 이탈을 허용하지 않음	➡	다양한 수단(예: 스컹크웍스, 해커톤, 새로운 최고 기관)을 활용한 조직 차원의 과감한 조치
폐쇄적 생태계에서 지식 관리	➡	글로벌 지식 출처를 활용하는 지능형 지식 큐레이션
모범 사례와 과거에 효과가 있었던 방식에 의존	➡	효과적으로 학습하고 동시에 덜어내고 다시 학습할 수 있는 성장 및 평생 학습 문화

인재 관리부터 인재 지원까지

From Talent Management to Talent Enablement

빠르고 유동적인 환경에서 운영되는 조직은 정밀 경제와 경험 경제가 아닌 산업 경제에 최적화된 인재 관리 모델을 유지하는 데 어려움을 겪는다. 왜 그럴까? 최고의 인재가 조직을 떠나기 쉽기 때문이다. 적극적으로 새로운 일자리를 찾는 직원들이 사상 최고 수준에 이르렀으며(일각에서는 직원의 50퍼센트가 넘는 것으로 분석된다), 많은 이가 적극적으로 구직 활동을 하지는 않지만 유망한 기업이 이직을 제안하면 진지하게 고려할 의향이 있다고 말한다.[1] 이미 전 세계 인력의 60퍼센트 이상이 밀레니얼 세대와 Z세대이고, 이들이 평생에 걸쳐 6개 직종을 넘나들며 18개의 직업을 가질 것으로 전망되는 만큼 구직 활동은 활발하게 이어질 것이다. 직원들은 점점 더 의미 있는 일자리, 배우고 성장할 기회와 유연성을 제공하는 일자리를 찾아 나서

고 있다. 물론 보수도 여전히 중요한 요소다.[2]

　실제로 2021년 연구에 따르면 팬데믹 이후 전 세계 직원의 절반 이상이 회사에서 좀 더 유연한 일자리를 제공하지 않는다면 이직을 고려할 것이며, 특히 밀레니얼 세대는 베이비 붐 세대보다 일을 그만둘 가능성이 2배 이상 높은 것으로 나타났다.[3] 이제 직원들은 이전처럼 조직에 미래를 맡기기보다 스스로 경력을 주도하려 할 가능성이 크고, 필요하다면 적극적으로 조치를 취할 준비도 되어 있다.

**많은 직원이 대면 상호작용과 원격 근무의 유연성을 결합한
하이브리드 업무 환경을 선호한다.**

　긱 경제, 휴먼 클라우드, 사내 채용 시장, 빠르고 유동적이며 유연해야 하는 조직의 성장과 더불어 기술 경제로의 전환이 이뤄지고 있다. 기술 경제에서는 인맥과 목적의식보다 실질적인 지식과 경험이 더 중요하다. 이에 따라 나이, 학력, 경력, 지역에 상관없이 직무에 적합한 기술을 갖춘 사내외 지원자가 점점 많은 일자리를 채워가고 있다. 이는 조직이 인재를 관리하는 방식이 달라져야 한다는 점을 시사한다. 실제로 새로운 업무 환경에서는 인재 관리보다 인재 역량 강화가 요구된다. 이때 목표는 현재 직무를 수행하고 새로운 직무를 탐색해 끊임없이 학습하고 성장하며 경력을 개발하는 데 필요한 도구와 자원을 직원 개개인에게 지원하는 것이다.

새로운 업무 환경에서는 인재 관리보다 인재 역량 강화가 요구된다.

이러한 변화는 채용, 성과 관리, 경력 경로, L&D, 인력 유지 등 인재 관리 주기 전반에 걸쳐 큰 영향을 끼친다. 직원들이 좋은 일자리를 얻기 위해 투명한 시장에서 경쟁하듯, 기업도 훌륭한 직원을 확보하기 위해 투명한 시장에서 경쟁한다.

**직원들이 좋은 일자리를 얻기 위해 투명한 시장에서 경쟁하듯,
기업도 훌륭한 직원을 확보하기 위해 투명한 시장에서 경쟁한다.**

자신만의 사다리 만들기

인재 관리자는 종종 최고의 인재를 중심으로 특정 경력 경로를 제시해 직원들을 육성하려 한다. 이들은 향후 3~5년 동안 몇 명의 인력이 어떤 직무에 언제까지 필요할지 정확히 파악하기 위해 인력 전략을 상세하게 수립한다. 하지만 전략 기획이 목적지 설정 방식에서 방향 설정 방식으로 전환된 만큼, 전략적 인력 계획도 달라져야 한다. 비즈니스와 시장의 유동성을 감안하면 인력 계획은 기껏해야 근사치에 불과하다. 따라서 인재 관리자는 연공서열이 아닌 보유 기술을 근거로 실시간 반영되는 긱 시장을 만드는 데 집중해야 한다. 공통된 조직 계획과 인재 투자는 계속 관리하되 이러한 유동적인 접근 방식으로 보완해야 할 것이다.

인재 관리자는 인재가 일을 찾고

자신만의 경력 사다리를 만들 수 있는
생태계를 조성하는 데 초점을 맞춰야 한다.

모든 직원은 경력에 상관없이 무엇이 필요한지 파악하고 그에 따라 자신을 계발할 수 있는 공정한 기회를 갖게 된다. 일부 조직은 폭넓은 조직 생태계 내에서 직원의 수요와 공급을 일치시키고 일시적으로 발생한 잉여 인력을 효과적으로 '임대'하는 실험을 하고 있다. 이제 새로운 미래를 상상해보자. 미래에는 여러 조직의 취업 기회와 직원 기술 프로필이 하나의 클라우드 데이터베이스에 담겨 인증되고 유지 관리되는, 투명하고 경쟁적인 인재 채용 시장이 열릴 것이다.

평가는 줄이고 코칭은 늘리고

전통적인 인재 관리의 핵심은 성과 관리다. 기업들은 설정한 KPI에 따라 직원을 평가하고 순위를 매긴 후 주로 연간 또는 반기별로 피드백을 제공한다. 강력한 성과 지향성은 조직의 성공에 필수다. 맥킨지, 구글, 아마존, 애플, 넷플릭스 등 큰 성공을 거둔 조직도 성과를 위한 단단한 기반을 마련하지 않았다면 오늘날의 위치에 오르지 못했을 것이다.

하지만 두려움을 자극해 성과를 관리하기보다 신뢰와 지지로 성과를 일으키는 편이 낫다. 즉 채찍은 피하고 당근을 내세워 원하는 성과를 달성해야 한다. 앞서 언급한 조직들은 성공에 필요한 요소에 대해 명확한 지침을 제시하고, 강점에 근거해 꾸준히 피드백하는 문화를 조성하는 데 탁월하다. 즉 과거의 성과에서 벗어나 향후 목표와 관련해 무엇을 어떻게 수행해야 할지에 초점을 맞추는 '피드포워드feedforward'와 코칭을 진행하며, 그 과정에서 탄탄한 수습 과정과 지원을 제공한다. 다시 말해, 직원들은 면접 과정부터 성공에 무엇이 필요한지 잘 알게 되고, 목표를 달성할 수 있도록 꾸준히 지원받는다.

다른 조직에도 이와 똑같은 원칙이 적용된다. 직원들에게 일을 잘하는 방법을 알려주면 직원들은 일을 잘하고 싶어 할까? 대다수는 예상대로 일을 더 잘하고 싶은 의욕이 들 것이다. 그러니 직무에 대한 기대치를 명확히 제시하는 동시에 이러한 기대치를 충족할 수 있는 적절한 기회를 제공해야 한다. 예컨대 수습 제도를 운영하고 개발 기회와 지속적인 피드백을 제공하면 도움이 된다. 데이터 분석을 활용하면 개별적으로 더 많이 지원할 수 있을뿐더러 직원 개개인이 현재 위치와 개선 방안을 이해하도록 도울 수 있다. 직원들은 제공되는 데이터를 통해 스스로 이러한 정보를 발견하게 된다. 따라서 실제로 평가가 아닌 코칭을 받는 셈이다.

**성과 데이터와 교육용 마이크로 모듈이
직원들에게 제공되면서 직원들의 경험에 대해 평가는 줄고
코칭은 늘리는 식으로 전환이 일어날 수 있다.**

개발의 열쇠 넘겨주기

개인의 학습 역량을 강화하려면 유튜브 형식의 교육용 마이크로 모듈 생태계를 이용해야 한다. 학습자는 자신의 학습 여정을 설계할 수 있다. 학습 보상으로는 계발 기회, 일자리 접근성, 업무 자체를 꼽을 수 있다. 다행히 지금은 학습 모듈을 분류하고 학습자의 숙련도를 인증하는 데 도움이 되는 다양한 클라우드 기반 기술 분류 체계가 존재한다.

그렇다고 해서 모든 것이 뒤죽박죽인 상태는 아니다. 인력 기획에 여전히 전략 분석과 방향 설정이 필요하듯, 조직은 고유한 문화와 업무 방식의 일부로 특정 역량을 꾸준히 개발해야 한다. 표 30.1은 이러한 차이점을 간단히 보여준다.

주요 특성

표 30.1 · 기술 vs 역량[4]

일의 미래를 설계하라

인재가 성장하고 개인적 균형을 유지하면서 최고의 성과를 낼 수 있도록 지원하려면 유연성이 필수다. 지난 팬데믹 때 우리는 일터의 유연성이 효과가 있음을 확인했다. 급작스럽게 구현된 경우에도 말이다. 이제 시간의 유연성에도 전환이 일어날 것이다. 실제로 근무 장소와 시간, 업무량을 근본적으로 유연하게 만들면 생산성이 50퍼센트 이상 향상되고 직원들의 만족도가 높아지는 것으로 나타났다.[5] 성과, 성장, 복리후생은 상충되지 않고 상호 보완되는 개념이며 시너지를 발휘한다.

**한 연구에 따르면 근무 장소와 시간,
업무량을 근본적으로 유연하게 하면
생산성이 50퍼센트 이상 향상되기도 했다.**

이 모든 변화는 많은 고용주와 직원 간 새로운 고용 계약을 맺어야 할 필요성을 시사한다. 물론 이 새로운 모델이 완벽하지는 않다. 세상에 완벽한 모델은 없다. 원격 근무 또는 하이브리드 근무 모델은 특히 젊은 세대를 중심으로 직원 성장에 부정적 영향을 줄 수 있다. 이전처럼 전통적 방식으로 현장에서 실무를 가르치고 수습 기간을 운영하지 못하기 때문이다.[6] 공통된 목적의식과 문화를 유지하고 연결과 비공식 네트워크를 구축하는 일도 더 어려워진다. 따라서 글로벌 인재 풀을 개방하게 된다면 모든 종류의 기회와 위험을 탐색해야 한다. 원격 근무 모델은 관리자와 리더에게도 새로운 조건을 제시한다. 일의 미래는 여기에 있다.

큰 성공을 거두는 조직은 과감하게 조치를 취하는 과정에서 새로운 가능성을 실험하고, 학습하고, 모델을 조정하면서 자사에 적합하거나 적합하지 않은 형태를 익힌다. 이들은 산업 경제에 기반한 과거 모델에 갇히지 않고 각자 고유한 방식으로 미래를 만들어간다. 이 과정에서 직원들의 목소리에 귀 기울이고 직원들에게 미래 조직을 형성할 기회를 제공해야 한다. 한 설문조사에서 직원의 절반 이상은 직원이 경력을 직접 관리할 수 있도록 지원하는 데 조직이 효과적이지 않거나 제한적으로 효과적이라고 답했다.[7] 조직은 직원이 적극적으로 의견을 제시할 수 있도록 지원하고 직원에게 얻은 정보를 활용해 이들이 일상 업무에서 전략적 의사결정을 내리도록 이끌어야 한다. 이는 단순히 바람직한 수준을 넘어 미래의 성공에 꼭 필요한 핵심 요건이다.

다음 표를 참고해 현재 전환의 시작 지점과 해당 영역에서 가장 우선순위가 높은 문제를 평가해보자.

기존		변화
고정된 경력 사다리를 통해 직원을 이끄는 것을 목표로 하는 인재 관리	➡	직원이 스스로 사다리를 만들도록 지원하는 인재 지원
6개월 또는 12개월마다 KPI를 기준으로 지난 성과 평가	➡	지속적이고 미래지향적인 성과 코칭으로 직원이 잠재력을 발휘할 수 있도록 지원
승진에 따른 고정된 학습 여정	➡	직원들이 지속적으로 발전할 수 있도록 지원하는 직원 주도형 기술 개발

| 오전 9시부터 오후 5시까지 주 5일 사무실 근무 | ➡ | 근무 시간과 장소, 업무량을 유연하게 결정 |
| 직원들은 업무 수행 방식과 조직의 발전 방식에 대해 제한적으로 의견을 밝힘 | ➡ | 직원들이 적극적으로 의견을 밝혀 미래 업무 모델과 문화 형성에 기여 |

실무에 적용하는
매슬로 이론

Maslow on the Job

2021년은 노동자들이 전례 없는 속도로 직장을 그만두기 시작한 대_大퇴사의 해였다. 2021년 4월부터 8월까지 미국에서만 약 2000만 명이 직장을 그만두었는데, 이는 전년 동기 대비 60퍼센트 증가한 수치다. 연간 기준으로는 미국 노동인구의 약 3분의 1에 해당한다.[1] 같은 기간에 진행된 다른 연구에 따르면, 노동자의 약 40퍼센트가 향후 3~6개월 이내에 직장을 그만둘 가능성이 있다고 답했다.[2]

양질의 삶을 찾아서

직장을 그만두는 가장 주된 이유는 직장이나 관리자로부터 자신의 가치를 인정받지 못하거나, 소속감을 느끼지 못하고, 일과 삶의 균형(워라밸)을 이루지 못하는 것과 관련이 있다.[3] 코로나19 팬데믹 기간에 많은 직원이 집에서 요리를 하고, 밤에 아이를 재우고, 오랫동안 미뤄둔 취미를 즐기면서 단순하지만 소중한 삶의 기쁨을 발견했다. 예컨대 2020년에는 정신적 행복과 다양성, 공정, 포용성, 개인의 지속적 성장, 업무 유연성에 집중하는 직원이 현저히 늘었다.[4] 급여자의 3분의 2 이상이 주 5일 사무실에서 일하는 조건을 포기하고 프리랜서로 전환하고 있다.[5]

워라밸에 대한 인식은 이미 많이 바뀌었을 가능성이 크다. 그런데 많은 조직이 이러한 흐름을 애써 무시하고 있다. 지속 불가능한 상황을 바로잡거나 원점으로 되돌리는 데는 위기가 필요하다. 권력은 고용주에서 직원으로 점차 이동하고 있으며, 직원들은 이제 단순한 노동 공급자가 아니라 일자리의 소비자가 되어가고 있다.

> **직원들은 단순한 노동 공급자가 아니라**
> **일자리의 소비자가 되어가고 있다.**
> **이제 일자리가 직원에게 팔려야 한다.**

기계 같은 문화로 생산되는 기계 같은 결과물

"우리 직원들은 회사에서 가장 가치 있는 자산이다"라고 말하는 CEO는 쉽게 찾아볼 수 있다. 하지만 정작 기업의 문화와 일상 업무는 딴판인 경우가 많다. 초기 조직 형태의 전통적 사고방식이 여전히 지배적이다. 많은 리더가 조직을 (구성하고 최적화할 수 있는) 기계로 바라본다. 또 직원을 각자의 가치와 열망, 도전 의식이 있는 가지각색의 집합체가 아니라 조직을 이루는 하나의 톱니바퀴에 불과한 존재로 여긴다. 기존의 사고방식으로 보면 조직 문화와 시스템은 합리적이고, 감정적이지 않으며, 생산성 중심으로 설계되어 있다. 직원은 신뢰할 수 없는 존재로 여겨져 강력한 정책으로 통제된다. 직원에게는 제한적으로 의사결정 권한이 부여된다. 직원은 주로 자신의 금전적 이기심으로 움직이는 것으로 여겨져 상여금 같은 형태의 금전적 보상을 받는다(목표를 달성하지 못하면 추가 수당은 박탈된다).[6]

비즈니스 성과에 집중하지 말아야 한다거나 기존 사고방식이 불필요하다는 말이 아니다. 지속 가능한 방식으로 성과를 달성하는 방식이 달라졌다는 뜻이다. 생산성에 최적화된 기계 같은 시스템은 오늘날에는 거의 통하지 않는다.

여기에는 여러 이유가 있다. 기본적으로 인간이 번영하려면 하루 8시간 동안 같은 장소에서 반복적인 업무를 수행하지 않아야 한다. 게다가 직원들이 매일 마주하는 업무의 종류와 처리 속도가 늘고 있는 만큼, 직원들이 이러한 환경에서 경쟁하려면 더 큰 신뢰를 얻고 권한을 부여받아야 한다.

기업과 직원이 맺는 계약도 달라졌다. 기업이 충성하는 직원에게 그에 대한 대가로 평생직장과 퇴직금을 제공하던 시대는 지났다. 오늘날 기업들은 이전보다 더 빈번하게 직원을 해고할 수 있고, 직원도 빈번하게 이직할 수 있다. 이들은 실제로 그렇게 하고 있다.

충성도 높은 직원을 붙잡으려면 안정적인 급여만으로는 부족하다. 인류애를 기업 운영의 중심에 두어야 할 때다.

채용 시장은 더 빨라지고 유연해지고 유동적으로 바뀌고 있다. 전 세계는 산업 경제에서 정밀 경제와 경험 경제로 이동하고 있다. 일자리 소비자를 비롯해 다양한 소비자들은 이전보다 더 높은 수준으로 니즈를 충족하는 새롭고 차별화된 경험을 원한다. 우리는 이를 과거의 물리적 지식 기반 업무와 구별해 인간 경제human economy로 일컫고자 한다.[7] 인간 경제에서는 더 많은 공감 능력과 창의력, 판단력을 갖춘 직원과 인간 중심 문화에 기반한 행동이 필요하다.

**경험 경제로 나아가면서 더 많은 공감 능력과 창의력,
판단력을 갖춘 직원을 찾는 수요가 증가하고 있다.
이러한 변화는 조직 관리 방식에 따라 촉진되어야 한다.**

북미의 주요 항공사 중 한 곳인 사우스웨스트항공Southwest Airlines은 인간 경제를 보여주는 대표적 사례다. 마크 디킨슨Mark Dickinson은 손자가 세상을 떠났다는 소식을 듣고 급히 항공권을 구매했다. 그는 출발 2시간 전에 로스앤젤레스 공항에 도착했지만, 대기 줄이 너무 길어 비행기를 놓칠 것만 같았다. 보안 검색대를 건너뛰려 온갖 방법을 동원했지만 소용없었다. 결국 그는 탑승구가 닫히고 12분이 지나서야 게이트에 도착했다. 그런데 놀랍게도 기장이 탑승구에서 그를 기다리고 있었다. 마크의 아내가 사우스웨스트항공 고객 서비스 담당자에게 전화를 걸어 상황을 알린 것이다. 기장은 연민과 인류애

를 느껴 고객을 기다리겠다는 결정을 내렸다. 그는 마크에게 이렇게 말했다. "기장이 없으면 비행기는 아무 데도 갈 수 없습니다. 디킨슨 씨를 두고 떠나지 않을 테니 안심하세요. 저희가 모셔다드리겠습니다. 고인의 명복을 빕니다."[8]

만일 연민을 느끼는 직원이 없었다면, 권한을 부여하는 기업 문화가 없었다면 어떤 상황이 펼쳐졌을까?

인간이 성장할 수 있는 시스템 설계하기

인간을 중심으로 돌아가는 조직은 직원들이 좋은 성과를 내고 싶어 하고, 고객을 소중히 여기며, 기회가 주어지면 옳은 일을 할 것이라는 믿음에서 출발한다. 인간 중심적 조직은 직원들이 잠재력을 최대한 발휘하려면 명확한 목표와 강력한 성과 지향성도 여전히 중요하지만, 더 총체적인 접근법이 필요하다는 사실을 안다. 총체적인 접근법은 종종 직원 참여 모델에서 잘 드러난다. 직원 참여 모델은 다음과 같은 조건의 중요성을 보여준다.

- 적절한 장비 보유
- 업무에 도움 되는 환경
- 호감과 신뢰가 가는 직장 동료
- 자율성
- 유연성

- 성장 기회
- 명확한 목표
- 직원을 지원하고 인정하고 코칭해주는 관리자
- 관리 가능한 업무량
- 보복 위험을 느끼지 않고 자신의 관점을 말할 수 있는 능력
- 본인의 가치관과 일치하는 조직의 가치
- 의미 있는 업무[9]

실무에 적용하는 매슬로 이론

일반적으로 매슬로의 욕구 피라미드에서 낮은 단계가 채워지면 한계 소비 성향은 그보다 높은 단계로 이동한다. 조직이 일자리 공급자에서 일자리 소비자로 전환해 마케팅을 벌일 때도 이와 같은 현상이 나타난다. 앞서 언급한 참여 모델 요소를 충족하면, 직원의 직무 만족도와 충성도뿐 아니라 이직률, 관리자 효율성, 매출, 혁신, 생산성, 혁신 성공 등 핵심 인재 관리와 비즈니스 KPI도 달라진다.

성과와 참여도가 상충 관계에 있으며 제로섬 게임이라고 생각하는 조직들이 있다. 오글거리는 정신 건강 웨비나(웹상의 세미나) 같은 동떨어진 계획을 내세우면 직원 참여에 균열이 생겨도 문제를 덮을 수 있다고 믿는 조직들도 있다. 물론 직원의 건강과 참여도를 희생해 더 많은 성과를 내야 하는 경우가 있을 수 있다. 특히 스타트업, 의료, 금융과 같이 압박이 심한 업계에서는 더욱 그렇다. 하지만

그렇게 얻어낸 성과는 단기간에 그치고 비즈니스에 다른 방식으로 해를 끼칠 수 있다. 게다가 직원을 극도로 지치게 하고, 장기적으로 업무 능률을 떨어뜨리고, 직원 가치 제안을 영구적으로 형편없는 수준으로 끌어내리고, 우수한 인재마저 경쟁 업체에 빼앗길 가능성도 있다.

인간을 중심에 두는 문화는 올바르게 실행될 때 모두에게 도움이 된다. 조직이 직원 참여도를 측정하고 직원이 적극적으로 의견을 낼 수 있는 문화를 조성하면 직원의 건강과 성과에 걸림돌이 되는 요소를 동시에 제거할 수 있다.

직원들의 온전한 자아를 받아들여라

직원들은 종종 '프로답게' 행동해야 한다고 생각해 직장에 출근하면 개인적 문제를 언급하지 않는다. 관리자는 개인적 문제를 묻지 않는 편이 낫다고 판단하고, 이러한 무관심을 유리하게 이용한다. 이러한 현상은 영화 〈대부〉의 대사로 완벽하게 요약할 수 있다. "이건 개인적 감정이 아니야, 소니. 순전히 비즈니스일 뿐이야." 조직은 직원에게 부정적 영향을 끼칠 결정을 내릴 때도 이러한 명분을 종종 내세운다.

인간 중심주의는 인간이 단순히 오전 9시부터 오후 5시까지 일만 하는 존재가 아니라는 사실을 인정하는 데서 시작된다. 누군가를 고용한다는 건 그 사람의 전부를 고용한다는 뜻이다. 고용주는 현실적 어려움을 겪는 직원들을 아예 무시할 수 없다. 그렇다고 고용주가 개인사나 가족과 하는 약속 등 직원이 마주하는 모든 어려움이나 의무를 대신 해결해줄 필요는 없다. 하지만 그러한 상황을 고려할 책임은 있다. 따라서 조직은 직원 경험(EX)만이 아니라 직원의 인생 경험까지 관리하는 역할로 전환해야 한다. 이는 옳은 일일 뿐만 아니라, 직원의 정신적 건강과 신체적 건강, 충성도, 성과, 우수 인재 유치 능력에도 긍정적인 영향을 끼치는 것으로 나타났다.[10]

조직은 직원 경험만이 아니라 직원의 인생 경험까지
관리하는 역할로 전환해야 한다.

조직이 직원의 인생 경험 관리자로 그 역할을 전환하려면 조직 전반에 퍼진 사고방식을 바꾸고, 관리자 교육과 새로운 인재/HR 정책을 실행하고, 실제로 직원을 가장 소중한 자산으로 대하는 태도를 갖춰야 한다. 이를 위해 가능하면 주 단위로 참여도 설문조사를 실시하는 것도 좋은 방법이다.

또한 온전한 자아wholeness라는 개념도 고려해야 한다. 직원들이 직장에서 온전한 자아를 드러내며 기대 이상의 성과를 올리길 바란다면 그들이 온전한 자아로 일에 임할 수 있도록 지원해야 한다. 그러려면 직원들이 단점을 그대로 편안하게 드러낼 수 있는 환경을 조성해야 한다. 신뢰와 수용, 심리적 안정이 보장되는 환경에서 직원과 팀이 최고의 성과를 낸다는 연구 결과는 끊임없이 나오고 있다.[11]

온전한 자아를 가장 잘 설명한 선구적인 연구로는 전前 맥킨지

컨설턴트 프레데릭 라루Frédéric Laloux가 진행한 조직 재창조에 관한 연구를 들 수 있다. 그는 유익한 조직 문화를 '편협한 "직업적" 자아가 아닌 내면의 온전한 자아를 되찾고 업무와 관련된 모든 사람을 불러 모으는 것을 권장하는 활동'으로 정의한다. 여기에는 다음과 같은 활동이 포함된다.

- 안전하고 서로 도와주는 팀 환경 조성
- 건강한 협업에 필요한 기본 규칙을 만들고, 허용되는 관행과 그렇지 않는 관행 정의하기
- 사색을 위한 조용한 공간 제공
- 아이디어와 생각, 감정을 충분히 표현할 수 있는 회의 환경 구축
- 모든 갈등 해결[12]

이러한 활동을 조직에 현실적으로 도입하려면 문화 자체를 바꿔야 하는 경우가 많다. 이는 사람 중심의 가치를 확립하고, 그러한 가치를 인재 시스템의 모든 측면(채용, 피드백, 학습 개발, 사내 이동 선택권)에 내재화하고, 리더의 행동과 의사소통, 기타 조직 시스템이 모두 바람직한 행동을 강화하도록 함으로써 실현될 수 있다. 문화를 바꾸는 것은 결코 단기간에 이뤄질 수 없다. 수년에 걸쳐 진행해야 하는 긴 여정이 될 수 있다. 이때 문화와 업계 추세가 같은 방향으로 나아가고 있는지도 확인해야 한다.

다양성, 공정성, 포용성

다양성diversity, 공정성equity, 포용성inclusion, 즉 DE&I를 향한 관심이 높아지고 있다. 이러한 가치의 중요성에 대해 익히 들어봤을 것이다. 다양성과 포용성이 높은 조직은 다양성이 낮은 조직에 비해 일반적으로 재무적 성과가 높고 조직 문화가 더 건강하다. 실제로 성과의 격차는 최근 몇 년간 더욱 벌어졌다.[13]

많은 조직이 진정으로 DE&I를 갖추기 위해 고군분투하지만 진전은 더디다. 세계경제포럼의 2020년 글로벌 성별 격차 보고서에 따르면, 현재 추세대로라면 성평등을 달성하는 데 100년이 소요될 것으로 전망된다. 맥킨지는 대부분의 조직에서 DE&I를 달성하려는 노력이 정체되고 있다고 지적했다.[14] 물론 평균적으로 남성과 여성이 선호하는 업무 유형에 통계적 차이가 있을 수 있지만, 특정 성별의 참여를 가로막는 통계적 장애물statistical obstacle이 있어서는 안 된다.

그러나 이러한 장애물은 존재할 수 있으며, 다른 문화권이나 인종의 사람들을 고용하는 데도 걸림돌이 발생할 수 있다. 이는 여러 이유로 문제가 된다. 인력이 점점 다양해지고 있고 앞으로도 이러한 추세가 빠른 속도로 이어질 것이기 때문이다. 이전보다 일자리를 찾아 이주하는 사람들이 많아졌고, 원격 근무의 영향으로 기업들이 말 그대로 전 세계 사람들을 고용할 기회도 열려 있다.

이러한 문제를 해결하려면 체계적으로 접근해야 한다. 이사회와 경영진에게 보고하고 관심을 얻는 것은 매우 중요한 과정이다. 또한 조직 전반의 우선순위를 정하고, 인재 프로세스를 개선하고, 편견에 대한 교육을 강화하고, 포용성과 신뢰를 증진하는 것도 매우 중요하다. DE&I는 측정 가능하다. 주요 조직에서는 매월 또는 매주 문제를 해결하기 위한 노력의 효과를 평가한다. 잘못된 행동을 유도할 수 있는 획일적이거나 임시방편 방식 또는 임의적 KPI는 피해야 한다. DE&I는 지역에 따라 매우 다르다는 점을 명심하자. 예컨대 미국에서는 세계 그 어느 지역보다 인종 갈등이 극심한 편이다. 반면 계급 격차, 카스트 제도 또는 성별이나 국적 차별과 씨름하는 국가들도 있다. 인종차별이 사실상 존재하지 않는 환경에서는 인종차별에 초점을 맞추는 것이 비생산적인 행위일 수 있다.

코로나19 팬데믹 기간에 달라진 업무 습관으로 인류가 겪는 진정한 문제에 주목하게 됐다. 이전에도 수십 년간 논란이 일었지만 정작 중요한 순간에 침묵해 수면 위로 끌어올리지 못했던 문제들이다. 팬데믹은 비극적인 사건이지만, 전 세계 수십억 명이 자신에게 진정으로 중요한 것이 무엇인지 되돌아보고 당당하게 생각을 밝히는 계기가 됐다. 이제 인류는 사람을 중시하고 인간을 중심에 두는 조직이 미래의 승자가 되는 전환점에 도달했다.

다음 표를 참고해 현재 전환의 시작 지점과 해당 영역에서 가장 우선순위가 높은 문제를 평가해보자.

기존		변화
산업 경제 또는 지식 경제에 최적화된 업무 프로세스	➡	경험(또는 인간) 경제에 최적화된 업무 프로세스
직원을 기계의 톱니바퀴이자 금전적 이기심에 이끌리는 주체로 바라보는 조직	➡	인간의 기본적 욕구와 고차원적 욕구를 모두 충족시키면서 인간의 성장을 이끌도록 설계된 조직

직원 경험에 집중	➡	직원의 인생 경험에 집중
직업적 가면, 오전 9시부터 오후 5시까지 작동하는 또 다른 자아	➡	온전한 자아를 포용
획일적이거나 임시방편적인 DE&I 접근 방식	➡	조직 전체를 결집하고 변화시키는 체계적인 DE&I 전략

—

맺음말

—

지금까지 세상이 어떻게 진화하고 있고 이러한 변화를 이끄는 근본적인 힘은 무엇인지를 주제로 많은 내용을 살펴보았다. 혁신의 5C가 한데 모일 때 모든 종류의 혁신을 불러일으킬 수 있다는 사실도 확인했다. 여기에는 기술, 시장, 생활방식, 조직 형태 등을 근본적으로 바꿀 수 있는 기하급수적인 슈퍼트렌드가 포함된다. 미래를 제대로 이해하고자 하는 사람이라면 이러한 슈퍼트렌드를 놓쳐서는 안 될 것이다.

이러한 변화는 과거에 커다란 기회를 가져다주었다. 변화의 속도가 점점 빨라지는 만큼 앞으로도 많은 변화가 더욱 빠르게 일어날 것이다. 이 모든 변화는 훌륭해 보인다.

이러한 변화에 발맞춰 나아가려면 끊임없이 환경에 적응해야 한다. 앞으로 우리는 더 빠르고, 유동적이고, 유연하게 생각하고 행동해야 하며, 자신과 타인을 새로운 차원으로 인식해야 한다.

이 책에서는 개인 차원에서 흐릿한 미래로 돌진하는 상황을 극복하는 데 도움이 되는 여러 접근 방식을 논했다. 항상 스스로 동기를 부여하고 학습하며 적응할 수 있는 비결이 이러한 방식에 포함된다. 주변 환경이 진화할수록 자신과 주변을 이해하는 능력도 같이 진화해야 한다.

또한 개인의 책임감과 주인의식, 기하급수적 현상, 초심자의 마음가짐, 개인의 성장, 풍요, 세렌디피티, 조합, 회복탄력성을 중심으로 여덟 가지 퓨처핏 사고방식을 설명했다. 여덟 가지 사고방식을 곁들여 생각을 재설정한다면 퓨처핏을 달성하는 것은 그리 어렵지 않을 것이다.

앞서 우리는 모든 조직이 조직 차원에서 고려해야 할 열 가지 주요 전환에 대해 논했다. 물론 조직마다 처한 상황이 다르므로 고려하라고 제안할 뿐이지만, 이러한 전환은 현대의 역동적인 환경에서 뛰어난 성과를 올리는 조직에 흔히 나타난다. 가치와 전략적 방향, 시장 접근 방식, 속도, 유연성, 기술 구현, 혁신, 인재, 문화, 리더십 등 다양한 영역에서 이러한 전환을 목도할 수 있다.

현재가 과거보다 대체로 훨씬 나은 것처럼, 미래는 현재보다 대체로 훨씬 나아질 것이라는 강력한 징후가 있다. 하지만 세상이 어떻게 그리고 왜 변화하는지 이해하려면 약간의 노력을 기울여야 한다. 변화에 기여하고 그 과정에서 성장하는 법을 익히려면 통찰력, 성찰, 결단력이 필요하다. 이 책이 당신의 학습 여정에 도움이 되었기를 바란다. 우리는 이 책을 집필하면서 많은 것을 배웠다. 이런 기회를 얻게 되어 참으로 기쁘다.

―

감사의 말

―

하늘에서 뚝 떨어지는 책은 없다. 실제로 이 책은 흥미로운 사람들과 많은 대화를 주고받으며 얻은 정보를 바탕으로 썼다. 상당한 초사회성이 이뤄낸 결과물인 셈이다. 이 여정에 함께하며 통찰을 제공하고 과제를 제시한 모든 분에게 감사의 마음을 전한다.

슈퍼트렌드에서 일하는 모든 미래학자와 경영 코치, 동료들의 지혜와 경험으로 더 나은 책을 만들 수 있었다. 슈퍼트렌드 타임라인을 만들고 미래 지도를 꾸준히 다듬는 작업을 도와준 160여 명의 전문가, 이 모든 과정을 함께한 그린리프 북 퍼블리싱Greenleaf Book Publishing과 패스트 컴퍼니 프레스Fast Company Press, 우리가 "이 책을 소개하는 영상을 빨리 촬영해 온라인에 게시하고 싶다!"며 조바심을 낼 때마다 인내하고 헌신하며 집필 전 과정에 걸쳐 의견과 지원을 아끼지 않은 사미라Samira와 레르케Lærke에게 특히 고맙다.

마지막으로 시간을 내어 이 책을 읽어준 독자에게 깊은 감사를 전한다. 우리 두 저자와 온라인 공간(www.frommalthustomars.com)에서 소통을 이어가며 흐릿한 미래를 향해 함께 나아가고 이해를 넓힐 수 있기를 바란다.

● **PART 1** 　　　　　　　　　　　　　　　**미지의 장소로 돌진하다**

02 맬서스 함정에서 벗어난 요인

1　GDP per capita, PPP (current international $), The World Bank, World Bank Group, International Comparison Program, World Bank | World Development Indicators database, World Bank | Eurostat-OECD PPP Programme, 2021, https:// data. worldbank.org/indicator/NY.GDP.PCAP.PP.CD?end=2020&start=1990rg/ indicator/ NY.GDP.PCAP.PP.CD?end=2020&start=1990.

2　Wikipedia's "A Farewell to Alms" entry, last modified June 18, 2022, https:// en.wikipedia.org/wiki/A_Farewell_to_Alms.

3　이 그래프는 머레이Murray가 트비드에게 제공한 데이터를 토대로 만들었으며 출처는 다음과 같다. Murray, C.: "Human Accomplishment: The Pursuit of Excellence in the Arts and Sciences, 800 BC to 1950," 그리고 Tvede, L.: "The Creative Society, 2016."

4　NordNordWest/Wikipedia, "Uniform Resource Identifier" (https://creativecommons. org/licenses/by-sa/3.0/de/legalcode), https://commons.wikimedia.org/wiki/

File:Printing_towns_incunabula.svg#/media/File:Printing_towns_incunabula.svg.

5   Bill Kovarik, *Revolutions in Communication: Media History from Gutenberg to the Digital Age* (New York: Bloomsbury Academic, 2016).

6   J.L. van Zanden and E. Buringh (2009), "Charting the Rise of the West. Manuscripts and Printed Books in Europe, a Long-term Perspective from the Sixth through the Eighteenth Centuries." *Journal of Economic History*, https://pure.knaw.nl/portal/en/publications/charting-the-rise-of-the-west-manuscripts-and-printed-books-in-eu; M. Kurlansky (2016), Paper: "Paging Throu." Bill Kovarik, *Revolutions in Communication: Media History from Gutenberg to the Digital Age* (New York: Bloomsbury Academic, 2016).

7   Wikipedia's "The WEIRDest People in the World" entry, last modified November 17, 2022, https://en.wikipedia.org/wiki/The_WEIRDest_People_in_the_World. 《위어드》, 21세기북스.

03 바나나와 혁신의 5C

1   Ian Tattersall, "If I Had a Hammer," Scientific American 311, no. 3 (September 2014): 54-59, https://www.jstor.org/stable/26040252.

2   William W. Lewis, *The Power of Productivity: Wealth, Poverty, and the Threat to Global Stability* (Chicago: University of Chicago Press, 2005).

3   Stefano Natella and Michael O'Sullivan, "The Success of Small Countries," Credit Suisse Research Institute: Thought leadership from Credit Suisse Research and the world's most foremost experts, July 25, 2014.

04 혁신 가속화

1   "Innovations Cities™ Index 2019: Global," https://www.innovation-cities.com/index-2019-global-city-rankings/18842/;

"Innovative Cities: A Journey around the Most Innovative Cities in the World," https://www.iberdrola.com/innovation/innovative-cities;

Rex Pascual, "Bejing Has Most Unicorn Companies in the World with 93—An Overview of China's Unicorns in 2020," https://tradingplatforms.com/blog/2021/03/22/beijing-has-most-unicorn-companies-in-the-world-with-93-

an-overview-of-chinas-unicorns-in-2020/#:~:text=According%20to%20data%20
presented%20by,Tech%20Unicorns%20as%20of%202021.

2 Marc Penzel, "The Next Start-up Cities that will Transform the Global Economy," World Economic Forum, July 23, 2019, https://www.weforum.org/agenda/2019/07/the-next-startup-cities-that-will-transform-the-global-economy/#:~:text=The%20newest%20list%20shows%20Silicon,start%2Dups%20and%20small%20businesses; https://startupgenome.com/gser2019.

3 "Number of Internet and Social Media Users Worldwide as of July 2022," Statista Research Department, September 20, 2022, https://www.statista.com/statistics/617136/digital-population-worldwide/#:~:text=The%20global%20internet%20penetration%20rate,penetration%20rate%20among%20the%20population.

4 Max Roser, "Tourism," published online at OurWorldinData.org, 2017, https://ourworldindata.org/tourism;

"Tourism towards 2030", UNWTO 2011, https://www.e-unwto.org/doi/ book/10.18111/9789284414024.

5 Wikipedia's "Why the West Rules—For Now" entry, last modified November 7, 2022, https://en.wikipedia.org/wiki/Why_the_West_Rules%E2%80%94For_Now.

6 David Deutch, *The Beginning of Infinity: Explanations That Transform the World* (London: Penguin Books, 2012).《진리는 바뀔 수도 있습니다》, 알에이치코리아.

7 Adenekan Dedeke, "Moore's Not Enough: 4 New Laws of Computing Moore's and Metcalfe's Conjectures are Taught in Classrooms Every Day—These Four Deserve Consideration, Too," *IEEE Spectrum*, February 4, 2022, https://spectrum.ieee.org/ on-beyond-moores-law-4-new-laws-of-computing.

05 미래의 기하급수 추세

1 Michael Verdon, "Superyachts Are Showcasing More Digital Art Than Ever. Here's Why," *Robb Report*, March 27, 2022, https://robbreport.com/motors/marine/ digital-art-on-superyachts-1234668672/.

2 Katharina Buchholz, "Consumer Genetic Testing Grows in Popularity," Statista, November 18, 2019, https://www.statista.com/chart/19996/ size-of-global-direct-to-consumer-gentic-testing-market/.

3 Facts and Factors, "Global Music Streaming Market Share Value Will Grow to USD 45,000 Million by 2027: Facts & Factors," *GlobeNewswire*, February 24, 2021, https://www.globenewswire.com/news-release/2021/02/24/2181293/0/en/ Global-Music-Streaming-Market-Share-Value-Will-Grow-to-USD-45-000-Million- By-2027-Facts-Factors.html#:~:text=The%20global%20Music%20Streaming%20 Market%20is%20expected%20to%20grow%20at,mobile%20devices%20over%20 the%20internet.

4 John Ziman, *The Force of Knowledge: The Scientific Dimension of Society* (Cambridge: Cambridge University Press, 1976).

5 Peder Olesen Larsen and Markus von Ins, "The Rate of Growth in Scientific Publication and the Decline in Coverage Provided by Science Citation Index," https:// www.ncbi.nlm.nih.gov/pmc/articles/PMC2909426/; http://blogs.nature. com/ news/2014/05/global-scientific-output-doubles-every-nine-years.html.

06 풍요로 향하는 길

1 David Biello, "Nuclear Fission Confirmed as Source of More Than Half of Earth's Heat," *Scientific American* (blog), July 18, 2011, https://blogs.scientificamerican.com/ observations/nuclear-fission-confirmed-as-source-of-more-than-half-of-earths-heat/.

2 J. Ongena and G. Van Oost, "Energy for Future Centuries: Will Fusion Be an Inexhaustible, Safe, and Clean Energy Source?," *Fusion Science and Technology* 45:2T, 3–14, 2004, DOI: 10.13182/FST04-A464.

3 https://www.nytimes.com/2021/08/17/science/lasers-fusion-power-watts-earth. html.

4 "First Light Achieves World First Fusion Result, Proving Unique New Target Technology," First Light Fusion Ltd, accessed December 7, 2022, https:// firstlightfusion.com/media/fusion.

5 일반적으로 석탄의 에너지 밀도는 킬로그램당 약 6.7킬로와트시다. Julia Fisher and Glenn Elert (ed.), "Energy Density of Coal," *The Physics Factbook*, 2003. 핵융합에서 중수소-삼중수소 조합의 경우, 에너지 밀도는 부분 질량 손실에 c 제곱을 곱해 계산한 값인 킬로그램당 93,718,718,800와트시다. https:// en.wikipedia.org/wiki/Energy_ density.

6 Smriti Mallapaty, "China Prepares to Test Thorium-Fuelled Nuclear Reactor," *Nature* (online), September 9, 2021 [Correction September 10, 2021], https://www.nature.com/articles/d41586-021-02459-w.

7 "Traveling Wave Reactor Technology," TerraPower, accessed December 7, 2022, https://www.terrapower.com/our-work/traveling-wave-reactor-technology/.

8 Robby Berman, "Lasers Could Cut Lifespan of Nuclear Waste from 'a Million Years to 30 Minutes,' Says Nobel Laureate," Big Think, April 4, 2019, https://bigthink. com/the-present/laser-nuclear-waste/.

9 "Global Automotive Executive Summary 2020," KPMG International Cooperative, https://automotive-institute.kpmg.de/GAES2020/downloads.

10 Christian Adolph, Matthias von Bechtolsheim, Martijn Eikelenboom, Roman Mathyssek, Dr. Klaus Schmitz, and Dietrich von Trotha, "The Future of Hydrogen and E-Fuels: Will Hydrogen be the New Oil?," *Arthur D. Little*, June 2020, https://www.adlittle.com/en/insights/viewpoints/future-hydrogen-and-e-fuels.

11 Loz Blain, "Fusion Tech is Set to Unlock Near-limitless Ultra-deep Geothermal Energy," *New Atlas*, February 25, 2022, https://newatlas.com/energy/quaise-deep-geothermal-millimeter-wave-drill/?itm_source=newatlas&itm_medium=article-body.

12 Celia Luterbacher, "Plugging in to Blue Energy," SWI Swiss Info, October 18, 2016, https://www.swissinfo.ch/eng/osmotic-power_plugging-in-to-blue-energy/42525018.

13 Robert F. Service, "Rivers Could Generate Thousands of Nuclear Power Plants Worth of Energy, Thanks to a New 'Blue' Membrane," *Science*, December 4, 2019, https://www.science.org/content/article/rivers-could-generate-thousands-nuclear- power-plants-worth-energy-thanks-new-blue.

14 Bill Gates, *How to Avoid a Climate Disaster: The Solutions We Have and the Breakthroughs We Need* (New York: Knopf, 2021).《빌 게이츠, 기후재앙을 피하는 법》, 김영사.

15 "Researchers Develop First Fully 3D-Printed, Flexible OLED Display," Regents of the University of Minnesota, January 11, 2022, https://twin-cities.umn.edu/news-events/researchers-develop-first-fully-3d-printed-flexible-oled-display?fbclid=IwAR3o BM

FlKGSnAzuhuPrAXHcV4alIlMpLmu7UnK2KRzkzuxT28yYaazw9OI0.

16 Catherine Tubb and Tony Seba, "Rethinking Food and Agriculture 2020–2030: The Second Domestication of Plants and Animals, the Disruption of the Cow, and the Collapse of Industrial Livestock Farming," *Industrial Biotechnology* 17, no. 2 (April 19, 2021): 57–72.

17 "Javelin Weapon System," Lockheed Martin Corporation, accessed December 7, 2022, https://www.lockheedmartin.com/en-us/products/javelin.html.

18 John Pike and Robert Sherman, "FIM-92A Stinger Weapons System: RMP & Basic," Federation of American Scientists Military Analysis Network, August 9, 2000, https://man.fas.org/dod-101/sys/land/stinger.htm.

19 Wikipedia's "AeroVironment Switchblade" entry, last modified November 26, 2022, https://en.wikipedia.org/wiki/AeroVironment_Switchblade.

20 Wikipedia's "Baykar Bayraktar TB2" entry, last modified December 2, 2022, https://en.wikipedia.org/wiki/Baykar_Bayraktar_TB2.

21 Vaclav Smil, *Energy and Civilization: A History* (Cambridge: MIT Press: 2018).

07 이제 생명체를 코딩할 수 있다!

1 "A New Genetic-Engineering Technology Could Spell the End for Malaria," *The Economist*, November 12, 2018, https://www.economist.com/graphic-detail/2018/11/12/a-new-genetic-engineering-technology-could-spell-the- end-for-malaria.

2 "Stewart Brand: Dawn of De-Extinction. Are You Ready?," TED YouTube channel video, https://www.youtube.com/watch?v=XKc9MJDeqj0.

08 IT로 세상을 깨우기

1 Miguel Illescas, "Alphazero: Machines or Gods?," Google Deep Mind, https://en.chessbase.com/portals/all/2018/10/AlphaZero-PDR/AlphaZero-en.pdf.

2 "12 Tech Trends to Watch Closely in 2022," CBINsights, https://businesschief.asia/technology/12-tech-trends-to-watch-closely-in-2022-from-cb-insights.

3 Thomas Goetz, "Craig Venter Wants to Solve the World's Energy Crisis," *Ndsram's Blog*, May 18, 2012, https://ndsram.wordpress.com/2012/05/22/ maxis-craig-venterwants-to-solve-the-worlds-energy-crisis/.

4 "Statistical Abstract of the United States: 1908 Thirty-First Number," *United States Department of Commerce and Labor*, 1909, Table 224: Prices of Domestic Iron, Washington DC, Government Printing Office.

09 부머에서 주머로

1 Joe Myers, "Millennials Will Be the First Generation to Earn Less Than Their Parents," World Economic Forum, July 19, 2016, https://www.weforum.org/agenda/2016/07/ millennials-will-be-the-first-generation-to-earn-less-than-their-parents/.

2 "Gen Z and Gen Alpha Infographic Update," McCrindle, accessed December 7, 2022, https://mccrindle.com.au/insights/blogarchive/ gen-z-and-gen-alpha-infographic-update/.

3 Tracy Francis and Fernanda Hoefel, "'True Gen': Generation Z and Its Implications for Companies," McKinsey & Company, November 12, 2018, https://www.mckinsey. com/industries/consumer-packaged-goods/our-insights/ true-gen-generation-z-and-its-implications-for-companies;

https://en.wikipedia.org/wiki/Silent_Generation;

"Generations in the Workplace," https://www.hrexchangenetwork.com/ employee-engagement/articles/generations-in-the-workplace#:~:text=At%20 present%2C%20the%20five%20generations,%E2%80%93%20 born%20 1965%2Dto%2D1980; "Oh No, They've Come Up ith Another Generation. Label." https://www.theatlantic.com/family/archive/2020/02/ generation-after-gen-z-named-alpha/606862/.

4 Dr. Dominic Brown, "How Boomers, Millennials and Gen Z Will Impact the Global Workplace by 2030," Cushman & Wakefield, January 7, 2020, https://www. cushmanwakefield.com/en/insights/demographic-shifts-the-world-in-2030; "Cushman & Wakefield Study Shows How Demographic shifts Will Impact the Global Workplace by 2030," https://ir.cushmanwakefield.com/news/press-release-details/2020/Cushman--Wakefield-Study-Shows-How-Demographic-Shifts-Will-Impact-the-Global-Workplace-by-2030/default.aspx.

10 세분화된 시장의 보이는 손

1 Dawn Chmielewski, "Disney to Develop U.S. Residential Communities, with Local Themes," Reuters, February 16, 2022, https://www.reuters.com/business/ disney-develop-us-residential-communities-with-local-themes-2022-02-16/.

11 빠르고 유동적이며 유연한 미래의 업무

1 "Work in Progress: How the Future of Work Depends on Us," Accenture Future of Work Study 2022, https://www.accenture.com/us-en/insights/consulting/ future-work.

2 Allison Nathan, "The Post-Pandemic Future of Work" (3) and interview with Nicholas Bloom" (6-7), Stanford University, Goldman Sachs Top of Mind, Issue 100, July 29, 2021, https://www.goldmansachs.com/insights/pages/top-of-mind/post-pandemic-future-of-work/report.pdf.

● PART 2 　　　　　　　　　　　　　　　　퓨처핏 사고방식

1 World Health Organization, "Hot Topics Mental Health" page, accessed December 7, 2022, https://www.who.int/health-topics/mental-health#tab=tab_2.

2 "Youth Voice for the Future of Work," WorldSkills OECD with the Contribution of Education and Employers, 2019, https://www.educationandemployers.org/wp-content/uploads/2019/08/WSI_OECD_research_final_report_single_pages.pdf.

3 영적 건강이란 삶의 목적과 의미에 대해 강한 의지를 가진 상태를 의미한다. 여기에는 종교가 포함될 수도, 포함되지 않을 수도 있다.

13 뒤르켐 다루기

1 카프먼은 1950년대에 교류 분석Transactional Analysis 분야를 개발한 에릭 번Eric Berne과 긴밀히 협업했다.

14 세상을 민첩하게 탐색하라

1 "Number of 1st Level Connections of LinkedIn Users as of March 2016," Statista

Research Department, July 18, 2016, https://www.statista.com/statistics/264097/number-of-1st-level-connections-of-linkedin-users/.

15 흐릿한 영역에서 또렷하게 생각하기

1 Robert Kegan and Lisa Laskow Lahey, *Immunity to Change: How to Overcome It and Unlock Potential in Yourself and Your Organization* (Boston: Harvard Business Press, 2009).

2 Kegan and Lahey, *Immunity to Change.*

3 Hannah Ritchie, "What Are the Safes and Cleanest Sources of Energy?," published online at OurWorldinData.org, February 10, 2020, https://ourworldindata.org/safest-sources-of-energy.

4 Max Roser and Esteban Ortiz-Ospina, "Income Inequality," published online at OurWorldinData.org, October 2016, https://ourworldindata.org/income-inequality.

5 Abby Jackson, "Elon Musk Uses This 6-Step Process to Make Decisions," *Inc.* (*Business Insider*), November 16, 2017, https://www.inc.com/business-insider/how- elon-musk-makes-decisions-rolling-stone.html.

6 Anthony Wing Kosner, "The Mind at Work: Lisa Feldman Barrett on the Metabolism of Emotion," Work in Progress Dropbox, Inc., February 10, 2021, https://blog.dropbox.com/topics/work-culture/ the-mind-at-work--lisa-feldman-barrett-on-the-metabolism-of-emot.

7 https://www.linkedin.com/pulse/vierecks-interview-einstein-1929-francesco-vissani-phd/;
"What Life Means to Einstein, an Interview by George Sylvester Viereck," http://www.saturdayeveningpost.com/wp-content/uploads/satevepost/what_life_means_to_einstein.pdf.

8 David J. Snowden and Mary E. Boone, "A Leader's Framework for Decision Making," *Harvard Business Review*, November 2007, https://hbr. org/2007/11/a-leaders-framework-for-decision-making.

9 Edward de Bono, *Six Thinking Hats: An Essential Approach to Business Management* (Boston: Little, Brown & Company, 1985).

16 학습 방법 익히기

1 Scott Sorokin, "Thriving in a World of 'Knowledge Half-Life,'" CIO, April 5, 2019, https://www.cio.com/article/3387637/thriving-in-a-world-of-knowledge-half-life.html.

2 Charles Handy, *The Second Curve* (New York: Random House Business, 2015).

3 Chester Gordon Bell, "Bell's Law for the Birth and Death of Computer Classes," *Communications of the ACM* 51(1):86-94, January 2008, DOI: 10.1145/1327452.1327453, https://www.researchgate.net/publication/220420764_Bell%27s_law_for_the_birth_and_death_of_computer_classes.

4 American Physical Society, "Unveiling the Steady Progress toward Fusion Energy Gain," *Phys Org of Science X*, November 8, 2021, https://phys.org/news/2021-11-unveiling-steady-fusion-energy-gain.html.

5 Douglas Thomas and John Seely Brown, *A New Culture of Learning: Cultivating the Imagination for a World of Constant Change* (CreateSpace Independent Publishing Platform,2011); https://www.weforum.org/agenda/2017/07/skill-reskill-prepare-for-future- of-work/.

6 Scott Keller and Mary Meaney, *Leading Organizations: Ten Timeless Truths* (London: Bloomsbury Business, 2017).

7 Nick H.M. Van Dam, "Learn or Lose," Inaugural Lecture at Nyenrode Business Universiteit, November 25, 2016, http://217.199.187.71/cloconnect.com/wp-content/uploads/2017/01/NvDam_Final.pdf.

8 David Guest, "The Hunt Is on for the Renaissance Man of Computing," *The Independent* (London), September 17, 1991.

9 Van Dam, "Learn or Lose."

10 https://www.weforum.org/agenda/2020/10/top-10-work-skills-of- tomorrow-how-long-it-takes-to-learn-them/; https://www.weforum.org/reports/ the-future-of-jobs-report-2020/in-full/infographics-e4e69e4de7; https://www.weforum.org/reports/the-future-of-jobs-report-2020/in-full/infographics-e4e69e4de7; "The Future of Jobs Report 2020," World Economic Forum, https://www3. weforum.

org/docs/WEF_Future_of_Jobs_2020.pdf;

"Jobs Lost, Jobs Gained: What the Future of Work Will Mean for Jobs, Skills, and Wages," https://www.mckinsey.com/featured-insights/future-of-work/ jobs-lost-jobs-gained-what-the-future-of-work-will-mean-for-jobs-skills-and-wages.

17 폭넓게 생각하라

1   Bart de Langhe, Stefano Puntoni, and Richard Larrick, "Linear Thinking in a Nonlinear World: The Obvious Choice Is Often Wrong," *Harvard Business Review*, May–June 2017, https://hbr.org/2017/05/linear-thinking-in-a-nonlinear-world.

18 미래를 내다보며 점들을 이어가기

1   B.J. Kreisman, "Insights into Employee Motivation, Commitment, and Retention," Business Training Experts, *Leadership Journal* (2002): 1–24;

J. Rodin, "Aging and Health: Effects of the Sense of Control," *Science* 233 (1986): 1271–1276. "Sir Alex Ferguson," Transfermarkt, accessed December 7, 2022, https://www.transfermarkt.com/sir-alex-ferguson/eingesetzteSpieler/trainer/4/ saison_id//verein_id/985/liga//wettbewerb_id/.

2   Thomas Bristow, "Sir Alex Ferguson Reveals the Secret behind Manchester United's 166 Last-Minute Goals during His Tenure," *Mirror Sports*, October 20, 2017, https://www.mirror.co.uk/sport/football/news/sir-alex-ferguson-reveals-secret-11377105.

3   대니얼 사이먼스Daniel Simons와 크리스토퍼 차브리스Christopher Chabris(1999)의 '선택적 주의력 테스트Selective Attention Test'라는 유명한 고릴라 실험이 이 현상을 잘 보여준다. 자세한 내용을 원한다면 Daniel Simons, "But Did You See the Gorilla? The Problem with Inattentional Blindness," *Smithsonian Magazine*, September 2012, https://www.smithsonianmag.com/science-nature/but-did-you-see-the-gorilla-the-problem-with-inattentional-blindness-17339778/을 보라.

19 1년 만에 37배 향상

1   Hirotaka Takeuchi and Ikujiro Nonaka, "The New New Product Development Game," *Harvard Business Review*, January 1986, https://hbr.org/1986/01/the-new-new-product-development-game.

20 유리공이 아닌 고무공

1 "Middle Age May Be Much More Stressful Now Than in the 1990s," https:// www. psu.edu/news/research/story/middle-age-may-be-much-more-stressful-now-1990s/#:~:text=Even%20before%20the%20novel%20coronavirus,2010s%20 compared%20to%20the%201990s;

https://www.gallup.com/analytics/349280/gallup-global-emotions-report.aspx.

2 "Now and Zen: How Mindfulness Can Change Your Brain and Improve Your Health," https://hr.harvard.edu/files/humanresources/files/mindfulness_now_and_ zen.pdf; https://www.sciencedirect.com/science/article/abs/pii/S016643281830322X.

3 "Brief, Daily Meditation Enhances Attention, Memory, Mood, and Emotional Regulation in Non-Experienced Meditators," *Harvard Business Review*, August 2017, https://hbr.org/2017/08/can-10-minutes-of-meditation-make-you-more-creative; https://www.mindful.org/does-meditation-boost-creativity/.

4 Martin E.P. Seligman, *Learned Optimism: How to Change Your Mind and Your Life* (New York: Vintage Books, 2006). 《마틴 셀리그만의 낙관성 학습》, 물푸레.

5 Kayvan Kian, *What Is Water: How Young Leaders Can Thrive in an Uncertain World* (To the Moon Publishing, 2019). 《젊은 리더들을 위한 철학수업》, 힘찬북스.

6 Yuval Noah Harari, *Sapiens: A Brief History of Humankind* (New York: HarperCollins Publishers, 2015). 《사피엔스》, 김영사.

7 Esteban Ortiz-Ospina and Max Roser, "Marriages and Divorces," published online at OurWorldinData.org, 2020, https://ourworldindata.org/marriages-and-divorces.

● **PART 3**　　　　　　　**퓨처핏 조직을 위한 열 가지 전환**

21 열 가지 전환이 필요한 이유

1 Adapted from Frederic Laloux, *Reinventing Organizations: A Guide to Creating Organizations Inspired by the Next Stage in Human Consciousness* (Brussels: Nelson Parker, 2014). 《조직의 재창조》, 생각사랑.

2 전환을 설명할 때 언급하진 않았지만 전환과 계속 연관되는 핵심 조직 요소가 많다는 점에 유의해야 한다. 효과적인 의사결정, 명확한 직무와 책임, 공정한 보상과 보수, 높

은 성과를 올리는 팀, 고객 중심 등을 예로 들 수 있다. 적절한 기능적 우수성(예: 재무, 마케팅, 운영)은 여기서 자세히 다루지 않았지만 조직에 꼭 필요한 요소임은 분명하다. 이러한 요소를 측정하고 관리하는 데 사용할 수 있는 다양한 조직 효율성 도구와 기능 진단 도구가 있다. 이 책에서 중점을 둔 조직 변화는 효과적인 조직 기반에 추가로 더해지는 계층이다.

22 가치관 정립하기

1 이 대회는 코로나19 팬데믹으로 인해 실제로는 2021년에 개최되었지만, UEFA 유로 2020이라는 명칭은 그대로 유지되었다.

2 Sophie Mellor, "UEFA's 'Own Goal'—Euro Cup Sponsors Stumble in Biggest PR Crisis in Years," *Fortune*, June 24, 2021, https://fortune.com/2021/06/24/ uefa-pride-flag-euro-cup-hungary-soccer/;

"Hungary PM Scraps Euros Visit' amid German LGBT Row with UEFA," BBC, June 23, 2021, https://www.bbc.com/news/world-europe-57579821;

"Euro 2020: Fans Make Pro-LGBT Protest at Germany-Hungary Football Game," BBC, June 23, 2021, https://www.bbc.com/news/world-europe-57570472;

https://www.gaytimes.co.uk/culture/the-tiny-football-car-gets-pride-paint-job-for-euro-2020-final/.

3 Joseph Pisani, "Simon & Schuster Gets Backlash for 'Dangerous' Book Deal with Breitbart's Milo Yiannoipoulos," https://www.seattletimes.com/business/ against-backlash-publisher-to-put-out-yiannopoulos-book/;

Abid Rahman and Lexy Perez, "Simon & Schuster Pulls Out of Distributing Book by Officer Involved in Breonna Taylor's Killing," https://www. hollywoodreporter.com/lifestyle/lifestyle-news/simon-schuster-pulls-out-of- distributing-book-by-officer-involved-in-breonna-taylors-killing-4167641/;

"Josh Hawley Finds New Publisher after Simon & Schuster Cancels Book," https://www.theguardian.com/us-news/2021/jan/18/josh-hawley-book-publisher-simon-schuster;

"Simon & Schuster Cancels Plans for Senator Hawley's Book," https://www. nytimes.com/2021/01/07/books/simon-schuster-josh-hawley-book.html.

4 Rich Mintz, "Companies, Don't Be Afraid to Take a Stand: It Can Be Good for

Your Brand," *Fast Company Magazine*, June 27, 2016, https://www.fastcompany.com/3061109/companies-dont-be-afraid-to-take-a-stand-it-can-be-good-for-your-brand.

5   사명 또는 목적 선언문 중 하나만 원하거나 둘 다 갖추려는 조직들이 있다.

6   LEGO, "About Us" page, accessed December 7, 2022, https://www.lego.com/it-it/aboutus/lego-group/the-lego-brand/.

7   "At LEGO, Growth and Culture Are Not Kid Stuff," an interview with Jørgen Vig Knudstorp, Boston Consulting Group, February 9, 2017, https://www.bcg.com/publications/2017/people-organization-jorgen-vig-knudstorp-lego-growth-culture-not-kid-stuff.

8   Arne Gast, Pablo Illanes, Nina Probst, Bill Schaninger, and Bruce Simpson, "Purpose: Shifting from Why to How," *McKinsey Quarterly*, April 22, 2020, https://www.mckinsey.com/business-functions/organization/our-insights/ purpose-shifting-from-why-to-how.

9   Gast, Illanes, Probst, Schaninger, and Simpson, "Purpose."

10 Jake Herway, "To Get Your People's Best Performance, Start with Purpose," Gallup, May 21, 2021, https://www.gallup.com/workplace/350060/people-best-performance-start-purpose.aspx.

11 Greg Iacurci, "Money Invested in ESG Funds More Than Doubles in a Year," CNBC, February 11, 2021, https://www.cnbc.com/2021/02/11/sustainable- investment-funds-more-than-doubled-in-2020-.html.

12 Gast, Illanes, Probst, Schaninger, and Simpson, "Purpose."

23 목적지보다 방향을 설정하기

1   Walter Kiechel III, *The Lords of Strategy: The Secret Intellectual History of the New Corporate World* (Boston: Harvard Business Press, 2010).《전략의 제왕》, 21세기북스.

2   "GM to Go All-Electric by 2035, Phase Out Gas and Diesel Engines," https://www.nbcnews.com/business/autos/gm-go-all-electric-2035-phase- out-gas-diesel-engines-n1256055 and https://www.linkedin.com/pulse/general-motors-intends-lead-auto-industry-world-future-mary-barra/?trackingId=ev1 96qZUeN0wXsQA9Iiygg.

3 Felix Richter, "Chart: Which Countries Have the Most Electric Cars?," World Economic Forum, February 19, 2021, https://www.weforum.org/agenda/2021/02/electric-vehicles-europe-percentage-sales/.

4 Hannah Lutz, "GM: 2035 Is EV Goal but Not a Guarantee," www.autonews.com/automakers-suppliers/gm-2035-ev-goal-not-guarantee.

5 "General Motors Faces Steep Climb Bid to Go All Electric," https:// eu.detroitnews.com/story/business/autos/general-motors/2021/02/24/ gm-faces-steep-climb-bid-go-all-electric-2035/4537239001/.

6 Bruno J. Navarro, "GM's CEO Describes Her Vision around Sustainability, Data, and Inclusivity," https://blog.workday.com/en-us/2021/gms-ceo-describes-her- vision-around-sustainability-data-inclusivity.html.

7 Chris Bradley, Martin Hirt, and Sven Smit, *Strategy beyond the Hockey Stick* (New York: Wiley, 2018);

https://www.mckinsey.com/business-functions/strategy-and-corporate-finance/our-insights/why-your-next-transformation-should-be-all-in and https://www.mckinsey.com/business-functions/strategy-and-corporate-finance/our-insights/agile-business-portfolio-management.

8 https://www.gm.com/electric-vehicles.html and https:// eu.detroitnews.com/story/business/autos/general-motors/2021/02/24/ gm-faces-steep-climb-bid-go-all-electric-2035/4537239001/.

9 Amy C. Edmondson and Paul J. Verdin, "Your Strategy Should Be a Hypothesis You Constantly Adjust," *Harvard Business Review*, November 9, 2017, https://hbr.org/2017/11/your-strategy-should-be-a-hypothesis-you-constantly-adjust.

10 Chris Bradley, Martin Hirt, and Sven Smit, "Strategy to Beat the Odds," *McKinsey Quarterly*, February 13, 2018, https://www.mckinsey.com/business-functions/strategy-and-corporate-finance/our-insights/strategy-to-beat-the-odds.

11 Daniel Kahneman, *Thinking, Fast and Slow* (New York: Farrar, Straus and Giroux, 2013). 《생각에 관한 생각》, 김영사.

12 John Doerr, *Measure What Matters: How Google, Bono, and the Gates Foundation Rock the World with OKRs* (New York: Portfolio/Penguin, 2018). 《OKR》, 세종.

13 Thomas A. Kinney, *The Carriage Trade: Making Horse-Drawn Vehicles in America*

(Baltimore: The John Hopkins University Press, 2004).

24 개별 고객 시장을 위한 온탭 경험 제공하기

1 Sohil Karol, Olga Hörding, Mady Torres de Souza, "Process: The Story of Spotify Personas," https://spotify.design/article/the-story-of-spotify-personas;

Kindra Cooper, "How Spotify Does It: Using Data and AI to Know the Customer," https://www.customercontactweekdigital.com/customer-insights- analytics/articles/how-spotify-does-it-using-data-and-ai-to-know-your-customer.

2 Adenekan Dedeke, "Moore's Not Enough: 4 New Laws of Computing," https://spectrum.ieee.org/on-beyond-moores-law-4-new-laws-of-computing.

3 Sarah Perez, "Spotify Rolls Out New Personalized Experiences and Playlists, Including a Mid-Year Review and a Blended Mix with a Friend," https://techcrunch.com/2021/06/02/spotify-rolls-out-new-personalized-experiences-and-playlists-including-a-mid-year-review-and-a-blended-mix-with-a-friend/.

4 Jonathan Hoyles, "Navigating the Platform Economy," *Forbes*, May 26, 2021, https://www.forbes.com/sites/forbestechcouncil/2021/05/26/ navigating-the-platform-economy/?sh=4470877e7af1.

5 "How Spotify's Newesrt Personalized Experience, Blend, Creates a Playlist for You and Your Bestie," https://newsroom.spotify.com/2021-08-31/how-spotifys-newest-personalized-experience-blend-creates-a-playlist-for-you-and-your-bestie/.

6 Jane Wakefield, "People Devote Third of Waking Time to Mobile Apps," BBC, January 12, 2022, https://www.bbc.com/news/technology-59952557.

7 Aaron Schnoor, "Understanding Spotify's Marketing Mastery," https://bettermarketing.pub/understanding-spotifys-marketing-mastery-4531ad5cd890.

25 유동적이고 빠르고 유연한 조직!

1 Alfred D. Chandler, *Strategy and Structure: Chapters in the History of the Industrial Enterprise*, (Beard Books, 1962);

Thomas G. Marx, "The Impacts of Business Strategy on Organizational Structure," *Journal of Management History*, June 13, 2016, https://www.emerald. com/insight/content/doi/10.1108/JMH-01-2016-0003/full/html;

Tom Peters, "Beyond the Matrix Organization," *McKinsey Quarterly*, September 1, 1979, https://www.mckinsey.com/business-functions/organization/our-insights/beyond-the-matrix-organization;

Peter F. Drucker, "The Coming of the New Organization," *Harvard Business Review*, https://hbr.org/1988/01/the-coming-of-the-new-organization;

Steven Aronowitz, Aaron De Smet, and Deirdre McGinty, "Getting Organizational Redesign Right," *McKinsey Quarterly*, June 1, 2025, https://www.mckinsey.com/business-functions/organization/our-insights/ getting-organizational-redesign-right.

2 Raghuram Rajan and Julie Wulf, "The Flattening Firm: Evidence from Panel Data on the Changing Nature of Corporate Hierarchies," https://www.nber.org/papers/w9633;

Gemma D'Auria, Aaron De Smet, Chris Gagnon, Julie Goran, Dana Maor, and Richard Steele, "Reimagining the Postpandemic Organization," https://www.mckinsey.com/business-functions/organization/our-insights/ reimagining-the-post-pandemic-organization;

https://www.bcg.com/publications/2016/people-organization-new-approach-organization-design.

3 Peter Tollman, Andrew Toma, Fabarice Roghé, Yves Morieux, Steve Maaseide, Eddy Tamboto, and JinK Koike, "A New Approach to Organization Design," https://www.bcg.com/publications/2017/people-boosting-performance-through-organization-design.

4 "Streamlining Spans and Layers," https://www.bain.com/insights/ streamlining-spans-and-layers.

5 "Unilever Launches New AI-Powered Talent Marketplace," https://www.unilever.com/ news/press-releases/2019/unilever-launches-ai-powered-talent-marketplace.html;

Jeroen Wels, "How Unilever Has Created a Culture of Internal Talent Mobility," https://www.myhrfuture.com/digital-hr-leaders-podcast/2021/3/2/ how-unilever-has-created-a-culture-of-internal-talent-mobility.

6 Nandita Bose, "U.S. Labor Secretary Supports Classifying Gig Workers as Employees,"

https://www.reuters.com/world/us/exclusive-us-labor-secretary-says-most-gig-workers-should-be-classified-2021-04-29/;

"Visibility is Everything," https://www.fieldglass.com/sites/default/files/2019-04/SAP-Fieldglass-External-Workforce-Insights-2018.pdf;

S. Mitra Kalita, "The Rise of the Independent Worker: Why Everyone Wants to Work in the Gig Economy Now," https://fortune.com/2021/04/21/ gig-workers-covid-independent-contractors-remote-work-c-suite-executives/.

7 Susanne Hupfer, Jeff Loucks, Faruk Muratovic, and Gopal Srinivasan, "Enterprise IT: Thriving in Disruptive Times with Cloud and As-A-Service," Deloitte Insights, February 22, 2021, https://www2.deloitte.com/us/en/insights/industry/technology/enterprise-it-as-a-service.html/#endnote-8.

8 Ranjay Gulati, Phanish Puranam, and Michael Tushman, "Meta-Organizational Design: Rethinking Design in Inter-Organizational and Community Contexts," https://www.hbs.edu/ris/Publication%20Files/Meta-Organization%20Design_9396ee01-5146-470d-bcc3-cedeb09f1e6d.pdf.

9 Elon Musk, "All Our Patent Are Belong to You," https://www.tesla.com/blog/ all-our-patent-are-belong-you.

10 Saadia Zahidi, Vesselina Ratcheva, Guillaume Hingel, and Sophie Brown, "The Future of Jobs Report 2020," World Economic Forum, October 2020, https:// www3.weforum.org/docs/WEF_Future_of_Jobs_2020.pdf.

11 Jacques Bughin, Eric Hazan, Susan Lund, Peter Dahlström, Anna Wiesinger, and Amresh Subramaniam, "Skill Shift: Automation and the Future of the Workforce," McKinsey Global Institute, May 23, 2018, www.mckinsey.com/featured-insights/future-of-work/skill-shift-automation-and-the-future-of-the-workforce.

12 Lorena Martinez and Ed Frauenheim, "COVID-19 Reveals Why Flat Organizations Thrive: Steal Their Secrets," https://www.greatplacetowork.com/resources/blog/covid-19-puts-a-spotlight-on-why-flat-organizations-thrive.

13 R.H. Coase, "The Nature of the Firm," https://onlinelibrary.wiley.com/doi/ full/10.1111/j.1468-0335.1937.tb00002.x.

14 Sameer Hasija, V. "Paddy" Padmanabhan, and Prashant Rampal, "Will the Pandemic Push Knowledge Work into the Gig Economy?," *Harvard Business Review*, June 1,

2020, https://hbr.org/2020/06/ will-the-pandemic-push-knowledge-work-into-the-gig-economy.

26 속도감 있는 경영과 풍요로운 삶

1   Eliminative curve of time, "General Experimental Psychology" (Bills, Arthur Gilbert, in 1934, page 194), https://www.valamis.com/hub/learning-curve; "Factors Affecting the Cost of Airplanes," https://pdodds.w3.uvm.edu/research/papers/others/1936/wright1936a.pdf.

2   "Principles behind the Agile Manifesto," https://agilemanifesto.org/principles.html.

3   "Barnes & Noble Counts on Stores Managers Running Its Business Better," https://retailwire.com/discussion/barnes-noble-counts-on-store-managers-running-its-business-better/.

4   "Squats, Sprints and Stand-Ups," https://www.ing.com/Newsroom/News/Squads-sprints-and-stand-ups.htm.

5   Soren Kaplan, "How Zappos Used Small Experiments to Innovate Big Ideas," *Inc.*, June 25, 2021, https://www.inc.com/soren-kaplan/how-zappos-used-small-experiments-to-innovate-big-ideas.html.

6   "P&G's Marketers Learn from Silicon Valley," https://www.warc.com/newsandopinion/news/pgs-marketers-learn-from-silicon-valley/42736.

7   Lowell L. Bryan, Eric Matson, and Leigh M. Weiss, "Harnessing the Power of Informal Employee Networks," *McKinsey Quarterly*, November 1, 2007, https:// www.mckinsey.com/business-functions/people-and-organizational-performance/ our-insights/harnessing-the-power-of-informal-employee-networks.

8   Iskandar Aminov, Aaron De Smet, Gregor Jost, and David Mendelsohn, "Decision Making in the Age of Urgency," McKinsey & Company, April 30, 2019, https:// www.mckinsey.com/business-functions/people-and-organizational-performance/ our-insights/decision-making-in-the-age-of-urgency.

9   https://jobs.netflix.com/culture.

10   *No Rules Rules*, https://www.norulesrules.com/.

11   "Insights: Jonathan Smart," https://home.barclays/news/2018/02/ insights-jonathan-smart/.

27 기술 기업으로 성장하라

1 Lucinda Shen, "These Companies Have Made the Fortune 500 Every Year Since 1955," *Fortune*, May 23, 2018, https://fortune.com/2018/05/22/ fortune-500-companies-list-berkshire-hathaway/.

2 Adapted from "Innosight, Richard N. Foster, Standard & Poors" from *Brave New Work* by Aaron Dignan.

3 Jacques Bughin, Laura LaBerge, and Anette Mellbye, "The Case for Digital Reinvention," *McKinsey Quarterly*, February 9, 2017, https://www.mckinsey.com/ business-functions/mckinsey-digital/our-insights/the-case-for-digital-reinvention.

4 Neira Hajro, Klemens Hjartar, Paul Jenkins, and Benjamim Vieira, "What's Next for Digital Consumers," McKinsey Digital, May 23, 2021, https://www.mckinsey. com/ business-functions/mckinsey-digital/our-insights/whats-next-for-digital-consumers.

5 Nick Hobson, "The One Book That Pulled Microsoft Back from the Brink (Satya Nadella's Ultimate Leadership Flex)," *Inc.*, August 4, 2021, https://www.inc.com/ nick-hobson/the-one-book-that-pulled-microsoft-back-from-brink-satya-nadellas-ultimate-leadership-flex.html.

6 Satya Nadella, *Hit Refresh: The Quest to Rediscover Microsoft's Soul and Imagine a Better Future for Everyone* (New York: Harper Business, 2017); https://www.forbes.com/sites/stevedenning/2021/06/20/how-microsofts-digital-transformation-created-a-trillion-dollar-gain/?sh=633bb756625b. 《히트 리프레시》, 흐름출판.

7 Ron Shevlin, "Digital Transformation in Banking: Banks Have a Long, Long Way to Go," *Forbes*, April 5, 2021, https://www.forbes.com/sites/ronshevlin/2021/04/05/ digital-transformation-in-banking-banks-have-a-long-long-way-to-go/?sh=446e814d5524.

8 "The Case for Digital Reinvention," https://www.mckinsey.com/business-functions/ mckinsey-digital/our-insights/the-case-for-digital-reinvention; Patrick Barwise, "Nine Reasons Why Techmarkets are Winner-Take-All," https:// www.london.edu/think/nine-reasons-why-tech-markets-are-winner-take-all.

9 Steve Denning, "How Microsoft's Digital Transformation Created a

Trillion Dollar Gain," *Forbes*, June 20, 2021, https://www.forbes.com/sites/ stevedenning/2021/06/20/how-microsofts-digital-transformation-created-a- trillion- dollar-gain/?sh=633bb756625b.

10　"Satya Nadella Talks Microsoft at Middle Age," https://www.bloomberg.com/ features/2016-satya-nadella-interview-issue/.

11　Kartik Hosanagar,"Who Made That Decision: You or an Algorithm?" https:// knowledge.wharton.upenn.edu/article/algorithms-decision-making/.

12　James Silver, "Meet Netflix Founder Reed Hastings," *Wired*, https://www.wired. co.uk/article/do-adjust-your-set.

13　Thomas H. Davenport and Thomas C. Redman, "Digital Transformation Comes Down to Talent in 4 Key Areas," *Harvard Business Review*, May 21, 2020, https:// hbr. org/2020/05/digital-transformation-comes-down-to-talent-in-4-key-areas.

28 아직 죽을 때가 아니다

1　Steve Blank, "Why Companies Do 'Innovation Theater' Instead of Actual Innovation," *Harvard Business Review*, https://hbr.org/2019/10/ why-companies-do-innovation-theater-instead-of-actual-innovation;

Kris Østergaard, Transforming Legacy Organizations (Wiley, 2009).

2　Claudio Feser, *Serial Innovators: Firms That Change the World* (Hoboken, New Jersey: John Wiley & Sons, 2012), https://doi.org/10.1111/j.1540-5885.2012.00969.x.

3　Oguz A. Acar, Murat Tarakci, and Daan van Knippenberg, "Why Constraints Are Good for Innovation," *Harvard Business Review*, November 22, 2019, https:// hbr. org/2019/11/why-constraints-are-good-for-innovation#:~:text=It%20is%20 only%20when%20the,they%20stifle%20creativity%20and%20innovation.&t ext=Constraints%2C%20in%20contrast%2C%20provide%20focus,%20 services%2C%20or%20business%20processes.

4　"Innovation A to Z," Board of Innovation. https://www.boardofinnovation.com/ tools/innovation-a-to-z/;

Jeremy Gutsche, *The Innovation Handbook* (Fast Company Press).

5　Alexander Osterwalder, Yves Pigneur, Alan Smith, and Frederic Etiemble, *The Invincible Company: How to Constantly Reinvent Your Organization with Inspiration from the World's Best Business Models* (Hoboken, New Jersey: John Wiley & Sons, 2020). 《최강 기업의 탄생》, 비즈니스북스.

6 "Five (Proven) Ways to Encourage Employee Innovation," *Ericsson Blog*, https:// www. ericsson.com/en/blog/2020/12/how-to-encourage-employee-innovation.

7 "Travel with Purpose," Hilton, https://cr.hilton.com/wp-content/uploads/2021/04/ Hilton-2020-ESG-Report.pdf.

8 Peter Galuszka, "Johnson & Johnson CEO: Decentralization Works," https:// www. cbsnews.com/news/johnson-amp-johnson-ceo-decentralization-works/.

9 Kate Vitasek, "The Increasing Need for Strategic Alliance," *Forbes*, May 28, 2020, https://www.forbes.com/sites/katevitasek/2020/03/28/ the-increasing-need-for-strategic-alliances/?sh=18f537f27941.

29 유튜브로 배우는 기업 학습 과정

1 Steve Glaveski, "Where Companies Go Wrong with Learning and Development," *Harvard Business Review*, October 2, 2019, https://hbr.org/2019/10/ where-companies-go-wrong-with-learning-and-development.

2 Kate Whiting, "These Are the Top 10 Job Skills of Tomorrow— and How Long It Takes to Learn Them," World Economic Forum, October 21, 2020, https://www. weforum.org/agenda/2020/10/ top-10-work-skills-of-tomorrow-how-long-it-takes-to-learn-them/.

3 Mind Tools Content Team, "Kirkpatrick's Model: Analyzing Learning Effectiveness," https://www.mindtools.com/pages/article/kirkpatrick.htm.

4 Nicolai Chen Nielsen, Faridun Dotiwala, and Matthew Murray, "A Transformation of the Learning Function: Why It Should Learn New Ways," McKinsey & Company, September 23, 2020, https://www.mckinsey.com/business-functions/ people-and-organizational-performance/our-insights/a-transformation-of-the- learning-function-why-it-should-learn-new-ways.

5 "The Definitive Guide to Microlearning," https://www.valamis.com/ documents/ 10197/822927/microlearning-guide.pdf.

6 "How One of Europe's Largest Banks Used Docebo to Deliver 1.3M Hours of Learning Content On-Demand," https://www.docebo.com/customers/ intesa-sanpaolo-bankcase-study/.

7 Sven C. Voelpel and Malte Dous, "Lost Knowledge: Confronting the Threat of an Aging Workforce," *Academy of Management Perspectives* 20(4):125–126, November 2006, DOI: 10.5465/AMP2006.23270317, https://www.researchgate.net/publication/314591491_Lost_Knowledge_Confronting_the_Threat_of_an_Aging_Workforce.

8 "Siemens: About Us," https://new.siemens.com/global/en/company/about.html; https://new.siemens.com/global/en/company/jobs/our-locations.html accessed 26 October 2021.

30 인재 관리부터 인재 지원까지

1 Carmen Reinicke, "The 'Great Resignation' Is Likely to Continue, as 55% of Americans Anticipate Looking for a New Job," https://www.cnbc.com/2021/08/25/ great-resignation-55-percent-are-looking-to-change-jobs-over-the-next-year-.html; Jennifer Liu, "65% of Workers Are Looking for a New Job, and the Numbers Could Get Higher," https://www.cnbc.com/2021/08/19/pwc-survey-65percent-of- workers-are-looking-for-a-new-job-could-get-higher.html.

2 Brandon Rigoni and Amy Adkins, "What Millennials Want from a New Job," https://hbr.org/2016/05/what-millennials-want-from-a-new-job. "'Great Attrition' or 'Great Attraction'? The Choice is Yours," *McKinsey Quarterly*, https://www. mckinsey.com/business-functions/people-and-organizational-performance/our-insights/great-attrition-or-great-attraction-the-choice-is-yours.

3 "More Than Half of Employees Globally Would Quit Their Jobs If Not Provided Postpandemic Flexibility, EY Survey Finds," EY, May 12, 2021, https://www.ey.com/en_gl/news/2021/05/more-than-half-of-employees-globally-would-quit-their-jobs-if- not-provided-post-pandemic-flexibility-ey-survey-finds.

4 "Skills and Competencies: 2 Sides of the Same Coin," Red Thread Research, https://redthreadresearch.com/skills-and-competencies-infographic-2021/.

5 May Baker, "What Is the New Employment Deal?," Gartner, October 13, 2020, https://www.gartner.com/smarterwithgartner/what-is-the-new-employment-deal.

6 "The Impact of COVID-19 on Employee Engagement," Heartbeat by Workday,

Peakon, https://peakon.com/heartbeat/reports/the-impact-of-covid-19-on-employee-engagement/.

7 Gaurav Lahiri and Jeff Schwartz, "Introduction: The Rise of the Social Enterprise," Deloitte Insights, March 28, 2018, https://www2.deloitte.com/us/en/insights/focus/human-capital-trends/2018/introduction.html.

31 실무에 적용하는 매슬로 이론

1 Kathryn Dill, "America's Workers Are Leaving Jobs in Record Numbers," *Wall Street Journal*, https://www.wsj.com/articles/whats-driving-americas-workers-to-leave-jobs- in-record-numbers-11634312414#:~:text=U.S.%20workers%20left%20their%20 jobs,hottest%20it%20had%20been%20in.

2 Veronica Combs, "The Great Resignation of 2021: Are 30% of Workers Really Going to Quit?," *Tech Republic*, https://www.techrepublic.com/article/ the-great-resignation-of-2021-are-30-of-workers-really-going-to-quit/.

3 Aaron De Smet, Bonnie Dowling, Marino Mugayar-Baldocchi, and Bill Schaninger, "'Great Attrition' or 'Great Attraction'? The Choice is Yours," *McKinsey Quarterly*, September 8, 2021, https://www.mckinsey.com/ business-functions/people-and-organizational-performance/our-insights/ great-attrition-or-great-attraction-the-choice-is-yours.

4 "Employee Expectations Report 2021," Heartbeat by Workday, Peakon, https://peakon.com/heartbeat/reports/employee-expectations-2021/.

5 Olivia Rockeman, "Americans Are Done with 5-Days a Week in the Office. Here's What That Means for the Economy," https://www.bloomberg.com/ news/articles/2021-06-01/americans-are-done-with-5-days-a-week-in-the- office-here-s-what-that-means-for-the-economy?utm_campaign=instagram-bio-link&utm_medium=social&sref=xuVirdpv&utm_source=instagram&utm_content=businessweek; https://www.forbes.com/sites/edwardsegal/2021/08/03/freelance-workforce-could-increase-by-10-million-what-that-means-for-employers/?sh=1448c7f6502e.

6 Dov Seidman, "Upgrade to the Human Operating System," https://www.huffpost.com/entry/upgrade-to-the-human-oper_b_784239.

7   Dov Seidman, "From the Knowledge Economy to the Human Economy," *Harvard Business Review*, November 12, 2014, https://hbr.org/2014/11/ from-the-knowledge-economy-to-the-human-economy.

8   Marcel Schwantes, "This Unforgettable Story of a Southwest Pilot's Response to a Late, Frazzled Passenger Is a Master Class in Leadership," *Inc.*, September 5, 2018, https://www.inc.com/marcel-schwantes/when-you-think-of-what-makes-a-great-leader-does-this-trait-come-to-mind-it-rarely-does-unfortunately.html.

9   Blaise Radley, "The 45 Questions Your Employee Engagement Survey Needs," https://peakon.com/blog/employee-success/the-45-questions-your-employee-engagement-survey-needs/;

"Gallup's Employee Engagement Survey: Ask the Right Questions with the Q$^{12®}$ Survey," https://www.gallup.com/workplace/356063/gallup-q12-employee-engagement-survey.aspx;

"Becoming Irresistible: A New Model for Employee Engagement," *Deloitte Review*, Issue 16, https://www2.deloitte.com/us/en/insights/deloitte-review/issue-16/employee-engagement-strategies.html;

David Zinger, "The Power of Employee Engagement," https://www.davidzinger.com/wp-content/uploads/Zinger-Pyramid-of-Employee-Engagement-Booklet-Augsut-2012.pdf.

10   Brian Kropp, "9 Work Trends That HR Leaders Can't Ignore in 2021," Gartner, April 26, 2021, https://www.gartner.com/smarterwithgartner/9-work-trends-that-hr-leaders-cant-ignore-in-2021.

11   Gary Hamel and Michele Zanini, "Humanocracy," https://www.humanocracy.com/;

"Rework," Google, https://rework.withgoogle.com/print/guides/5721312655835136/;

Yan Chen, Cheng Yu, Yuan Yuan, Fang Lu, Wangbing Shen, "The Influence of Trust on Creativity: A Review," https://www.ncbi.nlm.nih.gov/ pmc/articles/ PMC8415111/;https://www.potentialproject.com/insights/ the-power-of-putting-people-first;

"A People-Centric Workplace: Good for Growth and Profits," https://www.greatplacetowork.com/resources/blog/a-people-centric-workplace-good-for-growth-and-profits;

Mike Ettling, "What Does It Really Mean to Be People-Centric?" https://www.forbes. com/sites/forbestechcouncil/2019/12/11/what-does-it-really-mean-to-be-people- centric/?sh=2db1a1784789.

12 Frederic Laloux, *Reinventing Organizations: A Guide to Creating Organizations Inspired by the Next Stage in Human Consciousness* (Brussels: Nelson Parker, 2014). 《조직의 재창 조》, 생각사랑.

13 Dame Vivian Hunt, Dennis Layton, and Sara Prince, "Why Diversity Matters," McKinsey & Company, January 1, 2015, https://www.mckinsey. com/business- functions/people-and-organizational-performance/our-insights/ why-diversity- matters.

14 Sundiatu Dixon-Fyle, Kevin Dolan, Dame Vivian Hunt, and Sara Prince, "Diversity Wins: How Inclusion Matters," McKinsey & Company, May 19, 2020, https://www. mckinsey.com/featured-insights/diversity-and-inclusion/ diversity-wins-how- inclusion-matters.

**각 주석에 대한 보다 상세한 자료와 미래 대비 태세를 확인할 수 있는
자체 진단 테스트 등을 다음에서 확인할 수 있다.**

www.frommalthustomars.com

퓨처핏

—

초판 1쇄 인쇄 2025년 2월 13일
초판 1쇄 발행 2025년 2월 25일

—

지은이 라스 트비드, 니콜라이 첸 닐슨
옮긴이 송이루
펴낸이 고영성

—

책임편집 유형일
저작권 주민숙, 한연

—

펴낸곳 (주)상상스퀘어
출판등록 2021년 4월 29일 제2021-000079호
주소 경기 성남시 분당구 성남대로43번길 10, 하나EZ타워 307호
팩스 02-6499-3031
이메일 publication@sangsangsquare.com
홈페이지 www.sangsangsquare-books.com

—

ISBN 979-11-94368-92-2 (03320)

—